FOXES OF THE DESERT

沙漠群狐

—— 隆美尔与非洲军 ——

[德] 保罗·卡雷尔 著

小小冰人 译

台海出版社

图书在版编目（CIP）数据

沙漠群狐：隆美尔与非洲军 /（德）保罗·卡雷尔
著；小小冰人译 . -- 北京：台海出版社，2022.8
ISBN 978-7-5168-3300-1

Ⅰ . ①沙… Ⅱ . ①保… ②小… Ⅲ . ①隆美尔（
Rommel, Erwin Johannes Eugen 1891-1944) – 生平事迹
Ⅳ . ① K835.165.2

中国版本图书馆 CIP 数据核字 (2022) 第 072219 号

FOXES OF THE DESERT: THE STORY OF THE AFRIKA KORPS by
PAUL CARELL
Copyright ©1994 by Schiffer Publishing Ltd.
This edition arranged with Schiffer Publishing Ltd.
Simplified Chinese edition copyright:
2022 ChongQing Zven Culture communication Co., Ltd.
All rights reserved.

著作权登记合同图字：01-2022-6284

沙漠群狐：隆美尔与非洲军

著　　者：[德] 保罗·卡雷尔	译　　者：小小冰人
出 版 人：蔡　旭	责任编辑：戴　晨
装帧设计：周　杰	策划编辑：周　静

出版发行：台海出版社
地　　址：北京市东城区景山东街 20 号　　　　邮政编码：100009
电　　话：010 - 64041652（发行，邮购）
传　　真：010 - 84045799（总编室）
网　　址：www.taimeng.org.cn/thcbs/default.htm
E - mail：thcbs@126.com

经　　销：全国各地新华书店
印　　刷：重庆长虹印务有限公司
本书如有破损、缺页、装订错误，请与本社联系调换

开　　本：787毫米×1092毫米	1/16		
字　　数：414千	印　　张：26.5		
版　　次：2022年8月第1版	印　　次：2022年11月第1次印刷		
书　　号：ISBN 978-7-5168-3300-1			

定　　价：129.80元

我们遇到个非常大胆，
非常高明的对手，
撇开战争的浩劫不谈，
我可以说他是个伟大的将领。

———————————————

温斯顿·丘吉尔爵士
1942年1月在下议院发表讲话时如是说

1994年版前言

五十多年前，隆美尔将军率领非洲军发起一场史无前例的突袭，追击英军1200多公里，一路穿过非洲沙漠，进抵开罗门前。随后，他在阿莱曼附近的尼罗河前方，被英军最后的防御阵地挡住。德国人在沙漠中的闪电战就此告终，随之而来的是物质战（Materialschlacht）。隆美尔在阵地前方布设了复杂的雷区。他把这些雷区称作"魔鬼花园"，一片片狭长地带宽达数公里，布满地雷、航空炸弹、铁丝网、集束手榴弹，俨然是个邪恶的爆炸物陷阱。

隆美尔的看法是："坦克、火炮、步兵无法穿越这道障碍。"他打算迫使英军绕过这些屏障，面对德军最强大的反坦克防御遂行反攻。

可蒙哥马利元帅的做法完全不同。他以猛烈的炮火在"魔鬼花园"炸开几条宽阔的通道，不仅引爆了地雷和炸弹，还撕碎了密集的铁丝网。随后，他派坦克穿过土崩瓦解的障碍，一举打垮德军实力虚弱的几个掷弹兵团，卷击德军防御阵地。要想免遭覆灭的厄运，几个德国师只能后撤。但沙漠无法像河流或山脉那样提供天然防御，后撤很可能沦为灾难，因为英国人享有全面空中优势，重创了德军一个个装甲部队和掷弹兵团。德国人最终在突尼斯放下武器投降。

战略教训

首先，鉴于现在战争使用电子制导的火箭武器，坚不可摧的防御阵地已不复存在。自马其诺防线、西墙、阿莱曼前方的"魔鬼花园"以来，这一点已成为基本军事真理。

其次，没有空中优势，战场就得不到掩护；没有空中优势，就不可能遂行机动作战，也无法实施战略集结。这方面的典型例子是联军1944年夏季登陆诺曼底。德国最高统帅部把装备最精良的装甲师部署在法国腹地，准备投入战斗。希特勒预言："仅凭这个师，我们就能把美国人赶下大海。"可装备精良的装甲师需要行进两天，每天跋涉150公里。这是一场死亡行军：联军的战斗轰炸机重创该师。装甲师坦克和车辆的损失高达40%，三分之一的官兵非死即伤。

美国的施瓦茨科普夫将军提供了一个现代范例：1991年—1992年海湾战争期间，联军在沙漠中对阵萨达姆·侯赛因的精锐军队，伊军防御阵地布满掩体、土墙、雷区、灌了油的堑壕，不免让人想起隆美尔设在阿莱曼前方的"魔鬼花园"。

蒙哥马利1942年攻破了阿莱曼前方复杂的"马其诺防线"，施瓦茨科普夫也粉碎了萨达姆巧妙构置的防御体系。他在我们这个时代证明，以破坏性武器介入的现代战争中，已不存在堡垒或筑垒防线。和蒙哥马利一样，施瓦茨科普夫迂回了萨达姆设在空旷沙漠上的筑垒防线。与北非发生的情况如出一辙，萨达姆的军队在沙漠里得不到任何天然防御的帮助。与1943年北非战事异曲同工的另一点是，联军也利用空中优势，从空中决定了海湾战争。大股军力挺进的时代结束了。大批装甲师的快速机动，堪称二战期间闪电战的催化剂，可随着发射火箭的飞机和鱼雷轰炸机面世，这种打法成了明日黄花。二战中的北非战场出现过这方面的初期迹象，海湾战争证明，这是个成功的新战略。

面对即将到来的电子世纪全新的战争艺术和空中袭来的火箭弹，隆美尔元帅和他的沙漠群狐堪称悲剧英雄。

保罗·卡雷尔
1994年2月

原英文版序

　　要是没有上千名士兵、军士、下级和高级军官为我提供帮助，本书不可能面世。他们把情报报告、战斗报告、草图、照片交给我使用，还讲述了自己的亲身经历。我对他们深表谢意。我还要特别感谢非洲集团军群最后一任总司令冯·阿尼姆大将，在利比亚和埃及担任非洲军军长、后来在突尼斯担任第90军军长的装甲兵上将内林，非洲军英勇的参谋长拜尔莱因中将给出的建议和帮助。

　　本书作者、合著者、顾问始终抱有这样的想法：真实而又准确地阐述北非战局。献上拙著，谨纪念交战双方的阵亡者，希望本书能成为给生者的警示。

保罗·卡雷尔

目　录

目　录

1

德国佬来了

漆黑的夜幕笼罩着北非，午夜已过，此时是1941年3月31日。

昔兰尼加西部边缘，欧盖莱前方的沙丘洼地里，埋伏着一支英军侦察巡逻队。两名军官趴在丘顶，举着夜用望远镜察看前方的要塞。他们默默地看着敌军阵地，就这样观察了很久。弗雷德·米勒少尉（他的朋友叫他"达斯蒂"）朝意军阵地警惕地竖起耳朵。他轻轻推推身边的朋友詹姆斯·克拉克中尉："诺比，听见没，战争已不再呼吸。"的确，四下里死气沉沉，寂静的夜色覆盖沙漠。

昵称为诺比的詹姆斯·克拉克中尉放下望远镜，笑着说道："战争不再呼吸。可我告诉过你，这场该死的战争最多只会屏住呼吸几分钟，它会一直喘气的。你和我、开罗、亚历山大、那边的意大利人，甚至我们的坦克，一切都会毁灭，所有的一切，除了战争本身。"他朝沙地吐了口唾沫，就像这番长篇大论的感叹号。可战争的确停顿下来，至少暂时如此。没有哨兵的呼喊，没有武器的咔嗒声，也没有挖掘阵地的声响，敌军防线没有任何动静。

"走吧。"诺比说道，两人滑下沙丘，朝后方走去。克拉克中尉对等候他们返回的两名士兵说道："没什么情况，意大利人睡觉了。"

克拉克、米勒、司机、无线电报务员和一辆黄绿色迷彩装甲侦察车组成侦察小组。这辆装甲侦察车隐蔽在高耸的沙丘间，右后轮挡泥板印有英国第7装甲师师徽：白色的圆圈里有一只红色跳鼠。开罗大陆酒店举办下午茶舞会时，第11轻骑兵团的机灵鬼告诉在场的女士："格拉齐亚尼的25万意大利官兵脚底抹油，活像突然见到老鼠的女人。"英军从埃及边境追到的黎波里塔尼亚，从塞卢姆追到欧盖莱。他们把装甲侦察车停在这里，就是想看看意大利人是否打算发动反攻。

"沙子和污泥太可恶了！"詹姆斯·克拉克中尉抱怨着，掏出块卡其色手帕擤出鼻腔里的沙子。不到一小时前，坎辛风一直在呼啸，这是基布利风的英语称谓，指的是北非沙漠的沙尘暴。黄色的沙漠风暴，裹挟着细细的沙粒向各处蔓延。沙粒侵入护目镜，造成眼睑发炎，还导致头发坚硬而又蓬松。尽管侦察车的观察孔装有防弹玻璃，但车内的座位上，该死的沙子足有一指厚。细细的沙粒甚至能进入热水瓶。

克拉克和米勒在第11轻骑兵团服役，团里的战马早已换成坦克，目前隶属第7装甲师。但"光荣的第7装甲师"此时不在前线，已返回开罗休整补充。由于英军前线兵团从北非匆匆调往希腊，侦察部队遭到严重削弱，诺比和达斯蒂这两名训练有素的情报官，和他们的装甲侦察车一同加入第2装甲师，该师目前在前线面对溃不成军的意大利人。米勒的脸红得像熟透的龙虾，表明他经受沙尘和烈日的磨砺还不够久。这名19岁的少尉，几天前刚刚从第11轻骑兵团预备营飞抵开罗，在那里高兴地遇到了他的朋友詹姆斯·克拉克。

克拉克告诉他："你会习惯坎辛风的，就像你习惯沙蚤和只能遇到贝都因人的愚蠢巡逻那样。"

司机费尔顿在沙坑里点起一小堆篝火准备晚饭。他从蓝色背包里取出长长的意大利面投入沸水，又用刺刀撬开一听腌制樱桃罐头。四个人吃着晚饭，这种食物对英国人来说确实有点奇怪。塞满他们车辆的面条、帕玛森奶酪、水果罐头，都是2月7日攻克班加西那天缴获的战利品。

克拉克、费尔顿、无线电报务员法夸尔默默地吃着东西，年轻的米勒问了些奇怪的问题。1940年12月到1941年2月这段时期，英军猛烈追击格拉齐亚尼的意大利军队，米勒没能参战，他承认自己肠子都悔青了。英军在北非沙漠这场声势浩大的胜利进军中，击溃10个意大利师，俘房13万意军官兵，还缴获400辆坦克和1200门火炮。如此伟大的战争，这般辉煌的胜利，他却错过了！"克拉克，给我讲讲当时的情况。"米勒催促道。

费尔顿和法夸尔裹上大衣，钻入侦察车下休息，克拉克往嘴里塞了根香烟，开始讲述全军人尽皆知的故事：他俘虏了"电胡须"，为此荣膺军功十字勋章。

"电胡须"是开罗和伦敦无数奇闻的话题。

瘦削矮小的意大利军长贝尔贡佐利将军①，在西班牙内战期间得到这个绰号，到了非洲，这个绰号已和他形影不离。贝尔贡佐利的红胡子看上去就像红色的火花，于是，"电胡须"的绰号不胫而走。没人知道这位将军为何会成为交战双方众所周知的人物，反正他和他的绰号就这样流传开来。英军在昔兰尼加赢得胜利的战局期间，俘虏"电胡须"成了个体育问题。英军取得每场胜利，夺得每个城镇，司令部人员和英国报纸都会询问："逮住'电胡须'了吗？"可这位矮小的意大利将军似乎有魔法保护。他输掉了每场交战，甚至全军覆没，他本人却一次次幸免于难：逃离塞卢姆，逃离拜尔迪，逃离图卜鲁格，逃离德尔纳。

"但我在班加西逮住了他，"詹姆斯·克拉克自豪地说道，"我把冲锋枪枪管伸入他那辆菲亚特汽车的车窗，他对我说：'你们今天来得太快了。'他看上去疲惫不堪。我带他去见奥康纳将军，讯问他的时候，我也在场。我永远忘不了那一幕。我们问他怎么能一次次逃脱的，电胡须回答道：'去年12月，你们包围了拜尔迪，我带着几名军官，趁夜间溜过你们的防线。我们白天躲在洞里，用了五天才逃到图卜鲁格。图卜鲁格陷落，我又设法逃到西面的德尔纳，可澳大利亚人很快就包围了那个据点，我驱车沿滨海公路逃往班加西。你们现在逮住我了，你们这次的速度太快了。'这就是他的交代。

"除了电胡须，我们还在班加西俘虏了六名意大利将领：神射手部队的比格纳尼将军、炮兵将军维拉尼斯、工兵将军内格罗尼、坦克兵将军巴尔迪尼、科纳将军和他的参谋长朱利亚诺将军。这些意军将领只是等着我们到来。奥康纳将军对我说：'自1911年印度阅兵式以来，我还从来没见过这么多意大利将领。'"

弗雷德·米勒天真而又风趣地问道："我们还能俘获意军将领吗？""运气好的话当然能，我们在这里再待上几周，随后肯定是一场愉快的捕猎。我的天，

---

① 译注：贝尔贡佐利时任意大利第23军军长。

要是我们回到开罗或的黎波里，那乐子就大了。意大利人总是有出色的后勤，他们带着各种可供享受的东西加入战争。我们在班加西缴获了一辆卡车，车上载满姑娘，而且仅供军官享用。"欧盖莱前方沙漠里的这番交谈到此结束。

沙漠的夜晚很冷，装甲侦察车几名成员裹紧大衣。克拉克翻了个身："达斯蒂，留神点，别让意大利人逮住我们。"迷迷糊糊间，他又嘟囔着添了一句，"看看战争是不是会重新开始呼吸。"说罢，他笑了起来。

别担心，克拉克中尉，赶紧睡吧，因为再过两小时，战争就会重新发出粗重的喘息。

欧盖莱前方的侦察小组钻进车下入睡时，班加西意大利酒店一间潮湿、昏暗的客房里，昔兰尼加英军总司令，维多利亚十字勋章获得者尼姆中将，正同第2装甲师师长甘比尔-帕里将军站在地图桌前，这个师近期刚刚从英国调到北非。桌上放克拉克中尉几小时前发回的电报："欧盖莱没什么新情况，一切都很平静。"

"八周前，我们不该停在苏尔特湾，应当继续前进800公里，直奔的黎波里，意大利人完蛋了。"尼姆抽着烟斗，对甘比尔-帕里说道，"不过，800公里是一段很长的路程，我们的坦克也不在最佳状况。另外，分兵希腊本土和克里特岛让我们失去了3个师。还有德国人这个因素，他们肯定会把担任预备队的空降师从意大利南部空运过来。待在班加西的每一天，都表明第10航空军那帮家伙会采取怎样的行动。我们没法在港口卸载船只，一切物资不得不从图卜鲁格用卡车运来。放弃北非，把欧洲柔软的腹部暴露在外，希特勒承受不起这种风险，也不会允许盟友墨索里尼这么做。他准备付出牺牲，这一点可以从德国第5轻装师开抵的黎波里看出。该师号称'德国非洲军'，这是个严重夸大的番号。他们在的黎波里大造声势，还大肆宣扬第3摩托化侦察营3月24日从我们手中夺回欧盖莱前进堡垒的功绩。"

尼姆点点头，继续说道："要是我们当初攻往的黎波里，德国第5轻装师就没法登陆了。指挥这股德军的是隆美尔，埃尔温·隆美尔，应该是个好斗的家伙。我们对他不太了解，你的情报处肯定有他的档案。"

甘比尔-帕里将军给隔壁房间打了个电话，过了片刻，情报处一名少校拿着个红色文件夹走了进来。他读道："埃尔温·隆美尔，1891年11月15日出生于海登海姆，1910年在符腾堡步兵团担任预备军官。1912年1月进入但泽军事学院后晋升少尉。第一次世界大战期间，他参加过阿戈讷战役，还在罗马尼亚和意大利服役，两次负伤，获得过一级铁十字勋章和功勋勋章（蓝色马克斯）。两次世界大战之间，他担任团长和军校校长。战争爆发后，他在波兰担任希特勒大本营指挥官，后来在第15军指挥第7装甲师。"

尼姆将军打断了情报参谋，说道："就是在马斯河达成突破的幽灵师，我听说过。"

少校继续读道："1940年5月21日，我军在阿拉斯发动反攻，差点俘虏隆美尔。他率领他那个师，穿过拉巴塞奔向里尔，荣膺骑士铁十字勋章，据说近期又获得了橡叶饰。自2月12日起，他和他的指挥部就可能一直待在的黎波里。"情报参谋合上文件夹，用探寻的目光看着两位将军。尼姆嘟囔着："没太多内容。"甘比尔-帕里耸耸肩说道："巴黎的法国档案没了，我们能从哪里弄到更多情况呢？反正我们从来不怵德国将军，就算他是海军上将也没什么了不起的。"

尼姆点点头，随后走到窗边说道："可以肯定，隆美尔和他的部下不过是加强意大利人而已。隆美尔赶到的黎波里，让意大利人稍稍有了主心骨。我们的情报机构在柏林有很好的资源。没理由担心德国人会在非洲发动进攻。区区一个师是不够的，特别是德军官兵没有沙漠战经验。我们的情报机构在意大利的工作不太可靠，但也能肯定，德国迄今为止只派来第5轻装师。我们还获悉，德国人的目的仅仅是给意大利军队打气。三天前在开罗，奥康纳和韦维尔将军告诉我，根据伦敦发来的密电，德意联军5月底前不会发动进攻。要想遂行有限进攻，希特勒至少还得派来两个师。这与侦察巡逻队的报告完全相符。我明天亲自去开罗向韦维尔将军汇报情况。"

两位将军1941年3月31日夜间的这番算计绝非不负责任。中东地区英军总司令韦维尔将军已收悉英国特工从柏林发来的情报，称希特勒下达了命令，禁止隆美尔发动任何大规模进攻。虽然英国人不知道这些命令的确切措辞，但从柏林和罗马发回的情报都强调了这一点，不由得他们不信。

不过，来自敌方大本营最出色的情报，有时候也会造成致命错误，这种情况在北非英军身上发生过两次。

特工的情报准确无误，他们提到的实际上是第18和第22号元首令，这些命令说明了希特勒的方案。英国人采取了必要的对策。可非洲的某位将军没有按照元首的方案行事，结果，德军大获全胜，这场胜利差点导致英军大败亏输。

几道密令和元首大本营召开的军事会议，透露出希特勒和OKW（国防军最高统帅部）对德国大战略中非洲版图的态度。

1940年11月12日，也就是意军在非洲战败前，希特勒第18号元首令宣称："只有待意大利军队确实到达马特鲁港，才能考虑德国军队在非洲参战的问题。这种情况下，如果意大利人能提供必要的空军基地，就优先考虑投入德国航空兵力量。国防军各军种，为非洲战区这场或其他战役所做的准备工作，应在以下范畴进行。陆军：以一个装甲师做好用于北非战局的准备；海军：改装停泊在意大利港口的德国船只，以便把尽可能多的部队运往利比亚或西北非；空军：做好空袭亚历山大港和苏伊士运河的准备，从而封锁苏伊士运河，让英军司令部无法使用这条运河。"

可以看出，希特勒的如意算盘是基于意军突破到埃及边境的可能性。他认为意大利人届时才需要德国装甲部队和航空兵提供支援，从而突破到苏伊士运河。这种看法大错特错！

三周后，战事出现了截然不同的发展。没人认为意大利军队还能进攻，相反，自1940年12月8日起，北非的英国军队一路向西高歌猛进。

12月10日，希特勒不得不推翻先前的决定，命令德国空军"尽快从意大利南部对北非展开行动，任务是攻击亚历山大港、苏伊士运河、西西里与北非海岸之间几道海峡内的英国舰队"。

同时，希特勒还下令，做好把一个装甲师运往北非的准备。

不过，他这番部署，与计划中入侵苏联的战局相比，不免相形见绌。在希特勒看来，北非不过是个次要战区。他不认为这片战区能赢得决定性胜利，也不担心该地区会引发任何巨大的风险。

三周后，意大利军队遭受的灾难显而易见。希特勒1941年1月11日签发的第22号元首令宣布："鉴于战略、政治、心理方面的原因，地中海地区的局势要求德国提供援助。'我们'必须坚守的黎波里塔尼亚。"尽管做出这项果断决定，但不容忽视的是，希特勒只考虑在北非采取防御措施。他认为，地中海地区的作战行动，根本不可能对战争起到决定性作用。这位独裁者打算六个月内征服苏联，却不相信自己能在北非速战速决。

1941年1月8日，希特勒指出："我们和意大利人都不可能进攻埃及。"即便进攻埃及，他认为最快也要到1941年冬季。为什么呢？因为他希望届时已消灭苏联。希特勒对德国军队在东方赢得胜利充满信心，因而2月初宣称，从军事角度看，丢掉北非完全可以承受，但肯定会给意大利人造成严重的心理影响。"我们必须尽一切努力防止这种情况发生，德国空军必须参战，还得向非洲派遣一股遏制力量。"

希特勒说的"遏制"力量，决定了师级编制的德国非洲军派出的首批先遣队。希特勒"不打算投入第二个装甲师"，可他很快又改了主意。英军1941年2月6日到达班加西，这种挺进速度迫使希特勒加强德国增援力量。第15装甲师加入第5轻装师，埃尔温·隆美尔出任德国驻非洲军队总司令。1941年2月6日，冯·布劳希奇元帅任命隆美尔担任非洲军军长，"沙漠群狐"之父就此进入战争史舞台。但希特勒伸出手指警告道，1941年秋季前不得在北非展开大规模行动。

3月19日，隆美尔仍待在元首大本营。他接到明确指示，国防军最高统帅部暂时不打算对北非的英军发起决定性打击。但第15装甲师5月底开抵后，他可以对艾季达比亚地区展开有限进攻，尔后有可能的话，再夺回班加西。最高统帅部要求隆美尔4月20日前提交作战方案。这是希特勒规定的时间表。德军总参谋长哈尔德把非洲军视为政治工具，用途是确保意大利军队继续战斗。

隆美尔中将是个杰出的军人，他知道必须执行命令，但他也知道，柏林的高级将领坐在办公桌后，并不总是清楚前线的实际情况。隆美尔不会放弃任何赢得胜利的机会。他很快发现，由于大批兵团调往希腊，欧盖莱沙丘后方的英国军队遭到严重削弱。丘吉尔对沙漠中的胜利笃信不移，因而命令韦维尔将军以大幅度缩水的军力占领昔兰尼加阵地。另外，从开罗到拜尔迪和图卜鲁格，再从这两处通往班加西，最终延伸到欧盖莱的补给线，对实力虚弱的几个英国师手头的运输力量来说，实在太长了。

隆美尔发现了这个情况，当然，他也注意到英国人正竭力弥补他们的弱点，特别是卜雷加港具有战略重要性的隘路。他应该等待吗？要是对方建起强大的防御阵地，德军5月份再发动进攻很可能失败，即便获胜也得付出巨大的牺牲。仅仅因为身处柏林的希特勒和国防军最高统帅部对沙漠战持完全错误的观点？仅仅因为罗马的墨索里尼和意大利将领经历了毁灭性的"62天战局"后仍吓得瑟瑟发抖？不行，必须立即夺回卜雷加港，甚至收复艾季达比亚，绝不能等到5月底。

如果胜利可以计算出来，就永远不会有失败。沙漠战不同于传统的陆地战。沙漠就像海洋，有广阔的空间，完全可以对至关重要的支撑点实施大胆突袭，攻克这些要地，就会导致对方整条防线土崩瓦解。意大利人经历过这种情况。两个月内，英军3.1万名官兵、120门火炮、275辆坦克组成的3个突击师，在北非驱逐意军达1200公里。这支小股力量打垮、歼灭共计20多万官兵的10个意大利师。大英帝国为此深感骄傲，他们终于鼓起勇气重拾希望了。部分意大利将士英勇奋战，可他们装备拙劣，根本无法与实现摩托化的英国师匹敌。实际上，英军设想的不过是历时五天的有限进攻，意图实现局部目标。可正如我们所说，沙漠就像海洋，一旦支撑点遭突破，广袤的空间随即敞开，在沙漠里败退的军队，根本无法找到可供坚守的立足地。这种情况发生在意大利人身上。奇怪的是，班加西和开罗的英军将领却没想过，德军将领也有可能利用这项法则。但韦维尔将军通过特工人员的情报，获知了希特勒和墨索里尼的方案。从这些方案和传统作战规则看，隆美尔1941年3月底无法以他的师发动进攻。是否进攻要看意大利总司令部的命令，隆美尔是其下属，所以现在肯定不会采取行动。韦维尔将军清楚这一点，他认为隆美尔会奉命行事。因此，1941年3月30日夜间，韦维尔在开罗安然入睡。

班加西的意大利酒店，尼姆和甘比尔-帕里将军也心安理得地躺在行军床上休息了。

欧盖莱附近，沉寂的夜幕下，弗雷德·米勒少尉打着瞌睡，他只听到几名战友的鼾声。可就在这一刻，战争再次发出呼吸。

坦克履带叮当作响……随之而来的是沉默和一句咒骂。弗雷德·米勒环顾四周，但已不需要叫醒其他人。克拉克从侦察车下钻了出来。他们趴在地上，凝望着前方嘎嘎作响、不断移动的硕大阴影，随后听见呼喊声。"坦克！"米勒低声说道，"德国坦克！"向南行驶的钢铁巨兽就在30米外。"一辆、两辆、三辆、四辆、五辆……"克拉克没再数下去。第六辆坦克调转方向，径直朝他们驶来。坦克车长站在炮塔里望向他们。克拉克喊道："快跑！"司机和报务员已坐在车内，启动机转动起来。"伙计，快点！"侦察车终于发动了，他们驶离时，几乎被叮当作响的阴影笼罩。这片沙漠突然焕发了生机，一个个阴影从四面八方而来。

他们到达通往卜雷加港的公路，随即加速驶往阿拉伯人的村子，这个村庄伫立在高地上。具有历史性的这一天，拂晓已到来。

"德国人沿宽大战线发动进攻，坦克在南面和滨海公路上。"詹姆斯·克拉克中尉朝第2装甲师侦察营营长喊道，该营就部署在卜雷加港前方。

"德国人进攻了！"这个消息像野火般在侦察部队中传播开来。

他们搭乘布伦机枪运载车（小型履带式装甲车）驶离，但没能走得太远。隆美尔的首场交战开始了。

1941年3月31日上午9点44分，施塔恩斯多夫第3摩托化侦察营的侦察车，在卜雷加港前方遭遇英国第2装甲师靠前部署的侦察营。9点50分，第一批炮弹炸开……隆美尔奔袭图卜鲁格的战斗就此打响。

两支侦察部队的对决，以英军后撤而告终，奥尔布里希中校率领第5装甲团的坦克，当日下午冲击卜雷加港英军阵地，这个团的人员都来自柏林和温斯多夫。八天前，德军进攻沙漠堡垒欧盖莱，该团一辆坦克碾上地雷，首次发生伤亡，这也是非洲军第一批伤亡人员。

当日，他们再次发动进攻。第8连的一等兵格哈德·克劳从炮塔里看见了首个敌人，一头疯狂冲向德军装甲楔子的骆驼。这是英国佬某种邪恶的伎俩吗？显然不是。骆驼撞上牵引钩后转身逃离，消失在滚滚尘埃中。坦克继续前进，但面对英军强大的防御阵地，他们没能取得进展。

下午5点30分，德军两架斯图卡对英军阵地展开快速而又连续的攻击，他们还以重型高射炮猛轰英军炮兵阵地。温度计显示，此时的温度高达38摄氏度。步兵穿过起伏的沙丘地带，逐渐向前推进。随后出现了第一批地雷。"工兵前进！"德国工兵插下一面面黑色小旗，打开沙漠中的通道。这些黑色旗帜在耀眼的阳光下飘摆，为摩托车步兵和第8机枪营的士兵指明了前进方向。他们继续进攻。第一批人员倒下了，但卜雷加港也落入德军手中，这是昔兰尼加的沙漠门户。

就这样，德军实现了意大利最高统帅部批准并确定的当前目标，但隆美尔发现英国人的实力很弱。英军总司令没料到德国人会发动进攻，他的几个师也没有为此做好准备。作为一名大胆的将领，隆美尔知道这种时候该做些什么：他命令部队继续前进。坦克履带在沙路上嘎嘎作响。卜雷加港与班加西之间的塞卜卡，德军侦察车和桶式车驶过铺满贴贝壳的蓝灰色田野，轮胎发出咯咯声。他们很幸运，因为这几天没有降下春雨，一旦下雨，尘埃覆盖的黏土会在几分钟内沦为泥沼，车辆就会像粥里的勺子那样深陷其中。

4月2日一整天，隆美尔的迅猛追击一直在持续。侦察机报告，英军仍在后撤。隆美尔下令进攻艾季达比亚。这个镇子陷落了。攻占艾季达比亚，德军就掌握了这片沙漠地区的优质淡水资源。英国人继续退却，不愿投入交战。韦维尔派他的沙漠专家奥康纳将军、第11轻骑兵团团长库姆准将去见尼姆将军。奥康纳问道："这究竟是怎么回事？根据我们掌握的情报，这个隆美尔不可能发动进攻！不可能！没人批准他这么干！"尼姆将军指指麾下部队的报告。德军打垮了第3装甲旅，在英军防线上撕开个缺口。

隆美尔的命令是："继续前进！"

英国人迅速退却，德军一份份捷报放在隆美尔的桌上，这张小桌搭在他的指挥坦克旁，随之而来的还有麾下部队的求援电："没油了！燃料耗尽！"

后勤部门告知隆美尔，他们至少需要四天，才能为所有车辆提供足够的油料。但隆美尔展现出自己的组织能力。他下令卸空全师所有卡车，组成车队赶往西面运载油料和弹药！隆美尔给他们24小时完成这项任务，这24小时非常危险，因为这段时间里，他的师动弹不得。但尼姆将军没有抓住这个天赐良机。

德国人成功了，没过24小时，油料和弹药运抵前线。第5轻装师灌满油箱后继续追击英军。

德方展现出杰出的组织才能之际，英军的状况却混乱得令人难以置信。一道道矛盾的命令让前线指挥官无所适从。德国人击败了一个个英军团，可开罗的英军总司令仍不相信隆美尔仅凭一个师就敢发动进攻。韦维尔下达的指示，撤销了昔兰尼加总司令的命令，理查德·奥康纳爵士越过指挥昔兰尼加英军部队的尼姆中将，直接给甘比尔–帕里、莫斯黑德这两位师长下达命令。

前线发回的报告矛盾百出，韦维尔一时间不明就里，最后不得不飞赴昔兰尼加。他的感受不难想象，因为几天前他还在开罗信誓旦旦地向外交大臣安东尼·艾登、总参谋长约翰·迪尔爵士保证，德国人5月中旬前不可能发动进攻。

韦维尔是个聪明的战略家，可他到达尼姆的司令部后，再次犯下错误。他不相信德国人会冒险进入沙漠，坚信"缺乏经验的"隆美尔会沿巴尔博大道这条宽阔的滨海柏油公路攻击前进。

"隆美尔沿巴尔博大道攻往班加西之际，设法打击他的侧翼。不必据守班加西，但这座高地，"韦维尔指向赖杰迈，"必须守住。"

将军先生，"必须"这个词是什么意思？这就是您的对策吗？您低估了隆美尔和他的部下，您会继续犯错，这些错误的代价会非常高昂。

韦维尔要求看看设在沙漠里的物资仓库清单。这些补给充足的仓库，堪称机动作战的现代要塞。最大的一座位于姆苏斯，那里的油料贮存在地下油罐里。另外还有古老的商队中心迈希利，号称"昔兰尼加的心脏"。这都是沙海中的英军补给岛屿。

但韦维尔的作战方案，建立在错误判断的基础上。

首先，出乎韦维尔的意料，隆美尔穿过沙漠前出到迈希利。其次，这位德国将领制定了新战术，该战术建立在以下基础上：沙漠战的主要问题是油料供应。德国空军接到命令，把消灭英军补给车队列为主要目标。事实证明，以沙漠仓库存放油料的想法陈旧过时，对英军深具致命性。

4月4日上午，德军坦克即将到来的消息传到姆苏斯，村内守军炸毁了庞大的油料仓库。可来的不是德国人，而是英国第2装甲师赶来补充油料的坦克，英军坦克兵笼罩在一股股黑色烟云下，眼睁睁地看着他们急需的油料化为巨大的蘑菇云，这股蓝黑色烟云蔓延在姆苏斯上空，一时间遮天蔽日。第2装甲师大部分坦克耗尽燃料后不得不丢弃。

此时，冯·韦希马尔男爵中校率领第3摩托化侦察营火速赶往班加西，隆美尔坐在最前方的装甲侦察车里。4月4日清晨，他们到达港口。英国人没来得及彻底

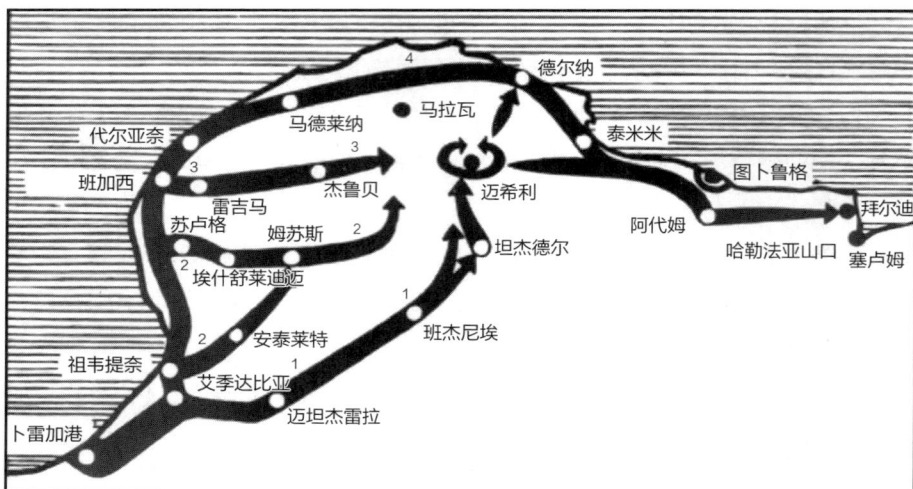

▲ 1941年4月，隆美尔的进军穿过昔兰尼加。

1.施特赖希战斗群、第8机枪营(波纳特)、什未林战斗群、阿列特装甲师、法布里斯辖内部队的进军路线。

2.奥布里希特道队、第5装甲团、第2机枪营的进军路线。

3.第3摩托化侦察营的进军路线。

4.布雷西亚师(基希海姆)的进军路线。

破坏港口设施。

　　隆美尔没时间组织阅兵式，甚至没看看美丽而又宽阔的市场，身着白袍的阿拉伯人好奇地站在四周，用东方式的欢呼迎接每辆坦克。隆美尔也没有在意花生和柠檬商贩，尽管战火肆虐，可这些商贩继续叫卖他们的货物。他只是朝柠檬水小贩露出一丝微笑，这些小贩带着谦卑的姿态凑近隆美尔的座车，兜售他们脏兮兮的饮品。隆美尔此时只有一个念头：继续前进！

　　一个个战斗群奉命深入昔兰尼加广阔的山谷。

　　施特赖希少将的战斗群同波纳特中校率领的第8机枪营，什未林伯爵中校的战斗群会同几支意大利部队，准备从艾季达比亚朝迈希利实施大范围迂回。

　　奥尔布里希中校率领第5装甲团主力、第2机枪营、意大利"阿列特"装甲师40辆坦克，取道姆苏斯，朝迈希利攻击前进。

　　基希海姆少将率领意大利布雷西亚师部分力量，从班加西出发，沿巴尔博大道赶往德尔纳，另一个战斗群向南攻往迈希利。参加此次行动的非洲军官兵，永远不会忘记奔向迈希利期间，穿越的那片沙石遍地的炽热沙漠。

整个昔兰尼加地区，只有一个人迅速看清了隆美尔的策略。此人就是奥康纳中将，这个瘦削矮小的爱尔兰人，是英国军队里公认的最优秀的沙漠专家。英军遂行的北非战役就是出自他的手笔。4月2日，韦维尔把他从开罗派往前线协助尼姆中将，任务是挽救昔兰尼加。

4月6日傍晚，尼姆和奥康纳离开马拉瓦，驱车穿过意大利人废弃的定居点，这里种植的葡萄已结出绿色的果实，玉米也长得很高。他们的目的地是新司令部所在地泰米米，可途中迷失了方向，开上通往德尔纳的公路。

随后发生了不幸。

波纳特机枪营的一群摩托车步兵发现了英军指挥车，两位将军疲惫地坐在车内。哈姆贝尔指挥车副座上的卫兵也认出凑拢过来的德国人，立即端起步枪。他击毙了第一辆摩托车挎斗里的德国兵，随即被第二辆摩托车喷吐出的冲锋枪子弹射倒。尼姆将军和沙漠专家理查德·奥康纳爵士惊恐地盯着德国人的冲锋枪枪口，举起了双手。北非战场两位重要的将领就这样成了俘虏。

4月7日，施特赖希和什未林战斗群包围了迈希利。他们两次要求昔兰尼加的心脏，这座筑有塔楼的沙漠堡垒投降，都被英国人拒绝。夜幕降临后，英军部队企图突围。甘比尔-帕里将军和沃恩准将被俘，一同沦为俘虏的还有师部、印度摩托化旅大部、著名的拉杰普塔纳步兵团一个连，共计2000人。德国人缴获大批战利品。甘比尔-帕里是退出北非角逐的第三位杰出的英国将领。

迈希利陷落当天，波纳特战斗群攻占德尔纳。这座小镇聚集了成千上万只燕子，每年都向北迁徙到非洲军的故乡。但隆美尔没给第5轻装师留下目送燕子离去的时间，甚至不许他们停下来喘口气。他们拿上从泰米米营地缴获的饮水、油料、口粮，迅速赶往图卜鲁格。他们的目标是图卜鲁格。图卜鲁格堪称北非的明珠，既是港口又是补给基地，更是通往埃及的关键所在。

丘吉尔4月7日致电韦维尔将军："图卜鲁格有意大利人构筑的永备防御工事，你肯定能守住，至少要坚守到，或除非，敌人调来强大的炮兵力量。似乎很难相信他们几周内能做到这一点。倘若敌人围困图卜鲁格，同时攻往埃及，就得冒上很大风险，因为我们能从海上提供支援，威胁敌军交通线。因此，图卜鲁格似乎是个必须坚守到底，决不考虑撤出的地方。我很想听听你的意见。"

韦维尔将军次日回电称："……图卜鲁格不是个有利的防御阵地。实际上，漫长的交通线毫无掩护，而且缺乏必要的设施。"他日趋加剧的悲观情绪暴露无遗。

丘吉尔合情合理地认为，韦维尔打算弃守图卜鲁格。伦敦这位老兵怒不可遏，严令韦维尔坚守图卜鲁格。这是道具有历史决定性的命令。①

因此，企图以突袭攻克图卜鲁格的隆美尔，遭遇英军英勇抵抗。4月10日，图卜鲁格前方16公里里程碑附近，德国第15装甲师师长冯·普里特维茨将军阵亡。4月11日（耶稣受难日）和4月12日（复活节星期六），隆美尔投入第5装甲团部分力量，在第605坦克歼击营第1、第2连支援下，企图突破图卜鲁格防御圈，但澳大利亚第20步兵旅的炮火击退了这场冲击。

隆美尔觉得运气不佳，于是下令4月13日、14日继续进攻。波纳特中校第8机枪营以堪称典范的英勇突破英军防御工事。第5装甲团也克服了防坦克壕，随后遭遇皮拉斯特里诺堡射出的猛烈火力，再也无法更进一步。第8连损失惨重，该团其他部队不得不后撤。意大利"阿列特"装甲师以往战斗得很英勇，可这次似乎对当前任务不感兴趣。波纳特率领他的营，与澳大利亚人展开艰巨的近战，他和许多部下在激战中阵亡。隆美尔通过快速突袭夺取图卜鲁格的企图失败了。

但隆美尔不是个轻易打退堂鼓的人。英军看上去实力虚弱，组织混乱，他怎么也不相信对方会在图卜鲁格展现出钢铁般的顽强，不管怎样，他决不允许图卜鲁格成为自己进军埃及途中的绊脚石。于是，他命令两个快速战斗群向东进击，绕过图卜鲁格，这两个战斗群是冯·韦希马尔男爵率领的第3摩托化侦察营，以及第15摩托车步兵营（该营缺两个重武器连，他们仍在意大利等待开赴非洲）。克纳贝中校指挥第33坦克歼击营和一个88炮连提供加强。

第15摩托车步兵营第1连的二级下士克吕格尔朝班加西的沙地啐了口吐沫，二级下士沃尔夫有样学样。该死的沙地！可不管怎么说，沙漠还是比危险的地中海更

---

① 译注：据丘吉尔回忆录称，他和三军参谋长协商后，确实草拟了命令，可没等发出就获悉韦维尔改了主意，决心坚守图卜鲁格。因此，这道命令没有发出。

好些，几天前，他们乘坐老旧的"阿利坎特"号轮船，从那不勒斯驶往的黎波里。

那趟旅程令人难忘！

这可不是开玩笑。实际上，海上旅程吓死人。他们在海上严重晕船。可惜，军士长埃贝尔一点不受影响。他步履轻快地在甲板上逡巡，看见手下最棒的两名军士脸色发绿，马上觉得应该给他们安排点事情做。"你们俩获得过一级铁十字勋章，可看上去胆小如鼠，跟新兵没什么两样。到船头去，仔细搜索潜艇和水雷。轮船沉没的话，你们得负责。"他转身离开时又甩下一句，"要是肚子里还有献给海神的祭品，赶紧吐掉。"

尽管"阿利坎特"号陈旧不堪，船上官兵严重晕船，可还是平安到达。不过，他们在的黎波里没得到预期的八天休整。军需主任奥托上尉已等在码头，他命令道："立即出发，方向班加西！"

第15摩托车步兵营三个连队沿巴尔博大道行进。每个连有66辆三轮摩托车、25辆轻型和重型卡车、210名官兵。开抵班加西后，他们听说德国军队已绕过图卜鲁格，还听说他们这个营和第33坦克歼击营编为克纳贝战斗群，负责夺取卡普佐堡和港口城市塞卢姆。

拜尔迪4月11日陷落。德军攻往卡普佐和塞卢姆！

卡普佐和塞卢姆，听上去有种不祥感！两个城镇在哪里？它们现在只是个名称，可很快会成为历史的组成部分。历史、废墟、墓地。

此时是1941年4月12日。

德军队列沿尘土飞扬的小径艰难前行，每过10公里就得停下，逆风冷却发动机。他们严格遵守这项规定。德国人很快发现，欧洲战场上如鱼得水的摩托车，在这里毫无用处，他们对这种车辆的预期未免过高了。每个车组3名士兵，携带着机枪、弹药箱、3个背包、储备油罐、水罐、3支卡宾枪。他们在流沙里行驶，阴凉处的温度也高达50摄氏度。找个阴凉地测试温度的想法纯属开玩笑，因为这里根本没有遮阴处。能在50摄氏度高温下和复杂小径正常使用的摩托车还没有制造出来。所以，车辆很快出了故障。

这趟行程令人极感不适。骆驼刺、石块、尘埃、酷热、苍蝇……连部传令兵施里费尔说道："这里真是进行战争的理想地区，至少没什么可以毁灭的。"另一名传令兵迪斯克回答道："除了我们自己。"

夜晚终于到来，浓厚的夜幕突然笼罩了一切。卡普佐肯定就在前方50公里。两名侦察军官带着电台赶去查看情况……直到六年后的1947年，他们才从战俘营获释回国。

次日晨，连里其他人员醒来，几个头脑清醒的家伙喊道："复活节快乐！"是啊，他们差点忘了，今天是复活节，沙漠中的复活节。有人问道："我们该把鸡蛋藏在哪儿？"这句俏皮话没得到喝彩，因为英国人突然朝他们投来"复活节彩蛋"。

炮弹在队列里炸开，3辆摩托车损毁。"高射炮向前！"他们朝卡普佐而去。昔日的意大利边境兵营，现在沦为废墟瓦砾。这座出色的堡垒过去配有现代化宿舍，可供士兵和军官居住，而此刻，裸露的混凝土在烈日下闪闪发光。英军防御火力袭向德军连队，撕开几个缺口。

施泰德勒少尉朝第1排喊道："要是留在原地，会被敌人消灭的！"于是，他们与第2排的勒费尔拜因继续前进。要想活下去，就必须冲过去，夺取兵营废墟，那里能获得些隐蔽。

但此刻，英军侦察车和自行火炮冲出卡普佐堡，以直瞄火力打击进攻方。战斗的关键时刻到了！德国人立即投入50毫米反坦克炮，这款反坦克炮对付装甲侦察车非常管用，开火！最前方的英军侦察车停了下来，第二辆、第三辆侦察车翻倒在路边，其他车辆四散奔逃。德军官兵展开迅猛追击。

临近中午，卡普佐陷落。

这个凄惨的废墟堆甚至不再是村落。他们曾梦想这里有个阿拉伯酒吧，有真正的咖啡，至少有个储水池。可是，倒在堡垒外沙地上的人，他们的梦想永远破灭了。

当时指挥该连的埃勒少校来自于尔岑，他对我讲述这段经历后，点点头说道："没错，情况就是这样。"他看看我摆满战争书籍的书柜，又仔细打量书脊上的书名，随即沉默下来。

我知道他在想什么：这里有这么多书，可以说应有尽有，但最重要的却不在这里。因为没有一本书提到二等兵京特，提到他阵亡在卡普佐堡前方沙地时最后的思绪和混乱的梦想；没有一本书提到凄惨、拉长的呼喊："医护兵！"也没有哪本书提到曼基维茨中士和一等兵布鲁梅，入伍前，布鲁梅是哈根的一名教师，腹部中弹后，他向上级报告："一等兵布鲁梅负伤了，机枪和弹药箱在这里！"说罢就牺牲了。"机枪和弹药箱在这里！"这是他的职责，阵亡的这一刻，他仍不忘履行自己的职责。一等兵布鲁梅来自阿尔特马克的哈根。

这本书必须由埃勒和其他像京特、布鲁梅那样的士兵撰写，因为他们才是故事的缔造者，这部为后人撰写的巨著，既有冷静或热情的思考，也有批评和赞扬。不管怎样，他们以他们的痛苦、勇气、鲜血写就了历史的篇章。

但生者想同死者争辩的是战争因何而起，胜利又能步向何方。每一场交战都是如此，卡普佐堡前方也不例外。

一等兵艾梅克气喘吁吁地跑来，其他幸存者扯开衣领笑了起来。他在硝烟弥漫的废墟下找到个口粮仓库，拿了些桃子、杏子、火腿罐头过来。他们欢庆复活节。此时是1941年4月13日，他们没想到卡普佐废墟会得而复失、失而复得达四次之多，这里很快会出现一片墓地，一个个木制十字架上刻着德国、意大利、英国士兵的姓名和兵籍号。

塞卢姆也落入德军手中，这归功于第15摩托车步兵营第3连和第33坦克歼击营第1连，他们冲击塞卢姆周边高地和港口。前进中的德军官兵，穿过废弃的意军旧阵地，越过一座座石制暗堡，爬上干谷斜坡，翻过高地。夏季湛蓝的地中海出现在他们眼前。

他们牢牢据守炽热的山坡，这道山坡一路通往塞卢姆。他们看见辽阔的海湾，宽广的白色沙滩。再往后，高耸的山脉伫立在蒙蒙薄雾中。停泊在港内的一艘英国驱逐舰，以舰上所有火炮猛轰山坡，但克劳斯中尉用88炮打哑了对方，这款高射炮堪称二战中的奇迹。要是没有88炮，北非战局会怎样？88炮最初是作为防空武器制造的，但在非洲，德国人把它当作最有效的地面武器，专门对付敌人的坦克和火炮。英国人从非洲战区发回的报告，经常怀着敬畏之情谈到德军的88炮。

塞卢姆之战的另一个特点是，这里有意军昔日构置的防御阵地。1940年间，意大利工兵以高超的技巧辛苦地构筑了这些阵地。意大利人堪称土木作业的天才，可惜，他们没能守住这些工事。不过，他们也有另一些迷人的特点。意大利人逃之夭夭，德军官兵当然会破口大骂。但不能一概而论，因为获得出色领导的

— 17 —

意大利士兵，战斗得非常英勇。

塞卢姆和卡普佐前方、哈勒法亚山口、图卜鲁格门前，需要的是钢铁般的顽强，而不是罗马人快速燃烧的英勇。因为他们的对手是坚强似铁的新西兰人、澳大利亚人、第22禁卫旅的英国人。夜间，他们穿着绉胶底鞋进攻或偷袭德军反坦克炮和防御阵地，随后发生的事情，只能听天由命了。地狱之门就此敞开。他们穿着长裤和套头衫，戴着贝雷帽，宽大的裤兜里揣着手榴弹，挎着冲锋枪发起袭击。夜间，他们突然出现在德军某个支撑点，投掷手榴弹，射光冲锋枪弹匣，来如鬼魅，去似幽灵。要是他们当中有谁被俘的话，没人能从他嘴里得到只言片语。他只会面带笑容，耸耸肩说道："我什么也不会说的。"他会恪守这项原则。

英军顽强坚守塞卢姆周边地区。他们逐步后撤，在镇子后方的高地占据了更有利的阵地。他们把装甲侦察车部署在峡谷里，朝一切移动物开火射击。因此，白天老老实实地待在散兵坑里是明智的做法。但酷热比战争更恶劣。另外还有苍蝇，这是比全世界所有军队加起来还要强大的敌人！它们会在你的双唇间爬行，钻入你的鼻孔。就连友好的"宪兵"（德国人对水鹡鸰的称谓，因为这种河鸟的胸部呈浅色，犹如宪兵佩戴的"狗牌"）也帮不上忙，尽管它们很大胆，甚至敢啄食你脸颊上的苍蝇。可面对无穷无尽的苍蝇大军，鹡鸰的饥饿感也无济于事。

由于英军在图卜鲁格坚决抵抗，此处远远落在塞卢姆—卡普佐战线后方，隆美尔的军队分成两股，在两条战线作战。这种状况分散了他的力量，因此，隆美尔决心攻克图卜鲁格，腾出兵力用于后续进军。但英国人打算以澳大利亚守军不惜一切代价守卫图卜鲁格，丘吉尔的命令是"务必坚守到最后一兵一卒"。

1941年4月10日，隆美尔对图卜鲁格发起首次进攻，此时，第15摩托车步兵营两个重武器连已登陆的黎波里。上级立即把他们派往图卜鲁格。第5连连长布施上尉驱车行驶在连队前方，他在阿克鲁马收到隆美尔亲自下达的命令，要他做好进攻准备："您必须让英国人觉得，您的部队至少是营级力量！"

这几周，欺骗是隆美尔的绝招。图卜鲁格与塞卢姆之间，他派出"尘埃制造者"，驾驶车辆不停地来回奔波，伪造出大股部队开进的迹象，以此欺骗英军的侦察。这种伎俩让英国人做出许多错误的决定。

4月19日，隆美尔的副官施雷普勒少校率领两个连投入进攻。隆美尔待在他的指挥坦克里察看这场进攻。几个步兵炮和反坦克炮排所有重武器都被敌军炮火击毁，德国人没能取得突破，这场进攻的伤亡超过50人。

4月30日，第115摩托化步兵团部分力量和第33装甲工兵营，终于达成纵深突破。第2机枪营第3连，在戈特弗里德·蒙陶强有力的领导下，一举夺得强大的筑垒阵地马道尔角。德军突击队冲入第一道防坦克壕，并加以控制，但他们也为此付出了高昂的代价。第33装甲工兵营的连长齐雷纳中尉是骑士铁十字勋章获得者，他亲自率领部队攻克数个外围支撑点，最后在战斗中阵亡。弗里德尔·施密特少尉率领第104"摩步团"直属工兵排，4月30日夜间赶去加强第115"摩步团"的米勒战斗群。

5月1日，第15摩托车步兵营和第104"摩步团"投入进攻，企图拓宽第115"摩步团"打开的缺口。

第104"摩步团"第1营和团部4月份开赴非洲，冒着肆虐的暴风雪离开了鲍姆霍尔德的军事训练区。

团副官格勒格尔少尉把报纸摊放在腿上，大声读道："第5轻装师取得的战绩真是不可思议，欧盖莱、卜雷加港、艾季达比亚、班加西、迈希利、德尔纳，他们现在位于图卜鲁格门前。"

团里的上尉军医给他的热情泼了盆冷水。这位经验丰富的医生露出睿智的笑容，填着烟斗说道："战事不会那么顺利，您肯定能及时到达那里，相信我。"

他们后来经常想起他这句话。

离开罗马后，他们不再谈论战事。虽说他们仍玩扑克牌，可昼间的主要娱乐是滑雪。

他们见到了那不勒斯，不过没时间游览市内风光。

机场上的Ju-52运输机已做好起飞准备。可以带上飞机的一切物品塞入两个简易油桶。温度计显示此时的温度高达40摄氏度。几天前，他们还被国内零下2摄氏度的低温冻得瑟瑟发抖。

数千名官兵经历过地中海上空的飞行。满载情况下，Ju-52运输机通常可以搭载16人。下方的海水熠熠生辉。他们会遭遇英国战斗机吗？遭遇敌机的话，能摆脱对方吗？朝地平线望去，他们看见一条细细的白线，那里就是非洲，沙漠，班加西。

炽热的阳光和细细的黄褐色沙子，刺痛了他们的双眼。一辆辆卡车准备就绪，等着把他们运往未知地区。他们不知道目的地是何处，只知道情况紧迫。有传言说图卜鲁格即将陷落，他们赶去对那座重要的要塞施以最后一击！唉，这些传言！

他们停在一堆废墟瓦砾处，这里就是阿克鲁马，是德军设在图卜鲁格接近地的集结区。隆隆的炮声笼罩了他们。迪斯特尔上尉参加简报会返回后告诉他们，工兵排必须做好战斗准备。他们带着机枪和手榴弹动身出发了。

石漠平坦得像个盘子，目力所及之处，看不到任何遮蔽物。没有房屋，没有灌木丛……除了石头和沙子，什么都没有。

他们穿过第一道破裂的铁丝网，终于见到坦克履带留下的痕迹。战斗的声响越来越大，前方出现了炮弹爆炸激起的尘云。尘埃形成的一堵"墙壁"标示出前线，他们必须投入这条战线。这就是第104"摩步团"赶赴非洲的经历。

他们在非洲战区见到第一批阵亡的英军士兵，高温下，阵亡者的脸肿得面目全非。尸体正在腐烂，撑破了身上的军装。倒在地上的三四名澳大利亚士兵紧靠在一起，肯定是死于机枪火力。

他们很快又遇到从前线返回的第一批德军官兵，其身上沾满泥土，污秽不堪。一名中士从他们身边蹒跚而过，肩膀仍在流血。

第一批炮弹在距离他们很近的地方爆炸。卧倒！所有人趴倒在地，队列散开。情况越来越严重。总之，他们必须火速开赴前方。战场上满是死者，他们不能在这里趴得太久，地上的尸体还没有开始肿胀。这群掷弹兵迅速移开目光。这里有战壕吗？暗堡在哪里？暗堡，会像西墙或他们在马其诺防线见识过的那样吗？这里显然没有此类工事。

可还是有暗堡的，而且非常危险，最要命的是你根本发现不了。

夜幕的降临也出人意料。这是1941年5月1日的夜晚，他们已到达进攻阵地。第104"摩步团"辖内部队，会同第115"摩步团"遭受重创的几个连，负责拓宽皮拉斯特里诺堡登陆场。拂晓时，他们接到了进攻令。

令他们猝不及防的是，德军炮兵居然朝己方部队开火。"停火，我们是德国人！"他们大声喊叫起来，可无济于事。一门反坦克炮被击中，一同倒霉的还有个救护兵。炮火随后射向道路右侧密集的意大利连，那些士兵尖叫着呼救。德军装甲部队终于从左侧而来，几个连队跟随他们一同前进，对摆脱眼前的灾难性局面深感庆幸。意大利人也跟了上去。天色已放亮。连队的迅猛冲击取得些进展，可他们的队列越来越稀疏。地雷炸开，几辆履带被炸断的坦克停在那里。车组成员跳离坦克，朝后方跑去。火炮轰击着这片地域，机枪和迫击炮也发出怒吼。整片地区无遮无掩。这里没有土壤，根本无法挖掘散兵坑，地面硬得像混凝土。此时是上午9点，四小时前，德意联军发起冲击。干渴难耐，但更要命的是痢疾，近半数官兵被这种疾病折腾得死去活来。

布赫尔少尉和他的传令兵维韦尔霍费，与摩托车步兵待在一起，他们俩入伍前是老师，现在都患了痢疾。两人脱下裤子，用最后几口咖啡稍事清洗。烈日下，搁在壕沟边缘的裤子很快就干了。可伴随轰的一声，一发迫击炮弹炸毁了他们的裤子，一连两天，少尉和他的传令兵不得不穿着短裤进行战斗。

隆美尔仍企图攻入图卜鲁格，进攻持续到5月4日，可他的兵力实在太少。对方的防御异常强大，特别是他们的炮兵。德军摩托车步兵浴血奋战，他们从英军阵地弄到些口粮。诺亚克中士把伤员带离火线，可这种英雄主义无济于事。5月4日夜间，德军摩托车部队撤出前线，调回卡普佐战线。第104"摩步团"也退到更有利的防线上。只有夜晚和沙尘暴期间，他们才敢爬出洞穴。德军阵地随后活跃起来，他们收集石块，堆放在浅浅的炮位周围，以此抵御敌军步兵火力。

弗里德尔·施密特少尉向第115"摩步团"战斗群指挥官米勒少校报到。米勒的指挥所设在R6，这是暗堡的编号，一个个暗堡分别编为R6、R5等等。遭遇暗堡前，你根本无从发现。这些暗堡与地面齐平，完全是在石质地面炸出的堑壕，再以混凝土加固，与一个暗堡状的房间相连。

这种巧妙的堑壕技艺让许多德军官兵送了命。他们没发现暗堡，贸然冲了过去，结果被身后袭来的火力射杀。图卜鲁格简直就是地狱！两座该死的暗堡（R5和R4）以侧射火力打击第104"摩步团"几个工兵排的作战地段。必须消灭这些暗堡，这是命令。

消灭敌人的暗堡，听上去很容易！你可以关闭一盏灯，也可以关掉一部机器，可你没法消灭两座喷吐火力的暗堡。团里的两个工兵排受领了这项"必须完成的"任务。进攻定于拂晓时发动。

午夜前不久,战地厨房送来饭菜。德军官兵大口喝着汤,不是因为汤里内容丰富,而是因为天气实在太热。除了汤,晚餐提供的是管状奶酪、油浸沙丁鱼配黑面包。这是非洲战区的标准伙食。有时候,战地厨房会送来"老家伙",也称为"穷鬼墨索里尼",其实就是咸牛肉,罐头盒上印着A.M两个字母,德国士兵马上找到了合适的名称:"Alter Mann"(老家伙)或"Armer Mussolini"(穷鬼墨索里尼),意大利人称之为"Asino Morte"(死驴)。

为进攻R5和R4,德国人调来重型武器提供支援:88毫米高射炮,法制长身管火炮,以及最耀眼的明星,一门210毫米口径臼炮。臼炮!这可是全新打造的兵器。看来不会出岔子了,因为高射角武器能粉碎要塞防御带的暗堡。

借助夜色掩护,两个工兵排在R6集结。拂晓时刻,突击部队悄然出发。待他们到达朝敌军阵地投掷手榴弹的距离,就发射几发白色照明弹。这是重武器开火的信号。臼炮对付敌人的暗堡。炮火随后前移。炸药包投入敌战壕,突击部队冲击暗堡,占领暗堡后坚守到夜间,随后会有部队接替他们。这是个出色的方案!

突击部队悄无声息地爬过石质地面。他们磨破了手肘,可这有什么关系呢?只要不弄出动静就好!

他们到达目标,信号枪举起,白色照明弹嘶嘶作响地窜入夜空,燃烧的镁粉怪异地照亮了地面。现在应该轮到火炮的烟花表演了。

应该!

可什么也没发生。

可怕的沉寂。

没有一发炮弹射出。

但英国人迅速做出回应,德军突击队员被打得血肉横飞,"同志,救救我!"的呼喊此起彼伏。战场上回荡着惨叫,偶尔也有死亡到来时的咯咯声。

"我中弹了。"小西格里斯特呻吟着,他是排里的宝贝儿,很受大家喜爱。谁会丢下他呢?弗里德尔·施密特少尉上前扶起他,"来吧。"这个小伙跟着他朝后方蹒跚而去。

八天后,西格里斯特归队。子弹干净利落地穿过他张开的嘴巴,在颈椎旁钻出。就像受到魔术师指挥，子弹错过了他的每个重要部位，没击中静脉，没击中动脉，也没有碰到筋骨，只给他造成轻微的皮肉伤。医生对他说："您今后应该张开嘴巴过日子，这样就能永远好运！"18岁的西格里斯特归队后讲述了这件事。他很幸运，平安度过这场战争，目前依然健在，过得有滋有味。

德军突击队的行动彻底失败，没人知道重武器为何不投入交战。隆美尔朝工兵吼道："看看英国人大白天冒的风险，可你们就连夜间的局面也无法掌控！"

德军伤亡数激增。昼间，第104"摩步团"的官兵蜷缩在散兵坑里，轻易不敢动弹。澳大利亚人都是神枪手，枪法准得令人难以置信。

冒着非洲炙热的阳光，在地面上的散兵坑里一动不动地待上12小时，这可不是说着玩的，特别是他们一连数日得不到口粮供应。任何时刻，任何地点，只要送来食物，他们就得赶紧填饱肚子。这些德国士兵不可能纹丝不动地待到天黑，可就连最轻微的动作也有可能造成"英勇牺牲"。屁股撅得高了点，稍稍暴露在外，砰！你就中弹了。

幸亏沙尘暴频频袭来。这时候，形如鬼魅的德国兵现身了，他们会跑上几步，到旁边的散兵坑同战友聊上几句。沙尘暴期间，这种做法没什么风险。枪炮不再射击，因为炸膛事故发生过很多次。沙尘暴肆虐时，英国人彻底隐蔽到地下，德国人反而活跃起来，这是图卜鲁格交战期间的荒唐事。

白天暴露在外非常危险。英国人通过海路获得的弹药补给很充裕，甚至不惜用迫击炮轰击只身子影的德国兵。弗里德尔·施密特赶去探访友邻排的韦滕格尔少尉，英国人发现了他，随即开炮。施密特不得不向前猛跑。他聆听着炮弹袭来的声响，知道什么时候必须匍匐在地。到达一道防坦克壕，他却发现没办法进去，里面有人。就这样，他的半个身子在堑壕里，另一半身躯在堑壕外。阵阵恶臭令人窒息。这是德国军装吗？看看上面的肩章。他凝神望去，两颗星，中间还有阿斯克勒庇俄斯蛇杖……是失踪的上尉军医！双目圆睁的他在这里躺了多久？

第104"摩步团"的工兵，在图卜鲁格门前这座火热的熔炉待到5月中旬，终于获得期盼已久的换防。他们为自己死里逃生兴奋不已。虽然没被要塞吞噬，但日后还有更惨烈的战斗。他们和第115"摩步团"的官兵随即开赴北非第二片血腥战场，也就是塞卢姆—卡普佐—哈勒法亚山口地区，那里的激战也在肆虐。

▲ 德国介入北非战事，第一批德军坦克隆隆穿过的黎波里，这些坦克隶属第5装甲团。14天后，他们作为第5轻装师辖内部队冲过昔兰尼加。"德国佬来了！"这个消息犹如野火般传遍了北非。

▼ 德军战斗群快速挺进期间，一举夺得昔兰尼加最重要的枢纽迈希利，这里也是英军的补给中心。

▲ 沙尘暴、轰鸣、咆哮、灼热的沙子构成一堵高墙，这就是基布利风，对非洲沙漠里的人员和牲畜来说极为可怕。

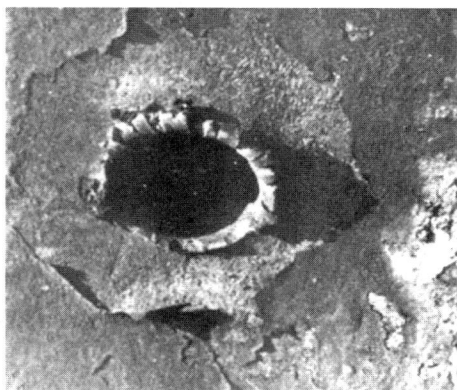

◀ 88毫米高射炮堪称北非战事中的神奇武器，也是英军坦克驾驶员的噩梦。通常情况下，几个88炮连能取得决定性战果。1941年夏季，丘吉尔把扭转战局的希望寄托于新式马克Ⅱ型坦克，德国人的88炮粉碎了这种希望。照片上是88毫米高射炮射穿马克Ⅱ型坦克装甲板留下的弹孔，向外卷曲的弹孔边缘非常典型，这是炮弹冲击力导致钢板融化的结果。

▼ 战斗中的坦克。

▲ 阵亡官兵墓地，这里埋葬了四名德国人和英军突击队指挥官。

▼ 第3侦察营营长冯·韦希马尔男爵中校。

2

赫夫战斗群冲击哈勒法亚山口

1941年4月间，第5轻装师先遣部队，以少量兵力占领了具有战略重要性的哈勒法亚山口。这样一来，他们就在塞卢姆战线前方设立了一道前哨掩护阵地。要是英军企图朝图卜鲁格方向发动解围进攻，就得先夺取哈勒法亚山口。5月中旬，确切地说是5月15日到17日，韦维尔将军以第22禁卫旅辖内部队遂行冲击，把德国第15摩托车步兵营一个连和一个意大利炮兵连驱离山口阵地。除12人外，据守山口的德国守军悉数被俘。但英国人没能实现其他目标。赫夫战斗群展开猛烈的反冲击，重新夺回英军暂时占领的卡普佐和塞卢姆。

英军控制哈勒法亚山口，必然对卡普佐—拜尔迪地区虚弱的德军防线构成持续的威胁。因此，隆美尔决心从英国人手里夺回山口。进攻日期定于5月26日和27日。哈勒法亚山口周围的东部战场，与陷入包围的图卜鲁格要塞相距120公里。这片战场由西迪奥马尔砂质沙漠和卡普佐构成，宽大但已破裂的铁丝网曾是利比亚与埃及边境线的标志。沙漠里的铁丝网围栏，长达150公里！意大利人昔日构建这道屏障，目的是防范塞努西教团袭击意大利殖民地。1941年初夏，这道铁丝网已不再是障碍。许多地段，铁丝网上的三条铁荆棘已被炸碎，还遭到坦克碾压。钢铁支撑柱松松垮垮地伫立在破裂的铁丝网之间。生锈的汽油罐、空空如也的容器、破破烂烂的军装、旧报纸，在铁丝网上发出怪异的光亮。其中一些充当过巡逻和侦察部队的标志，其他的纯属战争留下的垃圾。

塞卢姆—卡普佐地区，沙漠在高原结束，这座高原朝海边陡降200米，还向塞卢姆通往东南方的沿海地带，形成一道35公里长的断崖。从沿海平原通往高原的道路就是哈勒法亚山口。高原接近地布满深深的峡谷，一条条古老的干河床满是碎石和大圆石。

德军掷弹兵在这些干谷进行了艰苦激战。他们像鸟儿那样，在原始山谷的斜坡上宿营，而英国人在他们上方的高原掘壕据守。

德军5月26日投入行动，隆美尔的命令是："赫夫战斗群负责夺取哈勒法亚山口。"听上去轻而易举，从地图上看也很简单：克拉默中校率领第8装甲团，从塞卢姆向南开入沙漠，尔后转身向北，从后方攻击山口的英国守军。第33装甲炮兵团的重型火炮、高射炮、久经考验的第15摩托车步兵营、经验丰富的第33侦察营第1连，为第8装甲团的坦克提供支援。第104"摩步团"第1营，徒步朝山口遂行正面冲击。第5装甲团率领一个炮兵连和5门88炮，会同一个意大利炮兵营部分部队，从卡普佐以西地区进击，朝东南偏南方实施佯攻，把英军注意力从山口引开。命令就是这样规定的，这也是地图上的作战方案。

可是，对那些从塞卢姆一路杀向山口高地的普通士兵来说，他们又是如何看待这场交战的呢？

第104"摩步团"第1营，加入非洲战局次日，就在图卜鲁格交战中失去了他们的营长。连长威廉·巴赫上尉接替了他的职务。营里的士兵笑着说道："一个随军牧师。"几名军士嘟囔着："眼下的烂摊子，却派来个牧师，真是太好了！"

牧师？这可不是绰号，来自曼海姆的新营长巴赫上尉是预备役军官，转入现役前，是个货真价实的新教牧师。弗里德尔·施密特少尉赶来报到时，对营部友善的气氛深感惊讶。施密特向营副官和执勤官做了自我介绍，他看见一条旧军毯把营部隔成两间，旁边一间堆放着板条箱和皮箱。这时，新营长从灰色军毯另一侧出现了，看上去完全没有军官该有的样子。这位和蔼可亲的绅士出生于1892年，身高1.70米左右，上唇留着整齐的小胡子。巴赫左手夹着雪茄，朝少尉点头致意，他穿着长裤，没穿外套，宽大的背带松松垮垮地挂在肩头。没等施密特少尉以正确的军事礼仪报到，巴赫就说道："嗯，我的朋友，看来您顺利到达营部了。"这是他对施密特说的第一句话。

"您想来根上好的雪茄吗？"

"谢谢，上尉先生，我只抽香烟，受不了雪茄那股味儿。"

"抽雪茄更健康些，好吧，您愿意的话就抽香烟吧。"

性情随和的巴赫说一口巴登方言，专注地抽着雪茄。每吐出一口烟雾，他就把头稍稍偏向一侧，有点美食家的派头，看上去像个快乐而又沉稳的一家之主。

"好吧，我的朋友，希望您在这里过得和我们一样愉快。"整个职业生涯中，施密特少尉从没听哪位上级说过这种话，战争期间更是如此。最重要的是，这可是哈勒法亚山口。这就是巴赫牧师！

非洲战争史上，这位牧师堪称武德的杰出典范。他从不下达自己不打算亲自执行的命令。部下喜欢他，要知道，士兵很少会喜爱他们的指挥官。巴赫上尉履行了自己的职责后，英军官兵朝他敬礼，英国报纸称他是"哈勒法亚山口的英雄"或"炼狱牧师"。不过，这些话以后再说吧。

一个德国连部署在夸拉拉干谷，阴影处的温度高达56摄氏度。他们不敢越过干谷边缘。要是有谁稍稍抬头，子弹立即会从他钢盔上方掠过。"咻——砰！"是英军75毫米野炮发出的声响，这款危险的火炮不时开火，没人知道英国人把这门火炮部署在何处。就连无线电班的二等兵荣格也无法确定对方的炮位。营长巴赫上尉朝他喊道："荣格，去把37毫米反坦克炮弄来，部署在我们侧面，压制对方。"汗流浃背的德国士兵大声咒骂着，终于把反坦克炮推入指定位置。试想一下，冒着56摄氏度高温把火炮推入阵地是何种滋味。

反坦克炮没能扰乱英国人，射出的炮火显然不够准。炮组不敢冒险探头观察弹着点。巴赫上尉说道："算了，我来吧，你们纯属浪费炮弹！"他跌跌撞撞地爬出干谷，在边缘处端起望远镜查看情况。一串子弹呼啸着掠过头顶，巴赫迅速隐蔽，但他已确定那门75毫米野炮的位置。荣格把情况告知反坦克炮组。15分钟后，对方的火炮沉默下来。

德国士兵相互询问："看见那个老家伙了吗？"众人钦佩地点点头，待"老家伙"举起手臂，他们就投入了进攻。

他们面对的是冷溪禁卫团第3营，这支著名而又英勇的英军部队坚守了一整

▲ 来自曼海姆的牧师，威廉·巴赫少校。

夜。黎明到来后，血红的太阳升起，第104 "摩步团" 以古老的方式发起刺刀冲锋，嘹亮的 "呼啦" 战斗呼号让人心生惧意。第15摩托车步兵营第3连从一侧投入进攻之际，坦克、火炮、高射炮从陡坡射出的炮火越过山口，雨点般落向滨海公路，英军禁卫兵丧失了勇气，山口再次回到德国人手里。

德国步兵气喘吁吁地倒在沙地上，就这样沉沉睡去。可现在没有喘息之机。身后战友发出的呼救声唤醒了他们。所有人跑去帮助医护兵，把伤员抬回来，并安葬阵亡者。听上去简单，可后一项工作令人心情沉重。在石质地面挖个坑需要几个小时，然后还要收集石块，给每个阵亡战友搭设个小小的堡垒，以免豺狼侵害他的遗体。

幸存者随后也潜入地下，为即将到来的下一场战斗构筑石巢，挖掘散兵坑。后续交战五周前已在伦敦打响。

3

"猛虎"行动和塞卢姆之战

午夜已过，契克斯庄园外暴雨倾盆。下雨和坏天气深受欢迎，因为这种情况下，"该死的德国飞机"不会带着炸弹飞来。多佛与爱丁堡之间的居民，再次拉开他们的遮光窗帘，看看窗外漆黑的夜色，怀着如释重负感上床睡觉了。

1941年4月这个风雨交加的夜晚，英国首相温斯顿·丘吉尔也上床了。准确地说，他靠着枕头坐在床上，阅读开罗姗姗来迟的电报。一反常态，他没有用铅笔愤怒地划出电报中的段落，而是坐在那里沉思。

对丘吉尔来说，获知韦维尔将军在昔兰尼加战败的消息，是他这辈子难挨的夜晚之一。这场灾难令他忧心忡忡，看看他的回忆录就能明白这一点："我的最高目标依然是在西部沙漠赢得胜利，必须赶在隆美尔的实力变得过于强大前，赶在令人畏惧的德国新装甲师全部开抵前，歼灭他的军队。"

他指的是第15装甲师，据德国国内的英国间谍报告，该师正开赴非洲。

现在，一切取决于谁能赢得运送补给物资和援兵的竞赛。要是英方落后于德国第15装甲师，那么，英军发动突袭的一切可能性就荡然无存。毫无疑问，英国发运的物资和援兵会迟到，他们担心德国部署在地中海的潜艇和空军中队，因而决定让运输船队绕道好望角，穿过红海和苏伊士运河后抵达亚历山大港。

4月20日，丘吉尔收到韦维尔发来的消息，获知德国第15装甲师先遣部队已在的黎波里卸载。实际上，这些部队，也就是第33侦察营、第33坦克歼击营、第15摩托车步兵营，已于3月和4月间开抵，早已投入战斗。韦维尔不清楚这个情况，他担心到当月月底，德国第15装甲师就会带着400辆坦克出现在前线。这是个紧急状况，除非迅速提供支援，否则会严重动摇大英帝国在埃及的地位。值此关键时刻，丘吉尔决心付诸大胆的行动。4月21日，他强行命令海军部派遣载有大批新式坦克的船队穿越地中海，而不是绕道好望角。那条航线太过漫长。

萨默维尔海军上将率领海军舰只，护送五艘大型商船，径直穿过直布罗陀海峡，把295辆坦克和50架战斗机运往亚历山大港。

当然，这项任务需要个代号，以便电报里提及此次行动。但这个代号不能过于简单，必须充满斗志，还要对悲观主义者起到鼓舞作用。此次任务最终命名为"猛虎"行动，的确充满斗志。这个代号不仅适合交付新款坦克这批致命物资的任务，而且很完美。丘吉尔心满意足地靠在枕头上。次日①，丘吉尔致电韦维尔，流露出他对胜利的信心："如果猛虎取得成功，就可以放手大干。我已提出，待这群猛虎安然入穴，就迅速抽调马耳他的飓风战斗机交给你指挥。一旦德国佬丧失主动权，他们的危险就会大幅度下降。不管怎样，我们都会全力支持你。"

这几周，伦敦的注意力的确集中在埃及。眼前最大的危险是，大英帝国有可能丧失苏伊士运河的支配权。丘吉尔获知"猛虎"船队5月12日顺利到达亚历山大港，不禁长长地松了口气。

猛虎游过地中海。德国潜艇和意大利海军司令部错失了绝佳良机。只有"帝国颂歌"号货轮触雷，和船上的57辆坦克、10架飞机一同沉没。其他船只平安到达亚历山大港，运抵238辆坦克。其中包括135辆玛蒂尔达Ⅱ型，这款新式重型步兵坦克重26.5吨，装甲板厚达78毫米；82辆全新的马克Ⅱ型，这款快速巡洋坦克重14吨，配备30毫米厚的装甲板和40毫米口径主炮，英国战时内阁对它寄予厚望，期望这款坦克能扭转沙漠战局；另外还有21辆马克Ⅵ型，这款轻型快速坦克重5.5吨，装甲板厚度14毫米，时速高达60公里。

---

① 译注：实际上是5月7日。

韦维尔5月25日致电伦敦："现在只等幼虎长出利齿。"这句话的意思是，目前必须装配坦克，训练操作坦克的新组员。三天后，韦维尔告知英国首相，他打算以手头这股坦克力量进攻隆美尔，把非洲军逐回图卜鲁格，打破沙漠要塞遭受的围困。丘吉尔给这场行动起的代号是"战斧"。此前，沙漠里从来没发生过这般规模的坦克大战，双方投入的战车多达500辆。丘吉尔坚信英国坦克性能更佳，肯定能赢得这场交战。

1941年6月15日凌晨，英军各级指挥部响起刺耳的电话铃声，电传打字机咯咯作响，神色匆忙的传令兵来来回回。声势浩大、严格保密、精心准备的攻势即将发起。"战斧"行动定于6月15日清晨4点付诸实施，克雷将军率领第7装甲师，该师编有第4装甲旅，这个旅配备威力强大的步兵坦克；梅瑟维将军指挥印度第4师和第22禁卫旅；贝雷斯福德–皮尔斯将军负责指挥整个行动，他为此投入200辆坦克和2.5万名官兵。此次行动的目标是拦截隆美尔的军队，在塞卢姆—拜尔迪地区歼灭他的装甲力量，收复哈勒法亚山口，恢复与图卜鲁格的陆地连接。

4点整，英国坦克的引擎轰鸣起来：特种运输车已经把新式马克Ⅱ型坦克运抵前线，另外还有低矮结实的玛蒂尔达Ⅱ型步兵坦克。克拉克中尉和他的朋友米勒少尉兴奋地看着这些战车。隆美尔当初发动进攻时，他们俩率先在欧盖莱前方发现了德军装甲部队的行动。德国人的猛烈冲击迫使他们逃过图卜鲁格和哈勒法亚山口。两个半月前乘坐黄绿色迷彩装甲侦察车逃离，向第2装甲师发出警告的这个侦察小组，只有克拉克和米勒还活着。司机费尔顿阵亡在拜尔迪，无线电报务员法夸尔葬在图卜鲁格附近的31公里里程碑，安葬他的是德国人。克拉克和米勒回到第7装甲师，重新加入第11轻骑兵团。两人站在全新马克Ⅱ型坦克的炮塔里，克拉克笑着说道："这次可不一样，我们有了更好的坦克。"团长举起手臂挥舞三次，前进！部队向前而去。

哈勒法亚山口，德国工兵十四天来一直忙着加固来之不易的阵地。他们构置了另一个炮位，对自己的劳动成果深感满意。战争中居然有人兴高采烈，真是件怪事。人人都知道，88炮可不是能轻易伪装的玩具。里希特中尉走到150米外，趴在地上察看88炮的伪装效果。他没有发现这处炮位的任何痕迹。秘诀在于著名的空中闪烁，高于地面1米的物体很难发现，而超过1.5米的东西，看上去又比真实体积大得多。

连里的四联装高射炮也部署妥当，射界非常理想，放眼望去，没有任何地形障碍。空阔的沙漠是个理想的靶场，战争就该在沙漠里进行。埃梅尔中尉的炮兵连部署在高射炮后方，该连配备4门155毫米法制长身管火炮，这些火炮的分量堪比他们连长的体重。这位来自维尔茨堡职业学校的教师，把他的重型火炮部署在出色隐蔽的阵地里。意大利少校帕尔迪率领的炮兵连，阵地就在埃梅尔炮兵连后方，这是意大利军队精锐的炮兵连之一，他们很快证明了这一点。

工兵排排长掩体里的日历表明，此时是1941年6月12日。一辆满载T型地雷的卡车驶入沿海平原。布雷是个极其危险的工作。首先要在相距两三米的棋盘状地面上挖出若干坑洞，再把地雷放入坑里。你可以用尺子完成，但经验丰富的工兵总是能准确判断距离。然后在坑洞中央插根小木桩，第二根小木桩紧贴坑壁，再用一根细线把这些小木桩与固定在地面上和地雷一侧的雷管连接起来。这种埋雷方式的精妙之处在于，触发线绷得很紧，向左、向右稍事移动或稍稍提起，就会引爆地雷。第三枚雷管装在T型地雷的盖子上，会对压力做出反应，所以，你无意间踩上的话，就会引爆地雷。要是你想把地雷从坑中取出，地雷会立即爆炸。聪明人发现地雷后，应当清除沙子，然后拔掉盖子上的雷管，千万别拆除地雷侧面的雷管。这是因为，只要你把这个要命的东西移动几毫米，或不小心碰到细细的触发线，铁罐里的6公斤高爆炸药就会轰然引爆。布雷工作完成后，地雷处于待触发状态，整片雷区得到精心伪装。

德军官兵忙碌之际，实施侦察飞行的3架飓风战斗机呼啸着越过山口。空中有情况。数日来，皇家空军战斗机一直在扫射德军阵地，德国空军第10航空军肯定已注意到对方的行动。没等地面上的德国工兵发出抱怨，一架梅塞施密特顺着阳光俯冲而下，咬住最后一架飓风，机枪随即开火。飓风战斗机冒出一股黑烟，白色降落伞出现在空中，这架飞机坠毁在哈勒法亚山口与卡普佐之间，猛烈的火焰和黑烟标示出坠机地点。梅塞施密特随即拉起。

对沙漠群狐来说，目睹飞行员空中格斗的机会不多。梅塞施密特的第二轮机枪点射命中第二架飓风，这架英国战斗机拖着火焰坠向地面。挂在降落伞下的飞行员朝海面落去。德军官兵清楚地看见那个白点缓缓落向海面。德国空海救援队会采取行动吗？没必要，因为英国船只很快会把他从海里救出。空战持续了不到一分钟。返航的德国战机降低高度，飞过山口时晃动机翼以示胜利，德国工兵也挥手致意。他们当晚获知，获胜的飞行员是明希贝格上尉。

要是床铺旁没有冲锋枪，也没有进入战斗阵地的喊声，他们可能会觉得自己处于和平时期，或至少是哈勒法亚山口交战期间很长的一段间歇期。

一辆德军装甲侦察车从"圣母马利亚"驶来，那是哈勒法亚山口的一块圣母祈祷石。来的是第33侦察营第1连的巴莱西乌斯中士："出事了，敌人正在西迪奥马尔集结。"他们像讨论暴风雨的农民那样交谈起来，提到的地名先前闻所未闻。可现在，这些地点显然非常重要。例如"出事"的西迪奥马尔在沙漠里，位于哈勒法亚山口侧面，与遭受海上炮击的班加西或双方展开激战的图卜鲁格截然不同。西迪奥马尔是个枢纽，堪称塞卢姆—卡普佐—哈勒法亚—图卜鲁格这个大转盘的中心。

当晚平安度过，没发生任何意外。德军官兵继续从事手头的工作。第二个夜晚随后到来。他们休息时衣不解带，冲锋枪和备用弹匣放在床铺旁。机枪手把机枪搁在触手可及处，弹链已装好。副射手仔细清理了备用枪管，小心地包裹起来，以免沾染灰尘和沙子，然后摆放在身边。弹药箱装得满满当当。一切准备妥当，老爹巴赫已彻底检查过。他从不埋怨，也不怒斥部下，但他会用"小伙子，我希望……"这句话，明确而又充满智慧地表达自己的想法。他从来不要求部下去做毫无意义的事情，可他的命令必须服从，每个人都清楚这一点。派老爹巴赫负责哈勒法亚山口的防务，可以说是把正确的人选安排在正确的地点。这体现出隆美尔的领导艺术，也是他赢得胜利的秘诀之一。

没人能衣着整齐地安然入睡，一个个心绪不安。邻近的散兵坑传来咒骂声："全能的上帝啊，要是它们长着公牛那样的脑袋，我会用鞭子抽死它们！"是啊，要是它们长着公牛那样的脑袋该多好！来自巴伐利亚的弗莱施曼中士指的是沙蚤。这种生物的确让人痛苦万分。要是沙蚤攻击某人，吸食他的血液，只有上帝能救他了。这种生物非常小，用放大镜才能看见。母沙蚤跳上人体，钻入皮肤，只有屁股露在外面，然后开始吸食血液。它不停地吸血，直到扁平的身体变成个厚实的圆球。二等兵埃尔哈特被咬得很惨，毫不夸张地说，从头到脚就像刺满了文身。部队不得不把许多人送回国内，因为沙蚤把他们逼疯了。就连弗莱施曼中士这样的人，也因为自己的无能为力而陷入疯狂境地。"你对这些混蛋能做些什么呢？"可惜，它们没长着公牛那样的脑袋。一些士兵干脆放弃了行军床，睡在吊床里。这种做法在哈勒法亚山口勉强可行，在利比亚沙漠里就别想了。因为根本没有悬挂吊床的长杆，除非你从欧洲带过来。可就算你有长杆，也很难把它插入地下。另外，这种做法纯属徒劳，因为沙蚤能从地面跳上吊床。

德军官兵不胜烦恼的不仅仅是沙蚤，还有各种传闻，这些耸人听闻的传言像野火般传播。一等兵布林德尔就给干谷带来个新消息："英国佬有一款新式坦克，反坦克炮弹命中后，会像豌豆那样弹飞，这款坦克叫马克Ⅱ型。"迄今为止没人见过马克Ⅱ型坦克，尽管如此，他们还是把这款英国坦克描述为神奇武器。"马克Ⅱ型坦克恐慌症"开始出现。德军官兵处于警戒状态的时间太长，这种等待让人心慌意乱。

6月14日傍晚，战地电话响了起来。

营长巴赫上尉平静地宣布："有情况发生，不是今晚就是明晨。"

他问施密特少尉："您是个老突击队员，手头有个出色的工兵排，对吗？"

"是的，上尉先生！"

"我交给您一项特别任务，您率领工兵排担任营预备队。要是英国人在某处达成突破，就击退他们。"

"明白，上尉先生！"

任务很简单：如果英国人在某个地段取得突破，我们就驱离他们！命令简明扼要，再清楚不过，听上去就像烹饪书里的食谱，用这个和那个……OK，蛋糕做好了。

"明白，上尉先生！"

弗莱施曼中士、贝克尔、布林德尔、格哈德、哈贝尔都接到了指示，他们继续等待。

临近傍晚，德国工兵迅速封闭了第3连与高射炮营之间的雷区通道，设立了双岗，还派出巡逻队。所有人在散兵坑里保持警戒。死一般的沉寂笼罩山口，黑暗中，似乎有无数双耳朵正凝神倾听。没有坦克履带声……非洲的天空，星星熠熠生辉，满月照亮了沙漠。月光亮得能读报纸，可谁有报纸呢？谁又有心情看报呢？

当晚9点57分，电台里传来贝尔格莱德德国武装部队广播电台播音员平静的声音，他随后播放了歌曲《莉莉玛莲》。此时，有多少士兵坐在卡车、坦克里的电台或收音机前聆听这首美妙的歌曲呢？这首歌传遍了全世界。

　　军营前方

　　营门之前

　　有一盏灯

　　至今依然点亮

　　所以，我们会在那里重逢

　　就在那盏灯下

　　一如从前，莉莉玛莲

　　我们俩的身影

　　看上去合而为一

　　我们相爱至深

　　我们在灯下相会

　　人人都能看见

　　一如从前，莉莉玛莲

　　身处法国、波兰、挪威，置身潜艇和沙漠里的士兵都在聆听。他们坐在营房、咖啡馆、食堂里，或蜷缩在散兵坑里，想象着年轻姑娘的声音。质朴而又诱人的嗓音唱着这首朗朗上口的歌曲。这是士兵的最爱。今天，许多人对这首歌大加批评，斥之为蹩脚的伤感情歌，可这种批判对喜爱《莉莉玛莲》的数百万官兵来说不太公平，因为歌曲的旋律和歌词体现出一种乡愁，以及与战争和死亡的可怕现实相对立的伤感情怀。

　　《莉莉玛莲》勾起听众对故土、和平、妻子、城市、乡村的思念之情，甚至让铁石心肠的沙漠群狐眼中噙泪。但这种情况并不仅限于德国官兵。艾伦·穆尔黑德在《非洲三部曲》里写道："不光德国人，就连英国士兵每晚也会打开收音机聆听这首歌。沙漠里，经常听见英国兵用口哨吹出歌曲的旋律。"深受欢迎的《莉莉玛莲》传遍各条战线，这首关于"兵营大门外那盏路灯"的歌曲威力太大，英军将领甚至下达命令，禁止士兵唱这首歌或用口哨吹奏歌曲旋律，也不得偷听德国广播电台。

战争爆发后，《莉莉玛莲》红极一时，它只在战时大受欢迎，这一点不难理解。1938年，威利·舍费斯说服喜剧演员拉勒·安德森，在一场歌舞表演上演唱了这首歌。结果彻底失败，听众对此冷嘲热讽，称之为"无病呻吟"。唱片也卖得不太好。可没过几年，这首歌在克雷费尔德获得了知音。那是法国战局前的1940年春季，第3摩托化侦察营第2装甲侦察车连驻扎在那里。连里的军士每晚聚在公园咖啡馆，在那里，他们首次听到《莉莉玛莲》的唱片。他们喜欢这首歌，畅饮啤酒时，《莉莉玛莲》成为他们点播率最高的歌曲。连里的预备役中士卡尔－海因茨·赖尼根，入伍前在柏林广播电台工作，他非常喜欢这首歌。第2装甲侦察车连1941年春季调往非洲，已晋升少尉的赖尼根，现在是贝尔格莱德德国武装部队广播电台节目负责人，《莉莉玛莲》的命运就此决定：赖尼根带着唱片，他播放这首歌，以此问候自己的老连队，还附上几句温情的话语。几天后，反响热烈，电台不得不再次播放。从这以后，贝尔格莱德德国武装部队广播电台每晚9点57分播放这首歌。每晚10点前，众人会停止交谈。"调到贝尔格莱德电台。"不仅在前线，国内也是如此。所有人都知道，前线将士正在聆听，正在想家；所有人听着这首荒唐的歌曲，好多人听得泪流满面。

这就是《莉莉玛莲》的故事，也是战争历史的一部分。

哈勒法亚山口，狼嚎声打断了《莉莉玛莲》的歌声，把德军官兵拉回眼前的现实：当兵的，你们不在国内，而是在非洲。以腐肉为食的动物，从一望无垠的沙漠里提醒他们。这些污秽肮脏的野兽，背上鬃毛竖立，嘴角总是挂着唾液……它们会溜到士兵的墓地旁，扒开石块，因此，给阵亡战友构筑犹如小型堡垒的坚固墓地很有必要。

看看手表，此时是清晨4点，天色即将破晓。非洲几乎没有黎明和黄昏，进入白天或黑夜也就是几分钟的事。

引擎的轰鸣清晰可辨。弗莱施曼中士赶紧向指挥所汇报情况。电话响了起来。警报！"坦克引擎声！坦克引擎声！"的叫喊传遍阵地。夜间严阵以待的紧张感缓解了。他们现在知道，战斗即将到来，感谢上帝！这种念头不是出自好斗精神或英雄主义，仅仅是为不再等待松了口气。恐惧感化为眼前实实在在的敌人，他们能看见敌人，并与对方战斗。

引擎的轰鸣逐渐加剧。透过望远镜，他们看见远处一个个黑点，黑点方向的地平线腾起巨大的尘云。敌人来了！

赶来的是印度第4师，英国第4装甲旅的坦克为他们提供加强。

巴赫上尉和他的高射炮待在一起。接下来几小时，88炮这款神奇武器就会扬名立万。

"里希特，您怎么看？敌坦克离我们多远？"

"上尉先生，我估计相距3500米。"

巴赫拄着手杖，吸了口雪茄后平静地说道："那好，里希特，我们还有时间！"

他的命令是"任何情况下都不得开火，让他们靠近些"。这道命令简单而又正确。可德国士兵趴在沙漠的战壕里，看着那些钢铁巨兽缓缓逼近，不由得双手发颤。炽热的阳光让人难以睁开双眼，还严重影响了能见度，因为敌坦克从东面的日出方向而来。德军官兵心跳加速。敌坦克逐渐靠近，死一般的沉寂……黑色的重型坦克，犹如力大无比的巨兽，这就是可怕的马克Ⅱ型坦克吗？

越来越多的坦克出现了，远远落在后面的是厚重的步兵坦克。这款坦克速度太慢，就连步兵也觉得它们慢如蜗牛。这是个致命的弱点。钢铁巨兽还没有穿过哈勒法亚村。"隐蔽！"敌炮兵开火射击，塞卢姆交战就此打响。

一轮轮炮火齐射从上方掠过。炮弹的尖啸和爆炸声混成一片，炽热的弹片把地面犁了一遍。石块飞入空中，一股股烟柱腾空而起。炮弹一次次落向第3连与高射炮阵地之间空空如也的干谷，那里没有人，甚至没有一部车辆。炮击持续了几分钟。

"只要你们愿意，就这样继续轰击吧。"霍曼满意地喊道。

他的战友梅斯说道："落在那里的炮弹肯定不会落到我们头上。"

他们低声祷告："一直这样就好了！"

最重要的是，不能让对方发觉炮击目标出了岔子，必须让他们以为胜券在握。一辆辆坦克朝第3连隆隆驶去，都是马克Ⅱ型，尾随其后的是轻型卡车。印度第11步兵旅的士兵跳下车，排成一个个连队，跟在坦克身后前进。他们镇定自若，就像走在阅兵场上，整个队列没遭到任何打击。印度兵交谈着，"敌人肯定被炮击消灭了"，"这里已成为德国佬的墓地"。印度战俘后来重复了这些话，解释

— 39 —

他们为何会毫无戒备地前进。

德军没有任何动静，他们的高射炮为何不开火？更多英军卡车开抵，停在哈勒法亚村废墟旁，卸下车上的步兵。他们显然不知道自己离德国人的炮口有多近。

随后，震耳欲聋的巨响撕裂了空气，这声轰鸣与英军炮火构成的背景声明显不同。88 炮投入战斗，他们接到"开火！"的命令。德军阵地倾泻出火力，散播着死亡。所有火炮喷吐出火舌。命中，腾起烈焰，再次命中……马克Ⅱ型坦克沉重的钢制炮塔与低矮的车身分离，飞入几米外的沙地。

德军步兵喊道："伙计，看见了吗，88 炮的威力可真大！"他们的恐惧之情一扫而空，看来马克Ⅱ型坦克也抵御不了 88 炮。但英国人没有退却，他们决心冲上山顶，夺取滨海公路，从而把塞卢姆港作为补给基地。

帕尔迪指挥的意大利炮兵连遭到英军炮火打击，但他们继续开火。此处的激战更加激烈，声音更加嘈杂，火炮发射声和炮弹爆炸声混杂在一起。身材高大的帕尔迪少校镇定地指挥着连队，就像在演练射击。意大利炮兵的表现非常出色。剧烈的爆炸声中，20 毫米高射炮也吼叫起来。见习军官根茨勒瞄准一辆马克Ⅱ型坦克猛烈开火，直到炮管打得滚烫。他恼火地发现，炮弹在坦克装甲板上弹飞。但他随后直接命中敌坦克侧面，这辆坦克转向时，车尾暴露出来，安装在那里的引擎只覆盖着波纹板，结果，他这门 20 毫米高射炮也取得了战果。根茨勒寻找着目标，就像在狩猎。他观察后下令开火，就这样一次次重复，直到一发直接命中的炮弹打哑他这门高射炮。救护兵赶到时，这名 19 岁的见习军官还活着，尽管身负重伤，可他活了下来。

地狱之门敞开了，这是场现代战争，技术型杀戮造成的破坏，精确而又严重。9 辆、10 辆、11 辆燃烧的坦克停在德军阵地前。88 炮随后轰击敌人密集的步兵编队，简直就是屠杀！从这一刻起，英国人把哈勒法亚山口称为"地狱火"山口。

可是，下方沿海平原的情况怎样？第 1 连在那里阻挡英军攻往塞卢姆。从高原望去，隆隆驶向第 1 连阵地的英国坦克，看上去就像玩具。补给卡车和油罐车尾随其后。德军官兵埋伏在阵地里，没有朝对方开火，严格遵守与山口顶部同样的原则。但所有人的目光盯着雷区，紧张兴奋之情到达顶点。5 辆马克Ⅱ型坦克向前驶来，离雷区还有几米时，一团巨大的黑烟笼罩了第一辆坦克，随后传来沉闷的爆炸声。第二、第三、第四、第五辆坦克继续前进，丝毫不受爆炸声影响。第二辆坦克被炸得高高腾起，第三、第四辆坦克也碾上地雷，共4辆坦克停在那里，丧失了战斗力。第四辆坦克的炮塔盖打开，一名英国坦克兵跳到地面上。伴随着爆炸声，一股蘑菇云腾起，这个英国兵被炸成碎片。

二等兵福尔茨吼道："天哪，他怎么会……"他的语调毫无喜悦感，有的只是对那名愚蠢、毫无必要地跳离受损坦克的英国兵的同情。福尔茨恼怒的原因是，对方根本不该这么做。他没有敌意，而是感到愤怒，因为对方违背了非洲每个士兵都该遵守的原则。要是你误入雷区，应当谨慎行事，用脚一点点探路，高举双

▼ 塞卢姆交战的第一阶段：6月16日上午的态势。

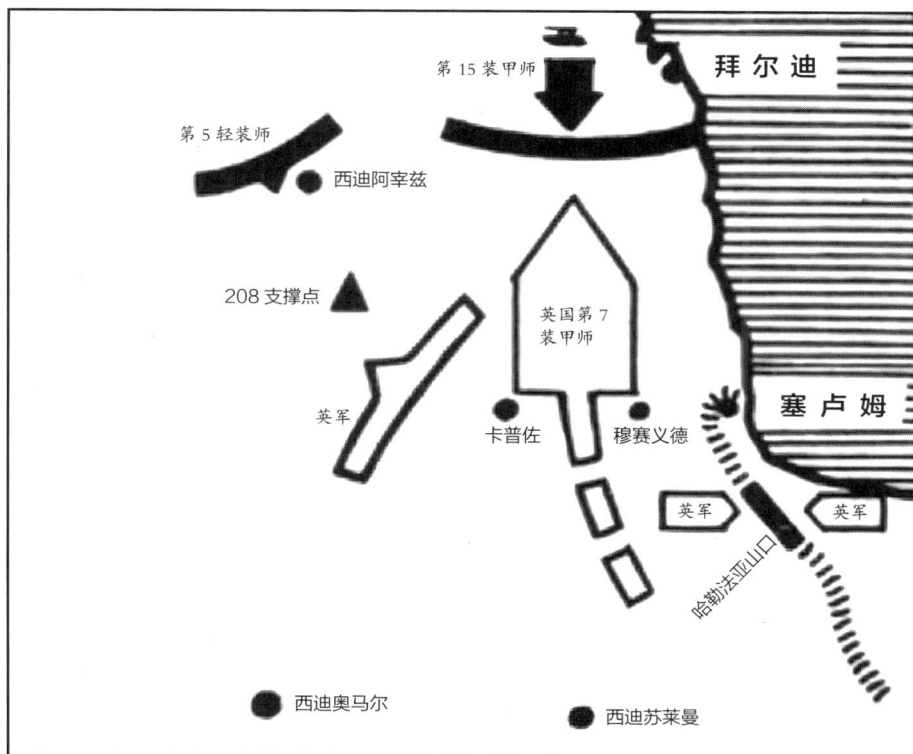

—— 41 ——

手离开雷区，没人会朝你开枪射击。可这个英国兵直接跳进了死亡陷阱。

5辆马克II型坦克现在仅剩1辆，很快也会碾上地雷。可令人惊异的是，这辆坦克径直穿过雷区，毫发无损地驶过六排地雷。散兵坑里的德军士兵瞠目结舌。情况严重了，一辆马克II型坦克越过雷区后到达目标，这头钢铁巨兽现在完全可以打垮德军步兵阵地，向下通往塞卢姆的道路畅通无阻。可这辆坦克突然停了下来，怎么回事？难道是发现自己孤身深入后产生了恐惧感？有可能是这样。这辆坦克转身，按原路返回，企图重新穿过雷区。伴随一声巨响，第五辆坦克不再动弹。车组人员终于意识到发生了什么事，他们高举双手，沿坦克留下的履带印爬出雷区。

太阳从地平线缓缓落下，但雨点般的炮弹继续袭向哈勒法亚山口的德军阵地，大多落入错误的干谷，那里根本没有德军士兵。只有帕尔迪的炮兵连陷入敌人的火网。帕尔迪亲自操炮，因为他的炮手已负伤。炮组成员不时望向他们的长官："看看里卡多，真该让德国人来瞅瞅！"隆美尔后来确实来了，还同帕尔迪少校握手，但此刻这里根本没有握手的时间。

英军步兵再次发起进攻，一波波人潮冲出哈勒法亚村废墟。

他们挥动手臂向前冲去，扁扁的钢盔歪向一侧。这些士兵隶属印度第11旅和英国第22禁卫旅，一个个身材魁梧。他们必须越过平坦的平原攻往德军阵地，而死神正在那里严阵以待。战场上还有第11轻骑兵团部分部队和印度殖民地士兵。他们都有母亲、妻子、爱人，都热爱生活。可他们此刻只有一个念头：必须把德国佬赶出哈勒法亚山口烦人的散兵坑。他们被对方的火力射倒，但英军炮火也在德军阵地撕开些缺口。阵亡在那里的同样是儿子和父亲。6月15日/16日的夜晚，给这片战场披上一个仁慈的斗篷。

次日晨，冉冉升起的太阳发出火红色光芒，塞卢姆交战进入第二天。中午的温度高达55—60摄氏度。没有水，德国士兵的军用水壶里，存水所剩无几，掺了茴香酒的饮水很难喝，但刺激喉咙，非常解渴。这种调配方法是他们从意大利人那里学来的。

印度士兵和第4装甲旅的英国官兵猛烈冲击哈勒法亚山口，企图攻克这座高地之际，贝雷斯福德－皮尔斯将军的两个战斗群从左侧绕过哈勒法亚山口。

一个战斗群的进军方向与海岸平行，攻往卡普佐和穆赛义德，打击隆美尔位于拜尔迪地区的第15装甲师。第二个战斗群向南进入沙漠，企图实施大胆的迂回机动。英军想把德国第5轻装师逼向北面，待该师与第15装甲师一同陷入半包围状态，就以英国第7装甲师的猛烈进攻击败对方。英军的中路突破取得成功，卡普佐和穆赛义德陷落。英国第7装甲师随后遭遇德国第15装甲师，对方没能挡住他们的推进。

英军第一阶段的行动取得成功。现在，一切取决于两件事：首先，必须攻克哈勒法亚山口；其次，穿越沙漠的迂回机动必须成功，这样才能从后方打击德国第15装甲师和第5轻装师。

英军第7装甲旅必须绕过塞卢姆战线最南端的德军支撑点，该支撑点位于沙漠深处，名为208高地。支撑点的称谓有点夸大，实际上，除了一座阿拉伯人的墓地作为地理特征，这里与贫瘠的沙漠别无二致。据守208高地的是意大利步兵、工兵部队和一个德国绿洲连。按照隆美尔的命令，五个绿洲连负责夺取并占领杰格布卜、锡瓦、库夫拉绿洲。当然，为执行这项任务，几个绿洲连的人员都是精挑细选的，除了军官，连里的士兵都不超过30岁。这些绿洲连不仅在208高地，还在哈勒法亚山口，特别是在塞卢姆展开行动。他们后来被编为第300特种绿洲营。

他们见到208支撑点时，不由得慨叹道："这片绿洲真漂亮！"沙漠深处的这片绿洲，400米宽，600米长，位于卡普佐西北方30公里。冒着60摄氏度的酷暑，意大利人用岩石钻头挖出散兵坑，还为重武器布设了伪装。他们干得非常出色，从20米外很难发现这些火炮。指挥守军的是保莱维茨中尉，他的"要塞部队"编有第1绿洲连、一个37毫米高射炮排、一个机枪班、齐默中尉率领的一个88炮连。208支撑点位于德军战线最南端，要是英军企图迂回包抄隆美尔第5轻装师，就必须粉碎这个硬核桃。6月15日平安无事。英军仍忙于第一阶段的行动：夺取哈勒法亚山口，前出到拜尔迪。当晚，208支撑点与第15摩托车步兵营之间的无线电通信中断。该支撑点犹如沙海中的小岛，只能依靠自身力量坚守，成为巨大交战棋盘上的一点。

6月16日拂晓，天色尚黑，英国第7装甲旅隆隆向前，该旅隶属光荣的第7装甲师。坦克轰鸣声的报告传来，正在刮胡子的保莱维茨中尉停下手里的活冲了出去，他提醒部下："别过早开火，等敌步兵发起冲击，坦克靠近后再狠狠打击他们。"

天色很快放亮。天空和沙漠勾勒出坦克的轮廓，随之而来的是滚滚尘埃。保莱维茨跑到88炮阵地，炮兵用他们的望远镜数出30辆敌坦克。

齐默中尉问道："我们什么时候开炮？"

保莱维茨回答道："我的意思是把第一批坦克放进来，然后我们从安全距离开炮射击，但别太早开火，免得把他们吓跑。"

保莱维茨迅速刮完胡子，他有点紧张。自己的部下能挡住敌人吗？他跟他们在一起只待了十天。也许有人会过早开火，甚至突然间变得惊慌失措。

敌坦克越来越近。齐默冷静地数出70辆，都是马克Ⅱ型。

"小伙子，别紧张！"齐默鼓励他那些炮兵。

为首的敌坦克终于突入支撑点。

"开炮！"88炮轰鸣起来，坦克炮塔连同主炮飞入空中。几门88炮接连射击，第二、第三辆坦克中弹后停下不动了。反坦克炮轰鸣起来，机枪火力射向驶近的英军卡车，车上的步兵甚至无法跳出车厢。11辆马克Ⅱ型坦克起火燃烧，烟雾飘向支撑点。其他坦克转身驶离，搭载步兵的卡车也一同退却。德军官兵从击毁的坦克收容伤员和俘虏，一名英国上尉也在其中，他要求看看88炮。站在88炮前，他摇着头说道："看上去不怎么样，可威力无穷，看来这是马克Ⅱ型坦克的劫数！"他说得没错。

当日下午早些时候，英军发起第二次坦克突击。这场交战，他们又损失了17辆马克Ⅱ型坦克。丘吉尔引以为豪的新式坦克，在208支撑点前方折损28辆。整个装甲旅的进攻被击退。这场失利让英国人颜面尽失，怎么办？他们又一次发动进攻，投入步兵冲击208支撑点，但德军机枪火力把他们阻挡在距离支撑点不到300米处。

这片战场成了坦克墓地，到处是起火燃烧、烟雾滚滚的钢铁巨兽。守军只有两名士兵负轻伤，还损失一门反坦克炮。可明天会发生些什么？88炮连的弹药即将耗尽，供水不足，反坦克炮也不得不节约炮弹。敌人在哪里，德军战线上的友军又在哪里？当晚，无线电报务员设法与师部重新取得联系。师部高兴地获悉沙漠中的南部哨所已守住。饮水和炮弹运往208支撑点，绿洲连官兵等待敌人重新

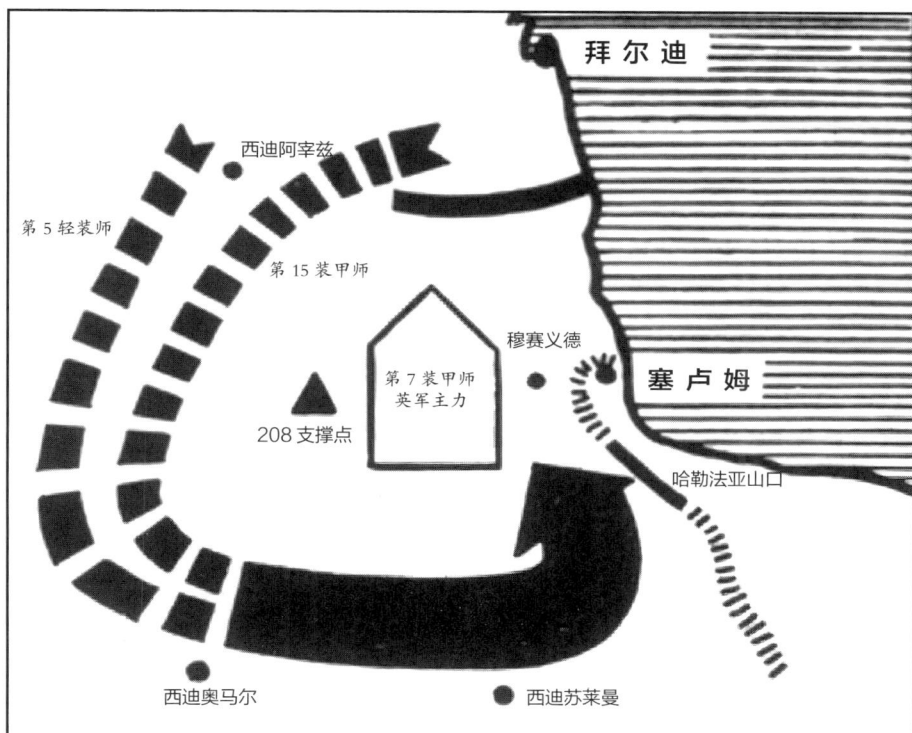

▲ 塞卢姆交战的第二阶段：6月16日傍晚的态势。

进攻。可对方没再出现，塞卢姆这场大规模坦克战已结束。贝雷斯福德－皮尔斯将军的如意算盘在两个地方出了岔子：哈勒法亚山口和208支撑点。前一处德军阵地的兵力仅仅是个实力虚弱的营，后一处也只稍稍超过连级兵力，结果，他们彻底打乱了对方的作战方案，通用型88炮功不可没。

皇家出版局1956年发行的非洲战争官方史，仔细研究各种资料后指出："'战斧行动'的开局深具希望，最后却以失败告终，原因在于英军没能攻克哈勒法亚山口，也没能迂回包抄208支撑点。德军的防御决心和火力非常强大，出色隐蔽的88炮对任何一款英军坦克深具致命性。敌坦克和部署在远处的88炮连相互配合，导致英军指挥部门猝不及防，这也是失败的重要因素。另外，德军坦克炮的火力优于英军坦克。隆美尔的胜利，实际上是凭借他的指挥才干、他出色的部下、他更精良的武器赢得的。"

我们也许可以对塞卢姆之战做出以下总结：交战首日，英国第7装甲师先遣部队穿过卡普佐和穆赛义德，对拜尔迪构成威胁。卡普佐、穆赛义德、上塞卢姆陷落。卡普佐的情况极为混乱，50辆英国坦克突然出现在德军阵地前方。上级命令摩托车步兵后撤完全正确。他们所能做的只是撒开双腿拼命奔逃，但坦克的速度更快，负伤的德军官兵越来越多，不得不退出这场赛跑。

一门88炮救了他们。第33坦克歼击营的托克基中尉从拜尔迪拖来这门火炮。三发三中，击毁3辆敌坦克，另外40辆英国坦克停止进攻并释放烟幕。第8装甲团的屈梅尔上尉率领部下展开出色的行动，以2辆配备75毫米主炮的重型坦克击毁6辆马克Ⅱ型坦克，阻挡住英军的推进。屈梅尔荣膺骑士铁十字勋章橡叶饰，后来获得"卡普佐之狮"的美誉。

黑暗中，一等兵伊尔根罗特带着他的机枪归队，据他报告："我们的指挥部还在桶式车里，他们被俘了。"他们没有被俘，坦克交战期间，英军发起冲击，德军展开反冲击，克纳贝中校和副官库诺夫中尉，带着曼基维茨、戈尔茨中士、传令兵、无线电报务员，隐蔽在道路下方的排水渠里。克纳贝被击毁的汽车就在40步外，他们看见英国坦克车组搜查了车上的热带手提箱，寻觅有价值的战利品，还对克纳贝遗弃的军装大加嘲笑。借助夜色掩护，他们分成几个小组逃回德军战线。克纳贝和库诺夫遇到第8装甲团的警卫，该团守卫着通往卡普佐的道路。

巴赫战斗群，以第104装甲掷弹兵团第1营的官兵，在高射炮和反坦克炮支援下，继续坚守英军侧翼的哈勒法亚山口。如前所述，这处阵地对英军作战方案至关重要，因为他们在拜尔迪—图卜鲁格地区进行的大规模坦克战，补给物资必须运到塞卢姆港，再沿滨海公路前运。隆美尔发电报给巴赫："一切取决于能否守住哈勒法亚山口，无论如何，您务必守住山口。"这位牧师正确地理解了命令。英国人一连发动五次进攻，一个个英国和印度营一次次冲击德军阵地。雷鸣般的炮火持续不停，爆炸声在干谷里诡异地回荡，但巴赫守住了阵地。他们的弹药即将耗尽。帕尔迪找到意大利炮兵原先堆放在干谷里的炮弹，清理、上油后发射出去。巴赫不仅守住阵地，还组织了反冲击，把英国步兵驱离哈勒法亚村。

激战期间，态势一度对隆美尔严重不利。他夺回卡普佐的企图受挫，第 15 装甲师第 8 装甲团的坦克折损大半。第 5 装甲团像救火队那样，迅速穿越战场。隆美尔随后决心采取决定性措施。问题的关键在于坚守 208 支撑点，守住此地，他就可以把第 5 轻装师派往 208 支撑点方向，从那里攻击敌军侧翼。这个构想简单而又高明：英国人企图实施迂回，现在他要迂回对方。行动枢纽就是 208 支撑点。德国第 5 轻装师向南开往西迪苏莱曼，6 月 16 日傍晚到达西迪奥马尔以东地区。隆美尔随即采取更大胆的行动。他在英国人眼皮下撤离卡普佐的德军战斗群，把他们投入第 5 轻装师位于西迪苏莱曼的进攻战线，一举楔入英军侧翼，这股英军正忙着进攻拜尔迪和哈勒法亚山口。此举导致英军战线土崩瓦解，贝雷斯福德－皮尔斯将军下令后撤，结果，后撤沦为溃逃。

此时是 6 月 17 日，丘吉尔在回忆录里写道："第二天，也就是 6 月 17 日，一切都出了问题。"之所以出问题，是因为非洲军几名军官率领几百名士兵，坚守哈勒法亚山口和 208 支撑点。德军赢得交战，凭借的是全体官兵的勇气和隆美尔的大胆决定。

但平心而论，决定胜利的不仅仅是勇气，还有武器因素，特别是 88 炮的优势。

史称"战斧行动"的这场交战持续了 72 小时。身处开罗的英军总司令韦维尔将军，企图在这 72 小时内，以丘吉尔提供的"猛虎"扭转非洲战事的局面，结果纯属徒劳。德军士兵和他们的武器仍占有优势，不仅仅是 88 炮，还包括他们的三号、四号坦克。第 15 装甲师的战车损失同样严重，但德国人凭借组织良好的维修勤务，用拖车把受损的坦克拖离战场，然后在机动维修车间加以修理。这项成就令英国人震惊不已，丘吉尔在回忆录里对此深表钦佩。"战斧行动"落下帷幕，沙漠中迄今为止规模最大的坦克战，以德军赢得胜利而告终。

英军的损失是，122 人阵亡，259 人失踪，588 人负伤，折损 100 多辆坦克，还有许多坦克严重受损，不得不靠拖车拖离战场。韦维尔的装甲力量灰飞烟灭。

德军阵亡 93 人，235 人失踪，350 人负伤，损失 12 辆坦克，另有 50 辆坦克受损。

更好的领导和更优异的武器赢得了胜利，但战争还没结束，英国人决心从失败中吸取教训。隆美尔会给他们时间这样做吗？这是 1941 年夏季的紧迫问题，可答案并不仅仅取决于隆美尔。

隆美尔和意大利少校帕尔迪（从右往左数，隆美尔左手边的高个子）站在一起。帕尔迪和他的炮兵连在哈勒法亚山口的战斗中表现出色，他在战场上找到些昔日存放的旧炮弹，亲自操炮开火射击。

▲ 第33侦察营巡逻队指挥官巴莱西乌斯中士，阵亡于1941年冬季战局。

▲ 号称"卡普佐之狮"的屈梅尔上尉，他的坦克击毁6辆马克Ⅱ型坦克。

▲ 地雷是沙漠战中的邪恶武器,这种阴险的武器给交战双方造成的伤亡不计其数。工兵每天冒着生命危险,用电子扫雷器探测地雷(上图),然后徒手排雷。地雷发挥的作用,没有哪个战区能与北非相提并论。

4

英国突击队企图俘虏隆美尔

　　隆美尔的部下认为他们的长官刀枪不入。他一次次意识到危险，每次都及时驾驶桶式车变换位置，几秒钟后，炮弹落在他刚才待的地方。听到这些消息，他的部下总是摇着头，惊讶地说道："对付这个老家伙的子弹还没造出来呢。"冒着敌人的机枪火力，他们趴在沙漠里，甚至不敢轻易抬头，以免冒上脑袋被打爆的风险。进攻陷入停顿，隆美尔就会冲上来，笔直地站在散兵坑前，把手放在前额遮挡阳光："你们怎么回事？虽说枪声大作，可也用不着每次都卧倒吧！"他刚一离开，这里就再次出现伤亡。这种事一再发生。

　　许多非洲老兵对我讲述了类似的故事，佩戴一级铁十字勋章和骑士铁十字勋章回到故乡的人，肯定不是胆小鬼。是啊，对付隆美尔的子弹还没造出来呢。

　　隆美尔刀枪不入的传说在前线传播开来。由于俘虏推波助澜，英国兵很快也接受了这种神话。困惑不解的英国军官注意到部下散布的神秘事件，在报告中指出："隆美尔这个名字和他的传奇，逐渐对英国军队构成心理上的危险。"

　　1941年6月18日，我们的朋友克拉克中尉和米勒少尉，搭乘卡车跟随英国第7装甲师溃败的主力退却。6月15日，他们乘坐马克 II 型坦克出击时满怀信心，现在一切都结束了。值此关键时刻，他们溜出隆美尔设在西迪奥马尔、哈勒法亚山口、卡普佐之间的大口袋。这场退却实在令人沮丧。

德国人真的所向无敌吗？难道就没有打败他们的办法吗？克拉克和米勒沉思着，许多人也在考虑同样的问题。英军司令部得出结论："我军士气低迷。"

无奈之下，温斯顿·丘吉尔解除了阿奇博尔德·韦维尔爵士中东英军总司令的职务，改任印度英军总司令。接掌非洲战事的新任总司令以深具魄力、作风顽强而著称，他就是克劳德·奥金莱克爵士。他能打败隆美尔吗？

该死的隆美尔！

没错，"该死的隆美尔！"卡车里的克拉克和米勒就是这样咒骂的。克拉克说道："必须把他干掉。"米勒抬起头说道："干掉他的话，好比打赢一场战役，好得就像赢得两场交战。但最好逮住他，押着他游街：看啊，看看这家伙，这就是伟大的隆美尔，战无不胜、刀枪不入的隆美尔，现在成了俘虏！这对德国佬肯定是个沉重的打击。"两人沉浸在愉快的幻想中，可他们再也没时间多想了。一个德国斯图卡中队追逐着溃逃的英军。

这种大胆的想法出现在第7装甲师的溃败队列，也出现在其他地方，这一点不足为奇：必须干掉这个危险的隆美尔。开罗的英军将领窃窃私语：干掉或俘虏这家伙。伦敦：必须把此人……

埃尔温·隆美尔完全不知道对方的阴暗想法。此时的他，既不是刀枪不入，也不像传说的那样满怀信心。非洲战局会如何发展，他对此忧心忡忡。6月18日，也就是隆美尔赢得胜利的次日，他获悉德国即将入侵苏联，这个消息导致他获得大量坦克、飞机、兵力的一切希望化为乌有。

他唯一清楚的是，希特勒和德国陆军总司令部的目光始终紧盯着欧洲大陆，对非洲战区及其战略机遇缺乏了解。陆军总参谋长哈尔德认为，就算在非洲赢得胜利，也无法击败英国。在他看来，北非战争仅仅是为争取时间采取的牵制措施。

普遍的看法是，隆美尔是个杰出的战术家，也是个优秀的领导者，但不是具有远见卓识的战略家。可历史证明，隆美尔的战略方案绝非天方夜谭，实际上，与元首相比，隆美尔的方案更加现实，从1941年夏季起，希特勒就像森林精灵那样，在东普鲁士拉斯滕堡的"狼穴"指挥对苏战争。

隆美尔曾对希特勒和OKW（国防军最高统帅部）提过一个大胆的构想：夺取图卜鲁格，攻往苏伊士运河。但这不是最终目标。他打算继续前进，越过巴士拉攻往波斯湾，把叙利亚作为既占根据地和主要补给基地。纯属幻想？难道比希特勒翻越高加索山区、占领巴库油田的方案更离谱？元首的计划以失败告终，而隆美尔的方案更加现实。大家只要读读奥金莱克将军的38177号报告就能明白这一点，这份报告阐述了1941年11月到1942年8月的非洲局势。我们从报告中看出个有趣的事实，这位中东地区的英军总司令，实际上非常担心隆美尔的作战构想。英军守卫叙利亚的兵力不足，而通往波斯湾途中的伊拉克和波斯，他派驻的军力相当薄弱。据奥金莱克说，德国伞兵部队夺取塞浦路斯轻而易举。他对自己的北翼忧心忡忡，暗自祈祷德国领导人不要按照隆美尔的构想行事。

但1941年夏季，隆美尔面对的不光是大战略问题，战术方面的考虑也让他费尽心思：要是英国人再次进攻，会发生些什么？很明显，对方肯定会就非洲战事做出决定。他们用船只运来所需要的一切，英军的优势日益加强。

无论希特勒和OKW怎么看，必须攻克图卜鲁格，这一点日渐成为隆美尔的主导思想。

隆美尔随后获得意想不到的支持。这种支持来自德国军事情报局（阿布维尔）局长卡纳里斯海军上将，此人在抵抗组织与自己的职责间摇摆不定，虽然后来被判犯有叛国罪，但他也为德国的战争立下过汗马功劳。

卡纳里斯在耶路撒冷有个出色的间谍，公开身份是英国医院的护士，从英军伤病员那里获得各种重要情报。她注意到某个可信的英国人发表的言论，此人自视甚高，坚称英军即将在北非发动进攻。于是，这名护士怂恿其他伤病员讨论此事，收集到证明这份情报的可靠证据。她呈交的报告给卡纳里斯留下深刻印象，于是，海军上将立即把报告转呈希特勒和约德尔。

隆美尔也获知了此事，他得出结论：尽快攻克图卜鲁格至关重要。他从罗马发出一份急电，还就此事与约德尔将军进行电话长谈，终于改变了OKW的反对意见。获得批准后，隆美尔立即做进攻准备。不出意外的话，这场进攻会在10月底发起。

因此，耶路撒冷这名德国间谍，也就是医院里的护士，短时间内主导了战争进程。

英国人确实为他们的进攻方案忙得不可开交。此时他们只有一个念头：说什么都得除掉隆美尔。必须瘫痪德军在北非进行作战行动的大脑，换句话说，就是干掉或俘虏隆美尔。

远程沙漠战斗群，是英军为沙漠里的破坏行动和情报工作组建的特种部队。而德军的类似部队是勃兰登堡人，专门在敌军战线后方进行战斗。

远程沙漠战斗群由突击队志愿者组成，指挥部设在锡瓦绿洲的洞穴里，后来迁到库夫拉绿洲。他们从那里出发，深入敌军腹地数百公里实施大胆突袭。该战斗群堪称杰作的行动是长途奔袭德军机场，这些机场位于德军战线后方500公里。突击队乘坐几辆卡车踏上漫漫征途，一连数周行驶在沙漠里，犹如怒海孤舟。到达目标后，他们摧毁了机场上几乎所有的轰炸机和战斗机，还炸毁油料堆栈。给机场人员造成严重伤亡后，他们押着六名俘虏返回，又经过漫长的跋涉，终于回到锡瓦绿洲的洞穴。

派这些家伙去对付隆美尔如何？他们也许能在德军司令部射杀或俘虏那个令人生畏的对手。只要查清隆美尔日常行事的习惯，就能实现这个目标。

他们就是这样做的。

英国秘密情报局犯了个可怕的错误，引发了非洲战事中最大的悲喜剧事件。

德军在进攻准备期间，非洲装甲集群军需总监施洛伊泽纳总参少校，把他的指挥部设在远离前线的昔兰尼地区，这是个历史遗址。古时候，此处伫立着宏伟的建筑，因为昔兰尼曾是希腊人可爱的定居地。昔兰尼加海岸发生的一场大地震摧毁了一切，自那以后，这里只剩些柱子和庙宇。1913年，一场暴雨过后，意大利士兵在干谷里发现了世界上最美丽的艺术品之一：昔兰尼的维纳斯。

暴风骤雨不足为奇，因为突如其来的大雨在该地区非常频繁。昔兰尼遗址几乎延伸到小小的意大利人定居地贝达里托利亚。山坡上伫立着黑黢黢的柏树林和一座两层楼的石质房屋，这里曾是县衙所在地，周围围绕着野生灌木林、沟壑、洞穴、岩石。1941年8月下旬，军需总监施洛伊泽纳把指挥部迁到此处。

11月17日，狂风席卷贝达里托利亚，这轮秋季狂风肆虐了数日，带来一场暴雨。

军需总监施洛伊泽纳此时不在指挥部。他和他能干的副手，第一军需长奥托总参少校躺在阿波罗尼亚的医院里。施洛伊泽纳染上痢疾，奥托身患肺炎，奥托不知疲倦的副官利希特瓦尔德也因为痢疾住院。因此，魏茨总参上尉代理军需总监职务。第二军需长珀舍尔少校担任司令部指挥官。军需总监司令部驻有几十名军官、勤务兵、传令兵、司机、工作人员，他们坐在老县衙昏暗的房屋里，聆听着落下的倾盆大雨。

午夜前不久，他们互道晚安，回到一楼和二楼各个房间，倒在行军床上安然入睡。

哨兵？这里远离前线，干吗要派哨兵呢？楼下走廊里坐着个宪兵，他只佩了把刺刀。实际上，他不是警卫，而是负责为迟来的信使带路。这里确实有个士兵，调自军需总监负责的汽车营，名叫马特·博克斯哈默，待在警卫帐篷里值夜班，上级批准他，午夜过后可以躺在行军床上休息。

远离前线的贝达里托利亚安然入睡，这里一片平静。但高地上的灌木丛里，潜伏着一群幽灵般的人。他们的脸涂成黑色，身着英国军装，在刺眼的闪电下，不时见到身影的移动，随后就消失不见了。伴随着沉闷的雷声，贝达里托利亚最后的灯光熄灭了。此时离午夜还有10分钟。

柏树林里的这群幽灵走了很长一段路。11月15日夜间，英国潜艇"托贝"号和"护身符"号把他们送到昔兰尼加海岸一个荒芜的小水湾。这些突击队员受领的任务，是在英军发动进攻前12小时干掉或俘房埃尔温·隆美尔。

我们在此引用温斯顿·丘吉尔回忆录里的记述："为了在这紧要关头打击敌军的大脑和神经中枢，50名苏格兰突击队员，在莱科克上校的率领下，被潜艇运送到敌军战线后方200英里①的某处海岸。波涛汹涌的海上，成功登陆的30名队员分成两组，一组切断电话线和电报线，另一组在凯斯海军上将的儿子凯斯中校的率领下，袭击隆美尔的住所。"

整个计划在海军元帅罗杰·凯斯爵士的办公室里制定，他是英国特种部队和突击队的总负责人。1918年，凯斯率领英国海军舰队，大胆攻击了奥斯坦德的德国潜艇基地。当年，他用几艘水泥船封堵了海港入口，给德国海军造成沉重打击。1941年，这位海军元帅渴望再次赢得辉煌的战果。

丘吉尔认为，要是能干掉隆美尔，就可以确保胜利，因为英军的进攻会遇到

---

① 译注：1英里=1609.344米。

丧失领导的德国军队。这似乎值得丘吉尔和凯斯海军元帅付出一切牺牲。凯斯确实为此倾尽全力，甚至派他的儿子参加行动。上百名官兵在伦敦接受了数周强化训练，最终选中53人。凯斯的长子杰弗里·凯斯，当时还是少校，挑选了他能找到的最厉害的年轻人，他的副手坎贝尔上尉，德语和阿拉伯语都很流利。

11月15日，他们冒着暴风雨登上昔兰尼加海岸。巨大的海浪撞向"托贝"号，泛起阵阵泡沫，潜艇像个火柴盒那样起伏颠簸。橡皮艇几次倾覆，每次都得把队员从海里捞出。凯斯随即命令部下紧紧抓住小艇边缘，竭力朝岸边划去。他们成功了，凯斯、坎贝尔和22名队员终于踏上滩头。

"护身符"号潜艇上，莱科克上校率领的突击队，遇到的麻烦更大。两名队员溺毙，大多数人同海浪搏斗得筋疲力尽，不得不放弃行动，重新返回潜艇。只有7人登上海滩，这导致突击队的力量减少了一半。凯斯随后决定，只执行对付隆美尔的主要行动。

莱科克上校带着3名突击队员留在登陆地，为行动结束后重新登艇提供掩护。另外3名军官和25名队员冷得瑟瑟发抖，朝内陆行进了15分钟，终于遇到正等待他们的接头人。这个神秘的阿拉伯人是远程沙漠战斗群的高级军官约翰·哈兹尔登中校，这段时期，他伪装成阿拉伯人混迹德军战线后方，是英国秘密情报局派往隆美尔后方的重要人物之一。哈兹尔登担任向导，还阐明了确切的位置，凯斯把情报记录在笔记本里，哈兹尔登随后把3名阿拉伯向导交给凯斯。这名神秘的特工完成了自己的任务，英国秘密情报局不想让哈兹尔登参加行动，因为这有可能危及他的性命。他悄然离去，凯斯和部下继续前进。

1941年11月17日夜间，凯斯和他的突击队伫立在靠近贝达里托利亚的沙丘上。他们判明方位，前方有几座小屋，再往前就是柏树林，树林中间有一座硕大的石质建筑，那就是他们的目标。据英国秘密情报局称，隆美尔就在那里睡觉或工作，约翰·哈兹尔登通过阿拉伯间谍的报告确认了这个情报。凯斯和他的部下对此深信不疑，可是，荒唐的错误害了他们。为什么呢？原因不难找到。1941年7月到8月间，隆美尔将军出任新组建的非洲装甲集群司令，司令部设在贝达里托利亚。装甲集群参谋长是高泽少将，作训处长由总参中校韦斯特法尔担任。他们的办公室设在这所旧县衙和周围几座征用的房屋里。各座独立建筑物里的办公室，具体职能可以通过门上贴的牌子识别，例如"总司令""参谋长""作训处长""情报处长""副官"等等。

英国秘密情报局知道这些有趣的标牌，他们的特工可能已拍下这里的布局和标牌，这似乎是隆美尔的司令部设在贝达里托利亚的完美证据。

但1941年8月底，隆美尔率领他的司令部和副官离开昔兰尼加，前往图卜鲁格以西60公里的贾扎拉，后来又迁到图卜鲁格与拜尔迪之间的坎布特。于是，军需总监和他的指挥部搬进贝达里托利亚的司令部。

英国秘密情报局没发现这个情况。会不会是阿拉伯间谍故意欺瞒英国人？这些间谍总是很贪婪，不是吗？不管怎样，开罗和伦敦11月坚信，隆美尔的司令部就设在贝达里托利亚县衙。大错特错！可凯斯少校对这个错误一无所知，仍觉得自己即将实现既定目标。

动身出发前，凯斯在留给父亲的告别信中写道："如果这场袭击成功的话，英国的事业就会更进一步，值得为此付出牺牲，哪怕我落入敌人的陷阱也在所不惜。"不能说凯斯的看法大谬不然，即便贝达里托利亚不是隆美尔的司令部，这里也是德军军需总监的总部，堪称所有援兵和补给物资的节点。

这里也是德意装甲集群的神经中枢，袭击此处，肯定会给对方造成巨大的混乱。

大雨滂沱，雷鸣和闪电犹如接到命令似的，成为英军突击队前进的伴奏乐。当晚11点59分，凯斯最后一次对部下交代了行动细节。他、坎贝尔、特里中士和6名突击队员悄然逼近县衙入口。另外3名突击队员设法绕到后门。敞开的前门站着个德国哨兵，特里中士打算用匕首干掉他。结果出了岔子。可能是这个德国兵的动作出人意料，匕首没刺中要害，两人在过道里扭打起来。

德国兵大声呼救，但雷鸣和暴雨淹没了他的叫喊。暴风雨还掩盖了电力设施的爆破声，凯斯的部下熟练地炸毁了距离房屋仅30步的发电机组。整个县衙停了电。

在黑黢黢的走廊里进行搏斗时，英军突击队员无法使用冲锋枪。他们想赶紧制服哨兵，让他沉默下来。可这名德国兵身强体健，勇敢地自卫，最后撞上走廊里第一扇房门。这对杰弗里·凯斯来说是致命的……

从这一刻起，贝达里托利亚县衙究竟发生了什么情况，英方说法不一。

丘吉尔在回忆录里写得含糊其词："突击队闯进隆美尔的司令部，干掉一些德国人，但是隆美尔本人不在那里。在漆黑的房间里短兵相接时，凯斯阵亡。他后来被追授维多利亚十字勋章，以表彰他的英勇……只有莱科克上校和在袭击德军司令部的行动中表现优异的特里中士，经历了五个星期的艰难困苦，终于回到我方战线。"

其他人呢？丘吉尔对此未置一词。

隆美尔的英国传记作者德斯蒙德·扬在《隆美尔》一书中详细描述了英军突击队袭击隆美尔司令部的经过，但他依靠的也是含糊的证词。关于这场突袭的准确报告不翼而飞，他没有提及隆美尔为何不在那里。迄今为止对这场突袭最详细的报道，可以参阅英国1957年1月发行的《仅限男性》杂志。文章中说，会说德语的坎贝尔把哨兵叫到外面，凯斯开枪击毙了他。凯斯、坎贝尔、特里随后跳过死者，扭开第一个房间的房门。

这篇报道继续写道："他们面对一盏昏暗的白炽灯，几名德国军官围坐在桌子旁，一动不动地盯着入侵者。凯斯没多废话，用冲锋枪干掉了德军指挥部这几名优秀的军官。"

据《仅限男性》杂志说，随后"他们来到下一个房间，再次踹开房门。房间里的电灯已关掉，密集的手枪火力朝英国人射来。凯斯身中五弹，特里冲上去，朝屋内打了几个连发"。

英国这篇纪实报道称，待在外面沙丘上的坎贝尔，发现凯斯受了致命伤，他自己也腿部中弹。于是，他把指挥权交给库克中尉，由他率领突击队返回海滩。文章没有提及这支突击队去了哪里。为了让故事更富戏剧性，文中称，估计突击队击毙四名德国总参军官，可惜没逮住隆美尔，因为他当晚8点30分离开司令部，去参加一位酋长的婚礼，直到次日零点40分才回来，换句话说，也就是突袭后35分钟。

真不走运！

还有许多类似的版本，都很有戏剧性。这些故事总是把英军突击队员描绘得英勇无畏，而德国军官一个个惊恐万状，手足无措……

实情是什么？

— 58 —

我想我找到了正确的答案。我问过所有健在的德方当事人，他们的陈述拼凑出这起事件的准确情况。

　　当时还是少校的第二军需长汉斯·珀舍尔，清楚地记得当晚发生的混乱事件，他的亲身经历和他后来所做的调查，给我留下了深刻印象。袭击发生后的次日，二级下士阿尔方斯·希尔施和二等兵奥托·巴尔特撰写了报告，这些原始报告补充了珀舍尔的说法。伦岑中士、上尉军医荣格、司机弗里德里希·霍诺尔德、无线电报务员埃尔温·绍尔也提供了重要的细节，这样就弄清了整个事件。因此，尽管丘吉尔回忆录和其他英方说法含糊其词，但毫无疑问，英军突击队袭击县衙走廊处的哨兵后，接下来发生的事情如下：

　　那名身强体健的哨兵与英国突击队员搏斗时跌倒在地，撞上武器弹药库的房门，惊醒了睡在房内的伦岑中士和二级下士科瓦基克。两人跳下床，抓起他们的鲁格P08手枪。伦岑冲到门口，一把拉开房门，看清目标后，举枪就射。与此同时，凯斯少校投出两枚手榴弹，掠过伦岑的头顶，在屋内炸开。爆炸冲击波把伦岑掀翻在地，不过，他处的位置很巧，没什么大碍。可正朝房门冲去的科瓦基克被炸个正着，倒在地上死去了。手榴弹爆炸时，房里的第三名军士巴特尔正要跳下床，冲击波把他推倒在床上，因而毫发无损。

　　这一切快得犹如电光石火，我们的记述顺序不能破坏事件的连贯性。伦岑中士的子弹射中目标了吗？我们等会儿再谈这个问题，因为英国人精心组织的突袭，这一刻成败已定：哨兵的呼救声响起时，二楼的通信军官考夫霍尔茨少尉还没有入睡，是整个屋子里第一个听到叫喊声的德国人。他翻身下床，从枪套里掏出手枪，然后跑到走廊上，沿着楼梯往下走。就在这时，手榴弹在弹药库里炸开。借助爆炸的闪烁，考夫霍尔茨看见几个英国兵，但坎贝尔上尉也发现了这名德国少尉。考夫霍尔茨抢先开枪，突击队队长凯斯少校发出痛苦的叫声，随即瘫倒在地。与此同时，坎贝尔的冲锋枪也怒吼起来，楼梯柱被打得四分五裂，子弹击中了考夫霍尔茨。这名少尉倒下后痛苦地扭动着身躯，可他还是开枪击中坎贝尔的小腿，坎贝尔惨叫着倒在地上。

　　英军突击队的两名领导就这样退出了战斗，黑黢黢的走廊上只剩特里中士和另外两名英国兵。楼上传来叫喊声，德国军官纷纷冲出他们的房间。特里闪过的念头是："突然袭击办不到了。"可是，本该从后门进入房屋的其他突击队员在哪里？对啊，其他人呢？

就在这时，屋外传来猛烈的冲锋枪声，特里不由得想知道："德国人发起反击了吗？"这是另一个戏剧性错误，因为德国人没有展开任何反击。屋外发生的事情，诡异而又可怕：耶格尔中尉睡在弹药库隔壁房间，手榴弹的爆炸把他掀下床铺。他的房间与弹药库只隔着一张胶合板，爆炸撕碎了这块隔板。耶格尔瞬间的反应是，穿着睡衣跳出被爆炸冲击波推开的窗户。可他很倒霉，屋外倾盆大雨，电闪雷鸣，他穿着浅色睡衣，径直跑向一名端着冲锋枪的英国哨兵。对方没有犹豫，也没有呼喊："举起手来！"他们没法处理俘虏。这个英国兵朝3米开外身着睡衣的德国中尉开火，射光了整个弹匣。子弹洞穿了耶格尔的胸腹，他身中11弹，当即毙命。

野蛮的射击很快招致恶果。黑黢黢的走廊里，特里中士和他的部下听到这阵枪声，认为屋外的战斗已打响。黑暗中的突击队员失去了领导，不由得一阵恐慌，于是朝屋外冲去。

击毙耶格尔中尉的枪声，也给英军突击队第二个小组造成同样的影响，他们仍站在后门，没有闯入屋内。实际上，他们眼前的机会很好，就算不能逮住隆美尔，还是可以在英军发动进攻5小时前，彻底干掉德军军需总监司令部。可惜，一个水罐破坏了整个计划，凯斯少校事先显然不可能考虑到这个水罐。

与后门相连的是个小房间，以前是厨房。房间里堆满文件和办公桌，后面有块小小的翻板，连接着通往地窖的螺旋楼梯。二级下士阿尔方斯·希尔施和二等兵奥托·巴尔特睡在地窖里。巴尔特是个作风老派的人，很讨厌晚上不锁门。由于后门没有锁，于是他每晚都在门前放个满满的水罐，还用文件柜堵在门后。这把"门锁"，没有万能钥匙无法开启。英国突击队员企图破门而入，可没能成功。于是，他们在外面商量起来，而他们的领导坎贝尔和特里，在屋内走廊被德国人发现，双方展开交火。击毙耶格尔中尉的冲锋枪声从花园传来，待在后门的英军突击队员怀疑敌人布下陷阱，于是迅速撤离。

"关掉你们胸前的电筒！"珀舍尔少校朝冲出二楼房间的德国军官喊道。但噩梦已结束。屋外又传来一阵冲锋枪的连发声，一声长长的尖叫划破夜空，随后，一切归于平静。

他们在楼梯处发现了丧命的考夫霍尔茨少尉，楼下走廊躺着个面目涂黑的英国军官，他就是凯斯少校。一颗子弹穿过他的胸膛，击碎了他的心脏和肺叶。他的大腿也挨了一枪，但不太严重，这一枪显然是伦岑中士打的。而那颗致命的子弹，肯定射自考夫霍尔茨的手枪，因为据坎贝尔后来提交的报告称，凯斯投出手榴弹，伦岑开枪后，凯斯对他（坎贝尔）喊道："该死，我中弹了！"就在这时，借助手榴弹爆炸的闪烁，他看见楼梯上的考夫霍尔茨，又对他（坎贝尔）喊道："当心！干掉他！"考夫霍尔茨开枪后，凯斯倒了下去。几乎是同时，坎贝尔的冲锋枪响了。交火中，考夫霍尔茨开枪击碎了坎贝尔的小腿骨。

坎贝尔拖着伤腿朝门口蹒跚走去，在那里被先前那名德国哨兵的腿绊倒，这个哨兵的上半身趴在弹药库里，背上满是手榴弹弹片，可出于某种奇迹，他没受致命伤。

由于这名哨兵的缘故，英国人的整个行动功亏一篑。尽管我大费周折，还是没能查出哨兵的名字。可能因为他隶属战地宪兵部队，军需总监司令部没有该部队人员的记录。一位无名战士！

搜查一番后，德军巡逻队在屋外发现了耶格尔中尉的尸体。临近拂晓，又传来一阵冲锋枪声，还有人发出临死前的惨叫。德军巡逻队搜索了好一阵子，借助手电筒的亮光，终于找到第四个送命的德国人，是军需总监司令部汽车营的士兵博克斯哈默。来自巴伐利亚迈林的马特·博克斯哈默现年20岁，他的任务是接待迟来的传令兵，并给他们指点汽车营的帐篷营地，这座营地位于巴尔博大道，离这里有点距离。

待在小帐篷里的博克斯哈默显然听到了哨兵的呼救声，他毫不犹豫地翻身下床，勇敢地朝县衙入口跑去，打算救助自己的战友，结果遇到撤离的特里中士和他的部下，英国人射出的冲锋枪子弹击中博克斯哈默的腹部。马特·博克斯哈默的阵亡通知书上正确地写道："他赶去救助陷入困境的战友时，致命的子弹击中了他。"

噩梦结束了。英国人煞费苦心的行动以失败告终。由于一些无法预见的情况，以及几个德国人付出的牺牲，这场突袭失败了。要是英军突击队悄无声息地进入楼内，在英军发动进攻5小时前摧毁整个军需总监司令部，甚至利用这几个小时给德国装甲集群发出混乱的命令，会发生怎样的情况，简直不敢想象。

上尉军医维尔纳·荣格对我讲了个很有人情味的故事：

坎贝尔上尉在近距离内被冲锋枪或手枪子弹击中，小腿骨中部粉碎。他身上没有其他伤。这种情况下，正确的做法是截肢，因为治愈的前景很渺茫，而感染的风险却很高。按照坎贝尔的要求，荣格医生没给他截肢，而是全力挽救他的腿。荣格的英语很流利，于是，上级命令他审问坎贝尔。坎贝尔没有暴露自己懂德语这个情况。荣格没能获得任何重要情报。相反，坎贝尔一眼看穿了医生的任务，最后用德语说道："您别白费力气了，您从我这里得不到任何东西。"

荣格医生给坎贝尔的伤腿打上石膏，让他在医院里待了14天，直到德军不得不撤离德尔纳，才用飞机把坎贝尔送到意大利医院。荣格说道："坎贝尔是个可爱的家伙。作为医生，我感兴趣的是，我能不能保住他的腿。战争剩下的日子，我在沙漠里一直穿着他那双沙漠爬行鞋，我们称之为英国绉胶底鞋。这双鞋子带给我的好运，比带给坎贝尔的好运多得多，可我没能像他那样干出点大事！"

英军突击队其他人员的最终下落是什么？

逃离的英军突击队员，没敢立即返回等候他们的潜艇。他们担心德国人展开大规模搜索，于是跟阿拉伯人躲在一起。可德国人直到次日上午，才和意大利人一同展开联合搜索！一连数日，他们把整片地区篦了一遍，还把阿拉伯人的小屋翻了个底朝天。宪兵搜寻了每个角落，仔细盘查阿拉伯人，没发现容貌、举止异样或拼命打手势的家伙。他们没逮到一个英国兵，也没找到一件军装。

随后来了个意大利宪兵，他在这片地区居住过多年，对当地情况了如指掌。他自豪地说道："我来告诉你们该如何行事。"他在村里找到个阿拉伯姑娘，连说带比画，交谈了很长时间，最后达成协议："每交出一个英国人，你和你的家人就能得到80磅面粉和20磅糖。"

80磅面粉和20磅糖，对那段时期的阿拉伯人来说，这可是一笔真正的财富。他们对这笔财富的贪婪，远远强于英镑或塞努西酋长的护身符，每个人都戴着这种相当于通行证的护身符。阿拉伯姑娘离开后不久，德国人就从宪兵彻底搜查过的小屋里拖出第一个英国兵，他身上裹着阿拉伯人的破衣烂衫。一个接一个，几乎所有英军突击队员都落入德国人手里。

只有狡猾的特里中士和两名部下设法逃脱，最终踏上返回英军防线的道路。德国人没有按照希特勒处置游击队员或突击队员的命令对待英国俘虏，也就是说，他们本该枪毙这些突击队员，但隆美尔下令把他们视为战俘。

德国人以全套军礼，把阵亡的英军突击队领导葬在贝达里托利亚公墓，旁边安葬着四名阵亡的德国官兵。

◀ 贝达里托利亚县衙发生了一起袭击事件：英军突击队企图在德军司令部逮住或干掉隆美尔。可隆美尔根本不在贝达里托利亚，这处县衙是军需总监指挥部驻地。在正门入口，英军突击队与德国警卫发生扭打。

▼ 贝达里托利亚的阿拉伯人居住区，德国人逮住了隐藏在这里的英军突击队员。

5

泄露的进攻方案

没有叛徒的话，战争会是何种情形？这样一来，战争就成了数学公式，根据这种公式，最优秀的战略家、最勇敢的士兵、最强大的兵器永远是赢家。可实际情况不是这样。叛徒是战争的邪恶天才。背叛给相关工作造成破坏，还把天才的方案扫落战役棋盘。背叛把英雄主义、战争艺术、强大的兵器、军人面对死亡时的勇气变为一场闹剧。

邪恶的背叛毁了多少场交战？显然和将士英勇奋战赢得的同样多。

自古以来就是这样。但最恶名昭著的背叛行径，也存在让人稍感宽慰的东西：这种背叛往往因为得不到信任而无法结出果实。著名的德国间谍西塞罗，是英国驻土耳其大使的亚美尼亚裔贴身男仆，他把伦敦发来的关于盟军作战计划的绝密电报卖给阿道夫·希特勒，但国防军最高统帅部不相信情报的真实性。希特勒怀疑这是英国秘密情报局的诡计，待他意识到自己的错误，为时已晚。

1940年也发生过一起类似事件，携带着德军进攻法国全套方案的信使飞机，错误地降落在比利时境内，机组人员没能及时烧毁这些文件，可联军司令部认为，希特勒企图以这种可恶的伎俩诱使他们做出错误的决策。他们一笑置之，没有根据落入手中的德军作战方案调整己方计划。希特勒的进攻方案，很快成为他在西线迅速赢得胜利的基石。

背叛或泄密没得到充分利用，历史上的例子很多。我们在这一章谈的就是背叛徒劳无获，丧失了千载难逢的良机，甚至让背叛行径沦为自我毁灭的根源。

沙漠战也有叛徒。一个特别悲惨的例子，发生在双方为争夺至关重要的图卜鲁格要塞展开浴血激战期间，至今仍是个谜。这座巧妙构置的要塞镇，形成了意大利殖民帝国在北非的中心要塞，1941年秋季仍在抵御隆美尔的猛烈冲击。如我们所知，丘吉尔亲自下令，要求守军务必坚守到最后一人。"图卜鲁格之鼠"顽强奋战，因此，这座要塞给隆美尔的侧翼和后方持续构成威胁。他不得不停止朝亚历山大、开罗、苏伊士运河的进军。要是他想前出到尼罗河，就必须攻克图卜鲁格。隆美尔指出："必须夺取图卜鲁格。"他麾下的官兵也重复着这句话："必须夺取图卜鲁格。"可他们的所有进攻都失败了。

1941年11月，时机终于到来。德军为大规模进攻所做的准备工作已完成，虽说驻扎在地中海的皇家海军导致德国人和意大利人运送的物资损失大半，可还是有部分物资运抵。

1941年11月初，隆美尔驾驶他那辆梅赛德斯敞篷吉普视察前线，出现在各个地方，夜间就在充当起居室的挂车里苦思冥想。他一遍遍核实自己亲自拟制的作战方案，反复思索以往进攻那座要塞的经历。他的地图上标有参战部队的番号，以及各场不同行动的发起时间，是这场大规模进攻的关键。此次进攻的意图不仅仅是夺取图卜鲁格，就像我在前面指出的那样，也是他前出到尼罗河和苏伊士运河的开始，他梦寐以求的是从那里继续进军叙利亚，也许还能进抵波斯湾，打击大英帝国在近东的石油资源，开辟通往印度的路线。

但最重要的还是图卜鲁格。根据隆美尔的方案，他的参谋人员把详情记录在机密地图上。通过口头命令，各部队指挥官受领了各自的任务，一切都进行了演练，甚至包括最小的细节。这次一定要成功！

第15装甲师能干的师长诺伊曼-西尔科夫，组织了一支特别部队，为进攻要塞担任"调度员"。他们的任务是把各部队领到规定地域，从而让他们跨过防坦克壕，纵深推进时，引领他们穿过各种防御工事。这支特别部队清楚每一座暗堡，每一道堑壕，每一个炮位。与以往任何一场行动相比，此次进攻策划得更加细致。

一切准备就绪。"调度员"部队还配备了路标和地灯，他们等待着进攻令。

这场进攻随时可以发动。没人知道进攻的确切日期，任何一份文件都没有提及，就连隆美尔亲手绘制的地图上也没有标注。只有隆美尔和几名策划者知道，几次推延后，进攻日期暂定于11月23日。他们知道英国人也在做进攻准备，于是给敌人有可能发动的进攻起了代号：常规进攻的话，代号是"洪水"；如果是大规模进攻，代号就是"洪潮"。选择这些代号时，没人想到沙漠里会出现真正的洪水。11月17日，突如其来的是暴雨，而不是进攻。

德军官兵欢呼雀跃。"下雨了！"他们把手伸出帐篷，还让雨水尽情地冲洗面孔。11月17日开始的这场降雨，在各处都受到热烈欢迎。沙漠中的降雨，太棒了！哈勒法亚山口所在的山区，六十年来没下过这么大的雨。可这场大雨很快就让人心里发毛。第15装甲师的特别部队，把他们的帐篷营地设在坎布特东面的山脚下，聆听着倾盆暴雨，他们觉得这里很安全。雨水浸入帐篷，积水深及膝盖，他们甚至相互调笑，在雷声中喊道："天哪，淹死在沙漠里，这可是件新鲜事！"

没过多久，他们再也笑不出来了。伴随着剧烈的轰鸣，山上的水奔涌而下，很快变成巨大的洪水，像雪崩那样一路奔向山脚，在此过程中裹挟着岩石和大量泥沙。几分钟内，帐篷就被冲走，洪水犹如巨人的拳头，轻而易举地把卡车推到一旁，撞毁在岩石上。洪水的咆哮和雷鸣淹没了呼救声。许多人溺毙，真的淹死在沙漠里。还有人被岩石撞晕，淹没在流沙里窒息身亡。这是个可怕的夜晚，而且，天色漆黑一片，伸手不见五指。

同样的悲剧也发生在哈勒法亚山口。闪电揭示出一幅可怕的场景。无线电报务员荣格语带讥讽地对他的朋友德根说道："简直就像歌剧《魔弹射手》。"可这不是歌剧表演。暴雨洪水把帐篷、轻型卡车、武器、火炮一扫而空。荣格和德根竭力自救。帐篷、电台、步兵铲彻底消失，就连他们的饭盒和口粮也不见了。两人爬上岩石峭壁，救了个卷入洪水的意大利人，这个意大利人唉声叹气："圣母马利亚，圣母马利亚！"他们什么也看不见，但通过支离破碎的叫喊声，他们猜到其他人也在竭力摆脱困境。德根说道："我们得搬救兵来。"他们摸索向前，不时跌入水坑，掉进湍急的溪流或灌满水的堑壕。第1连的阵地此刻一片狼藉。

他们随后听到尖锐、震耳欲聋的爆炸，很快辨识出，这是雷区T型地雷的爆炸声。洪水冲开沙土，把德国人埋设的地雷暴露出来，流沙的压力引爆了地雷。地雷爆炸的轰鸣和闪烁，与雷电不相上下。

感谢上帝，至少英国人没有发动进攻。荣格和德根匆匆赶往山口的营部。营部人员盯着他们，好像他们俩是专门传递噩耗的信使。终于有人问这两个浑身湿透的无线电报务员："是不是英国人把第1连打垮了？"两人惊讶地回答道："英国人？不是英国人，是洪水！"在场的军官面面相觑，一时间茫然失措。

"你们收到'洪水'的代号了吗？"

"洪水？"这是自然灾害的警告，还是英军发动进攻的预警？真是乱成一锅粥！

"洪水"的代号传来后，众人这才如梦初醒。一切都清楚了，可似乎有点滑稽可笑："洪水"既指天灾，也代表英军的大规模进攻。结果是什么？洪水淹没了许多阵地，冲走大批武器装备。德军官兵像蚂蚁那样，逃往哈勒法亚山口阵地。坎布特的官兵犹如两栖动物，竭力在水里打捞他们的卡车。

诺伊曼-西尔科夫将军的特别部队投入行动，但不是冲击图卜鲁格。英军先发制人了！德军的侦察没发现情况？隆美尔的进攻方案泄密了？没时间考虑这些问题。迄今为止，战争史一直把英军1941年11月18日的进攻说成奇怪的巧合：克劳德·奥金莱克爵士非常幸运，这场进攻比隆美尔计划中的全面进攻早五天，从而为他赢得了胜利。

可这种说法并不正确。冥冥中的巧合不是实情，巧合意味着泄密。当然，英军情报部门通过无线电侦听、空中侦察、特工报告，已获知德军正在做进攻准备。奥金莱克绞尽脑汁，企图得到更多情报。

远程沙漠战斗群的一些军官在哈兹尔登中校的率领下，伪装成阿拉伯人潜伏在德军战线后方。可他们发给开罗英军总司令部的情报寥寥无几。的确，阿拉伯姑娘给英国人弄到些情报，赶骆驼的阿拉伯人也报告了德意军队集结的消息，可这远远不够。不过，英国当时的间谍活动不仅限于非洲，他们还在欧洲大陆、西西里展开工作，特别是在罗马。英国秘密情报局在那里有一些出色的情报来源。据可信的意大利出版物称，意大利海军上将毛杰里是个英国间谍，他把补给物资离开意大利港口运给隆美尔的详情透露给英国人。难怪途中被击沉的补给物资高达75%！这种背叛达到怎样的程度，迄今为止仍是个谜，但可以肯定，英国特工获得许多情报，导致德军在非洲屡屡受挫。

不过，意大利海军上将毛杰里，绝非英国获取非洲战区情报的唯一来源。英美间谍还通过罗马，从柏林的德国政府高层获得了重要的情报。战争史这一章，晦涩而又微妙，因为军事情报的泄露，一定程度上涉及希特勒的政治反对派。反对德意法西斯主义的政治斗争，在英美情报机构的巧妙影响下，经常沦为军事背叛，而泄密者却从来没意识到这个事实。

英国情报机构在意大利最有利可图的情报来源，是对隆美尔的指挥和他在非洲取得的成就深感不满的许多意大利高级军官。隆美尔赢得的胜利，让意大利军队的失败大丢颜面，他们的自尊心和虚荣心受到伤害，再加上这些意大利军官知道无法打赢战争，这就给英国间谍提供了可乘之机。另外，大多数意大利保皇派军官对法西斯主义怀有刻骨仇恨，他们把这种仇恨转嫁到希特勒的将领埃尔温·隆美尔头上。英国人当然知道意大利领导层的内部矛盾。罗马的英国间谍，结交了身居高位的朋友，还在深具影响力的保皇派社交圈里煽动不满情绪。

不过，要是认为非洲的意大利军官团是泄密的根源，那就大错特错了。事实并非如此，否则，如何解释隆美尔多次赢得的重大胜利？通常说来，意大利军官英勇、正派、充满勇气，意大利士兵也恪尽职守。可他们的最高军事领导层，从很大程度上来说烂透了，他们对执行墨索里尼的命令敷衍了事，甚至不愿听从隆美尔的建议。身处前线的意大利官兵和指挥部尽到了军人的职责。可惜，他们的武器极为低劣，他们的坦克简直就是行进中的棺材，而他们的弹药也是次品。这些问题不能单纯归咎于颇具天赋的意大利人缺乏技术能力，很大程度上是蓄意破坏造成的。战争期间大规模背叛造成的破坏，其规模至今仍没有弄清。

奥金莱克将军兴奋地看着桌上的一份文件，随后又产生了怀疑。而他的情报参谋，黝黑的脸上带着一抹自豪的微笑。

"看来，这是隆美尔亲手绘制的。"奥金莱克说道。

"是的，长官！"情报参谋回答道。

"可这是不可能的，太不可思议了！"

"的确如此，长官！"

"运气未免也太好了，"奥金莱克兴奋地喃喃自语，"天哪，这可能是隆美尔和他那支军队的末日！"

是什么让奥金莱克和他的情报参谋这般兴奋？他们面前摆放着一张照片，照片上是隆美尔为进攻图卜鲁格亲手绘制的部署方案。图上标得详尽无遗：进攻何处，哪些部队率领进攻，预备队部署在哪里，英军防线的薄弱点又在哪里，局部进攻的发起时间。什么都有，只缺一样东西：进攻日期，也就是D日。可这有什么关系呢？他们掌握了对手的作战方案，这可是所有将领梦寐以求的东西。

英国人讨论了很长时间。这份方案是真的吗，会不会是隆美尔这只沙漠狡狐耍的诡计？这个狡猾的德国人经常把英国最优秀的沙漠战略家骗得团团转，他完全能弄出这种伎俩。此人曾把飞机发动机装在卡车上，扬起滚滚尘埃，伪装成大股装甲部队的行动，实际打击的却是其他地点，这次为什么就不能弄份假方案，故意让它落入英国人手里，以此欺骗英军司令部呢？

英军情报部把照片与先前缴获的文件上隆美尔的笔迹做了对比，认为照片上的草图和注解的确出自隆美尔之手。奥金莱克立即意识到，草图上注解的详情，德军投入的部队，以及整个进攻理念，完全符合隆美尔的一贯作风。关键问题在于：情报来源可靠吗？

可这种情况下，什么是"可靠"的呢？最大的背叛总是带有不确定性。长时间讨论后，奥金莱克的司令部得出结论，这份进攻方案的真实性和来源无可置疑。这是个天赐良机！他们终于可以逮住这只狐狸。他就像个纸牌玩家，不小心把手里的牌暴露给对手，这样一来，就连最优秀的牌手也有可能输掉牌局。

奥金莱克决定把隆美尔的部署和进攻方案视为真实可靠后，仍存在几个重要问题。首先，隆美尔打算何时进攻？这场进攻显然迫在眉睫，随时可能发动。其次，如何利用手头掌握的绝佳好运？草图上表明，隆美尔打算从南面和东面进攻图卜鲁格。这场进攻可能会在明天或后天打响。也就是说，必须迅速为己方的反攻做好准备。可是，该发起何种反攻呢？

英军在陷入围困的图卜鲁格实施部署，以此应对隆美尔的方案，从而挫败德军的进攻，这是有可能做到的。但奥金莱克认为："这还不够！"就眼前独特的情况而言，这种做法远远不够。不，英军准备的大规模进攻必须与隆美尔的方案相对应。应当让隆美尔发动进攻，待他展开行动后，英军就打击他暴露在外的右翼和后方，从而歼灭整个非洲装甲集群。奥金莱克认为，这似乎是利用眼前天赐

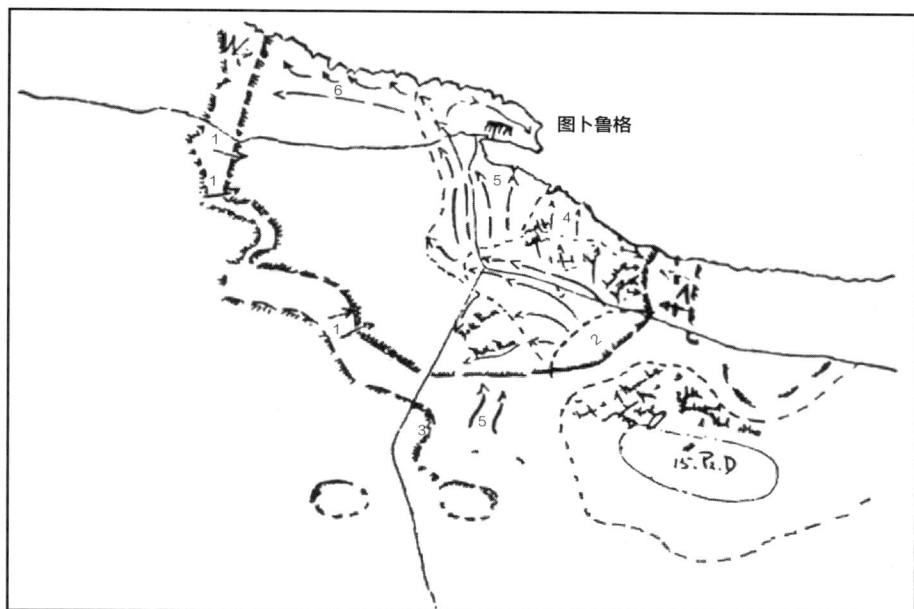

▲ 隆美尔进攻图卜鲁格的手绘草图，这份草图泄露给了奥金莱克。草图上写着：

1.D日3点30分的准备位置。

2.实施炮火准备（2点到4点）后，D日4点需要夺取的工事。

3.6点30分到10点，沿巴尔博大道以钳形攻势往岔路。

4.10点到15点，突破到海边。

5.15点到17点，进攻图卜鲁格及其港口，以及奥达自来水厂。

6.肃清海岸地带，直至塞赫尔干谷。

良机唯一可行的办法。当然，这意味着英军不能变更图卜鲁格的防御部署，以免引起隆美尔侦察部队的怀疑。图卜鲁格的防御阵地无关紧要。现在的问题不再是这座堡垒的安危，而是关乎整个非洲的胜利。

　　尽管如此，还是要采取些措施。英军在埃及境内的调动必须迅速，最重要的是，决不能让德国人发现这场调动。闪电般的速度至关重要。奥金莱克的幕僚上演了一场好戏。部队的运动伪装成骆驼商队，还巧妙地隐蔽了他们的阵地。由于这些措施，德国和意大利侦察机完全没发现对方的动向，没有一份可疑的报告送抵隆美尔司令部。

由于英军司令部和各部队付诸的非凡努力，11月14日，奥金莱克终于完成了所有准备工作。部队已开抵出发阵地。奥金莱克麾下的军官笑着说道："隆美尔可以开始了。"可隆美尔没有发动进攻。

奥金莱克元帅在1953年4月25日出版的《图画邮报》杂志里，首次披露了图卜鲁格交战期间耸人听闻的背叛事件："每个作战方案总有个'但是'。以图卜鲁格为例，这个'但是'是我们不知道隆美尔选定的进攻日期。我们知道这场进攻即将到来，很可能就在几天内，可具体日期仍是个未知数。"

11月14日平安度过，15日同样如此。开罗和伦敦满怀热情地等着隆美尔发动进攻。可11月16日还是没出现任何情况。

11月16日，伦敦方面越来越紧张。突击部队已经在出发阵地待了三天，还有些部队部署在沙漠里。德军侦察活动发现这些部队的危险与日俱增。另外，沙漠里的进攻出发阵地也有时间限制。11月17日依然毫无动静，伦敦方面不知所措。要是你把英国人的行动视为孤注一掷，就很容易理解这一切，这里的"注"指的是那张草图。怀疑论者开始旧话重提，如果这是一场大骗局，那该怎么办？英军的所有准备工作会不会是瞎忙活？英军会不会被敌人打得措手不及？伦敦与开罗之间的电报往来愈发频繁。奥金莱克想再等等，可丘吉尔和战时内阁坚决反对。丘吉尔通过他对德军进攻阵地、己方部署、第8集团军的实力、突然性因素的认识，坚信无论隆美尔是否发动进攻，英军赢得胜利都是十拿九稳的事。依他看，再等下去就会搞砸一切。

11月17日，丘吉尔把进攻日期定于11月18日晨，还给沙漠军队下达了日训令，这就把他的战地指挥官奥金莱克置于进退两难的境地。

丘吉尔11月15日以国王陛下的名义给奥金莱克发去电报，从中可以看出他对英军赢得胜利的信心是多么强烈："大不列颠和帝国的军队，首次以充足的各种现代兵器对付德军。此次交战的结果会影响战争的整个进程。现在是为最终胜利，为我们的祖国，为自由发起最猛烈打击的时候了。沙漠军队会在历史上撰写堪比布伦海姆、滑铁卢战役的新篇章。各国人民都在看着你们。我们所有人的心与你们同在。愿上帝支持正义的一方！"

丘吉尔提到布伦海姆战役，这是1704年霍赫施泰特战役的英语称谓，当时，丘吉尔的祖先马尔伯勒公爵会同欧根亲王，在西班牙王位继承战争中击败法国—巴伐利亚联军，赢得决定性胜利。而在滑铁卢，惠灵顿和普鲁士元帅布吕歇尔歼灭了拿破仑的军队。英国军队现在要以同样的方式消灭隆美尔。

奥金莱克别无选择，只得发起"十字军"行动，这是英国人为此次进攻取的代号。11月18日清晨，德国人在哈勒法亚山口、坎布特、非洲战线其他地段发出"洪水"和"洪潮"警报，与此同时，天空也打开了水闸。

不过，突如其来的暴雨对德意联军固然是一场悲剧，但也导致英国轰炸机无法投入战斗，按照奥金莱克的精心策划，这些轰炸机本该用于进攻开始阶段，对德军交通线、补给基地、港口、各指挥部施以突如其来的猛烈空袭。11月17日和18日，皇家空军无法升空。暴风雨以这种方式，给交战双方造成平等的障碍。

在德国人于哈勒法亚山口、坎布特对抗泥沙和洪水之际，在洪水和泥石流淹没、引爆雷区，潮水卷走重武器时，在隆美尔到访罗马，英军突击队的阵亡者埋入贝达里托利亚公墓时，英军先遣部队冲出泥泞的散兵坑，坦克沿洪水淹没的沙漠路径艰难前行。

交战开始了，这是叛徒造成的结果。

谁是叛徒？是谁把隆美尔的作战方案交到英国人手里的？

唯一能给出真实答案的人是陆军元帅克劳德·奥金莱克爵士，他率先通过一份普通出版物对公众提到泄密事件。但英国陆军部显然认为时机还不成熟，不能披露这起神奇的背叛事件的具体细节。我曾就隆美尔进攻草图泄密一事，通过我在英国的消息提供者联系上奥金莱克元帅，他后来写信告诉我："正如我保证过的那样，我已动笔给你写一份关于隆美尔1941年进攻图卜鲁格那份草图的报告；可我现在不得不遗憾地告诉你，圣诞节过后我就要出差，所以无法履约……"

凯塞林元帅当时在意大利南部担任德军总司令，他写信告诉我："1941年11月底，我作为南线总司令接掌了地中海地区德国空军力量指挥权。我没有从隆美尔或他的司令部听说过1941年进攻图卜鲁格的草图泄密一事。当然，这并不是说没发生过泄密事件。

"隆美尔后来从欧盖莱阵地展开反攻，重新收复昔兰尼加，他规定并遵守了严格的保密措施，这种情况也许可以归因于过去不愉快的经历。

"我同意大利总参谋长卡瓦莱罗元帅合作得亲密无间，我一再对他指出，从意大利驶往北非的船队有泄密的可能性，可我无法揭开遮掩这种背叛的面纱。通常都很高效的德国无线电侦听站也没能弄清情况。

"可是，无可辩驳的证据表明，盟军非常清楚轴心国船队的方位、时间、航线。我们立即干预，许多船队不得不更改航行计划，结果，他们没被敌人发现，也没有遭受攻击。德国快船出航的情况同样如此。可是，敌人是通过何种渠道获得这些情报的呢？船队和护航力量的编成、装载、出发港口、时间，是由意大利和德国海空军高级军官组成的班子确定的。可是，把背叛行径归咎于某位意大利或德国高级军官，这种做法难道不荒唐吗？他们都知道，背叛不仅会造成船只和补给物资损失，许多勇敢的意大利和德国水手也会溺毙在地中海，或是和他们的船只一同被炸沉。任何一个有良知的人，倘若这样做的话，他能在部下、同胞、上帝面前为自己辩解吗？

"我们面对的是个谜。相应的措施是派德国海空军军官加入意大利补给司令部，以此确保相互监督，从而最大限度地防止了个人背叛行径。

"盟军海空力量部署到其他地方，例如用于掩护一支船队，或受到德国轰炸攻势和潜艇封锁牵制时，我方船队的损失大幅度下降，最终归零。可是，轴心国大型船队载着最重要的援兵和补给物资出海时，损失惊人地增加了。作为南线总司令，我不得不对空中掩护力量提出越来越高的要求，以便把最重要的物资运抵非洲。空中掩护力量不分昼夜地飞行在广阔的海面上，过度疲劳导致他们很少能以压倒性力量出现在正确地点。因此，背叛行径给非洲的斗争造成双重或三重影响。

"战后揭示出部分答案。美国人埃利斯·M.扎卡里亚斯，当时是个助理，后来成为美国海军情报局负责人，他在《秘密使命》一书中透露，他对意大利海军司令部策划的一切了如指掌，海军司令部处理的一切重要军务都引起他的注意。他从意大利海军秘密情报局获知了轴心国军队的绝密方案。该情报局的主要人物是意大利海军上将毛杰里，他做出的贡献后来获得盟军表彰。"

这就是凯塞林说的情况。

弗里茨·拜尔莱因中将是隆美尔最亲密、最信赖的同袍，针对我提出的问题，他做出以下回复：

"英军1941年发动冬季攻势时，我还是个中校，担任德国非洲军参谋长，该军编有一个德国军和三个意大利军。交战开始时，我待在拜尔迪附近，后来一直处于移动状态。

"进攻期间，我获知隆美尔突击图卜鲁格的方案被泄露给英国人。英军俘虏的交代证实了这一点。无法确定叛徒是谁。进攻前，意大利高级军官多次参加非洲军军部召开的会议，以及沙盘推演的整个进攻行动。尽管如此，但我不想就图卜鲁格泄密一事指控意大利人，因为另一些案例完全能证明我们的盟友干出的背叛行径。"

骑兵上将西格弗里德·韦斯特法尔，1941年11月还是中校，在隆美尔装甲集群担任作训处长，他对我讲述了以下情况：

"自1941年9月底起，隆美尔就打算以大规模进攻夺取图卜鲁格。他料定英军会发动新的进攻，在他看来，奥金莱克替换韦维尔后，对方的进攻只是个时间问题。他希望以自己的进攻阻止对方的攻势。因此，对他来说，这是一场与时间的赛跑，可由于缺乏补给物资，他被迫一再推延进攻图卜鲁格。为探明敌军意图，第21装甲师1941年9月14日对哈巴塔井实施侦察，没发现英军即将发动进攻的迹象。接下来几周，英国人进行了非常出色的伪装，以防德国空军窥探他们防线后方的情况。我们也没收到特工的任何报告。因此，1941年11月18日，英军的进攻把隆美尔弄得措手不及，对方实现了战术突然性，而不是战役突然性。隆美尔为进攻图卜鲁格绘制的草图落入奥金莱克手中，我不知道这件事。"

韦斯特法尔将军认为，图卜鲁格守军的编组情况表明，英国人并不清楚隆美尔从东面发动进攻的意图。

时任非洲装甲集群情报处长的冯·梅伦廷中校也持同样的看法。

我还找到了长年担任隆美尔文员和秘书的伯切尔中士。1941年夏季到1944年10月，伯切尔一直待在隆美尔身边，能接触到隆美尔所有私人和官方秘密文件，几个文件箱都由他管理。

阿尔贝特·伯切尔写信告诉我：

"隆美尔元帅总是要求执行最严格的保密措施，甚至到了迂腐的程度。各种命令和作战方案的重要性，按照文件标题上的'绝密''机密'字样区分。绝密文件只能由总参军官处理，传递也是派专门的传令官执行。机密文件由信使送抵部队。其他文件派摩托车手或传令兵送交。司令部文员都是精心挑选的，必须起誓严守秘密。绝密文件妥善保存在安全的地方，机密文件通常由各部门的副官保管。无关人员不允许看这些文件。必须把重要的行动决策告知意大利部队或意大利总司令部时，由意大利联络官传达。

"由于战事的流动性，再加上隆美尔元帅习惯带着他的指挥部赶赴前线，因而经常存在文件落入敌人手中的危险。我们总是站在汽油罐旁，随时准备销毁一切。

"隆美尔元帅亲手绘制的草图，用完后通常归还司令部办公室的文件柜，归入他的私人文件，以便他日后再次使用。这些文件内容繁复，数量很多，誊抄副本让我们大费周折。

"以电传打字机传递机密事宜会使用密码，但前线战术指挥部不配备电传打字机，这种设备用于战线后方。电报必须解码，密码定期更换。要是阿布维尔发现敌人在监听，或破解了我方使用的密码，我们就会立即更改密码。集团军通信主任负责所有通信工作。

"情报处长冯·梅伦廷中校负责提供作战地区的情报。他的工作是获取敌方情报，为指挥部提供资料，以便他们制订作战方案。当然，最让人感兴趣的是前线或后方地域敌军部队的编组、装备、起运地点、阵地等情况。审问俘虏、收听敌人的广播、使用口译员、侦听哨、无线电监测、派特种部队深入敌军腹地，都是情报处的工作范畴。另外，他还处理我方部队提供的情报。北非地区，战线后方的情报工作由意大利总司令部负责。隆美尔的指挥部总是靠前部署，不时受到敌人的轰炸机或低空飞行的战斗机滋扰，所以经常被迫停止运

▲ 第15装甲师师长诺伊曼-西尔科夫将军。

— 76 —

作。文书工作也不轻松，特别是在没有灯光的夜晚，我们不得不在帐篷或卡车里点上蜡烛从事工作。"这就是阿尔贝特·伯切尔的说法。

老话说，条条大路通罗马。对我们来说，这句话具有特殊意义。隆美尔司令部那些专家呈交的报告表明，精明的敌国特工有大量机会从罗马弄到宝贵的情报。尽管存在各种技术检查和保护措施，可一切最终取决于相关人员的责任感、品质、忠诚或背叛。隆美尔作战方案的传递链上有个敌人，他是谁？这个问题的最终答案仍有待揭开。

6

奥金莱克进攻

坚守要塞的澳大利亚官兵,自豪地把自己称为"图卜鲁格之鼠"。1941年11月17日/18日夜间,他们没有入睡,而是躺在废墟里聆听雨声,这场神奇的降雨没完没了,沙漠无法吸收,因为雨势实在太大。自夏季以来,英国守军就困守在这座海边要塞。当然,英国人控制着大海。尽管蒙受了各种损失,但英国舰船夜间悄然驶入港口,运来守军急需的补给物资,甚至还有新锐部队。通过这种方式,守军在这七个月内,挫败了隆美尔攻克要塞的一切企图。德国人准备重新发动进攻的传言出现后,他们在散兵坑里哈哈大笑。11月18日夜间,"图卜鲁格之鼠"从广播里听到了丘吉尔在伦敦发表的讲话:"沙漠军队会在历史上撰写堪比布伦海姆、滑铁卢战役的新篇章。"

"我们会做到的!"他们说道,然后继续聆听雨声。虽然他们听不到,可他们知道英军坦克、卡车、火炮强行穿过雨水浸透的湿黏沙地,数英里长的队列正向西开赴图卜鲁格,赶来对付隆美尔。

沙漠里,英军近1000辆坦克和装甲车组成的强大编队正在逼近,而隆美尔只有500辆德国和意大利坦克。英国第30军编有第7装甲师、南非第1师、第22装甲旅,离开马德莱纳周围的集结地,径直奔向图卜鲁格。英国第13军辖印度第4师、新西兰第2师、第1装甲旅,从东面进攻塞卢姆战线。动作迅速的英军绿洲部队从杰格布卜推进，穿过德军战线，深入隆美尔后方，企图切断他的补给线。

德国人完全没有发现英军正在进行危险的进攻准备。空中侦察一无所获，甚至没注意对方已在沙漠南翼建起几座庞大的补给仓库。他们没收到特工的报告，也没截获英军无线电通信，因为奥金莱克实施了最严格的无线电静默。

因此，11月18日夜间，庞大的英军装甲队列向西穿过暴风雨席卷的沙漠，逶迤驶向图卜鲁格，德国人没发现对方的行动。英军的目标是解救要塞守军，按照奥金莱克办公桌上隆美尔勾勒的那份草图，逐一歼灭敌军。

我们有很多德军作战报告，这些报告11月18日开始出现，五天后的周日到达顶峰。

可迄今为止，还没有谁真正评估过德国士兵从"洪潮"到周日这段时期取得的军事成就，以及隆美尔和他那些军官的出色领导。

坎布特北面，第8装甲团第8连的二级下士胡布赫，跳入伍特中尉的指挥坦克。警报！是要进攻图卜鲁格吗？他们已经在沙盘上演练了数周，还接受了相关指导。准备好了吗？没有，在二级下士胡布赫看来，现在的问题不是攻克图卜鲁格，而是设法自保。英国人已到来，即将发生的战斗肯定很艰巨。中尉军医埃斯托届时会很忙碌，根本没办法照料太多人，伍特中尉、利斯特曼少尉、炮手帕凯森、装填手奥尔和其他许多人都会丧生。

11月18日清晨的哈勒法亚山口，德军官兵仍在忙着修葺被暴风雨严重破坏的阵地。第104"摩步团"第1连连长格里希中尉差点被淹死，战友费了好大力气才把他救起。齐格勒中士把人员和武器归拢起来，堪称连队真正的母亲[①]。他为一等兵布赖德特感到骄傲，布赖德特把他的机枪架在小山丘上，还用防水布盖好，以免进水。尽管他浑身湿透，冻得瑟瑟发抖，可还是谢绝了战友让他擦干身子的建议："我不能离开我的机枪。"

在我面前摆放着许多战斗报告，撰写报告的德军官兵出自不同部队，有掷弹兵，有第5、第8装甲团的坦克驾驶员，有巴赫少校坚守哈勒法亚山口的部下，

---

① 译注：德军中士素有"连队之母"称号。

有第33侦察营的士兵，有摩托车手，有第82装甲通信营的马格德堡人，该营收纳了第33装甲通信营残部，还有工兵、高射炮兵、反坦克炮兵，以及坚守孤立阵地的士兵（传奇性的第361团），也有非洲军"外籍军团"人员，这支部队以法国外籍军团前德裔成员组成，最初被视为"不适合服役"，可他们英勇战斗，取得了惊人的成就。

1941冬季交战的所有报告和口述一致认为，这是沙漠战局迄今为止最血腥的战斗。激烈的坦克战不分昼夜。就连厨师也以战地厨房车为掩护，把手榴弹投入马克Ⅱ型坦克和轻型斯图尔特坦克履带下，这款新型坦克刚刚从美国工厂运抵沙漠。反坦克炮连不停地开火，直到他们被敌坦克碾过。第361非洲团第2连的士兵，在轻型迫击炮火力掩护下，跳上英军坦克，炸开坦克舱盖，用步兵铲猛击车组人员，随后驾驶缴获的坦克发起进攻，战争的怒火在沙漠里释放开来。夜间，德军突击队匆匆穿过荒芜的战场，用毯子裹住伤员，以免他们被冻死。只能寄希望于次日，友军或敌军发现这些伤员后照料他们。战斗的受害者躺在地上，冻得瑟瑟发抖，在沉默中祈祷或等待死亡降临，嘴角挂着一丝微笑，或是对战争的诅咒。

隆美尔的部下以近乎怪诞的英勇，带着源于绝望的力量，殊死抗击敌人的大举进攻。正是这种勇气，这种近乎传奇的抵御，人对人，坦克对坦克，最终粉碎了奥金莱克的突击势头。

隆美尔也充分展现出自己的才干。他和他乘坐的桶式车随时可能出现在战场任何一处，有时候他也搭乘英国"猛犸"装甲指挥车，这是德军在迈希利缴获的，他们称之为"大家伙"。另一辆是克吕维尔将军驾驶的"莫里茨"。

11月18日中午，德军装甲巡逻队在西迪苏莱曼附近遇到印度第4师一辆迷路的指挥车，他们俘虏了车上人员，里面有个下士。德国人把他送到拜尔迪，拜尔莱因审问了他。这名下士交代的情况，让拜尔莱因大惊失色。下士身上有张地图，据他说，这是奥金莱克的进攻部署。他还说，英军司令部已掌握隆美尔进攻图卜鲁格的方案。

拜尔莱因立即打电话给隆美尔设在坎布特的指挥部。这是个可怕的消息，指挥部人员和隆美尔本人起初都对此心存怀疑，认为缴获的地图很可能是对方的欺骗手段。和英国人一样，他们也不相信居然能交上大运。交战刚刚开始就缴获了

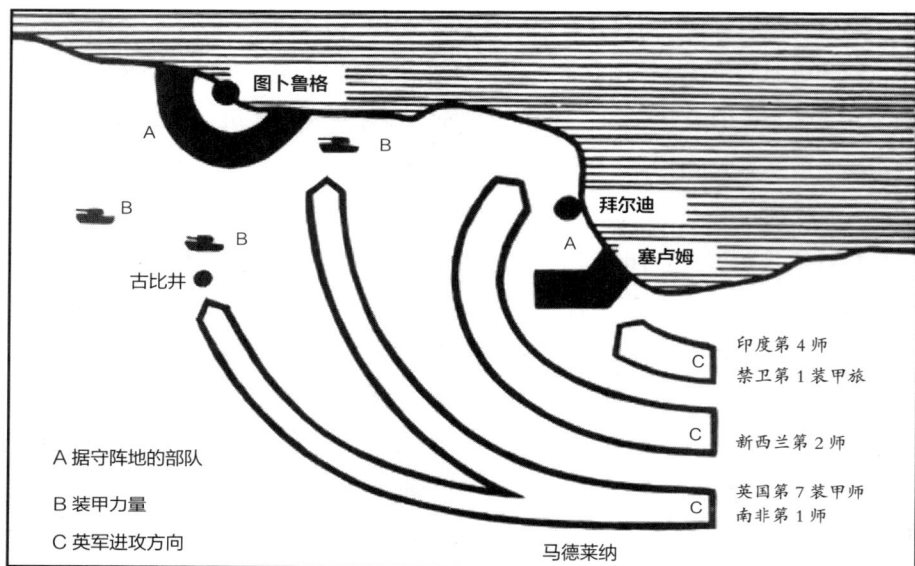

▲ 英军1941年11月18日的攻势。

奥金莱克的作战方案，这种好运堪比奥金莱克的情报部门预先得到隆美尔进攻图卜鲁格的计划。

因此，英国人也发生了他们的"图卜鲁格泄密"事件。唯一的区别是，隆美尔后来才确定缴获的地图货真价实。他的情报处长忙着评估这些文件，毫无疑问，印度第4师这名下士，为德军在随后的交战中实施的成功防御做出了贡献。

时任非洲军参谋长的弗里茨·拜尔莱因，对我讲述了这场大规模交战是如何展开的。

英国第7装甲师部分力量，以著名的第11轻骑兵团为先锋，11月20日突破德意联军阵地，前出到图卜鲁格山地边缘的西迪雷泽格。非洲军成功地对付了这股敌军，击毁大批敌坦克，还为打击冒进之敌的身后占据了有利的出发阵地。由于己方兵力处于劣势，隆美尔不得不逐一对付敌军兵团，从而歼灭英军从南面逼近图卜鲁格的整个进攻力量。可坎宁安将军会遂隆美尔的心愿，把他的装甲旅逐一投入交战吗？坎宁安真这样做了，没有集中力量。

11月21日晨，非洲军从西迪奥马尔以西地域打击英国第7装甲旅身后。双方的首次对决，英军投入200辆坦克、大批反坦克炮和优势炮兵力量。但非洲军击退了英国人，在卡普佐小径所在的高地站稳脚跟，设立了机动防御。

11月20日/21日夜间，图卜鲁格守军的出击被击退。他们随后以50辆步兵坦克遂行突围，这次取得更大战果。英国第70师辖内部队遭遇意大利博洛尼亚师构筑的阵地，一举突破意军防线，打垮意军炮兵，消灭对方2个营和35门火炮。德军第3摩托化侦察营封闭了缺口，但这段防线遭受的威胁并没有消除。

隆美尔下令，11月22日遂行机动作战。夜间，克吕维尔将军[①]背着敌人，悄然东调第15装甲师，在敌军纵深侧翼重组。第5轻装师改编而成的第21装甲师，进攻西迪雷泽格机场，迫使敌人退往南面。诺伊曼-西尔科夫少将率领第15装甲师，打击进攻之敌的侧翼和身后，一举包围对方，第8装甲团歼灭了英国第4装甲旅，该旅是英军此次进攻的生力军。

英国官方战争史强调，第4装甲旅的失败决定了这场交战。毫无疑问，"一个装甲旅覆灭，生还者被俘"的平静说辞，作为历史评论，丝毫没有透露出德军作战行动背后的英勇无畏和冷酷无情。

11月22日傍晚，克拉默中校的第8装甲团与后撤之敌脱离接触。出人意料的是，漆黑的夜间，该团第1营遭遇一群集结起来的坦克。直到双方相距8—10米，德国人才辨认出那是英国坦克。双方震惊不已，一时间都没有开火。几秒钟后，第1营营长芬斯基少校先发制人，驾驶他的指挥坦克穿过英军刺猬阵地，用电台下达了命令："第1连……右侧排……"随后指挥各连各排绕过敌坦克构成的刺猬阵地。副官贝克中尉不停地发射白色信号弹，所有坦克打开大灯，把敌坦克集结地照得亮如白昼。英军官兵呆若木鸡。

就在这时，绍特下士率领的摩托车手冲入震惊的英军官兵行列。他们端着冲锋枪喊道："举起手来！"一个英国坦克车组企图逃离，绍特跳上坦克，强行拉

---

① 译注：隆美尔出任非洲装甲集群司令，非洲军军长一职由克吕维尔接任。

开半闭的舱盖，用冲锋枪朝车舱里打了个点射。刺猬营地北部的几辆坦克企图突围。德军坦克兵的耳机里传来命令："朝逃窜的敌坦克开炮！"接二连三的爆炸声起了作用，德国人彻底包围英军营地。为避免恐慌，营长一再用电台和喊叫声下达命令："只射击企图逃离的敌坦克。"芬斯基少校随后又下令："车长带上冲锋枪下车收容俘虏，炮手和装填手待在坦克上警戒。"在坦克大灯刺眼的灯光下，英国人束手就擒。几名英国坦克兵拿起武器抵抗，芬斯基的三名下士阵亡。还有个英军上尉设法点燃三辆坦克，随后被芬斯基抓获。

英国第4装甲旅就此覆灭。德国人抓获的俘虏，包括1名准将、17名军官、150名军士，还缴获35辆坦克和大批作战车辆。这是战争中疯狂的坦克战之一。

次日，芬斯基少校阵亡。

图卜鲁格守军当日没有出击。但英国人前调第13军，沿宽大战线冲击塞卢姆防线后方和哈勒法亚山口。德军牢牢守住各支撑点，只有卡普佐堡被新西兰人攻克。

隆美尔随后制订了作战方案：先集中德意军队所有快速力量发起进攻，消灭朝图卜鲁格采取行动的敌军主力，尔后迅速东进，救援塞卢姆防线。

第一项任务的D日定于11月23日亡灵节。隆美尔此时远离非洲军，无法给麾下的指挥官下达口头命令。于是，他做了件不寻常的事，发了份长长的电报。非洲军军长克吕维尔收到了电报，可解码这份长达六页的电报要耗费大半个上午，他该等待吗？等待电报解码，会不会丧失关键的几个小时？

拜尔莱因告诉我："我们非常清楚敌人的状况，所以没有等待电报解码，而是离开非洲军军部，清晨5点30分赶到第15装甲师师部。我们乘坐缴获的'猛犸'装甲指挥车，它被称为'莫里茨'，还带着两辆桶式车，其他什么都没带。这很不幸，因为半小时后，整个军部，包括情报处长鲍迪辛伯爵在内，都被悄然逼近的新西兰人打垮，激烈抵抗后，军部人员被俘。只有克吕维尔和我侥幸逃脱了厄运。"

一名参谋军官对我讲述了这起事件："军部准备从山上驶下卡普佐小径时，天色已放亮。我们随即发现，右侧出现了长长的炮管，还看见大批车辆从各个方向驶来。第15和第21装甲师的后卫部队还在这里？我们讨论此事之际，炮声响了起来。我方车队乱成一团，侦察车和轻型高射炮随即投入战斗，各种武器一同开火。趁着交火间歇，我们这些人跳上一辆辆卡车，朝各个方向全速逃离。可我们

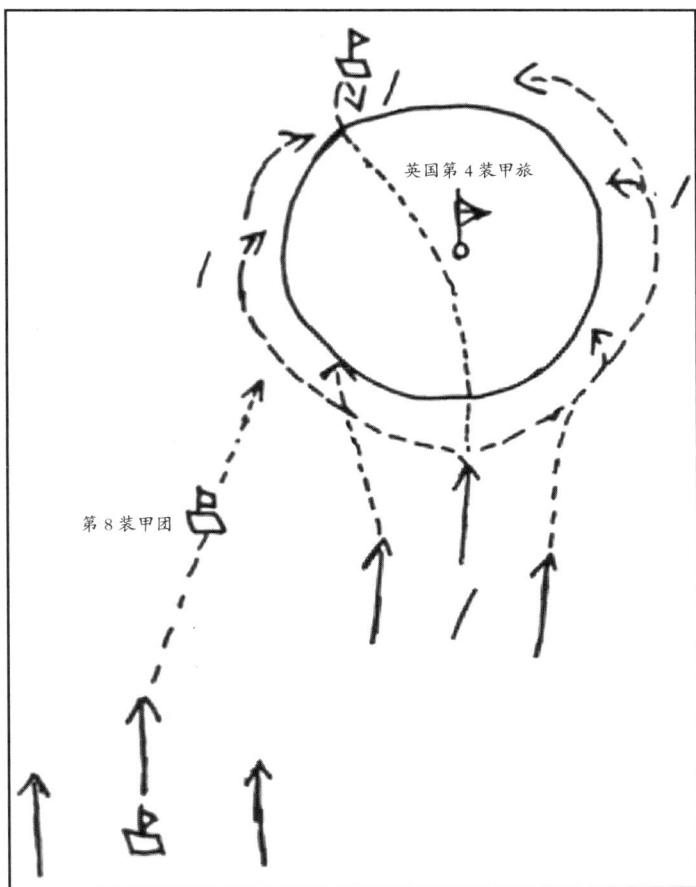

▲ 克拉默将军歼灭英国第4装甲旅的草图。

没能逃得太远，面对英军坦克、反坦克炮、步兵的火力打击，一辆辆卡车停了下来。我们这群人非死即伤。一辆辆侦察车起火燃烧，殉爆的弹药从我们耳边掠过。英军坦克靠拢过来前，我们迅速销毁了重要的文件。对方是弗赖伯格将军的新西兰第2师。我们被俘了。"

这是非洲战争中常见的事：将军没了指挥部，参谋人员被俘，地图和通信设备悉数损失。但克吕维尔继续指挥非洲军辖内各师。

11月23日上午，德意军队已在图卜鲁格南面投入交战。西迪雷泽格地域，第21装甲师做好了防御准备。意大利阿列特和的里雅斯特装甲师集结在古比井地域。为充分利用手头所有装甲力量，克吕维尔将军打算与从古比井而来的阿列特装甲师会合，然后从后方攻击敌人。早晨7点30分左右，第15装甲师开往西南方。所有连队通过电台接到指令："今天必须决定性地击败敌人。"德国人发现敌军强大的坦克编队就在西迪穆夫塔周围，于是立即发起攻击。激烈的战斗爆发开来。克吕维尔将军随即发现更多敌军部队，对方配有大批车辆、坦克、火炮，因而决定实施更大范围的包围。

面对冲击西迪雷泽格的新锐之敌，第21装甲师仍在进行激烈的防御作战，对方是英国第7装甲师。中午前后，图卜鲁格守军出击，他们投入60辆坦克，以强大的步兵为支援，企图与英军先遣装甲部队会合。实施拦截的意大利军队殊死抵抗，帕维亚师顽强坚守。尽管如此，敌人还是在这道拦截线上夺得几个支撑点。

持续交战期间，当日下午早些时候，克吕维尔将军到达英军后方地域。意大利阿列特师先遣部队带着120辆坦克赶到。克吕维尔现在得以集中德意装甲力量，全力打击敌军身后。这场进攻进展顺利。第8装甲团居中，第5装甲团居右，意大利人在左侧。但这些部队很快遭遇对方以火炮和反坦克炮构置的宽大防线，南非人以惊人的速度设立了防御。各种类型、各种口径的火炮，朝进攻中的轴心国战车前方投下一堵无法逾越的火墙，一辆辆坦克在弹雨下起火爆炸。

第8装甲团第8连的损失尤为惨重。连长伍特中尉果断干预，驾驶他的指挥坦克突入敌军阵地，一颗子弹击中了他的头部，阵亡的伍特中尉跌落在炮手胡布赫下士怀里。第2排排长利斯特曼少尉应当接掌全连，可他的坦克没有回复电台的呼叫。一辆40毫米自行火炮击毁了他的坦克，驾驶员和装填手阵亡，利斯特曼和其他人赶紧离开坦克，但随即倒在敌人的机枪火力下，他身旁的炮手帕凯森下士一同阵亡。这只是几名坦克指挥官和他们的部下遭遇的厄运，而1941年这个亡灵节，类似的事件非常多。第8装甲团第2营，除了伍特中尉和利斯特曼少尉，还有三名坦克指挥官（克泽中尉、亚当少尉、皮萨特少尉）和他们的车组一同阵亡。

德军不得不投入全部炮兵力量，逐一打哑对方的火炮。直到下午晚些时候，他们才在敌军防线打开几个缺口，进攻中的坦克再次向前奔涌。

图卜鲁格

第 21 装甲师　　　　　　　　　第 15 装甲师

西埃夫
西乌夫井

西迪穆夫塔

英国第 7 装甲师
南非第 1 师

阿列特师

古比井

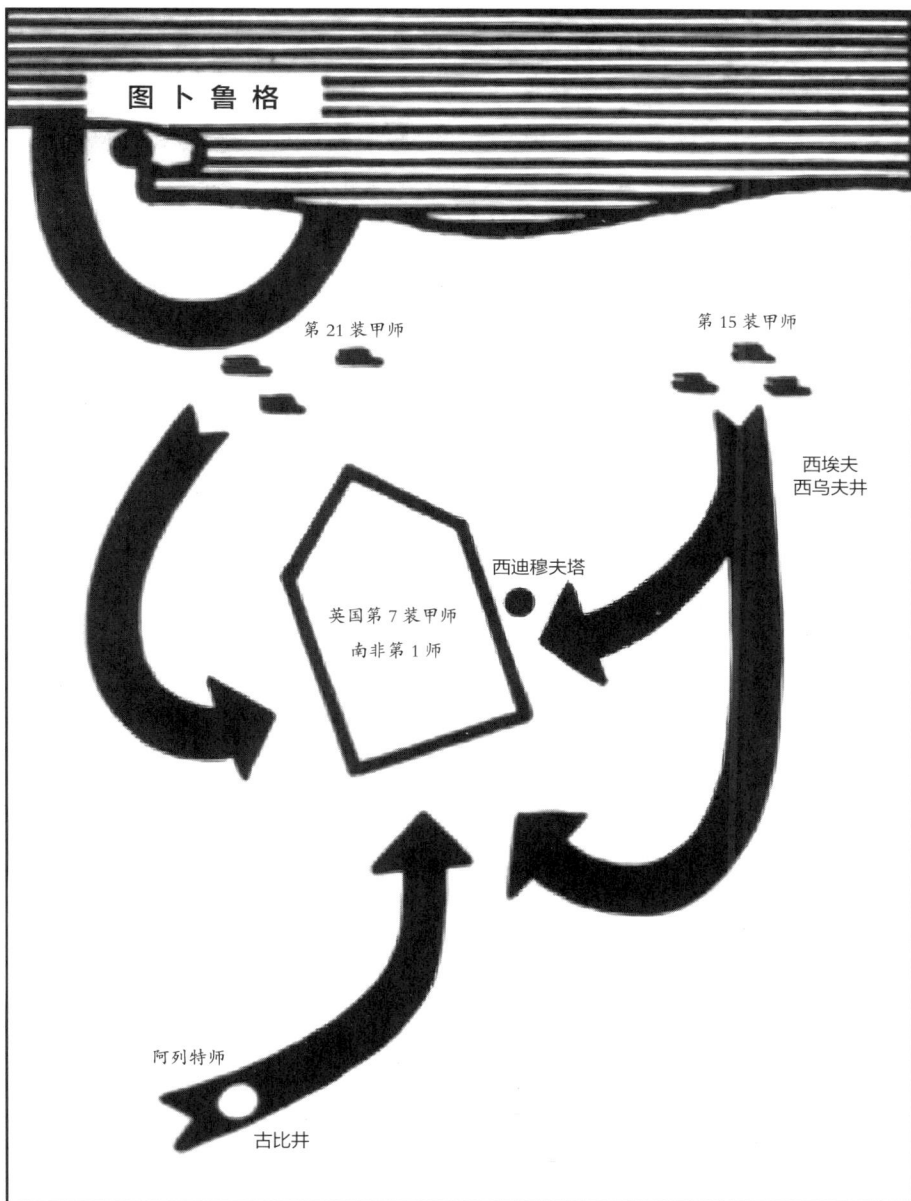

▲ 1941年11月23日，周日的交战，隆美尔包围了英军进攻力量。

— 87 —

德国人使用了机动作战的所有技巧，终于把敌人压缩到一片狭窄地域。图卜鲁格守军的出击没能缓解这股英军的压力，因此，他们唯一的选择是后撤或投降。1000多名英军官兵束手就擒。

就在这时，克吕维尔和拜尔莱因乘坐的"莫里茨"指挥车，突然被几辆英国坦克包围。这辆缴获的"猛犸"车上喷涂的铁十字徽标看不太清，英国人有点困惑不解。

拜尔莱因说道："我们这辆指挥车的舱盖已关闭。英军坦克炮手不明白我们到底是何方神圣。几名英国兵跳下马克Ⅵ型坦克，走近我们这辆'猛犸'，敲了敲装甲板。克吕维尔将军打开舱盖，盯着一名英国士兵的脸，对方可能也对自己以这种异乎寻常的方式遇到一位德国将军感到惊异。我们似乎已难逃厄运。可就在这时，从某处扫来一串子弹。我们赶紧趴在车内。原来是德军一门20毫米高射炮把这些英国兵置于火力打击下。他们赶紧爬上坦克，迅速向南逃离。就这样，非洲军战斗指挥组又一次摆脱了危险的境地。"

西迪雷泽格南面的广阔地域此时布满尘埃和硝烟，能见度严重受限，许多英军坦克和火炮趁机逃往南面和东面，溜出德军包围圈。但大部分英军仍困在包围圈里。黄昏到来后，战斗仍未结束。数百辆燃烧的卡车、坦克、火炮照亮了亡灵节这片战场。午夜过后，德国人终于弄清了整体状况。他们派出特遣队，记录损失和战果，评估总体态势。这场交战消除了德军围困图卜鲁格的包围圈遭受的紧迫威胁，歼灭敌装甲力量大部，严重打击了敌人的士气，彻底打乱了对方精心策划的进攻方案。

11月24日上午，克吕维尔将军向轴心路上的隆美尔报告，已歼灭西迪雷泽格之敌，只有少量敌军逃脱。大捷！鉴于敌人掌握的良机，以及德军防御部队的兵力劣势，这场胜利可以说令人难以置信。战争史必须把胜利的桂冠授予克吕维尔将军和非洲军作战部队。

要是这场胜利没有激发起隆美尔的大胆构想，那他就不是隆美尔了。他立即制订了计划，打算进攻东部边境之敌，抢在新西兰人、印度人与战败的英军主力残部会合前歼灭对方。同时，他还想夺取沙漠腹地的哈巴塔和马德莱纳，从而切断敌人的补给。"我们必须发展击败敌军的突击势头，全力攻往西迪奥马尔。"这就是隆美尔！作训处长韦斯特法尔提出警告，隆美尔不为所动，他看到击败敌军、打开埃及门户的绝佳良机。

隆美尔麾下所有快速部队悉数投入行动。图卜鲁格南面只留下一个实力虚弱的战斗群，由非洲炮兵指挥官伯特歇尔少将指挥。守卫图卜鲁格包围圈的都是非摩托化部队。艾伦·穆尔黑德指出："这是隆美尔迄今为止最大胆的决定。尽管他的坦克还没有从最激烈的沙漠交战中脱身，可他还是提出绝妙而又大胆的构想，决心赌上一把。"

但这份大胆的方案基于这样一个前提：图卜鲁格前方的英军主力已被击败，正全力溃逃。英军高层就此认输了吗？

疲惫不堪、满怀痛苦之情的坎宁安将军站在参谋人员面前说："没法对付那些该死的德国佬！"这句话表明他对英军宏大的进攻方案遭遇挫败深感绝望。基于隆美尔泄露的部署方案，英军发起声势浩大的进攻，坎宁安本来打算为图卜鲁格解围，以钳形在塞卢姆、西迪奥马尔、图卜鲁格之间灵活困住轴心国军队，尔后歼灭对方。可现在，遭歼灭的是他的突击力量。坎宁安说道："我们不得不退出交战，必须撤往埃及，尽量保存有生力量，在尼罗河前方设立最后的防线。"

"撤到尼罗河构置防线？"坎宁安的参谋长疑惑地问道，其他参谋人员也对坎宁安的决定心存疑虑。这些年轻军官早就对食古不化的英军高层牢骚满腹，经常发表苦涩的言论："皇家空军的实力处于巅峰，海军控制着海岸，我方兵力也占有优势，可我们还是输了。为什么会输？因为我们总是零零碎碎地投入军力。因为我们做任何事都不敢冒险，而隆美尔总是在冒险。第7装甲师和南非人卷入战斗，禁卫旅和新西兰人却不赶去支援。新西兰人投入战斗时，印度人又袖手旁观。总是这样，自欧盖莱交战以来就是如此。"很容易理解这些英国军官的绝望之情。坎宁安宣布他打算撤军后没过几小时，奥金莱克将军从开罗飞抵。

两位将军发生激烈争执。奥金莱克否决了坎宁安的一切异议，宣称"这场交战绝不能以失败告终，因为这会结束北非战局，还意味着英军在尼罗河也会失败"。骨瘦如柴的奥金莱克通常都很冷静，现在却被眼前的大火激怒了，纵观英国历史，这种火焰经常会在危急时刻出现。他把冷静、谨慎抛之脑后，表现出英国老牌冒险家和海盗的某种赌徒精神。"值此关键时刻，我下定决心，哪怕牺牲到最后一人，最后一门火炮，也要避免失败。第8集团军不成功便成仁。"他的话

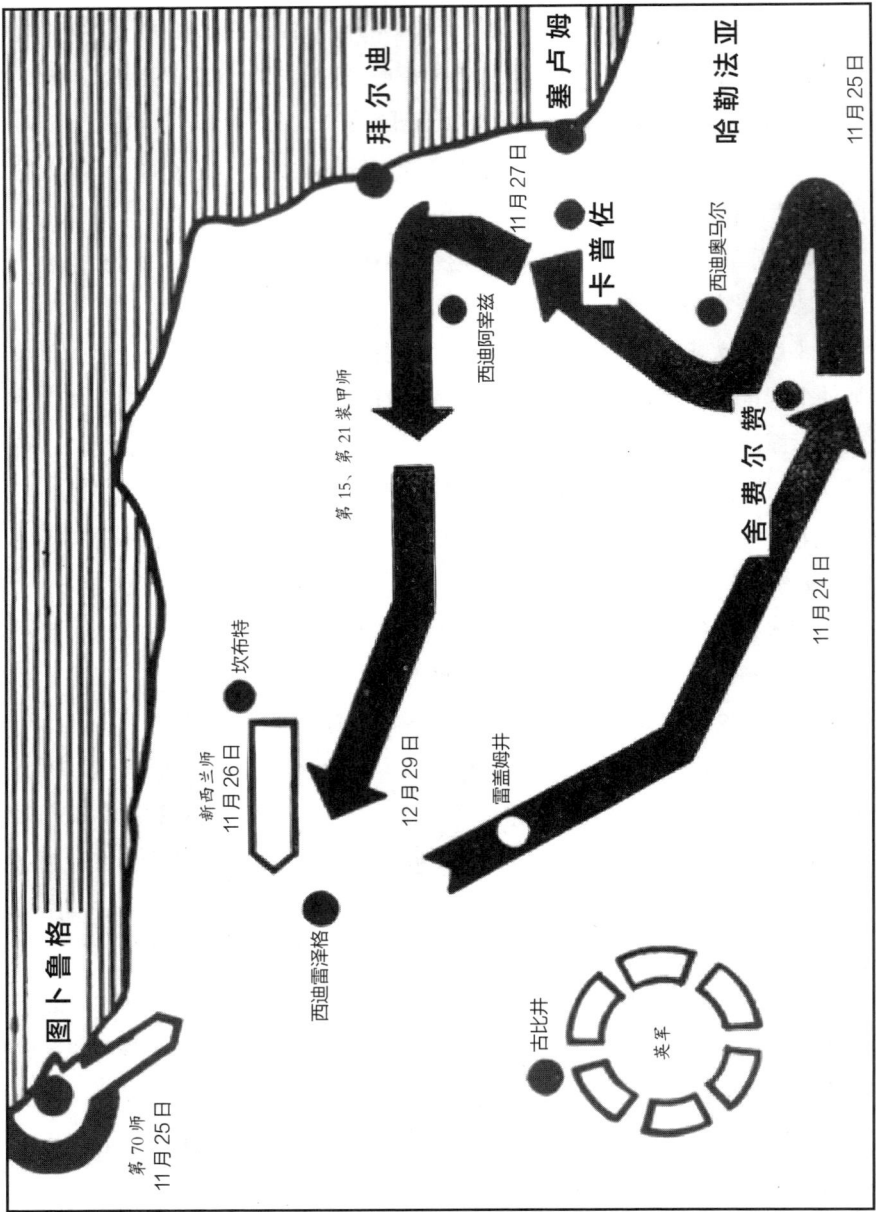

▲ 1941年11月23日的交战后，隆美尔致命的沙漠陷阱。

图卜鲁格
第 70 师
11 月 25 日

拜尔迪

塞卢姆

哈勒法亚
11 月 25 日

11 月 27 日

卡普佐

西迪奥马尔

西迪阿宰兹

第 15、第 21 装甲师

坎布特

新西兰师
11 月 26 日

舍费尔赞
11 月 24 日

西迪雷泽格

12 月 29 日

雷盖姆井

古比井

英军

语在屋内回荡。在场的军官全神贯注地盯着奥金莱克。坎宁安听天由命地望着地面。他在想什么？我们又该作何想？

真惨！对我们德国人来说，这些话可能不太中听，因为上一场大战期间，发生重大悲剧时我们经常听到这类话。可某些历史时刻确实是由激情决定的。

奥金莱克当即解除了坎宁安将军的职务，就在战场上，就在敌人面前。这是个激动人心的举措。里奇将军接替了坎宁安。里奇也是个坚定秉承英国旧战略的将领，这种战略的主旨就是谨慎。可面对奥金莱克掷地有声的命令，他别无选择，只得孤注一掷。里奇竭力消除第7装甲师的恐慌，用枪逼着逃窜的军官停下脚步。他采取了最大胆的举措，力图恢复部队的斗志，以便阻挡德军的猛烈冲击，直到英军部队完成重组。

里奇和奥金莱克不顾一切地实现他们的目标。例如乔克纵队，这是乔克·坎贝尔准将指挥的战斗群，英国战地记者艾伦·穆尔黑德撰写了关于这些特种部队的文章：

"各特遣队指挥官下达的命令很简单：'出发！深入敌人后方！打击你们见到的一切……'沙漠游击队就这样诞生了。奥金莱克匆匆加强这些特遣队，然后把他们投入部署。没过几天，就有20多支特遣队在敌人后方活动开来。他们纵火、劫掠、打冷枪、爆破、在沙丘后伏击、把敌坦克诱往错误的方向、切断电话线、制造误导性车道、分割敌人的运输车队、突袭机场、获取情报。第8集团军竭力重组之际，这些游击行动仅仅是权宜之策，但立即产生了重大影响。"

我们必须承认英军沙漠游击队所采取行动的合理性，这样才能从正确的角度看待"勃兰登堡人"的活动，战争结束后，英国人严厉批评"勃兰登堡人"的做法。实际上，"勃兰登堡人"是坎贝尔"乔克纵队"和英国远程沙漠战斗群的德国同行，他们以牙还牙，潜入开罗执行大胆而又危险的任务，在敌军司令部后方活动，炸毁桥梁，设立无线电台，给敌后方造成重大损失。

乔克纵队在敌军后方地域给意大利部队造成的破坏尤为严重，不难理解，意大利宪兵与沙漠游击队的斗争特别残酷。

某天，一等兵格哈德·弗赖丹克和他的供水队，在德尔纳的淡水源补充饮水。一个二十来岁的阿拉伯年轻人凑了过来，用德语请求搭乘卡车。弗赖丹克没同意：这是不允许的！这个外表看上去有贵族血统的阿拉伯人自豪而又神秘地掏出德军司令部签发的通行证，上面写着为持通行证者提供必要的帮助，签名是隆美尔！于是，弗赖丹克捎上了他。驶往塞卢姆的途中，意大利宪兵巡逻队拦下他们。意大利人怀疑地盯着那个阿拉伯人，把他拖下卡车。棕色皮肤的年轻人大声抗议，要求德国人保护他，可意大利人根本不予理会。他们扒光他的衣服，找到了他们要找的东西：他的大腿上绑着个摩洛哥皮革制成的袋子，里面塞满埃及镑和意大利里拉，还有一份英军特别通行证，这种证件专门发给在德意军队腹地活动的乔克纵队。弗赖丹克吓坏了，慌忙回到车上，他竟然捎了个英军游击队员。他看见那个阿拉伯人跪在意大利宪兵面前求饶，赶紧扭过头去，踩下油门。车子刚刚驶离，他就在福特卡车的引擎声中听到身后传来三声枪响。路边这出悲剧，只是庞大战争中的小插曲。前路漫漫，坦克和摩托车仍在轰鸣，沙漠会吸收大量鲜血。

此时，图卜鲁格周围的激战仍在肆虐。隆美尔认为他已击败英军突击力量，因而发起大胆突袭。11月24日上午，克吕维尔将军报告了他在周日亡灵节大获全胜的消息，隆美尔跳上桶式车，对作训处长韦斯特法尔中校喊道："我去西迪奥马尔，率领第21装甲师对付哈勒法亚山口的敌人。"韦斯特法尔大力反对，他已收到空中侦察发回的首批报告，据称英军在古比井严阵以待。可隆美尔不为所动，带上参谋长高泽少将驱车驶离。他们的汽车全速行进，穿过正朝东南方埃及边境混乱溃逃的敌军部队。他想抢在新西兰第2师、印度第4师与后撤中的英军部队会合前，以突袭击溃塞卢姆地区这两个师。他还想越过哈巴塔和马德莱纳，穿越埃及边境地区，消灭英军指挥部和对方庞大的补给基地。他打算实施突袭，把整个英国军队与他们的补给基地隔开，继而歼灭对方。隆美尔在第15和第21装甲师前方全速行进，直奔西迪奥马尔。毫无遮掩的埃及就在他眼前，苏伊士运河、尼罗河、一场伟大的胜利！但隆美尔不知道，奥金莱克已在图卜鲁格前方阻止了英军的溃逃。

隆美尔以80公里的时速飞驰，通信兵尾随其后。通信车很快落在后方，但隆美尔的座车没有等待，而是继续向前。傍晚前后，他到达西迪奥马尔。英军指挥官震惊不已，德国人从哪里来的？他们要去何处？隆美尔立即派第21装甲师开赴西迪苏莱曼，从东面封闭哈勒法亚防线。他亲自率领该师，在埃及边境线上的杰斯尔阿比德穿过宽大的铁丝网，他们钻过的这个缺口，实际上是英军进攻造成的。第15装甲师奉命进攻西迪奥马尔之敌，为遂行这场攻击，隆美尔把第5装甲团调拨给该师。

但这场交战没能按计划进行，就好像中了某种魔咒。印度第4师获得增援，没等隆美尔发动进攻，就在西迪奥马尔周围建起防御，而隆美尔投入冲击的兵力太过薄弱，他的计划又一次过于大胆了。德军的进攻失败，第5装甲团损失惨重，杰出的团长斯特凡中校阵亡。夜幕降临沙漠，黑暗中，燃烧的坦克残骸发出诡异的光芒，双方阵亡者倒在周围，彼此靠得很近。

此时，隆美尔已跟随第21装甲师继续北上，准备打击进攻塞卢姆防线的新西兰人。击败新西兰军队后，冯·拉文施泰因少将就要率领第21装甲师深入埃及境内。

返回西迪奥马尔与第15装甲师会合的途中，由于引擎故障，隆美尔的汽车抛了锚。夜间，他和高泽孤零零地待在沙漠里，身处庞大战场的中央。他们不知道己方部队在哪里，也不知道敌军正开赴何处。巧的是，克吕维尔和拜尔莱因乘坐的"莫里茨"突然出现在广袤沙海的这个地方，他们看见抛锚的德国汽车，随即停了下来。

"天哪，隆美尔！"

"捎上我们吧。"冻得瑟瑟发抖的隆美尔笑着说道。

要是你觉得这场小小的麻烦就此结束，那就错了！因为克吕维尔和拜尔莱因身边也没有护卫力量，他们这辆"莫里茨"迷了路，也多亏如此，隆美尔和高泽才获救。非洲战区轴心国军队最重要的几位指挥官挤在一辆车上，在夜间的沙漠里兜圈子，要是碾上地雷，车辆的木制底盘根本无法提供保护。就在这时，他们突然看见几辆坦克，而且不是德国坦克，而是印度第4师的战车。隆美尔几人非常幸运，因为他们乘坐的是缴获的英制"猛犸"装甲指挥车，印军官兵没太在意，轰鸣的坦克从"莫里茨"左右两侧驶过，仅隔几米，印度摩托车手跟随在坦克身后。隆美尔一行终于到达边境铁丝网，可这里没有供车辆通行的缺口，他们无法越过这道障碍。

隆美尔发火了。"我来指挥。"说着，他把副官推到一旁，亲自指引司机。可这一次，隆美尔素来敏锐的方向感失灵了，他们的"猛犸"又遇到一支英军卡车队，都是重型道奇卡车。德军总司令与英国人咫尺之遥，真够讽刺的！可非洲战争就是这样！

隆美尔离开司令部踏上穿越沙漠之旅，图卜鲁格发生了韦斯特法尔最担心的情况。由于奥金莱克发挥的主动性，西迪雷泽格地区的英国军队重新集结起来，进攻非洲军暴露在外的防线。与此同时，图卜鲁格守军再次出击，突破了德军包围圈，伯特歇尔战斗群遭到猛烈的炮火打击。韦斯特法尔徒劳地试图联系隆美尔，以便汇报当前状况。搜寻总司令下落期间，德国人损失了5架鹳式轻型飞机。无线电报务员一次次发出紧急呼叫，但没有回复！

于是，韦斯特法尔决定独自行事。他用电台把非洲军召回发生危机的图卜鲁格地域。

无线电报务员卡尔·多恩拿着收到的电文跑向第21装甲师作战参谋冯·聚斯金德男爵少校。少校站在拉文施泰因少将身旁，这位师长看上去情绪低落，疲惫不堪。报务员递上电报，尽责地请对方给出回执。冯·拉文施泰因签字，读罢电报后奉命行事。他以所剩无几的坦克穿过新西兰军队，重新杀回图卜鲁格。因此，隆美尔"您今天就能结束这场交战"的预言没能兑现。

隆美尔经历了夜间穿越沙漠的危险旅程后，获知拉文施泰因第21装甲师奉命后撤一事，不由得大发雷霆，他认为这是敌人的诡计，拉文施泰因收到的电报肯定是假的。但他查看了指挥部的大幅地图后，没再多说什么，而是上床休息了。次日，隆美尔批准了韦斯特法尔的命令，他知道，自己的作训处长出于职业良知，必须做出决定，眼前的紧急状况迫使他中止了总司令大胆冒险的决定。隆美尔本人也许不会这样做，他对图卜鲁格的情况大概会有不同的反应。可谁知道呢？他从来没就这个问题发表过意见。

隆美尔再次回到车上，从一支部队赶赴下一支部队，着手解决不断增加的难题。他驱车穿过敌军防线，驶过英军占据的机场，遭到敌人的追击和射击。但就像腓特烈大帝说过的那样：成功的将领不仅需要才干，还得有点运气！隆美尔显然不缺运气。

他的座车全速驶过一座小沙丘，来到新西兰军队的战地医院。他丝毫没有紧张的迹象，平静地下车，命令司机和副官绕过营地，到对面等他。然后，他摆出胜利者的姿态，径直走入医院营地，就好像医院和周边地区仍控制在德军手中似的。他愉快地招呼警卫和医护人员，问他们缺什么，还答应立即为他们送来医疗用品。隆美尔离开时，英国军医向他敬礼，再见！十分钟后，一支英军运输队到来，新西兰人这才明白过来，隆美尔把他们耍了。这个故事迅速传遍了北非。

可是，将领和官兵的英勇有什么用呢？11月交战的上空，闪烁着一颗灾星。

据丘吉尔说，冯·拉文施泰因少将的装甲师被召回时，他们就伫立在一座庞大的英军补给仓库前方，再前进15分钟，就能摧毁英军至关重要的补给基地，从而让奥金莱克陷入可怕的境地。

隆美尔仍不承认周日赢得的胜利竟然是一场失败。他不愿承认非洲军调离图卜鲁格战线给了奥金莱克意想不到的良机。双方都以源自绝望的勇气展开激战。英国人之所以如此，是因为他们知道，一旦失败，就意味着德国在北非大获全胜；而德国人也知道，失败的话，他们这一年付出的鲜血和汗水就白费了。

现在，不再有其他战线。隆美尔召回派往塞卢姆的所有军力，全力争夺图卜鲁格。巴赫的部下在哈勒法亚山口打输了，可他们仍在顽强地战斗。

与此同时，弗赖伯格将军率领新西兰师，从东面朝图卜鲁格展开刺刀冲锋。弗赖伯格的部队已击退德军以坦克和火炮发起的两次猛烈冲击，现在转入进攻。

激战中，新西兰人赢得一项宝贵的战果：他们俘虏了第21装甲师师长冯·拉文施泰因将军。已经有很多想象力丰富的"小说"写过这个插曲，所以，我在这里附上冯·拉文施泰因将军亲口对我讲述的经历。

11月28日傍晚，拉文施泰因找到克吕维尔将军的指挥车，报告第21装甲师开抵。这样一来，克吕维尔手头再次掌握了两个装甲师，他决定立即利用这种优势，命令两个师11月29日进攻驻扎在西迪雷泽格的英国军队。此举的目的是扭转图卜鲁格东南地域的态势。冯·拉文施泰因将军当晚驱车返回师部前，克吕维尔向他保证，次日7点会给第15装甲师下达同样的命令。冯·拉文施泰因的座车全速返回。他的腿上放着份地图，拜尔莱因在图上用蓝铅笔标了个十字：第15装甲师应该就在那里。看来，该师在他们前方16公里处。司机是来自柏林上牧场的一等兵汉斯·克伦茨克，他凭借指南针和速度表这种陈旧的方式驾驶汽车，列兵佩尔特尔在一旁帮忙，这个18岁的面包师来自柏林，是师里最聪明、最谨慎的探路者，在非洲，这些探路者的绰号是"弗兰策尔"[①]。可有时候，最优秀的弗兰策尔

---

① 译注：其德文"Franzer"经常作为领航员、领路者的绰号。

也会落入敌人手中。

拂晓昏暗的光线下，他们看见地平线上有些车辆。从地图上看，那里正是拜尔莱因画上十字的地方。拉文施泰因觉得，那些车辆无疑隶属第15装甲师。突然，猛烈的机枪火力从20米外射来。拉文施泰因的座车停了下来，起火燃烧，克伦茨克负伤。赶紧下车，隐蔽！可为时已晚。他们遭遇新西兰人精心伪装的阵地，对方命令他们投降。弗赖伯格将军吃早饭时收到电报，德国第21装甲师师长，令人敬畏的拉文施泰因成了他的俘虏。

冯·拉文施泰因将军的被俘事件，还有个离奇的余波，几个月后发生在3万吨的"巴斯德"号运兵船上。昔日这艘豪华班轮，把1100名德国战俘从开罗运往加拿大。船上还有英国驻中东殖民地军队的休假人员、妇女、儿童。德国俘虏按照军官和士兵分开，待在统舱和船甲板上。施密特和冯·拉文施泰因这两名将军，住在D舱269号房间。隔壁房间住的是中校军医韦勒曼、助理军医温根德尔、来自哈姆的天主教随军牧师弗伦泽。他们都是纸牌高手，但他们没有玩牌，而是忙着制订逃跑计划。事情看上去并非毫无希望。"巴斯德"号驶过红海。要是组织一支突击队，制服英国船员，那么，在俘虏中的德国商船人员的帮助下，把这艘班轮驶往新加坡不是难事。他们精心准备，弄到刀具后藏起来，还制造了棍棒。他们组织突击队，演练夺船任务。当然，他们还得发动关在下层船舱里的大批俘虏，军医和牧师巡查时从事这项工作。他们提醒战俘严守秘密，可闲话还是太多了。英国警卫人员捕捉到蛛丝马迹，发现这帮德国俘虏紧张而又激动，于是，他们在俘虏里安插了会说德语的眼线，随后展开抓捕。

3月11日夜里11点，英国军官沃尔什带着武装水手闯入269号舱室，把两名将军关入临时拘押所两个黑黢黢的单间。巴赫少校、弗伦泽牧师、军医关在另外三间牢房。英国水手想把两个德国将军作为暴乱首脑抛入海里，因为有传言称，德国人的计划是，一旦暴动成功，就让船上的妇女和儿童上救生艇离开，把英国水手抛下大海。这当然是胡说八道，幸亏"巴斯德"号的船员很快弄清了情况。

非洲军这些小伙，后来在加拿大搞了好多逃跑计划。无论身处何处，越狱策划者总能在潜艇员和飞行员里找到志同道合者。尽管沦为俘虏，这些沙漠勇士还是把冒险精神带入战俘营和铁丝网后的拘留营。这是装甲兵的精神，他们堪称现代战争中的胸甲骑兵，而装甲侦察兵和摩托车手则是轻骑兵。非洲军无人不知的巴莱西乌斯中士充分体现了这种精神。

英军进攻塞卢姆战线之际，赫劳库特上尉的第33侦察营第1连，派巴莱西乌斯率领侦察队查看敌情。他在雷盖姆井最南端渗透了英国第7装甲师严密而又强大的防线，他的侦察结果表明，敌军这场大规模进攻，突击方向是图卜鲁格，同时在东北面设立强有力的掩护。巴莱西乌斯的报告让各级指挥部获益匪浅，他被称为"总参中士"，擢升军官已是铁板钉钉的事。实际上，整个1941年夏季，巴莱西乌斯的表现非常出色，一次次带回值得信赖的侦察结果，是个真正的沙漠轻骑兵。他在杰斯尔阿比德的残垣断壁里、在西迪苏莱曼荒芜的石碓旁、在努赫井炽热的沙地上，不断监视埃及边境的动静，或是在广袤的沙漠里、上级命令他去的地方执行任务。

11月25日可以说是第33侦察营最难挨的一天，巴莱西乌斯没有归队。几天后，众人在战地医院找到他身负重伤的司机朔萨雷克，他的报务员瑙曼送到医院时已身亡，之前，身负重伤的瑙曼销毁了所有电文。巴莱西乌斯被一发炮弹直接命中，葬身撒哈拉沙漠边缘。他是个优秀的军人，也是个好战友，许多人说："你再也找不到比他更好的！"

图卜鲁格之战也结束了两位老朋友的战争和职业生涯：克拉克和米勒。两人此时已擢升上尉和中尉。他们俩"落入袋子里"，这是英国人对被俘的说法。

第3摩托化侦察营的沃尔夫少尉站在他的侦察车前，看着英军装甲队列隆隆向西。6辆重型坦克和1个自行火炮连。就凭侦察车上的小口径火炮，他能做些什么呢？沃尔夫只得听任对方离开，他打算驱车驶离时，忽然看见英军装甲队列后方300米的一辆汽车。

"终于遇到自己人了！"沃尔夫开动侦察车拦住去路。汽车停了下来，几个英国人探头张望。沃尔夫少尉也把头伸出炮塔，一名英国军官朝他喊道："您是第3还是第33侦察营的？"沃尔夫凝神细看，不由得惊呆了，对方是地地道道的英国人。他赶紧命令道："举起手来，下车！"侦察车上的火炮和手枪瞄向对方，强调了他的命令。英国人丢掉武器，两名军官满不在乎地站在那里，再次用流利的德语问沃尔夫："您现在可以说了，您是第3还是第33侦察营的？"

"是我俘虏了你们，还是你们俘虏了我？"沃尔夫少尉笑着问道。他收起英国人的武器，检查了他们的汽车。威士忌、两个雅致的皮箱、地图、毛毯、食品。他眼馋地看看这些东西，随即下了命令："上车吧，跟在我后面，要是你们开溜的话，那就——轰！"

"好吧，可我们干吗不先干上一杯呢？"英国上尉提议道。于是，他们相互敬酒，每人都喝了一大口。上尉笑着说道："我敢打赌，您今天会是我的俘虏。"

这种情况差点在途中发生。德军第3摩托化侦察营在距离坎布特不远处的山区边缘遭切断，四面八方都是敌军部队。

"好吧，沃尔夫，您逮到的是谁？"

"我还没来得及看呢。"沃尔夫少尉向营长冯·韦希马尔男爵中校报告道，顺手递上缴获的兵籍牌和证件。

"不管怎么说，他们跟我们是同行，都是些厚脸皮的家伙。"沃尔夫解释了先前发生的事情。

"的确，他们是轻骑兵，第11轻骑兵团。"韦希马尔读出军官证上的番号。

"你们从哪里来的？"

"直接从开罗来的，中校先生，我们已经拿到回英国休假的通行证。可我们听说了这场进攻，就转身返回，打算归队的。"

"运气真不好，"韦希马尔说道，"你们现在不得不跟我们待在一起了。很抱歉，可我没办法把你们送到战俘营。"

师属特遣队的通信军官托尼·施特赖特少尉说道："简直就是天赐的礼物啊！"沃尔夫少尉想偷走他的战利品，施特赖特反对道："别这样，我们的车辆都塞满了你们的俘虏。"

"我必须拿走！"

由于返回师里的路线遭切断，埃勒少校也加入侦察营，他的三辆卡车上，英国人比德国人还多。于是，那辆英国车上的几名随行者上了一辆德国卡车，会说德语的英国上尉和埃勒少校坐同一辆车，施特赖特少尉、一名德国司机和一名英国中尉坐在那辆英国车上。

英国上尉吃了片面包，又开口说道："少校先生，我相信您今天会成为我的俘虏。"

冯·韦希马尔中校行驶在全营最前方，他下达了命令："要是我遇到强大的敌军，就发射绿色信号弹，车队必须调转方向。基尔上尉在车队最后方，要是他遭遇敌人，也发射绿色信号弹，我们就折返。保持紧密队形，不要掉队。"

"我们已经三次遇险，转向了三次。"埃勒少校说道，随即说起他在这个庞大沙漠包围圈里的奇妙经历。英国上尉更加高兴了，他叫道："又是绿色信号弹！"和德国军官一样，他笔直地站在桶式车里，在他看来，这是场精彩的体育运动。"返回吧，少校先生！"他再次喊道。突然，车辆停了下来，他们与师部恢复了无线电通信！现在，他们终于知道目标在哪里了。基尔上尉已探明英军防线的薄弱处。一支英军车队中间，疯狂的猎杀突然爆发开来。战斗来得很快，英国人根本来不及反应；位于德军车队最后方的米特罗斯上尉，一手夹着雪茄，伸出另一只手，示意后方车辆跟上，两辆满载油料的英国卡车稀里糊涂地跟了上来。

那名英国上尉像德国兵那样大骂起来："这帮蠢货，该死的蠢货！一道道包围圈严严实实，居然又让我们逃脱了！"

顺便说一句，这名英国上尉曾在海德堡上过学，所以德语很流利。一连三天三夜，他不得不待在埃勒少校身边，欢欣鼓舞和危急紧张的情况不时发生。"这两位都是厚脸皮，"司机福格特一等兵说道，"可说到底，他们俩也做不了什么。"他们处得很融洽，一同睡在车里，枪声响起就跳出汽车寻找隐蔽，平安无事后再回到车上。托尼·施特赖特车上的情况也是如此，那名英国中尉坐在车上，很快就放松下来。

这趟行程终于结束了，他们到达拜尔迪。"我们保证绝不逃跑，但是，请不要把我们交给意大利人。"英国上尉突然变得严肃而又认真，甚至用了"请"这个字。可他知道，德国人不得不把他交出去，最后，他"气愤地"离开了。

▲ 隆美尔的对手克劳德·奥金莱克爵士。

7

甘巴拉在哪里

他们坐在卡车侧面的阴影下，讨论着上帝和宇宙。没错，重机枪排的士兵和德赖尔少尉确实在讨论上帝和宇宙。尽管天气炎热，苍蝇横飞，可他们还是全副武装。"没人想死，期盼死亡的说法是荒谬的。"德赖尔回答了一名疑惑的二等兵提出的问题，他又补充道，"没人喜欢死亡，这是人类的天性，就连十字架上的基督也不例外。"他们都知道，这名少尉战前是希茨阿克的牧师，他们还知道，这位颇受欢迎的牧师有个漂亮的妻子和五个可爱的孩子，他们看过照片。但德赖尔也是个深受爱戴、很有能力的军官。排里的士兵不明白，上帝忠实的仆人，怎么会是个能干的少尉呢？他精通重机枪操作，在摩托车步兵中很有声望。因此，一名年轻士兵提出个尖锐的问题："牧师也能成为军官，进行杀戮吗？"

"当然，"德赖尔平静地回答道，"您看看我就能得出答案。"

"那么，《圣经》呢？"这是个强硬的反诘。

"呃……"德赖尔沉吟着，他刚想说说《圣经》里对"杀人"和"谋杀"的错误翻译，但这番话在酷热的北非沙漠里没有说出，当天没有，日后也没有，至少德赖尔少尉没能说出。因为此时突然响起警报。

传令兵匆匆赶到。命令如下：立即进攻西迪阿宰兹。没时间讨论了，命令已下达，明确而又紧迫。

1941年6月到11月，图卜鲁格—塞卢姆地区经常发生这种混乱的状况。向前推进的英军占领了塞卢姆和西迪奥马尔。据报，卡普佐、西迪阿宰兹北面和西面都出现了敌军装甲部队。第15装甲师在拜尔迪前方等待隆美尔下达命令。获得加强的第33装甲工兵营奉命进攻西迪阿宰兹。

这场交战充满意外。德军侦察队报告，西迪阿宰兹的防御力量薄弱，可战斗结束后，第33装甲工兵营俘获2名将军和700名英军官兵，还缴获60门火炮和100部车辆。一名被俘的英军将领是哈格斯特准将，当初在希腊本土和克里特岛扬名立万。他对自己沦为俘虏深感羞辱，情绪低落。隆美尔的座车驶来，哈格斯特沮丧地站在汽车旁举手敬礼，隆美尔回礼后安慰他："您没理由垂头丧气，您和您的部队战斗得非常英勇！"

德赖尔少尉奉命把两名英国将军送回拜尔迪，直到深夜也没有返回，连长不由得担心起来。一等兵威利·福格特报告，德赖尔少尉乘坐英国司机驾驶的英国将军的汽车，另一些英国俘虏搭乘卡车跟在后面。"完了，您可以跟他说再见了，"埃勒少校说道，"德赖尔是个乐天派，总是太轻信他人！英国佬肯定把车开到塞卢姆某个地方，把德赖尔送进战俘营了。"

福格特被激怒了，他的脸涨得通红，看上去就像被指责玩牌时作弊的绅士，"不会的，少校先生，德赖尔少尉会把他们送到拜尔迪的，我敢用人头担保！"

埃勒少校吼道："真有你的！福格特，您好好想想，您坐在我们的桶式车上，旁边是一名英军少尉，后面是……"埃勒顿了顿，他不想假设某个德国将领沦为战俘，一时间又说不出具体人名。聪明的福格特立即意识到问题所在，马上接过话题："我明白少校先生想说什么了。我在车上，冯·埃塞贝克将军和基希海姆将军坐在后面，好比说我要把他们送到战俘营，就算是塞卢姆吧，我旁边只有个英国少尉，四周没有旁人。那么，我肯定不会去塞卢姆，而是在某处驶上通往拜尔迪的道路，可是——"福格特停顿了一下，摆出严肃的表情，"德赖尔少尉坐在我身边的话，就不会发生这种事。他熟悉每个角落，每条道路，他在法国从不迷路，蒙上眼睛也能发现卡普佐的每个散兵坑。他甚至知道图卜鲁格与哈勒法亚之间瞪羚待在哪里，蝎子把窝设在何处。不，少校先生，要是阿诺尔德，对不起，要是德赖尔少尉不能把英国人带到他们该去的地方，我就吃骆驼刺。"

福格特对自己的长篇大论感到自豪，少校差不多要被他说服了。埃勒少校准备离开时，又对福格特"吃骆驼刺"这句话申斥起来："听好了，要是您错了，就得吃骆驼刺，哪怕我不得不在您旁边监督八个小时。"

不过，一等兵威利·福格特用不着在少校的监督下嚼骆驼刺了，因为半小时后，他们接到了开赴拜尔迪的命令。所有人都抱着强烈的好奇心，福格特与埃勒少校的对话迅速传遍全营，只有德赖尔的重机枪排平静如常。"阿诺尔德？要是他没把英国将军送到拜尔迪，我就吃……"天知道他们打算吃什么。

他们用不着吃那些乱七八糟的东西，虽说没有立即找到德赖尔，可这位牧师和两名英国将军就在拜尔迪。他同一位意大利牧师坐在一起，就上帝和宇宙的问题长谈了一番，彻底忘记了战争。意大利牧师拿出个盛有基安蒂红葡萄酒的大瓶子，德赖尔不得不为此付账，喝了几杯，酒瓶就见底了。

德赖尔随后出任第15装甲师师部副官，重机枪排的士兵对他的离去依依不舍。这位来自希茨阿克的牧师是个非同一般的少尉。他在沙漠里烤瞪羚，香得令人垂涎欲滴。他率领侦察队行动时，往往不开一枪。他从不命令部下把伤员带离火线，总是自己亲自动手。他随时准备为下葬的战友提供宗教服务。他颂出主祷文时，就连最愤世嫉俗的年轻人也不敢冷嘲热讽，而是非常信服，因为在他们面前祈祷的这个人极为真诚。

怀着这种信念，德赖尔1942年9月死于阿莱曼前方的战地救护站。他大声背诵主祷文，就像他经常在部下面前吟诵的那样："……求你宽恕我们的罪过……"德赖尔少尉，来自希茨阿克的牧师。这只是宏大战争史的一个小插曲，我为何要讲述这个故事？不是为了减轻战争的血腥残酷，也不是以奇闻转移读者阴郁的愤怒。我想说的是，尽管这场高度现代化的战争造成严重破坏，可北非毕竟还存在一丝人性。每个人，无论敌友，都受到沙漠支配。对置身其中的军人来说，这里的战事从某种程度上来说仍是一场军事冒险。制定规则的空旷沙漠炙热、无情、威胁重重，但在这里战斗、遵从这些规则的军人，他们怀有同样的精神。虽然不能说始终如一，可至少大多数时候是这样。

1941年12月2日，隆美尔给拉斯滕堡的元首大本营发去电报："11月18日到12月1日，我军在持续不断的激烈交战中，击毁敌人814辆坦克和装甲侦察车，击落

127架敌机。缴获的大批武器、弹药、车辆尚未统计出结果。俘敌人数超过9000，包括3名将军。"11月18日到12月初这些严峻的日子，北非究竟发生了什么事，这些数字提供了明确的证据。

但戏剧性的这一幕没有结束。隆美尔和奥金莱克像角斗士那样抵胸而立，为争夺图卜鲁格展开角逐，此处堪称埃及的基石。

隆美尔的侦察部队报告，英军不断调来新锐力量。奥金莱克在古比井周围集结了强大的军力，估计是想打破隆美尔在图卜鲁格周围构置的封锁线。

隆美尔的应对措施是进攻。他弃守图卜鲁格东面的防线，腾出可用部队。12月4日/5日夜间，非洲军隆隆向西，穿过杜达与西迪雷泽格之间只有3公里宽的走廊。从东北面而来的一个意大利军，为这场打击提供支援。但意大利人既没有集结，也没有做好进攻准备，非洲军不得不在12月5日中午独自投入交战。只有青年法西斯师开赴古比井西北面，与非洲军协同行动。第一轮打击落在英军禁卫旅头上，没过多久又轮到重新装备起来的英国第7装甲师。隆美尔认为已被粉碎的这些敌军兵团，作为战斗力量重新出现在战场上，英国提供援兵和补给的奇迹展露无遗。非洲军在古比井附近激战之际，英国第70步兵师从图卜鲁格出击，攻击德意联军薄弱的后方防线。他们夺得至关重要的杜达—贝勒哈迈德高地线，隆美尔已没有可用军力应对这股敌军。尽管如此，他仍企图迫使敌军转向，因而要求麾下官兵付诸异乎寻常的努力。

12月6日，非洲军再次投入行动，如果不能击败敌军，一场重大失败就无法避免。克吕维尔将军指挥第15和第21装甲师展开顽强的战斗。阿列特师和的里雅斯特师袖手旁观，意大利指挥官解释说，两个师疲惫不堪，无力执行作战行动。要是意军提供支援的话，本来是可以扭转战局的。为避免陷入包围，没等德军发起猛烈打击，英国人就撤离古比井。德军兵力不足，而意军本来应该在那里，他们甚至不必战斗，只要掩护侧翼，封闭包围圈即可。

克吕维尔意识到眼前的良机，这也是最后的机会。他一次次给隆美尔和意大利军长甘巴拉发去电报。他要求，他恳请，他命令，"甘巴拉在哪里？"他让无线电报务员一次次用明码呼叫隆美尔。"甘巴拉在哪里？"成为战场上人尽皆知的名言。

甘巴拉麾下几个师没出现在战场上，他本人也没有赶来。德国军官一个个脸色铁青，表情严肃，这些日子，没有哪个意大利军官敢出现在他们面前。

　　12月7日，激烈的战斗仍在继续。兵力占据优势的英军出现在德国人缺乏掩护的侧翼，现在，就连隆美尔的非洲军也处于遭迂回后陷入包围的危险。一辆辆德军坦克在沙漠里趴了窝，不是被炸碎，就是起火燃烧，要么就是耗尽燃料后不得不丢弃。第15装甲师师长诺伊曼-西尔科夫将军，堪称北非战区杰出的指挥官之一，他仁立在指挥坦克的炮塔里，一发炮弹直接命中，诺伊曼-西尔科夫阵亡。这位师长深受部下爱戴、敬重，他们都知道他阵亡前几天发生的事情。

　　那是争夺敌军支撑点的一场战斗。英军一座补给仓库就在前方，第15装甲师的坦克竭力向前冲杀了200米，随即遭遇守军猛烈的火炮和坦克炮火。跟随在坦克身后的德军摩托车步兵，跳下车辆发起冲击。一如既往，诺伊曼-西尔科夫将军站在指挥坦克敞开的炮塔里，查看前方的战斗情形。一名摩托车步兵朝他喊道："伙计，关上舱盖！"激烈的交火中，他没有认出这辆指挥坦克，也没看清站在炮塔里的师长，还以为对方是个中士。英国人集中火力打击德军为首的几辆坦克，炮火越来越猛烈，那个摩托车步兵不得不隐蔽到诺伊曼-西尔科夫的坦克后，他再次喊道："关上炮塔！否则您会被炮弹击中的！"仿佛是为强调他这句话似的，一发炮弹落在坦克前方，剧烈的爆炸震耳欲聋，摩托车步兵吓坏了，紧紧趴在地上。就在这时，仁立在炮塔里的那个人朝他吼道："往前冲就能避开敌人的炮火！"

　　"好主意！"摩托车步兵喊道，"完事后您来找我，我分您战利品。"

　　德军最终攻克了这个支撑点。一等兵波塔斯是个"组织"高手[1]，率先冲入英军基地后，他唯一感兴趣的就是战利品，这也是他的工作，因为每个连都有专事搜罗战利品的小队。波塔斯和几名摩托车步兵在这方面简直就是天才，他对全新的英国车辆、油料、饮水、各种美味佳肴有一种神奇的第六感。不用说，集合令响起时，波塔斯早已给最好的英国卡车灌满油，车上的战利品装得满满当当。就在这时，诺伊曼-西尔科夫将军驱车到来，对第1连连长说道："我不得不向您的

---

① 译注：德军士兵通常把搜罗战利品、寻觅食物称为"组织一下"。

一名部下报到，他正在搜罗战利品。"说罢，他笑了起来。

"肯定是波塔斯。"布尔少尉说道，"波塔斯，到连长这里来！"

波塔斯跑了过来，他有点疑惑不解。奉命向连长报到，试问哪个士兵心里不打鼓呢？诺伊曼-西尔科夫将军立即认出了波塔斯："一等兵，您保证过的战利品在哪里？"

一如既往，波塔斯以完全不符合规定的方式连声道歉，他打算说出自己的借口：将军先生，我当时没认出您，所以……诺伊曼-西尔科夫将军打断了他："没关系，一等兵；可我想拿到您保证过的战利品！"

"马上给您，将军先生！"

波塔斯跑开了，很快又带着三名战友回来，还拿了好多巧克力、香烟、肉罐头。诺伊曼-西尔科夫问道："给我这么多，你们自己还有吗？"这位将军从来没见过哪个士兵的脸上露出过如此惊奇的表情，似乎在说："当兵的没蠢到把好东西都给将军，而不给自己留足。"诺伊曼-西尔科夫明白过来，脸上露出灿烂的笑容，带着战利品转身离开。他没能享用完这些巧克力和罐头。1942年6月1日，朱特乌埃莱卜前方，一等兵波塔斯驾驶泽瓦斯少尉指挥的一辆自行火炮，在战斗中阵亡。

战争中固然需要英勇，可面对强大的敌军，及时后撤同样重要！隆美尔明白这一点，因而采取了相应的措施。正因如此，奥金莱克的胜利并不意味着轴心国军队在北非彻底失败。后来，元首不再接受及时后撤的既有原则，即便沙漠战也是如此，他的命令是"坚守到底"，这就导致北非战事也以失败告终。但隆美尔及时后撤的勇气，还是挽救了德国非洲军。

12月15日，隆美尔报告国防军最高统帅部："经过四周持续不断、损失惨重的交战，尽管全体官兵英勇奋战，但我军战斗力严重下降，特别是因为完全没有武器弹药补给。装甲集群打算12月16日坚守贾扎拉地区，但是，为避免被优势之敌包围、歼灭，我部最迟在12月16日/17日夜间经迈希利—德尔纳后撤，这一点不可避免。"

双方为争夺昔兰尼加进行了八个月的血腥交战，德军现在撤离昔兰尼加，不能记录为一起干巴巴的军事历史事件，战略家也许可以这样做。1941年底充满戏剧性的这些日子，只能由那些沿尘土飞扬的道路行进的官兵来撰写，他们白天战斗，夜间行军，冒着酷热和沙尘暴，忍受着夜间的寒冷。他们不停地战斗，一连数日得不到食物司空见惯，配发的油料少得可怜，最要命的是没有水。难怪许多部队不得不合并。

"摩托车步兵营还剩多少兵力？"第15装甲师作战参谋克里贝尔少校问道。

"5名军官，14名军士，58名士兵，3辆自行火炮，10辆卡车，5辆桶式车，6辆摩托车！"摩托车步兵营副官科德尔少尉回答道。

"就剩这些？"

"就这些了，少校先生！"

是啊，就剩这些了。几周前，这个营还有480名官兵。其他人不是躺在西迪雷泽格、塞卢姆前方、图卜鲁格与西迪奥马尔之间遥远沙漠的墓地里，就是沦为俘虏。

克里贝尔少校转向巴勒施泰特中校："师长希望摩托车步兵不再担任后卫，余部必须实施重组。"

"可他们得完成今天的任务。"巴勒施泰特中校说道。

上级下达的命令是："苏卢格务必坚守到拂晓。"他们不得不再次担任后卫，掩护主力后撤，尽一切可能击退敌军，然后再撤离——如果他们还能撤离的话。

苏卢格在班加西西面。摩托车步兵作为最后一支德军部队，当日下午穿过此处时，英国人几乎就在他们身后。一个个食物、弹药、油料堆栈炸毁前，德国人根本没时间带上这些"随便拿"的物资。轰隆！火焰和烟雾腾入空中。价值难以估算的大批物资又一次在火焰中灰飞烟灭。

干劲十足的科德尔少尉，战争爆发前在大学里读了两年哲学，他和营里另外两名副官德赖尔少尉、泽瓦斯少尉，带着全营寥寥无几的残部站在巴尔博大道旁。

"返回苏卢格，任务和昨天一样，坚守到次日晨！"

"要是英国佬还没有到达那里的话。"科德尔抱怨着。

泽瓦斯少尉率领先遣队，这股力量编有几辆从英军手里缴获的自行火炮，这些火炮在整个非洲军中相当出名，一辆载有机枪组的重型桶式车，外加两名摩托车传令兵。

"苏卢格没有敌人，我方一个连已占领该镇。"实施侦察后返回的二等兵劳格斯报告道。实际上，第361步兵团第11连已经在苏卢格设立防御，履带损坏无法行驶的一辆四号坦克充当火炮。"那里的气味，闻上去像个理发店。"劳格斯说道。这不奇怪，因为那些德国士兵先前在班加西发现个没被破坏的德军仓库，里面堆满肥皂和盥洗用品。他们赶紧装满背包，每人至少弄到十把牙刷和够用一辈子的肥皂，还有花露水，这是德国人瓜分英军战利品得到的。他们坐在阵地上，对自己的收获心满意足。

"摩托车步兵营控制苏卢格西南面的山区下坡地。"新发来的电报传达了命令。

"好吧，那么，愿上帝与你们同在！"营长与连长道别时说道，他知道，这个连队逃离被俘厄运的前景极为渺茫，"能做到的话，我们会回来把你们救出去的。"

山地在苏卢格向沙漠延伸了15公里。从地图上看，有两条坡道通往陡峭的山崖。摩托车步兵营先遣部队黄昏前开抵，发现第361步兵团一个连掩护着山区前方的平原。这个连没有车辆，因而成为后卫部队。

"这片山地没有敌人，但英国人的侦察车、卡车、坦克在另一侧。"连长报告道。

侦察第二道山坡时，泽瓦斯少尉带着他的自行火炮刚刚到达山顶，就遇到从山体另一侧驶上来的一辆英军侦察车。这是场突如其来的遭遇战，先下手为强！泽瓦斯率先开火，击毁英军侦察车，这辆侦察车堵住道路，后方的英军车辆一时间无法前进。泽瓦斯抓住机会，又击毁两辆英军侦察车，随后迅速撤离，因为整个英军侦察营正朝山顶涌来。

"明晨的前景不太妙，他们居高临下，我们会沦为活靶。"弗里德里希中士分析着情况，他手上仍有一挺重机枪。所有车辆暂时隐蔽在洼地，以摩托车设立的前哨位于山地边缘。其他人就地挖掘散兵坑，形成个松散的半圆形防御圈。

第361步兵团第10连奉命撤离。"你们朝西北方走，到达巴尔博大道就大功告成了！"科德尔少尉驱车赶往苏卢格，想看看全营是否在那里占据了阵地。三小时后，他回来了，怀里抱着只出生不到两小时的羊羔。返程期间，他在黑暗中迷了路，遇到个赶着一群绵羊的阿拉伯牧羊人，对方把这只羊羔作为礼物送给他。科德尔解释说："我没法拒绝。"一等兵西格弗里德·贝伦斯把羊羔检查一番，摇了摇头。这个来自阿尔特马克的农民，内心的本性受到触动："我们得把羊羔送回去，少尉先生，杀了不值得，我们又没有奶，可怜的羊羔会死在我们手里的。"

"哎呀，贝伦斯，"科德尔少尉说道，"您最好想想我们明天早晨怎样才能离开这里。要是您有好点子的话，我向您保证，我们会把羊羔平平安安地送回去。"

他们觉察到夜晚即将过去，转眼间已是白昼。前哨报告："英国佬正在准备，车辆引擎的轰鸣越来越响。"

他们仔细瞄准，必须利用黎明第一道可供射击的曙光。突如其来的打击会把英国人吓得魂飞魄散，必须让他们认为战线就在那里，然后把他们赶走！

现在，日光照亮了山地和坡道，夜晚已过去。第一批英军侦察车沿山坡缓缓驶下。泽瓦斯没看见敌人的车辆吗？他和他那些自行火炮隐蔽在洼地里。现在他必须开火了！轰，轰，轰！一连三炮，随后又是三炮，三个战果！哲学家科德尔兴奋地拍着大腿。是啊，虽说他们身处致命的地狱，可还是因为"打赢了"而激动不已，情况就是这样。

山坡上的英国士兵跳出侦察车，随即遭到机枪火力打击。他们没有识别出德国人的阵地，于是用75毫米野炮朝开阔地猛烈轰击。炮弹随后落在摩托车步兵营构设的半圆形防御圈内。医护兵舒尔策中士听到越来越多的呼救声，这些叫喊令他毛骨悚然："医护兵！医护兵！"

德军官兵再次以手头所有武器开火射击，企图让英国人相信这片阵地实力强大，然后，他们朝卡车那里退却，时机又一次到来了！整个12月，他们如法炮制了十几次，每次都这样交替掩护着后撤。趴下，正面朝前，开火。然后，最前方的那个人跳起身往后跑。但这次的速度必须更快！泽瓦斯少尉朝出现在炮口前的一切开火，但不是射向山体，而是朝英军卡车和侦察车出现的位置射击。泽瓦斯站在几辆自行火炮后，不断下达开火的命令。

此时，其他人已跳上车辆，朝西北方全速驶去，这些战士称之为"退却"。只有一等兵福格特不得不等待，直到指挥部人员上车。他很快也驱车离开，而且不断加速，以便赶到车队前方。怎么有辆卡车停在那里？对不起，战友！这就是后卫部队的命，留在后面的人都会被敌人俘虏。

一如既往，泽瓦斯干得很棒。几辆自行火炮加快速度，赶到车队最前方。停下，开火，再次上路。要是没有这些自行火炮就麻烦了，这款英制武器真棒！

突然，他们看见几座帐篷。阿拉伯人？这帮阿拉伯人正以跪姿朝前方某个东西开枪射击，就像殖民战争期间那样。那里是不是有几架飞机？贝伦斯突然喊道："意大利人！"的确，阿拉伯人射击的是停在沙漠机场里的几架意大利飞机。此时，摩托车步兵营的前卫已到达阿拉伯人身边，阿拉伯人赶紧趴伏在沙地上。科德尔少尉和他的部下没时间，也没兴趣理会他们，车队径直驶入机场，随后遇到的事情让他们大吃一惊：意大利人高举双手站在那里。他们以为冲入机场的是英军。

此时，泽瓦斯已经用他的3辆自行火炮轰击冲过来的英军侦察车。意大利人恢复了勇气，朝他们的3门高射炮和4辆坦克跑去。突然，两个意大利连也出现在这里，英勇战斗的德国人鼓舞了他们。这些意大利官兵朝逼近的敌人猛烈开火。两小时前，英军侦察车逼近这座机场，但意大利人击退了他们。可他们看见摩托车步兵朝这里冲来，以为来的是英国人，一时间丧失了勇气。现在，他们士气大振，快活得像孩子。"前进！前进！"他们很高兴有人在这里给他们下达命令。意大利人跳上他们的卡车和3架飞机，迅速撤离了。

看着意大利飞行员漂亮的帐篷，埃勒少校的部下不舍得就这样丢弃，于是拆掉帐篷放在车上。营长向拜尔莱因中校汇报情况时，拜尔莱因点点头："你们这次又交了好运。"

摩托车步兵营确实很幸运，但潘策哈根团第11连被英军俘虏[①]。泽瓦斯宣布："我们现在只剩9部车辆和9名部下了。"

"可我们还有3辆自行火炮。"科德尔说道。

"他们都很能干。"德赖尔笑着说道。

德赖尔、科德尔、泽瓦斯没能平安回家。九个月后，德赖尔和泽瓦斯葬在阿莱曼郊外，而科德尔阵亡在东线。

---

① 译注：潘策哈根团就是第361步兵团，团长是阿尔贝特·潘策哈根中校。

▲ 来自希茨阿克的牧师，阿诺尔德·德赖尔少尉。

▲ 第104装甲掷弹兵团的泽瓦斯少尉，著名的自行火炮指挥官。

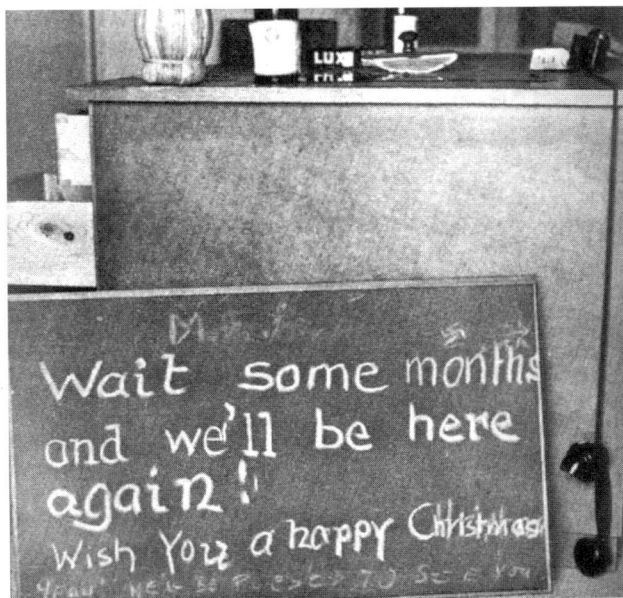

◄ 1941年12月下旬，德军不得不撤离昔兰尼加争夺激烈的港口城市班加西，他们在意大利酒店的桌板上写下："再过几个月，我们会回来的，祝你们圣诞快乐！"英军到来后，在下面添了一句："很高兴遇见你们！"他们拍下这张桌板，把照片发给媒体。不幸的是，隆美尔1942年1月30日回来了。

8

炼狱牧师

从1941年11月21日起，恩内策鲁斯上尉率领第10绿洲连、第12绿洲连残部、第300绿洲营营部坚守塞卢姆阵地。到1942年1月11日，这片孤零零的前哨阵地只剩70名德军官兵。巴赫少校和他的部下据守毗邻的哈勒法亚山口，堵住英军前进的滨海公路。夜复一夜，英军企图突破塞卢姆的德军阵地，近战成为司空见惯的事。

1942年1月10日，恩内策鲁斯把最后的口粮分发下去：每人20克面包、一小把大米、一勺葡萄干。士气降到最低点，德军官兵觉得"大限将至"。次日上午，英军发动进攻。昨天嘟囔着"大限将至"的德军官兵，用各种武器猛烈射击。营属通信班击退了突入支撑点与营部掩体之间的一股敌人，还俘虏了几名敌军士兵。阵地仍控制在德国人手里。

恩内策鲁斯营发出的报告中写道："1月12日晨，英国人投入所有火炮和迫击炮，猛轰我方阵地。已严重受损的一座座房屋被夷为平地。我部击退敌军首轮冲击，敌人再次发动进攻。营部掩体里只剩些曳光弹。最后的曳光弹射出后，恩内策鲁斯上尉派一名俘虏打着白旗去找英国人商讨投降事宜。上尉给三个支撑点下达了命令：'销毁武器！开始投降！'

"经历了56天持续的激战，幸存的德军官兵衣衫褴褛，满身污秽，他们饥肠辘辘，疲惫不堪，但依然伫立在阵地上。

"'战友们！'恩内策鲁斯上尉说道，'战友们……'他摇着头，突然转过身去，不想让他们看见自己眼中的泪水，他大概想起那些阵亡的伙计。塞卢姆就此陷落。"

著名的哈勒法亚山口是通往埃及途中的要点，双方争夺得很激烈，那里的情况如何？

我收到两名亲历者关于这出悲剧的报告，英国人给坚守山口的巴赫少校起了个光荣的称号：炼狱牧师！

我不想过多修改这份报告，因而保留了原文的个人记述形式：

"我们的饮水即将耗尽。下塞卢姆陷落后，英国人控制了我们唯一的水源。我们的嘴唇皲裂，喉咙发干，必须采取措施。老爹巴赫命令突击队迅速夺回水源。这是场水源之战！第2连的艾希霍尔茨中尉受领了任务：'率领突击队夺回水源，坚守到水车灌满，然后撤回！'艾希霍尔茨和他的突击队成功了，英国人猝不及防。但艾希霍尔茨从两侧进攻水源地，在黑暗和混乱中，德军突击队两股力量相互射击，一名一等兵阵亡，另一个伤员呼叫救护兵，这场灾难暴露无遗。突击队带着阵亡者、伤员、灌满水的卡车返回。二等兵荣格在行动中差点出事。为了给自己和战友多弄一罐水，他忘了时间，其他战友也在紧张之余疏漏了他，直到拂晓前不久，他的战友布劳恩才骑着摩托车找到孤身跋涉了很长一段路程的荣格。荣格一直带着这罐水，整个夜间，他拖着视若珍宝的水罐独自行进。1941年圣诞节前后，一罐水在哈勒法亚山口确实很珍贵。可是，这里没有家里寄来的圣诞问候，也没有圣诞树，只有老爹巴赫为我们诵读《圣经》，他是我们的少校，也是个牧师。另外，我们还得到一杯弥足珍贵的水。英国人的25磅炮替代了圣诞钟声，轰击着我们的石洞，这就是圣诞夜。"

隆美尔徒劳地企图用飞机从克里特岛空运食物和饮水补给。但英国夜间战斗机埋伏在航线上，击落了德国运输机。之后，德国空军放弃了这项任务。

遍布岩石的干谷里，德军官兵等待着夜间起床号。一个个瘦削的灰色身影，从战壕、避弹所、炮兵阵地，从行李车和战地厨房车藏身处出现了，他们污秽不堪，穿着满是灰尘的军装，仿佛来自另一个世界，看上去宛如鬼魂。他们抬起头，伸展僵硬的四肢，深深呼吸着夜间清新的空气。

另一个人说道："夜里，我们又活了过来。口粮也在夜间分发：两杯汤，一听咸牛肉，一大杯盐水咖啡，请注意，这是三个人的定量。有些食物挺多，有些食物少得难以维生，更别说战斗了。第3排当时流传的笑话是：'凭这种口粮，只能躺着挨日子。'"

英国人当然清楚哈勒法亚山口的情形，攻克德军阵地的企图付出高昂代价后，他们打算用饥饿的手段迫使德国人屈服。

1月中旬某个夜晚，"萨沃纳"师几百名意大利官兵，在迪焦尔吉斯将军的率领下到达山口。获得隆美尔批准，他们从哈勒法亚山口西面的支撑点开赴巴赫的阵地，虽说为德军提供了英勇的支援，但也给微薄的口粮供应造成沉重负担。一周后，这里终于迎来结局。

最年长的连长福格特上尉作为谈判者找到南非人。双方就投降问题进行的初步谈判结束后，巴赫少校和工兵排的施密特少尉赶去协商投降条款。南非人很公平，谈判进行得又快又顺利。巴赫少校签署投降文件后走出帐篷，施密特少尉朝司机眨眨眼。司机明白了，什么话也没说，只是把车辆右侧的白旗换到左侧。为什么？这是巴赫手下官兵最后的伎俩。签署降书后，巴赫就不能再下达销毁武器装备的军事命令。因此，他那些军官想了个花招。巴赫赶去谈判前下达了命令，要是德军第一道哨所看见返回的汽车把白旗插在左侧，就用电话通知营部："白旗在左侧！"他们就把阵地上的火炮、车辆、军用装备悉数炸毁；如果投降的谈判失败，白旗就留在汽车右侧，这就是说，所有武器做好开火准备。

这个伎俩成功了，南非将军完好无损地缴获一门88炮的愿望没能实现。

1942年1月17日，灿烂的骄阳出现在哈勒法亚山口上空。晨曦中，宽大的山脉弧线散发出火红色、紫色、紫罗兰色。没人开枪动炮。一个个瘦削的身影蹒跚地离开散兵坑，跌跌撞撞地走向集合地点。数周来，这是该营第一次在昼间集合。他们相互问候，饥饿、干渴、污秽让他们的面孔难以辨认。这群德国官兵看上去苍老、憔悴、疲惫。南非人来了，分发了食物和饮水，还为重伤员提供救治。随后，各连连长报告："已做好出发准备。"就在这时，卑鄙的行径发生在哈勒法亚山口，这是北非战争史上邪恶的一页。事情发生得非常突然：一个重型炮兵连从盐沼方向朝列队的德军官兵开炮。遭殃的是格林博士中尉率领的第1连。太可怕了。起初，所有人都惊呆了，随后就一如既往地散开。

巴赫少校站在南非军官面前，脸色苍白，这一幕令他震惊不已。炮火终于平息下来。南非人也趴在地上，一个个心惊胆战。德国人会怎么做？他们会被怒火冲昏头脑吗？他们会报复南非卫兵吗？这些南非官兵忐忑不安。几分钟后，一名英国传令兵赶到，凑到南非军官耳边低语了几句。后者通过翻译告诉巴赫："戴高乐将军的自由法国军违抗命令，擅自朝投降的德军官兵开炮。"巴赫少校一言未发。

他们随后列队离开。德国国防军公报宣称，哈勒法亚山口守军奋战到最后一颗子弹。听上去很壮烈，可实情并非如此。战争从来就不是伟大、壮烈的。山口守军仍有足够的弹药，但饥饿和干渴迫使他们屈服。老爹巴赫，这位少校是来自曼海姆的牧师，也是北非战场英勇的军人之一，他很清楚那句古老的格言：识时务者为俊杰！

9

马耳他吞噬了北非的物资

隆美尔在北非鏖战，悲观的背景是补给问题。国防军公报从来没有提过，驶往北非的商船队，那些船长和水手与死亡展开绝望的角逐，上演了一幕幕悲剧。这些人几乎都朝死亡驶去。

每个射出子弹、驾驶坦克、操纵战机的军人身后，都伫立着一连串帮手，没有他们，前线将士无法开火射击，更谈不上赢得胜利。正是这些后勤人员，把武器、弹药、油料、食物、援兵运往前线。第二次世界大战期间，补给工作出色运作而赢得的胜利，缺乏物资和油料而招致的失败，远比普遍认为的多。北非的情况也是这样，因此，要是不提非洲船队的商船、运输机、补给营的话，空谈沙漠群狐和他们取得的成就毫无意义。德国之所以输掉非洲战局，是因为最高统帅部面对不受控制的海洋和广袤的沙漠，不知道该如何解决为己方军队运送物资的难题。

西西里与的黎波里之间，隔着500公里的地中海。葬身海底的人，可能并不少于死在沙漠里的军人，损失的军用物资远远超过德意联军在北非的用量。

英国人控制着地中海，因此，要想赢得北非的胜利，就得消灭英国海军力量。德国人必须攻占马耳他，这座岛屿是英军对德意补给船队实施海空攻击的出发基地。

这是非洲战局的主要问题。隆美尔最初赢得的速胜掩盖了这一点，但问题的严重性很快就暴露无遗。

在非洲参战的25万德国官兵，大多记得从那不勒斯或塔兰托渡过地中海的经历。沙漠群狐中，只有一小部分和后来的突尼斯特遣队是通过空运开抵的，顺便说一句，空运也不安全，可空中航程好歹只持续几小时，而乘坐运输船的海上旅程，通常需要84小时。对许多人来说，这是晕船的84小时；对所有人而言，这是紧张不安的84小时。恐惧挥之不去：能平安通过吗？英国人会出现吗？船上的警报响起时，英军鱼雷机从马耳他嗡嗡飞抵时，船上的高射炮轰鸣时，德国官兵缩着头，无助地坐在船上。不管怎样，好歹还有高射炮对付敌机。

可是，他们玩牌或打盹时，伴随着剧烈的爆炸，"鱼雷命中！"的喊声传遍全船，船舶倾斜，一场生与死的角逐开始了，非常可怕。自己会落入海里，还是淹死在板条箱与武器之间？这就是德国官兵脑中闪过的念头。

德军官兵在北非战线进行战斗前很久，首批德国商船人员就葬身地中海，他们的墓地上没有十字架。1941年1月到5月，德国损失11艘补给船，总吨位达到4.2万吨。4月16日，一支德国商船队惨遭厄运。英国海军特遣舰队凌晨2点20分发起攻击，行动持续了半个小时，"阿尔塔"号、"埃伊纳"号、"伊瑟隆"号商船拂晓前沉没。"阿达纳"号燃起大火，一直烧到下午4点才沉入海里。次日，"萨摩斯"号重蹈覆辙。1941年5月1日，那不勒斯与的黎波里之间的海面上，又传来三声巨响："拉里萨"号被水雷炸沉，英国人的鱼雷击沉了阿尔戈航运公司的"大角星"号，几小时后，"勒沃库森"号遭遇同样的厄运，这艘漂亮的商船排水量高达7386吨。这种情况不断持续，德国商船队陈旧但久经考验的船只和船员，进行了殊死抵抗。

"大角星"号的船长莫里塞，早晨8点左右来到驾驶台查看航线，他扫视海面，不时同旁边的意大利联络官聊上几句。突然，雷鸣般的巨响震颤了这艘商船，鱼雷命中！船上的高射炮位被炸飞，但船只没有立即下沉。当时还有足够的时间上救生艇。附近的船只救起船员和船上运载的士兵。"大角星"号多次往返那不勒斯—的黎波里航线，这次终于结束了使命。"大角星"号隶属从那不勒斯起航的"中型船队"，为意大利和德国非洲军运送的物资和人员各占一半，意大利船只也是如此。这种安排起初不失公平，可由于意大利军队1941年上半年遭受严重损失，北非战区的德国军队不断增加，运输吨位五五分的做法造成补给物资分配不公，隆美尔经常对此大加抱怨。

上一趟航程，"大角星"号幸运地逃过一劫。一连六个小时，船队遭到英国鱼雷机追逐。船上许多士兵屏住呼吸，盯着从船舷前方几米开外掠过的鱼雷。先前在那不勒斯码头，一切听上去都很简单。船长站在箱子上告诫他们："待在上层甲板的人夜里不得吸烟，船上发出的任何光源都有可能被敌人看见，必须保持彻底黑暗！无论发生什么情况，谁都不许离开船只或跳入海里，只有指挥台有权下达弃船的命令！"

许多士兵此前从来没见过大海或这么大的船只，他们甚至对这场冒险心存期待。但紧急情况下，这种冒险就不那么令人愉快了。船长在那不勒斯告诉他们："别胡思乱想，我们的船应该能把你们顺利运过大海。"应该？"船上有足够的救生筏，安置在各处。无论发生什么情况，都有水手给你们下达命令。要是船长阵亡，我们还有大副、二副、三副，他们会依次接掌指挥权。我们决不会让你们失望的！"船长就是这样说的，他也是这样做的。士兵们架起战地厨房，烹煮自己的食物，因为船上的小厨房根本无法为600人提供伙食。

潜艇警报！第一架敌机出现了！船长穿着白色长裤、卡其衬衫、救生衣，戴着钢盔伫立在罗经甲板上，他从这里可以看清楚一切。船上所有士兵的目光盯着他。敌机从右舷逼近！敌机从船艉逼近！5月1日前，这种情况多次发生，但平安无事。

派驻的黎波里的海运负责人是久经考验的海军少校迈克斯纳，他赶到码头，迎接"勒沃库森"号和"大角星"号两位倒霉的船长。"大角星"号沉没后，为了在海里游得更顺畅，莫里塞船长脱掉了鞋子。他很倒霉，没能在的黎波里找到合适的鞋子。一连数日，他光着脚在的黎波里豪华的沃丹酒店里走来走去。

5月份这几天，意大利庞大的万吨轮"缅甸"号满载弹药，也停泊在的黎波里港。莫里塞船长过去的大副霍佩负责核查分配给德军的部分物资。莫里塞船长5月4日跑去看他，两人喝了杯酒，随后道别。莫里塞离开"缅甸"号没走出去200米，雷鸣般的爆炸撕裂了空气。莫里塞赶紧躲入港口指挥部。随后传来第二声爆炸，浓浓的黑烟腾入港口上方的空中。出了什么事？

"缅甸"号爆炸了！满载汽油停泊在一旁的意大利辅助巡洋舰"巴里城"号也发生爆炸。由于"缅甸"号正在卸货，船上和码头上有许多阿拉伯人和德国军人，伤亡高得惊人：德方28人丧生，38人受伤；意大利人死了42个，50人受伤；阿拉伯劳工死了150人，还有很多人受伤。

码头看上去像是遭到猛烈轰炸。爆炸的强大冲击力把万吨轮"缅甸"号的船艉掀上码头。卸载指挥部的海勒上尉奇迹般地死里逃生。船艉轰鸣着朝他砸下，是棺材还是掩体？海勒清醒过来后，发现自己待在一个奇怪的顶棚下，这个顶棚犹如强大的装甲板，替他挡住了雨点般落下的弹片。先前离他几步远的三名同事悉数身亡。

专家迅速赶到事发现场，确认分配给德军的物资里包括10公斤的小型航空炸弹。每10颗炸弹用薄薄的锡片固定在一起，还附有炸药筒。这束炸弹投下后，炸药筒处于击发状态。设定的时间过后，通常是两三秒，炸药筒爆炸，融化了锡片，一颗颗小炸弹散开后继续下落。小炸弹上的雷管非常敏感，碰到树枝都会爆炸。这款邪恶的武器，诀窍就在于此，专门用于打击开阔地的行军队列和其他有价值的目标。

这些危险的小炸弹首次运抵非洲。所有人关注的是装运，而相关部门没有为运输这款炸弹准备合适的包装箱。炸弹松松垮垮地放在普通板条箱里，装船时，这些箱子自然会碰碰撞撞。固定炸弹束的锡带松脱，有些炸弹在箱子里翻转，结果，仅用一根简陋的保险销固定的雷管激活了，稍有震动就会爆炸。"缅甸"号上还载有大型航空炸弹，因此，只要一颗小炸弹爆炸，随后会发生什么情况不难想象。没人能确定这场悲剧的起因，但很明显，搬运工放下某个箱子时，里面处于触发状态的小炸弹爆炸了，结果造成一场灾难。幸运的是，隆美尔在补给方面的得力助手奥托上尉（后来升任军需主任），在爆炸发生前几分钟下船离开。

奥托和负责海运事务的海军少校迈克斯纳忙着调查灾难的起因时，新的坏消息接踵而至。另外两艘载有小型航空炸弹的意大利货船正驶近港口。

迈克斯纳为两艘货轮指定了锚地，命令他们不得抛锚，必须用手小心翼翼地放下船锚。但迈克斯纳此时面临一个难题，该怎么办？"缅甸"号货轮爆炸的消息传到柏林，德国高层一时间惊慌失措。赫尔曼·戈林对航空炸弹的包装担心不已，他发来电报："命令这些货船立即出海自沉，无论如何不能危及岸上的人。"他下达的命令真好！自沉！每艘货轮和船上的物资，都直接影响到北非隆美尔军队的命运。

迈克斯纳陷入两难境地。在非洲战斗的军人几乎都知道这位杰出的军官，他不是个盲目服从命令的人。第一次世界大战期间，他撞沉一艘意大利驱逐舰，五次逃离意大利战俘营，又被逮回去五次。两次世界大战之间，迈克斯纳学习法律。1940年，他作为预备役海军上尉被召回海军。迈克斯纳参与策划了登陆英国的"海狮"行动，后来调到的黎波里。他不仅是隆美尔"最亲密的同袍"，也是这位斯瓦比亚勇士的好友。两人的友谊始于一场争执，迈克斯纳明确指出，他非常尊重隆美尔在陆战方面的能力，但他不得不要求对方不要干预海军事务，因为他（隆美尔）对此一窍不通。

迈克斯纳现在必须找出解决方案，既不能违抗戈林的命令，又得在不造成生命损失的前提下完成卸载物资的任务。可以肯定，要是发生意外，他无疑会被送上军事法庭。迈克斯纳认识个经验丰富、非常勇敢的水手，于是派人把他找来，此人就是德国轮船"美尼斯"号的船长赖嫩。赖嫩滞留在的黎波里，是因为他的船吃了颗鱼雷。迈克斯纳问赖嫩："您认为我们能卸空这些船只吗？您愿意负责卸载工作吗？"赖嫩船长回答道："交给我好了！"迈克斯纳的副官克吕格尔中尉也说了同样的话。于是，他们每人找了10名德国志愿者，随即开始了这项危险的工作。

和"缅甸"号的情况一样，一箱箱小型炸弹摆在重型航空炸弹的箱子上。他们小心翼翼地抬起第一个板条箱，打开。保险销还在吗？还在！好的，把这箱炸弹吊上码头。他们就这样处理了一箱又一箱炸弹。绝不能鲁莽行事！打开第四个箱子，他们发现一颗炸弹的保险销已松脱，处于触发状态，情况严重了。赖嫩船长和一名消防队员小心翼翼地把这颗定时炸弹挪到一旁。赖嫩握着弹体，消防员撬开锡带，取出激活的炸弹，轻轻放在角落处，然后拆除了雷管。赖嫩船长站在一旁仔细观看拆弹过程，因为这名消防员只能借用一天，他随后要返回弹药库，为计划中的进攻做重要的准备工作。这样一来，赖嫩和克吕格尔就不得不靠自己了。他们非常小心！第一天找到6颗激活的炸弹，第二天找到9颗，第三天又找到4颗。卸载这批货物耗费了整整五天。由于板条箱结构欠佳，共有22颗炸弹处于触发状态。

消防员离开后，赖嫩和克吕格尔16次坐在箱子上拆除炸弹的雷管，其中10次面临生命危险。他们每次派10人离船。每次操作耗时五分钟，16个五分钟。汗水从他们额头滴落，拆弹时一片寂静，仿佛整片天地为之屏息。螺栓每转动一圈，都像是跨越宇宙的一大步。他们抢救了两艘货轮和船上所有的物资。商船船长赖嫩是首位获得一级铁十字勋章的平民，克吕格尔中尉也荣膺一级铁十字勋章。

这仅仅是隆美尔的货运人员，以沉着冷静的作业展现出的勇气之一。后勤人员在战争期间付诸的努力，公众一无所知。他们从事的工作，他们取得的成就，他们付出的牺牲必须保密。决不能让敌人获悉运输和补给对非洲的德意联军是多么重要，也不能让对方知晓有多少船只从那不勒斯或塔兰托抵达的黎波里、图卜鲁格、班加西，有多少货轮沉没，又有多少船只仍在航行。但德国海军总司令部秘密文件中的这份资产负债表令人震惊。

局外人很难明白，英国海军或"布里斯托尔—布伦海姆"轰炸机在地中海击沉一艘货轮的报告究竟意味着什么。我们来谈谈"普鲁士"号，这艘货轮被一颗炸弹直接命中，1941年7月22日沉没在潘泰莱里亚岛南面。船上有600名士兵和64名船员，6000吨各种口径的弹药，1000吨汽油，1000吨食物，3000袋邮件，包括坦克、大巴、卡车、摩托车在内的320部车辆。货物中特别宝贵的是首次提供给德国空军，重达1800公斤的航空炸弹，以及交付北非德军的首个210毫米重炮连。这些货物悉数损失，200名士兵和船员丧生。从意大利到非洲的这段海上航程，许多船只被击沉，"普鲁士"号不过是其中一例而已。要是为沉没的船只设立墓碑，那么，从西西里到北非各港口的途中就会布满墓碑。

但补给问题的根源在马耳他。这座岩石岛是英国水面舰只、潜艇、战机在地中海的主要基地，也是英国赢得北非战局的重要因素。马耳他的峭壁抵消了北非德国将士付诸的英勇努力。无论听上去多么荒谬，可北非沙漠里的战事确实是在海上决定的。隆美尔的失败，归根结底在马耳他，谈论非洲战局的人都该明白这一点。

战前去过马耳他的游客，会发现岛上满是绿色的草地和起伏的粮田。岩崖和古老的石屋上挂着渔网。岛上人口稠密，当地居民以农民、商人、渔夫、水手这些职业为生。马耳他还盛产欧洲人最喜爱的美食——金枪鱼。

一部电梯从港口直通瓦莱塔镇，该镇的名字来自马耳他骑士团团长，而马耳他骑士团的历史，与这座古老的要塞紧密相连。长期以来，这里一直是英国总督驻地。十六世纪，神圣罗马帝国皇帝查理五世把这座岛屿赐封给圣约翰骑士团。马耳他岛像个天然海盗窝，位于西地中海与东地中海之间重要的运输航线上，因而具有一段冒险史。

马耳他岛在历史上一直发挥着作用。腓尼基人从这里控制着东方、欧洲、非洲间的贸易，大约在公元前400年，迦太基人占领了该岛，公元前218年，马耳他岛又落入罗马人手中。东哥特人、汪达尔人、拜占庭人为争夺这处要地展开角逐，因为他们从此处可以控制地中海的贸易。公元870年，阿拉伯人征服了马耳他，200年后，诺曼人夺得这座岛屿。1798年，拿破仑占据主岛和邻近较小的戈佐岛。英国人1800年占领了这两座岛屿，把马耳他打造成了大英帝国强大的海空军基地之一。

皇家海空军军官主宰着岛屿的陆地，英国军舰控制着港口。一个个大型码头和维修厂依托这座天然良港而建。马耳他美丽、骄傲、强大，与西西里岛直线距离90公里，墨索里尼宣称地中海是"我们的海洋"，但马耳他要塞证明这种说法纯属无稽之谈。不，地中海是大英帝国的海洋，任何国家运送士兵穿过这片水域，必须征服马耳他，或以高昂的代价向它表示敬意。

"如果意大利人是日本人的话，他们就该在1940年6月10日，以进攻马耳他的行动拉开战争序幕，这座岛屿当时几乎没有防御准备。因为珍珠港对日本人意味着什么，马耳他就对意大利人意味着什么。"这是德国海军中将阿斯曼的观点，他是二战史客观的海军专家之一。

但意大利人不是日本人。1940年夏季，他们站在德国一方参战后，仅仅满足于企图通过空袭征服地中海这座英国堡垒。虽然我使用了"空袭"这个词，可实际情况是，意大利人的空中行动犹如针刺，他们没有对该岛施以猛烈的弹雨和地毯式轰炸，而是空中骑士的点射，完全是一场空中马术锦标赛。德国驻罗马海军联络团团长魏肖尔德海军上将，1940年8月9日首次建议意大利人征服马耳他，但意大利方面没有接受这项建议，就连德国高层起初也没看出这座岛屿对非洲战事至关紧要的战略重要性。英国人的态度则截然不同，虽然他们觉得希特勒的"海狮"计划给英国本土构成严重威胁，可还是派遣大批援兵开赴马耳他。

这样一来，意大利人征服马耳他的企图变得愈发渺茫。他们能否夺取该岛，这一点值得怀疑，因为意大利参战时，缺乏相应的准备工作。

他们根本没做好准备。巴多格里奥元帅以谨慎的措辞对我解释了相关情况。读者查阅战时文件的话，就能了解总体状况。1939年，墨索里尼惊异地目睹了德国人在波兰赢得的胜利，出神地看着迪特尔将军的山地部队夺得纳尔维克。他不可置信地承认，德国人没费一枪一弹就占领了丹麦和奥斯陆。意大利统领惊恐地看着希特勒的军队横扫法国陆军，而意大利军队此前一直对法军敬畏有加。墨索里尼一直把希特勒视为门徒，可这个学生居然成为横扫欧洲的胜利者，甚至打算登陆英国。看上去，战争会在九个月内结束，条顿人会赢得不可思议的胜利，难道不是这样吗？届时，希特勒就会支配和平，意大利怎么办？"要是意大利想参加瓜分世界的和平会议，就必须参战，而且要尽快。"墨索里尼1940年5月26日告诫巴尔博和巴多格里奥。两位元帅惊愕地站在威尼斯宫宏伟的大厅里，参战？

墨索里尼注意到他们的消极态度。北非意军总司令巴尔博看看总参谋长巴多格里奥，墨索里尼举起手，以严肃的口气说道："我告诉你们，昨天我给希特勒发了封电报，向他保证，我不打算袖手旁观，我准备6月5日对法国宣战。"

巴多格里奥向前一步："领袖，我必须告诉您，意大利完全没做好军事准备。您已看过那些例行报告。我们只有20%的师可以投入作战，超过70%的装甲师没有一辆坦克。我们甚至没有足够的衬衫发给全体官兵。我们该如何投入战争呢？我们的殖民地没有真正的军事装备，我们的商船队也分散在各大洋。"巴多格里奥还想说下去，但墨索里尼挥手打断了他的话："不能以衬衫的数量猜想历史。"

意大利就这样投入战争，巴多格里奥没有辞职，意军将领也没有造反。他们该怎么做？不得不承认，这十来年，他们以虚张声势和夸张的话语掩盖了以下事实：意大利军队是一件毫无用处的工具。

当然，意大利海军的状况看上去稍好些。据墨索里尼说，一切取决于海军。

他这话不能说全错，因为意大利陆军1940年能去哪里参战呢？只有海军可以投入战争。意大利海军有6艘战列巡洋舰、29艘巡洋舰、59艘驱逐舰、69艘鱼雷艇、115艘潜艇，这难道不是一股可观的军力吗？意大利的潜艇力量堪称世界之最。英国拿什么在地中海抗击这股力量？英国人深陷困境，在埃及能以何种军力实施抵抗呢？他们只有3.5万人，没有重型坦克。相比之下，巴尔博元帅在利比亚有14个师，共计22万人。不过，意军也没有重型坦克，甚至没有足够的轻型坦克，只有4个意大利师多少做好了参战准备，摩托化师也只有2个。可不管怎么说，22万人对付3.5万人，他们肯定能迅速打垮北非的英国军队。

我们都知道这场交战的结果。我们也知道，希特勒在柏林震惊地意识到墨索里尼被逐出非洲的危险。这样一来，欧洲柔软的下腹部就对英国人敞开了门户。这就是希特勒迅速组建非洲军，派隆美尔率领这股"拦截力量"开赴非洲的原因。要是这些德国师六个月前赶赴非洲，就像古德里安1940年6月底建议的那样，那么，他们早在1940年秋季就能决定那里的战事，亚历山大、苏伊士运河、开罗可能都已落入轴心国手中。

第一艘德国船只搭载非洲军先遣支队驶向的黎波里前，国防军最高统帅部已经把盖斯勒将军指挥的第10航空军部署到西西里，这个航空军有200来架战机，很快加强到500架。各斯图卡、战斗机、轰炸机联队的任务是打击地中海的英国海军，确保运往非洲的补给物资。德国空军这股力量很快经受了首次考验。

1941年1月7日，有报告称，东地中海和西地中海的英国海军舰只正驶往马耳他。从直布罗陀而来的4艘货轮，载着宝贵的货物驶向马耳他和希腊。英国海军护航力量为货轮提供了严密保护，以他们以往的经历看，就像丘吉尔说的那样，意大利海军不过是"晴天舰队"而已，因而不太担心对方的攻击。1月9日下午，大批意大利鱼雷机在撒丁岛南面对英国护航船队发起首次攻击。德国空军力量的存在，极大地鼓舞了意大利飞行员。两艘意大利鱼雷艇也对护航船队展开攻击。英国舰船陷入德国人新布设的水雷区。两艘货轮被炸得腾入空中。1月10日中午过后不久，英国护航船队的核心——"光辉"号航母，载着马耳他岛急需的飞机，位于马耳他以西100海里处。

该航母上的鱼雷机中队正要飞离甲板，结果德国空军的Ju-87和Ju-88俯冲而下，呼啸着向航母发起攻击。炸弹撕开飞行甲板，烈焰腾空而起。航母方向舵受损，在海面上兜起圈子。意大利鱼雷机和德国人的斯图卡呼啸而来，一次次朝这头步履蹒跚的"巨鲸"投下炸弹。英国海军官方史指出："只有德国空军的攻击取得成功。"没过10分钟，"光辉"号航母的飞行甲板就吃了德国人6颗500公斤的炸弹。

英国海军将领致电伦敦和开罗："英国海军与德国空军在地中海发生首次交战！"读到这份电报的英国人深感惊愕。

可是，意大利舰队在哪里？墨索里尼强大的海军在何处？他们没有出现。"光辉"号舰长凭借高超的操舰技术，把受损的航母开到马耳他。但当日的激战没有结束，"南安普顿"号巡洋舰挨了颗水雷，还被几颗航空炸弹命中，地中海的英国海军少了艘巡洋舰。

德国空军飞行员没有放过停泊在马耳他港口的"光辉"号航母。他们一次次发起攻击，英国人不得不投入所有战机实施防御，导致他们无法腾出力量打击轴心国护航船队。驶往的黎波里的德国运输船队没有遭遇挑战，这是隆美尔首次赢得大捷重要的先决条件。获得战斗机掩护的德国轰炸机昼夜不停地从西西里飞往马耳他，炸弹雨点般落向岛上的码头、维修厂、补给仓库、机场，港内船只也遭到猛烈轰炸。1941年3月7日，英国空军少将梅纳德从马耳他电告开罗，面对速度更快的德国战斗机，他再也无法保护他那些桑德兰、惠灵顿飞机了。于是，这些英国飞机奉命转场到埃及。同一天，马耳他总督威廉·多比爵士将军向英国战时内阁紧急求援："敌人的空袭极为猛烈，马耳他遭受严重威胁，很可能丧失作为海空军基地的重要性。"开罗当局调拨飓风战机赶赴马耳他。但德国人继续空袭该岛，1941年1月到6月，英方损失了78架飞机。

虽然意大利人1940年6月到1941年1月实施的空袭，给马耳他这座岩石上的堡垒造成的破坏不值一提，但德国空军一连五个月轰炸该岛后，这里的情形触目惊心。尽管岛上有许多天然石洞，英国人也构建了掩体，可伤亡数还是超过400人。马耳他人抱怨起来，不愿进行清理工作。3月份，岛上食物短缺，不得不实施严格的配给制。看来，德军发动攻击的时机已成熟。英军司令部认为，敌人随时可能入侵，鉴于北非战事仍在继续，轴心国必然会做出这种选择，于是，他们从埃及向该岛派遣步兵增援力量。岛上的英军防御力量达到8个营和1个团，还有几个3.7英寸、6英寸口径炮兵连，外加几门18磅火炮。装甲力量方面，岛上驻有皇家装甲团一个特别战斗群，但他们只有2辆轻型坦克和4辆步兵坦克。马耳他的情况看上去不妙。对轴心国来说，在地中海决定性地击败英国人的机会出现了。德国海军元帅雷德尔提出的方案很有必要：夺取马耳他，从而为不受妨碍地把物资运往非洲创造条件。此举本来能让隆美尔征服埃及，把昔兰尼加的胜利推向顶点。从政治上说，面对这种事态发展，丘吉尔很难保住首相宝座。

可希特勒做了些什么？1941年6月22日，他开辟了东线，进攻为德国供应粮食和石油的苏联。苏联这个国家并不可靠，可他们没打算攻击德国，至少当时没有这种计划。

侵苏战争开始后，德国第10航空军部分力量从西西里调往东线。投向马耳他的炸弹越来越少。丘吉尔加强了岩石上的这座堡垒，英国海空军力量随即对隆美尔的物资运输重新发起猛烈打击。由于得不到足够的补给，隆美尔陷入图卜鲁格前方的殊死鏖战。

德国人能占领马耳他吗？时至今日，德国战争历史学家还是经常提出这个问题。依我看，征服马耳他不在话下。德军1941年5月20日针对克里特岛的成功行动，证明他们可以从空中夺取比马耳他大33倍，防御得更加严密的岛屿。以伞兵部队夺取岛屿，这在历史上还是首次，可行动成功了。几个世纪前，传说中的伊卡洛斯在克里特岛企图实现人类古老的梦想：飞行。他用蜡把一对翅膀黏在身上，最终坠入大海。

但1941年5月20日早晨7点30分，德国伞兵突击团第1营的科赫少校乘坐滑翔机，掠过克里特岛上空的薄雾，率先降落在岛上，没有坠入海里。随后，庞大的Ju-52运输机编队隆隆飞来，投下机上的伞兵。伊卡洛斯的几千名晚辈，荷枪实弹，犹如飘摆的白云，布满湛蓝的天空。他们跳入这座崎岖的岛屿，死亡和毁灭朝他们袭来。丘吉尔后来怎么说德国伞兵的？"这些英勇而又忠诚的伞兵，堪称德国青年的精华。"的确如此。担任司号员的二级下士恩斯特·施普林格来自上西里西亚，是全营第一个跳下运输机的人，他在空中就把小号凑到嘴边，吹响了古老的进攻号。回荡在空中的号声，犹如幽灵般的胜利号角，让新西兰第5旅的毛利人困惑不解，"扑通，扑通……"

德军夺得克里特岛，历史上首次空降行动取得成功，但成功的代价相当高昂。飘荡在空中的德国伞兵沦为守军机枪火力的活靶，挂在白色降落伞下的许多伞兵非死即伤。落地后，降落伞拖着他们在地面上奔跑，直到被灌木丛或石块挡住，白色降落伞犹如一块巨大的裹尸布，罩住凄惨的伞下人员。毫不夸张地说，这些年轻的德国伞兵精锐牺牲于他们的首次重大行动。但希腊与图卜鲁格之间强大的克里特岛落入德军手中。绝望的丘吉尔致电罗斯福："要是美国不加大援助力度，英国肯定会输掉这场斗争。"

一些德国军事领导人希望以这场代价高昂的胜利为支点，在地中海和非洲进一步对大英帝国采取决定性行动。雷德尔是这种想法的主要推动者。这几周，丘吉尔最担心的莫过于德军登陆马耳他。1941年5月28日，他给开罗的韦维尔将军发去电报，对丢失马耳他、通往埃及的航线遭切断的前景深表担忧。

但希特勒没有抓住天赐良机。他还否决了航空兵将领施图登特提出的方案，施图登特打算夺取塞浦路斯，再从那里对苏伊士运河实施空降行动。希特勒没批准这个构想。德国伞兵在克里特岛的惨重损失令他深感沮丧。另外，雄心勃勃的墨索里尼想以自己的力量进攻马耳他，希特勒很清楚这会招致怎样的后果，可他不愿触怒意大利统领。侵苏战争开始后，针对马耳他的一切方案居于次位。德国非洲军不得不为此"买单"。

1941年6月到10月，驶往非洲的德意运输船队，被英国人击沉40艘船只，总吨位高达17.9万吨。9月份，近40%的船只沉入海底。除了士兵和作战物资的惊人损失，轴心国还面临运输吨位不够的问题。因此，10月份提供给隆美尔的运输吨位下降到5万吨，其中63%被击沉。11月，隆美尔只获得3.7万吨货运配额，英国海空力量击沉了其中的77%。

现在的情况很明显，由于补给物资的运输遭到封锁，隆美尔在北非进行的交战不得不停顿下来。希特勒也清楚这一点，元首大本营响起警报。他发出电报，从东线召回一名将领，希望这个人扭转地中海和北非的局面，此人就是凯塞林。

这场可怕的补给悲剧，最直接的受害者是身处非洲的德国士兵。虽然他们不懂战略问题，对沉没吨位数的危险计算也一无所知，但他们发现自己的连队没得到补充。他们没看见坦克运抵，没有燃料，没有啤酒，也没有任何能让他们暂时忍受非洲生活的美味佳肴。当然，他们有时候能从天上，或者说是海上，得到些难以想象的好东西。

时至今日，第33侦察营的官兵想起这件巧事，还是会忍不住舔舐嘴唇。

第33侦察营巡逻队返回德军防线后，通过电台提交了报告。师长注意到报告里附了个奇怪的代码"老虎"，于是查问这个代号究竟是什么意思。他震惊地获悉，连长使用这个代码，仅仅是说巡逻队仍在"洗澡"。

侦察巡逻队队长恩格尔哈特少尉发出附有"老虎"代码的报告后，一连几小时不见踪影，第33侦察营第1连连长赫劳库特上尉不由得担心起来。

恩格尔哈特终于出现了，举止颇为神秘。他笑着告诉赫劳库特，他找到些连长绝对想不到的好东西。说着，他从裤兜里掏出瓶真正的苏格兰威士忌。恩格尔哈特激动地讲述了无意间得宝的故事，赫劳库特简直不敢相信。恩格尔哈特兴奋地说道："跟我来！"

赫劳库特的好奇心被勾了起来。两人赶到拜尔迪的一处峭壁，秘密就在这里，小小的海湾里停着艘失事的船只。更准确地说，是半艘小船，船艉不见了，显然已被海水卷走。船舶清楚地写着船名"赫尔卡"。赫劳库特和恩格尔哈特游了过去，少尉给连长送上半船令人垂涎欲滴的物品。船只前部塞满板条箱，里面是优质的水果、蔬菜、肉罐头，还有巧克力、香烟、威士忌。他们没理会船上装载的运动鞋和另一些生活用品。两人游了回去，发动全连官兵来卸货。这项工作耗费了五天时间。但非洲的烈日下，很少有人像他们那样，在拜尔迪附近隐蔽的岩湾里干得这么起劲。他们先把一个个箱子搬下船，装上橡皮艇，再划到一片小海滩，每趟耗时45分钟。负责运输的队伍把箱子从海滩拖上陡峭的山坡，然后装上卡车。400瓶威士忌！对这些侦察兵来说，真是快乐的日子。"赫尔卡"号上没有苏打水，但不兑水的苏格兰威士忌味道很好，要是加点盐水，滋味更妙。虽然其他部队也分了杯羹，但这批物资让第33侦察营第1连享受了很长一段时间。这仅仅是半船物资，而且是沉没在地中海的大批英国、德国、意大利船只中的一艘小船。真是场愚蠢的战争！

▲ "缅甸"号在的黎波里港发生意外：先是剧烈的爆炸，两艘万吨轮的残骸犹如被魔鬼的巨掌推动那样飞过码头，灭火期间，包装不当的航空炸弹爆炸。照片里可以看见"巴里城"号起火燃烧，"缅甸"号残骸堆在远处的码头上。

10

瓦迪费雷格的婚礼

"我们上次在这里是什么时候？"是啊，什么时候？大致是九个月前。可那时候，他们正攻往图卜鲁格，最终目标是亚历山大、苏伊士运河、开罗。

唉！

他们现在踏上返回的道路。途中没有歌声，谁也不会为后撤而欢呼。撤军的路程长两倍，困难也两倍于前。

"前进期间的道路也这么艰难吗？"

同样艰难，但他们没有留意。因为胜利减轻了负担，或者说，胜利让他们忘记了背包的重量。

1941年亡灵节，他们在图卜鲁格战斗，自那天起，已经过去多久了？

只过去几周，可他们却觉得这段日子漫长得犹如几个月。每天都在战斗，每天都要对付英国第8集团军穷追不舍的先头部队，对方企图赢得决定性胜利。没人知道敌军和友军的确切位置。夺得一处处阵地后，又不得不放弃。被俘的士兵，跋涉几个小时后，又作为战士重新归队。战地急救站一天易手三四次司空见惯，德国和英国医生干脆置之不理，待在手术帐篷里并肩工作。从1941年12月初到月底，这种状况持续了三周。

冬雨随后到来，非洲变得很冷。

隆美尔知道，非洲这场现代战争，问题不在于夺得一片沙漠，无论是迈尔迈里卡还是昔兰尼加。沙漠里的战争只能靠歼灭敌军来决定。夺得地盘不是胜利，丢失地盘也不是灾难。隆美尔清楚这一点，英国人也心知肚明。尽管如此，英军总司令奥金莱克还是犯下和他的前任韦维尔同样的错误：混淆了问题。

1941年12月26日，路透社从开罗发回报道，告诉伦敦的报纸读者："德国非洲军和意大利军队残部，沿苏尔特湾通往的黎波里的滨海公路溃退。英军已实现在西部沙漠歼灭敌军的主要目标。德军装甲力量遭粉碎，残余的坦克寥寥无几，正惊慌失措地逃往的黎波里。"

第二次世界大战的历史中充满这种致命的错误。希特勒相信了，正如我们所知，丘吉尔也对此深信不疑。

1941年12月底的伦敦，手持号外的英国民众欢呼着："我们打败了隆美尔，隆美尔被消灭了！"

伦敦街头的市民应当更谨慎些，不该轻信他们被告知的一切！别说他们远离非洲，就连离得更近的人，例如的黎波里的居民，也犯了错误。他们既不了解隆美尔，也不了解德国士兵。隆美尔具有顽强的意志，而且，他还有个方案。北非意军总司令对德意联军这场后撤的政治影响深表担忧，他与隆美尔发生了争执。隆美尔朝巴斯蒂科上将吼道："我后撤是因为我不得不后撤，否则，我不仅会输掉这场交战，整个军队也会覆灭。"因此，自1941年12月初起，轴心国各个师从图卜鲁格附近的交战地域一路向西退却。但这不是溃退，与意大利军队1940年/1941年冬季的状况不可同日而语。非洲军的战斗后撤秩序良好，英勇的军官率领摩托车步兵、装甲侦察兵、高炮部队、绿洲连组成的拦截支队提供掩护。

12月16日，卡瓦莱罗伯爵上将从罗马赶来，恳请隆美尔不要放弃昔兰尼加："一场显而易见的失败，对墨索里尼的执政地位非常危险。"

隆美尔尖锐地问道："要是彻底失败，全军覆没，丢失整个非洲又会怎样？"

巧的是，竭力撺掇卡瓦莱罗，要求德方撤销后撤令的正是甘巴拉将军。他好像忘了十天前发生的事情，非洲军辖内第15和第21装甲师在古比井附近获得赢取胜利的机会，克吕维尔一封封绝望的电报穿过沙漠。他不断在电报中询问："甘巴拉在哪里？"但甘巴拉没有赶来，托词"麾下部队疲惫不堪"，好像第15和第

— 132 —

21装甲师的将士永不疲惫似的！

隆美尔不为所动，他下达了命令："实施战斗后撤，退往更有利的防御阵地。"但昔兰尼加地区找不到有利的防御阵地，因为以往的经历证明，紧急情况下无法守卫昔兰尼加。唯一的机会在英军曾被阻挡过的有利地区，1940年冬季，韦维尔从埃及边境沿巴尔博大道追击意大利军队，一路到达苏尔特湾弯曲部。九个月前，隆美尔就是在此处发动了首次进攻。

没错，战事起伏很常见，现在对隆美尔来说就是退潮期。1941年12月21日夜间，埃勒少校的摩托车步兵，在一个装甲炮兵连和第33坦克歼击营一个连的加强下，部署在艾季达比亚东南面。他们再次担任救火队，执行后卫任务，非洲军在沙漠里设立了刺猬防御。接下来几天具有决定性，一切取决于隆美尔能否到达卜雷加港的有利位置，阻止英军的胜利进军。英国人企图挫败隆美尔的方案，但此时，勇气已无济于事，漫长的补给路线耗尽了英军的突击势头。隆美尔的后卫力量，例如巴勒施泰特战斗群的官兵，一再击退英军仓促投入的先遣部队。打退敌人后，他们跳上桶式车、卡车、自行火炮再次撤离。当然，德军战斗群的车辆也逐渐损失，隆美尔给出的对策是："必须从英国人那里缴获车辆。"

12月27日到29日，非洲军在艾季达比亚的防御作战中，沉重打击了英国人，英军装甲力量几乎消耗殆尽。

1941年除夕，寒冷和黑暗笼罩着沙漠。英军侦察巡逻队的照明弹照亮夜空，这是给迷路人员提供的信号。在非洲，发射照明弹的目的是召回走散的部队。

有人看了看手表。除夕夜！"现在还是旧岁，但10分钟内，我们就得撰写1942年的命令了。"

第135高射炮团的副官马万-施洛瑟想在午夜时分喝掉餐盒里的香槟。他弄到一整瓶战利品，还把它放在沙坑里冰冻。

团长黑希特少校把他的防御部队出色地部署在艾季达比亚，充当拦截力量。非摩托化的第114预备高射炮营，以13门88炮、9门37毫米和20毫米高射炮守卫北部地区。意大利军队据守的东部地区配备7门88炮。第18、第33、第35高射炮团的摩托化余部仍同非洲军待在一起，准备遂行机动作战。诡计多端的隆美尔下令把一个个假炮兵连部署到阵地上。第114预备高射炮营从沙漠里找来必要的材料，从而创造了奇迹。看见英国人朝这些假炮射出大量炮弹，德军炮手笑得前仰后合。

马万–施洛瑟上尉读着家里刚刚寄来的信件，差点错过除夕夜的12点钟声。但他及时打开"凯歌"香槟的软木塞，微笑着，脑中想起威廉·布施①说过的话："香槟酒的气泡在玻璃杯里宛如珍珠，多么甜美，多么温柔啊！"软木塞砰然打开，怎么回事？就在这一刻，犹如百万个回声，猛烈的炮火沿整条战线轰鸣起来。只能是一场大规模进攻。马万–施洛瑟冲出帐篷，黑希特少校也从他的帐篷里跑了出来：绿色、红色、黄色、白色信号弹嘶嘶作响地窜入夜空。火炮、机枪、卡宾枪的射击声犹如爆竹般响成一片，数千发曳光弹像彗星那样划过天际。

不是交战，而是隆美尔的军队在以自己独特的方式迎接新年。看着沙漠里上演的这场烟火，德军官兵心里乐开了花。没人阻止他们，谁愿意这么做呢？意大利人立即打来抗议电话，拜尔莱因泰然自若地回复道："请冷静，你们那里漆黑一片，还能出什么事？"

这是一幅奇妙的景象。照明弹、信号弹构成色彩斑斓的背景，耀眼的光斑下，德军士兵兴奋不已，毫不犹豫地爬出散兵坑。不可思议的事情就这样发生了。如果这不是真的，如果这不是成千上万人的集体记忆，谁能想象这种情况？这是反抗的表现。他们仍抱有信念，如果没有这种信念，他们根本无法忍受眼前这出悲剧、这场苦战和牺牲。尽管这份信念也许早已陈旧不堪，被滥用，被出卖，可这些将士依然秉承自己的信念。

新年到来时，艾季达比亚附近的沙漠里，一名德国士兵唱了起来，其他人随即加入："德意志，德意志高于一切……"困顿、疲惫、污秽，双腿僵硬得像是裹了水泥，湿漉漉的袜子里满是沙子，军靴破旧不堪，各连兵力只剩一二十人……可他们还是放声高歌。

次日，英军第22装甲旅发给开罗的电报中写道："隆美尔的军队也许没了坦克，但要说他们已被击败，可能为时过早。昨晚，非洲军在他们的阵地里唱起德国国歌。我们绝不能一厢情愿地认为，一名坚定不移的指挥官率领的这些士兵

---

① 译注：威廉·布施是德国著名的画家和诗人。

会放弃战斗。"新年的早晨，要是英军将领跟随德国第15装甲师师长冯·韦尔斯特将军视察散兵坑的话，可能会发出截然不同的电报。每个散兵坑都向师长做出合乎规定的汇报，只有一名哨兵端着望远镜，没对师长敬礼。韦尔斯特将军鼓励他："新的一年干得更好些！"哨兵高兴地回答道："祝愿将军先生也这样！"韦尔斯特笑了起来。

1942年1月4日，非洲军到达卜雷加港阵地。冒着肆虐的暴风雨，遭受重创的德军部队着手构置防御。第115装甲掷弹兵团第1营、摩托车步兵营残部、机枪营部分力量编为三个适合战斗的连队，占据了瓦迪费雷格南面的阵地。一辆辆拖车赶去回收丢弃的车辆。全营安顿下来。冬雨到来，仿佛在召唤官兵赶紧刮刮胡子，洗涤衣物。车辆隐蔽在洼地，德国士兵坐在沙坑里，冒着冻人的凄风苦雨继续等待。

运输连军士迪里希斯魏勒派出几支机灵的侦察巡逻队，在英国人眼皮底下，从损毁的车辆上拆卸可用零件，再设法弄几辆新车。鲁夫少尉很快用他那些全地形拖车收回三门完好的反坦克炮。瓦迪费雷格、卜雷加港与迈拉代之间的地区，战争再次从容不迫地发出呼吸。

1月6日，暴风雨仍在肆虐，大雨倾盆，沙云呼啸着掠过车辆和帐篷。这是沙漠里终年盛行的基布利风。夏季，这股风裹着褐黄色沙尘袭向满是汗水的面孔；冬季，狂风裹挟的沙粒犹如一块块微小的弹片，掠过人和牲畜，把帐篷和大衣撕成碎片。与苍蝇、盐水、不可或缺的"老家伙"咸牛肉罐头一样，基布利风也是非洲战争的组成部分。对进攻方来说，基布利风是个大敌，但在防御方看来，它是个善意的伙伴。这一次，基布利风成了非洲军的朋友。

天气最终好转了，平静、晴朗的日子再次出现。他们终于看清了1月5日占据的新阵地，南面就是强大的瓦迪费雷格，是苏尔特地区最大的干谷。谷底覆盖着茂密的灌木丛，站在山顶上，利比亚沙漠光秃秃、毫无生命迹象的荒原一览无余。寥寥几个有人居住的绿洲，犹如沙海中的岛屿：南面的迈拉代是德意联军防线最靠前的支撑点，也是卜雷加阵地的右翼。向东190公里就是贾卢绿洲村，那是通往库夫拉途中的商队中心。自1941年11月起，贾卢就控制在英军手中，成为可怕的远程沙漠战斗群最靠前的阵地。英军突击队穿越沙漠，深入利比亚腹地，执行危险的破坏行动。1941年12月，他们甚至出现在滨海公路，哈兹尔登上校英勇的部下打击意大利人的油罐车和卡车，圣诞节前不久，他们还炸毁了艾季达比亚机场上的十几架德国轰炸机。他们现在打算干什么？耐心点！他们很快就会展开行动。德国一方的对手"勃兰登堡人"3月份活跃起来，双方展开危险的角逐。

我们先看看第902重型加农炮连。这个炮兵连在欧盖莱西面的沿海沙丘间，不受干扰地休整了几天，似乎忘记了他们在西迪雷泽格和阿代姆的辛酸经历。当然，他们不会真的遗忘，谁也不会忘记那个亡灵节，他们的炮弹准确地落入英军坦克队列，敌坦克像被巨人的拳头砸中那样爆炸。但第902重炮连的官兵最终不得不后撤，冒着倾盆大雨穿过昔兰尼加。在那里，这个孤零零的连队得到了他们的新连长格林上尉。尽管名字是"格林"①，但新连长不仅是个性情和蔼的绅士，还是个英勇的军人和出色的炮手。部下喜欢这种镇定自若的领导，忙碌的后撤期间，他们需要他。因为英军部队就在德国人眼皮底下开进，看得清清楚楚，悲观主义者赌咒发誓，宣称英国人埋伏在他们前方，艾季达比亚附近"著名的角落"，准备把他们一网打尽，就像意大利人1941年2月的遭遇，当时，2万名意军官兵被英国人"包了饺子"。

此时是1941年12月，英国人显然想故伎重施。现在必须轻装上阵，除了弹药、油料、食物，其他一切都得抛弃。遵照连长的命令，炮兵连的裁缝不得不打开几个衣箱。带着这些箱子完好无损地经历了各种艰难险阻，他为此深感自豪。现在，他咬紧牙关，看着自己精心守护的衬衫、裤子、靴子一眨眼工夫就找到了买家。但真正让全连官兵开心的是，连队会计哈雷打开钱箱，把里面的钞票平均分配。格林上尉对这种罕见的情形发表了评论："要是让那些坏蛋逮住，我们就得穿着干净的军装，兜里揣着钱，列队穿过开罗……"

但英国"坏蛋"没逮住第902重炮连的官兵。他们巧妙地溜出昔兰尼加，驱车穿过班加西，他们在那里的战地邮局找到一袋信件，还从庞大的食物仓库搞到几箱沙丁鱼罐头和美酒，随后在巴尔博大道与海滩之间的沙丘地休整。他们成功

---

① 译注：其德文Grimm有"怒火""愤怒"的意思。

了，全连顺利到达隆美尔指定的阵地，随即转身，也就是说，正面朝东。

他们此时待在山地的峭壁上，眺望着广袤的中间地带。不时有一两辆英军装甲侦察车驶近，德国人两门加农炮轰鸣起来，大口径炮弹射向入侵者。高高的烟柱腾入冬日湛蓝的天空。英国人不喜欢这种情形。援兵终于到了。凯塞林第2航空队从东线调到西西里，掩护地中海航运，这让大多数船只几乎毫发无损地到达目的地。要是几个月前能做到这一点就好了！意大利的坦克、反坦克炮、步兵开抵，随后到来的是一群引人瞩目的家伙——布鲁克哈特战斗群的伞兵！这帮大胆的家伙，在一名大胆的指挥官率领下，把他们的战斗方式带到北非：他们组建的突击队，以两辆大众桶式车为核心，配以几辆三轮摩托车和一些全副武装的伞兵，就这样向南渗透。他们看上去很厉害。一支伞兵侦察巡逻队到达意军驻守的迈拉代，这帮家伙凶狠的眼神把意大利哨兵吓坏了，对方战战兢兢地问道："你们是德国人还是英国人？"

伞兵突击队从不空手而归，总能带回俘虏、车辆、食物、香烟，最不济的情况下也能弄回来几只羊。有一次，他们回营时带来几面鼓和一些奇形怪状的喇叭，是从一支印度部队缴获的乐器。

现在，德军阵地每晚都响起鼓声和号声。某个聪明的家伙造了把"邪恶"的小提琴，伴随其他乐器一同奏响。布鲁克哈特和他的部下很快就成为整个昔兰尼加地区英军的噩梦。他后来落入英国人手里，英国官方公报自豪地宣布："我们俘虏了隆美尔的伞兵指挥官布鲁克哈特少校。对德国人而言，失去他比失去几名将军更严重。"

第902重炮连在瓦迪费雷格过着悠然自得的日子，某天，德国国内寄来个厚厚的黄色信封，看上去很正式。大信封送入连长的营帐，没过半小时，连队文书的声音在阵地上响起："二等兵拉斯科夫斯基到连长处报到。"保罗·拉斯科夫斯基是个参加过波兰和法国战局的老兵，他匆匆来到连长的营帐前，稍稍整理仪容后走了进去。过了一会，保罗走了出来，手里拿着那个黄色信封。他的表情有点震惊，又有一丝感动，不管怎样，他情绪激动，双腿发软，一屁股坐在电台上。他最好的朋友安东，是个无论在什么情况下都管不住自己嘴巴的家伙，他凑上前，好奇地问道："保罗，怎么回事？信封里是什么，一笔遗产还是骑士铁十字勋章？"安东开着玩笑，可他看到的是保罗尴尬的表情。很奇怪，就连久经沙场的老兵也有难为情的时候。

保罗终于说了出来："我要结婚了，就后天。"

安东瞪大眼睛："结婚？后天？你不是在说胡话吧？"

保罗恢复了信心，自豪地回答道："异地婚礼。"

安东惊呼着："天哪，真有你的！"

他离开后，像个行吟诗人那样把消息传遍整个阵地："保罗马上要结婚了！"从这一刻起，事情愈演愈烈，战友从保罗这位准新郎嘴里了解到的情况令他们瞠目结舌。

他们这个炮兵连从德国开赴那不勒斯前，保罗结识了一个姑娘，两人一见钟情，保罗答应下次休假就和她订婚。这位姑娘不想等得太久，她给保罗写过信，可那些至关重要的邮袋肯定沉入地中海某处了。过去几个月的混乱状况下，保罗也没抽出时间写信，于是，姑娘采取了主动。就这样，炮兵连连长收到官方函件，信中写道："应当批准以结婚为目的的休假，可如果出于军事方面的原因，这位军人无法离开的话，就该做出决定：保罗·拉斯科夫斯基是否同意举办一场异地婚礼。"随信附上了必要的文件。由于军事官僚机构最看重秩序和荣誉，因而在文件中规定了婚礼日期：1月11日。"发回书面批准函即可！"连队已发出批准婚礼的电报。这么多官方手续把保罗弄得不知所措。

于是，婚礼定于1月11日！日历显示，全连1月9日就忙碌起来。他们首先在一片"美丽的沙漠"搭设婚礼台，中间放个硕大的箱子，箱子上覆盖着旗帜，这是为连长准备的讲台。步枪架成三角形，摆放在讲台左右两侧。连长认真检查一番后，觉得婚礼现场给人的印象过于单调："只用步枪和一面旗帜不够，我们得弄点棕榈叶来。"于是，两辆三轮摩托车朝南面的迈拉代小径驶去，去弄棕榈叶。两辆大众桶式车沿干谷而行，车上的两名壮汉战前干过屠夫，他们的任务是搞三只羊来，最好四只，完不成任务就别回来。

1942年1月11日上午，阳光从晴朗无云的空中射下。全连列队，保罗在旗帜装点的大木箱前方就位。由于新娘缺席，陪伴在保罗身旁的是他的朋友安东和连队文员，两人担任伴郎。"全连立正，向左看齐！全连到齐，长官！""稍息！"

连长随即发表了精彩的讲话，就连炮兵连最顽强的士兵也感到心里暖暖的。他提到众人远隔千里的故乡，此时，一位姑娘站在祭坛前，想着沙漠，或至少想着保罗，隔着大海，隔着半个欧洲，她对身处瓦迪费雷格的二等兵说："我愿意！"

这群士兵的脸上，开心的笑容消失了，解散时，每个人都同保罗热烈握手，不过，这种严肃的气氛没有保持太久。新郎示意，婚礼的"非官方部分"开始了。连长送上两瓶白兰地作为新婚礼物。驻扎在炮兵连旁边的意大利高射炮组，听说婚礼的消息，带着一大罐红酒赶来。伞兵部队一名一等兵，骑着三轮摩托车送来三瓶烈酒。如果有真正的理由在这场战争中庆祝生活而不是死亡的话，每个人都乐于做出贡献。但高潮是四只羊，这是汉内斯和威廉与阿拉伯人"交易"的结果。借助从英国人那里缴获的大量咖喱和一袋洋葱，尤普把这些食材做成美味的炖羊肉。

沙漠的夜晚到来，温度下降，星星出现在空中，保罗准备度过自己的新婚夜。他和几位好友带着一瓶酒回到帐篷里，外面的伞兵敲响了他们缴获的印度鼓。北面的欧盖莱，炸弹爆炸的闪烁不时照亮天空，似乎是向新婚的二等兵保罗·拉斯科夫斯基道贺，他所在的瓦迪费雷格，位于卜雷加港与迈拉代绿洲之间，是隆美尔这条宽大后撤战线一个平静的角落。

几十公里外，第135高射炮团的马万–施洛瑟上尉用毛毯盖住耳朵，忍不住嘟囔道："该死的东西！"这件事每晚都发生：一只鬣狗游荡到阵地周围，夜里不停地嚎叫。昨晚它闯入食堂帐篷，鼻子被空罐头盒划破。可它又回来了，简直让人难以置信。只有一次，哨兵拂晓时看见它穿过沙丘。这只鬣狗每晚都对着星空嚎叫，仿佛要倾吐它的饥饿感。德军士兵听到了，待在前哨阵地冰冷的沙坑中，或在帐篷里用毛毯遮住双耳的英国兵可能也听到了。天亮后他们问道："我们干吗不继续前进呢？我们为什么不彻底消灭德国佬？他们已溃不成军，我们追击了800公里，难道就让他们平安无事地待在那里？开罗那帮人在想什么？"

▲ 沙漠中的异地婚礼，二等兵拉斯科夫斯基（前排三人中间那位）在瓦迪费雷格说出"我愿意"。

11

班加西，700万根香烟付之一炬

英国第8集团军圣诞期间的胜利进程，在开罗引发了巨大的热情。这里虽然也是冬天，但阳光温暖，一切看上去都呈玫瑰色①。城里的酒吧和俱乐部挤满了休假的人，新开张的夜总会犹如雨后春笋，其中一座设在尼罗河的豪华船屋上。

开罗什么都不缺。当然，价格上涨了，可英国官兵很有钱，除了开罗，他们还能把钱花到哪里去呢？埃及首都乐开了花，尽情享受着安全的环境。1月底传来消息，隆美尔部署在哈勒法亚山口和塞卢姆附近的战斗群投降，报上还刊登了著名的"炼狱牧师"巴赫少校沦为俘虏的照片，这让开罗的英军总司令部产生了无穷的希望。要不了多久，几百辆坦克就会隆隆开赴前线，重新发动规模庞大的新攻势。第8集团军会再次挺进，没人能阻挡他们。届时，他们会杀到的黎波里，彻底歼灭该死的德国佬和隆美尔。只要有足够的兵力，外加几百车辆、坦克、飞机、火炮就能实现这个目标，反正开罗的英军总司令部是这么说的。

技术装备运到了，都是美国飞机和美国坦克。奥金莱克将军走入开罗英军总司令部的玫瑰园，制订了歼灭隆美尔军队的方案。他不时停下来让摄影师拍照：明天的胜利者！但开罗玫瑰园里的这番构想纯属如意算盘。

———————————

① 译注：其德文rosigsten还有"乐观"的意思。

此时，埃尔温·隆美尔待在欧盖莱，这里没有玫瑰园。1月10日，他赶到设在此处的新指挥所，和他的参谋长韦斯特法尔中校①一同视察了阵地。韦斯特法尔仍清楚地记得，他和隆美尔在沙漠里驱车行进的情景。目前部署在防线上的是意大利第10、第20、第21军残部。凯塞林第2航空队为海上运输提供了掩护，补给物资终于运抵，非洲军辖内部队已获得加强。但隆美尔有足够的兵力击退英军的大规模进攻吗？虽说漫长的补给线给英国人造成很大麻烦，可他们的实力却日益增强。

韦斯特法尔建议立即发动反攻。他认为必须抢在敌人准备再次展开进攻前先发制人。隆美尔坐在挂车里彻夜不眠。地图、空中侦察、截获的敌军无线电通信、近日的敌情报告摆放在书桌和椅子上。隆美尔的私人秘书伯切尔中士说道："老家伙肯定在筹划某些事情。"一个个传令兵被叫来，他们一次次找到伯切尔，向他索取存放在诸多箱子和文件夹里的地形图、旧进攻方案、备忘录。这些传令兵说："这里肯定在酝酿什么。"

他们猜对了！

清晨5点30分左右，隆美尔关掉台灯，一头倒在行军床上。"6点半叫醒我。"1942年1月13日的拂晓已到来。

埃尔温·隆美尔出现在每日晨报会上，与会军官从他脸上看出，他已胸有成竹。隆美尔容光焕发，几句问候语的施瓦本口音比以往重得多。但这些军官随后大吃一惊。

"我们要转入进攻！"隆美尔说道。

转入进攻？我们？我们刚刚在一处拦截阵地勉强自保，各个连队只剩30来人，车辆和技术装备在战斗后撤期间损失严重！我们要转入进攻？这就是与会军官闪过的念头。他们都知道，英国第8集团军正为新的进攻加强辖内兵团。每天早上，他们都为英军没有发动进攻暗自庆幸。现在应该改善防御，把"的黎波里东墙"打造成一堵铜墙铁壁。

---

① 译注：非洲装甲集群参谋长高泽将军因身体欠佳归国，韦斯特法尔代理参谋长职务。

只有韦斯特法尔没对隆美尔的开场白流露出惊异的神情。他笑了，过去几天，他几乎一直同隆美尔待在一起。

　　隆美尔指出："要是我们让英国人休整到2月份，他们就会把我们逐出这里，届时，没有什么能阻挡英国第8集团军。尽管凯塞林第2航空队压制了马耳他和英国舰队，我们的补给状况现在有所好转，可我们无法获得充足的兵力，最重要的是，我们没办法迅速获得足够的重装备。"

　　稍稍停顿后，他又做出补充，仿佛是自言自语："所以，我们绝不能坐等；所以，我们必须破坏英国人的构想。"这是个苦涩的"所以"！

　　过去几天，隆美尔与韦斯特法尔商讨过这一切，1月13日夜间，他又仔细考虑了一遍，当日晨才把自己的想法告知司令部人员。这份方案是个大胆的冒险。

　　隆美尔这场进攻，真正的意图是打乱敌人的部署，推迟预期的英军攻势。不过，要是行动进展顺利，也可以考虑扩大既定方案。这是个绝望的举措！但隆美尔别无选择，为避免必然的失败，他必须从英国人手里夺回主动权。狡猾的隆美尔采取的首个措施是散布谣言，说他打算放弃卜雷加港阵地。消息不胫而走，迅速传遍兵营和各指挥部，意大利人也知道了："隆美尔想撤到更远处。"意军参谋人员惊呆了，他们赶紧提醒罗马："隆美尔打算后撤到更远的地方！"众所周知，罗马不可能保守任何秘密。所以，这个消息从酒吧传到美丽女士的闺房，传给美发师，从一个鲜花摊传到另一个鲜花摊，穿过酒吧和酒店大堂："隆美尔守不住防线了，他想退回的黎波里！"意大利最高统帅部商讨了是否质询隆美尔的问题，但最后决定不这样做。

　　结果，特工从罗马、那不勒斯、德军防线后方发回的报告，1月18日摆在开罗英军总司令的办公桌上。这些报告无一例外地指出："隆美尔打算继续后撤。"

　　奥金莱克告诉他的部下："务必谨慎再谨慎，因为你们永远不知道这只狐狸在何处。"他下令展开更加强有力的侦察。侦察结果似乎很明确：没发现轴心国军队开赴前线。虽然英军侦察机飞行员像山猫那样睁大双眼，可什么也没看见。当然，他们夜间无法实施侦察，因为黑暗中看不到地面的情形。不过，德军防线后方还有英国特工，他们也报告："隆美尔打算后撤！"奥金莱克希望掌握确切情况。毕竟，倘若及时获悉隆美尔决心后撤，北非战事很可能取得决定性结果，要是他发动进攻，打击敌军身后，也许能赢得一场大捷。所以，必须睁大双眼！

"柏林知道些什么？"奥金莱克问道。

"柏林方面并不了解隆美尔的断然措施，但他无论如何都不可能策划进攻。"地下战线回复道。

"意大利最高统帅部知道些什么？"

"意大利最高统帅部什么也不知道，不过他们担心隆美尔继续后撤。"

"意大利巴斯蒂科集团军群呢？"

"巴斯蒂科集团军群只知道隆美尔打算后撤的传言。德军发动进攻？人人都知道这是不可能的。"

奥金莱克和他的情报官员微笑着点点头："我们的情报部门干得很出色！"

1月19日出现了一场猛烈的沙尘暴，英军无法执行侦察任务。

1月20日傍晚，德国人开始焚烧卜雷加港的房屋，炸毁港内船只。实际上，狡猾的隆美尔早已清空那些建筑，炸毁的是昔日的船只残骸。但英国特工和夜间侦察机当然没发现这些，英国间谍向上级汇报的情况，不过是德国军官说的那些。他们发电报给开罗："德国人纵火焚烧卜雷加港的补给仓库，还炸毁了港内不打算使用的船只。"英军先遣力量派出的侦察队证实了卜雷加港的火焰和爆炸声。于是，开罗得出结论：隆美尔正为后撤做最后的准备。他要溜了！

英军司令部召开的会议上，奥金莱克将军拍拍面前的文件夹，里面放着前线发回的电报："诸位，最后的行动即将开始。隆美尔跑了！他最远只能退到的黎波里。我们必须为漫长的挺进做好准备，组织好补给物资，要快！我们不能给德国人时间，让他们悠然自得地后撤。我们现在不得不进行一场后勤战。敌人不再是隆美尔，而是街道、沙子、泥土、石块。我们的敌人是懒惰，船只在苏伊士港卸载时普遍存在的懒惰。要是我们打败这些敌人，就能赢得胜利。因为隆美尔正在后撤！"他们在开罗喜形于色，相互敬酒："干杯，隆美尔正烧毁他的仓库；干杯，隆美尔正在后撤！"

这就是开罗1942年1月21日夜间的情形。许多参谋军官和休假人员直到凌晨才返回住处，尼罗河上，舞蹈家赫克马特·法赫米时髦的船屋里，唱片一直播放到早上8点。"隆美尔正在后撤！""干杯！"美丽的赫克马特·法赫米把一只香槟酒杯砸向红木镶板，"为了胜利！"她哭了。为了谁的胜利呢？在场的英国军官对这个问题似乎毫不怀疑。

　　舞蹈家赫克马特砸碎香槟酒杯时，也就是1942年1月21日早晨8点，一个身穿破旧的阿拉伯长袍，自称是穆罕默德·阿里的人，站在的黎波里塔尼亚一座养路工的房子前，睁大眼睛，竖起双耳，其实他是哈兹尔登远程沙漠战斗群的侦察员。一名德国宪兵在房屋的门上贴了张通告。后勤部队的德国和意大利士兵围了上来，站在后面的人抱怨道："读出来，读出来！"一名年轻的二级下士挤到宪兵身旁，扭过头喊道："别吵，我会读的。这是隆美尔签发的日训令，我们再次进攻了！"

　　"什么，"围观的众人叫了起来，"我们再次进攻了？"

　　"太好了！"

　　"安静！"二级下士喊道，他继续读下去，"德国和意大利将士们……"

　　穆罕默德·阿里，也就是穿着破旧阿拉伯长袍的英军侦察员，顿时觉得天旋地转，什么也没听进去。就在昨晚，他还给开罗发去电报，汇报了他从德国兵那里听到的消息，德国士兵没理会在场的这个"阿拉伯人"，觉得他肯定听不懂德语，实际上，他和波茨坦广场的出租车司机一样，能说一口流利的柏林方言。他从德国士兵的交谈中掌握了什么情报，又向开罗汇报了什么？"隆美尔打算后撤，正在构置阻击阵地！"眼下这个德国二级下士又对他那些战友读了些什么？以下就是的黎波里塔尼亚养路工门前张贴的通告：

非洲装甲集群　　　　　　　　　　　　　　　　　　　　　**司令部**
司令签发　　　　　　　　　　　　　　　　　　　**1942年1月21日**

集团军日训令

德国和意大利将士们：
你们已经与占有极大优势的敌人进行了激烈的战斗，士气依然高昂。
此刻，我们比前线对面之敌强大得多，因此，我们今天要继续进攻，消灭敌人。

我希望每个人都能在这些决定性的日子里恪尽职守。

意大利万岁！大德意志帝国万岁！元首万岁！

抄送到各师　　　　　　　　　　　　　　　**非洲装甲集群司令**

　　　　　　　　　　　　　　　　　　　　　装甲兵上将隆美尔

　　和的黎波里塔尼亚的穆罕默德·阿里一样，1月21日早晨8点30分，卜雷加港的英军前哨也惊呆了，他们看见德军装甲纵队隆隆驶来。"警报，德军发动进攻，隆美尔来了！"

　　完全出乎英国人意料。隆美尔的诡计成功了。他吸取了以往泄密的教训，想出个狡猾的方案欺骗敌人。他派几名参谋人员，按照这份方案散布他打算后撤的流言。开赴前线的所有交通运输只在夜间进行。1月19日猛烈的沙尘暴，这股自然力量出色地伪装了德国人为进攻做的最后准备。各部队指挥官直到最后一刻才获知进攻计划。隆美尔事先没有告知意大利和德国最高统帅部，包括拉斯滕堡的元首大本营，他知道有可能泄密。隆美尔只是亲自向北非的意大利总司令部参谋长甘巴拉将军透露了情况，但极为含糊："不足为道的小事，不过是秘密执行一场突击队行动罢了，仅此而已。"甘巴拉提供了油料和部队行动空间，没多关注具体情况。而且，他也没再提起此事，甚至没告知上司。一场小规模行动而已，干吗要兴师动众地自寻烦恼呢？可事实证明，这件小事发出轰然巨响，不仅从北非传到开罗，还传遍了全世界：隆美尔再次发动进攻了！

　　德军阵营，随后的交战中出现了一个新师，这就是第90轻装师。该师由非洲特别师级指挥部改编而成，先前在围困图卜鲁格的战斗中表现得很不错。前任师长聚梅尔曼撤往欧盖莱途中阵亡，目前接掌该师的是调自东线的法伊特少将。

　　隆美尔的作战方案大体如下：维尔纳·马尔克斯[①]中校率领的战斗群，会同第21装甲师和第90轻装师部分力量，沿巴尔博大道冲击英国禁卫旅据守的阵地，在

---

① 译注：马尔克斯1944年出任第1装甲师师长。

昔兰尼加

瓦迪费雷格

姆苏斯

萨乌努

非洲军

马尔克斯战斗群

吉乌夫迈泰尔

马尔克斯战斗群

德国第 1
装甲师

安泰莱特

非洲军

意大利第 20 军

艾季达比亚

意大利第 20 军

卜雷加港

欧盖莱

意大利第 21 军

迈拉代

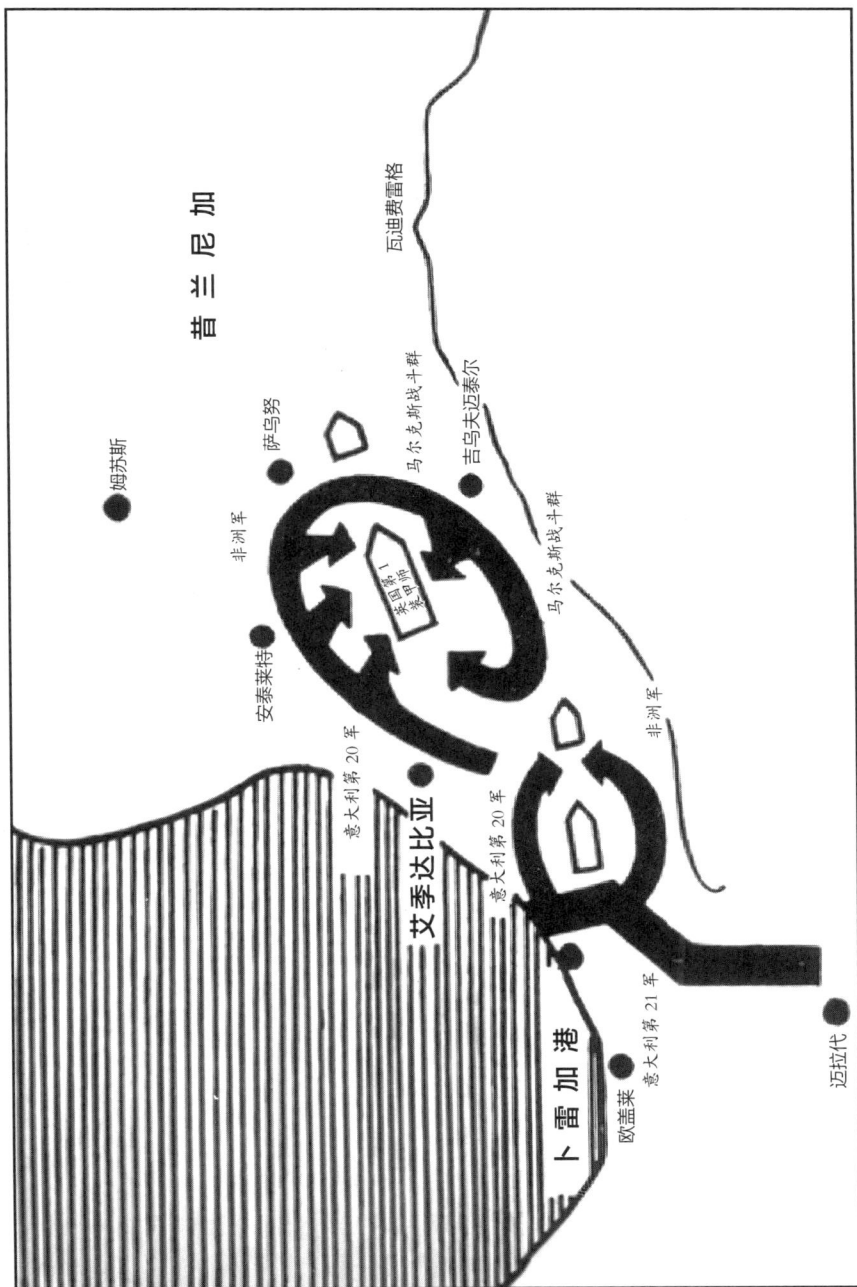

▲ 隆美尔对昔兰尼加的第二次攻势：1942年1月22日的态势。

— 147 —

敌军防线打开缺口，尔后攻往艾季达比亚。意大利第20军和第90轻装师尚未实现摩托化的部分力量跟进。上述军力构成钳形攻势的北钳。非洲军担任南钳，受领的任务是穿越沙漠，沿瓦迪费雷格攻往东北方，会同北钳围歼英军为进攻而展开的部队。隆美尔打算看看这场交战的结果，然后再决定是否发展自己的攻势。

这是个寒冷但阳光明媚的冬日清晨，隆美尔6点离开自己的指挥所，赶去视察马尔克斯战斗群。就在他动身前，拉斯滕堡的元首大本营发来两封电报，一封把非洲装甲集群升级为非洲装甲集团军，另一封授予隆美尔骑士铁十字勋章橡叶饰。

上午11点前，马尔克斯战斗群已突破英军防御阵地，津格哈莱斯将军率领的意大利军迅速跟进，这位新军长被称为意大利的古德里安。马尔克斯战斗群随即攻往艾季达比亚，次日以突袭夺得该镇。英军的马克Ⅵ型坦克没有投入战斗，因为开赴前线途中，这些坦克耗尽了燃料。德军战斗群占领了英国人的弹药和油料仓库。

艾伦·穆尔黑德在《非洲三部曲》中称，英军对德国人这场进攻猝不及防："我方部队的协同从一开始就彻底失效。各级指挥部被敌人突如其来的进攻打蒙了。前线步兵得不到支援；预备队要么无所事事地待在后方，要么企图开赴受威胁地区时，却发现迅猛推进的敌军挡住前进道路。三股强大的德军纵队随后冲入英军防线，散开后重演了老把戏：逐一分割，歼灭英军部队。没过两天，英军的进攻力荡然无存。"

没错，情况就是这样。这段叙述读上去平淡无奇，可实际情况并不简单。

我们跟随第135高射炮团副官的视线来看看这场行动，该团在交战中发挥了特殊的作用。直到1月19日，隆美尔才叫来第135高射炮团团长黑希特少校，简明扼要地告诉他："我打算对前进中的敌军施以突然打击，进攻定于21日晨，您的高射炮团必须以最强有力的部队提供支援。"

第135高射炮团辖内部队分配给这场攻势的南钳和北钳。德军攻克艾季达比亚后，北面的"集团军高射炮力量"奉命为继续前进的摩托化部队提供加强。一切向前开进。第114预备高射炮营辖内一个大口径高炮连暂时实现了摩托化，其他连队留在艾季达比亚周围，继续执行防空任务。与此同时，非洲军前出到安泰莱特—萨乌努地区，包围了英国第1装甲师。1月24日，隆美尔打算消灭动弹不得的英国装甲师。为实现这个目的，他派出几支纵队。隆美尔亲自率领直属部队先遣力量，其中包括第114预备高射炮营临时实现摩托化的连队，以及第135高射炮团战斗指挥部。

马万-施洛瑟上尉写道："我们前进了60公里左右，吉乌夫迈泰尔的残垣断壁出现在远处。隆美尔突然停了下来，他命令道：'高射炮前进，开火！'我们的高射炮手面面相觑，脸上带着疑惑的神情：'将军先生，我们朝哪里射击？''你们没看见敌人的车辆就在前方吗？'第114预备高射炮营营长哈特曼少校为他的88炮搜寻着目标，听到这话，不由得摇了摇头。隆美尔让人去找块白色亚麻布：'必须派个军使过去！'有人拿来了床单。隆美尔说道：'只要挥挥白旗，英国人就会投降。去吧，告诉他们已被我们包围。我们现在得弄出点动静。'

"'扬起灰尘！'命令下达了，周围所有车辆立即卷起尘埃。就在这时，一架鹳式轻型飞机降落在我们旁边。隆美尔立即做出决定：'让军使飞过去！'哈特曼少校举着望远镜搜索地平线，他又摇了摇头。鹳式飞机起飞了，机上的军使挥舞着白旗，很快降落在前方。可什么也没发生。过了一会，鹳式飞机返回。这片地带根本没有敌人，朦胧的薄雾中，隆美尔把骆驼刺灌木丛误以为敌军车辆了。"

这种事在非洲战争期间经常发生，本来不值一提，不过，这段小插曲反映了隆美尔在各种情况下展现出的乐观情绪。

第8装甲团战线前方，见不到骆驼刺灌木丛。克拉默中校命令全团继续前进。第4连左侧排的4辆坦克部署在侧翼。"注意，橘子2号，攻击左侧的敌坦克！"排长的声音从电台里传出。"橘子"是掩护全排侧翼的2辆坦克的代号，"橘子2号"明白了。"炮塔11点方位，敌坦克！"车长用车载麦克风喊道。战斗舱里的驾驶员、炮手、装填手、无线电报务员听得清清楚楚。"炮塔11点方位"指的是前进方向左侧的目标，这是根据钟表表盘规定的。"800米！"车长又喊道，这就意味着距离是800米。"穿甲弹，自由射击！"闷热的坦克战斗舱里，温度高达60摄氏度，炮手和装填手像钟表那样干得一丝不苟。装弹，炮塔转动，瞄准目标。驾驶员停下坦克，因为只有把坦克停下才能开炮。炮手按下电击发按钮，轰！75

毫米主炮发出轰鸣。"增加50米。"车长的命令传入车组人员的耳机，刚才这炮差了50米。重新装弹，设定新距离，瞄准，按下电击发按钮，轰！"命中目标！"车长喊道。

现在，英军派出个印度师，从班加西出发，进攻德军侧翼。情况本来会很危险，但隆美尔的无线电侦听部门截获了英国人的电报，电报中称，这股军力会在艾季达比亚以北30公里采取行动，形成某种拦截线。英军指挥官里奇将军不想让整个印度师"白白消耗"在混战中。他打算虚张声势地吓唬德国人。但德军指挥部知道了对方的意图，里奇的伎俩没能奏效。因此，隆美尔决心集中力量打击英国第1装甲师，不理会印度师。

结果证明他是对的：德军缴获12架飞机、96辆装甲车、38门火炮，还俘虏了1000多名英国官兵，其中包括英军装甲师师部。一座庞大的补给中心落入德国人手中，里面堆放的各种物资取之不尽。德军官兵惊愕地站在这些物资面前。天哪，英国佬竟然有这么多补给，全是好东西！可惜，自己的口袋太小，而且武器在交战期间比香烟、橘子酱、威士忌、饼干更重要。德国工兵也有特别收获，他们在一所维修厂缴获了30辆修理好的"瓦伦丁"坦克。

隆美尔和韦斯特法尔搭乘鹳式轻型飞机，打算查看战场全貌，结果发生了危险的意外。这起事件表明，战争中的将领经常处于危险境地。

两人乘坐的鹳式飞机保持低空飞行，朝一群车辆而去，他们以为那是克吕维尔的指挥所。突然，猛烈的高射炮火袭来，英国人！鹳式飞机被打得像个筛子，碎片和弹片四散飞舞。但隆美尔保持着冷静，不断指挥飞行员："向右……向左……向下……向上……"他们这架飞机像旋转木马那样打转时，韦斯特法尔突然看见12架飓风战斗机出现在鹳式飞机上空。完了，这个念头闪过他的脑海。感谢上帝，飓风战斗机没看见下方这只小苍蝇。就这样，他们幸运地逃过一劫。不过，两人当日霉运连连，返航途中遭遇另一支被驱散的敌军部队。鹳式飞机又添了些弹孔。但隆美尔最终摆脱困境，毫发无损地降落在德军战线后方。他们这趟行程差点出事，隆美尔和韦斯特法尔也许会送命，也许会被英国人活捉。你说这是运气还是命中注定？是巧合还是天意？谁知道呢。

随着姆苏斯之战的结束，隆美尔的作战方案成功粉碎了英军的进攻准备，从而为自己争取到时间。尽管卡瓦莱罗伯爵从罗马赶到前线，恳请隆美尔别再继续进攻，凯塞林元帅也和意大利人一同来到隆美尔的指挥所，但隆美尔并不满足于这场突如其来、持续四天的辉煌胜利。意大利人忧心忡忡，不是因为隆美尔事先保密，尔后独自发起的进攻伤害了他们的自尊心，而是担心遭遇挫败。正如弗里茨·拜尔莱因告诉我的那样，隆美尔在日记里记录下他与意军司令部的激烈争执：

"1月23日。卡瓦莱罗将军今天从罗马带来领袖对后续作战的指示……罗马没有批准我这场进攻，想让我接到命令后立即结束战斗。卡瓦莱罗说：'赶紧结束交战，撤回卜雷加港阵地。'我没接受这道命令，还据理力争地告诉他，我已下定决心，只要我的部队和补给状况允许，就继续追击敌军。现在，装甲集团军终于又行动起来，首轮打击已取得成功……接下来还会给予敌人更多打击。卡瓦莱罗将军恳请我不要这样做……"

隆美尔没有让步，卡瓦莱罗气呼呼地离开了。他的报复措施是把意大利军调离隆美尔麾下，而且不许该军离开艾季达比亚—卜雷加港地区。如果隆美尔打算继续进攻，就只能使用德国军队。但隆美尔就是这样做的。

意大利高层为何如此谨慎？我们德国人倾向于轻蔑地批评他们，可实际情况没这么简单。意军指挥部反对每一项大胆的决策。意大利士兵英勇奋战，打得很好，他们不乏勇气，但武器装备很差。另外，意大利民众不明白，墨索里尼干吗要付出鲜血和牺牲，去征服另一片非洲殖民地，毕竟意大利的殖民地已足够大。意大利军方也从这个角度考虑问题，他们无法理解，埃尔温·隆美尔刚刚经历一场损失惨重的800公里后撤，居然立即考虑再次赢得胜利的问题，而他已被击败的军队竟然满怀信心地跟随他。他们觉得这纯属发疯。意大利军队无法进行这种冒险。这是一支旧式军队，外在形式表明了这一点。即便在战争期间，他们的军官团也带着庞大的辎重队。担任勤务兵的是来自意大利豪华酒店的侍应生，他们在北非沙漠的帐篷里为将军服务时戴着白手套。除了军官食堂，意大利军队还设有高级军士食堂、低级军士食堂、士兵食堂。军官食堂提供三道菜，而当兵的基本上只能吃"老家伙"咸牛肉罐头。意大利士兵震惊地发现，德国将军和普通士兵的前线口粮完全一样。

隆美尔1月21日从卜雷加港阵地发动进攻，毫无戒备的英国人认为这只不过是一场战斗侦察，结果被打得猝不及防。隆美尔随后打算进攻班加西。

沙漠的春天已到来。此时是1942年1月底，但北非的风貌与欧洲完全不同。德国士兵趴在姆苏斯附近刚刚夺得的阵地里，惊讶地看着昔兰尼加沙漠边缘陌生的春日美景。番红花盛开，香气扑鼻。这些花朵比阿尔特马克、斯瓦比亚、东普鲁士或莱茵兰故乡的春花更大，一片片黄色、红色、蓝色的花朵争奇斗艳，呈现出姹紫嫣红的美景。这个奇妙而又短暂的春天，仿佛是大自然对人类进行战争的愚蠢行径发出的抗议。艳阳扑面而来，一派平和的气氛。没有枪炮声打破此处的宁静，没有呼唤医护兵的凄惨喊叫，也没有燃烧的油料或尸体散发的臭气，这里满是芬芳的花朵。战争阴影下，如何去热爱这种宁静安详？死亡的气息遮天蔽日，又如何去轻嗅花香呢？

德国士兵在他们的散兵坑或战壕外，给乌龟搭设了容身处。还有人喜欢变色蜥蜴，它们用长长的舌头不知疲倦地施展捕捉苍蝇的高超技艺。他们把这种可爱的小动物放在白色的沙地上，随后又放在绿色的骆驼刺上，然后迅速转移到一块红色的手帕上。变色蜥蜴为适应新环境改变颜色时，总会引发一阵惊呼："天哪，快看……"

然后就是乌龟赛跑！只需要一张旧桌子，桌面也行，以防"运动员"偏离跑道。第115"摩步团"的老兵几乎总能以他们的宠物赢得胜利。他们相互眨眼示意，猛下赌注，然后就——赢了！没错，第115"摩步团"的士兵来自黑森州，一个个都很机灵，他们为自己继承了黑森大公禁卫步兵团的传统而自豪。

"10根'金片'押拿破仑！"

"15根'普雷尔斯'押奥金莱克，什么？20根'皇家海军'押威廉。"这些英国香烟是他们缴获的战利品，也是最好的赌注。

最后一注从来没输过，因为威廉总是赢得胜利。用威廉来增加自己英国香烟的存量，是个绝妙的办法。谁不想要英国烟呢？德国香烟的包装不适合热带地区，很快就像阳光下的稻草那样干枯、碎裂了。威廉是只陆龟，比沼泽龟更聪明，这就是老兵的伎俩：尽管沼泽龟看上去更漂亮，可他们从来不用沼泽龟参加比赛。威廉是个杰出的赛跑运动员，虽然厨房人员一再威逼利诱，可它还是逃离了汤锅。谢天谢地，威廉甚至获得了自由，因为这些士兵的好日子突然到头了。三天的平静期就此结束，战事再度到来！

德军无线电侦听连呈交的报告，让隆美尔获知，英军司令部对是否应当坚守班加西和迈希利举棋不定。在隆美尔看来，这简直是天赐良机。他打算剥夺英国人的决定权，进攻班加西港。这座港口非常重要，能有效提高德国军队的补给效率。

隆美尔认为，应当再次利用突然性发挥决定性作用。1941年春季，他从南面攻克了班加西。他告诉韦斯特法尔："英国人肯定吸取了教训，所以我们这次必须采用不同的打法。"因此，隆美尔决定从姆苏斯攻往班加西，以突袭夺取这座港口城市。同时，他想通过这种伎俩切断英军后撤路线，当然，地形复杂、缺乏油料意味着他只能投入有限的军力。

隆美尔率领直属部队，和马尔克斯战斗群一同行动。这股强大的突击力量还编有获得加强的第2机枪营、黑希特少校的高射炮战斗群，受领的任务是越过昔兰尼加山区，攻往班加西。盖斯勒上校率领的战斗群，奉命穿过迈希利，夺取马拉瓦，从东面掩护班加西的作战行动。该战斗群编有第115"摩步团"部分力量、第33坦克歼击营两个连、一个装甲炮兵连。

盖斯勒战斗群艰难地穿越复杂的地形。夜幕降临后，侦察队发回报告："庞大的英军车队就在山谷下方，大约有20门火炮和100部车辆。"英国人毫无戒备，正忙着埋锅造饭，炊烟袅袅升起，锅碗瓢盆响个不停。盖斯勒命令道："保持安静！"黑暗中，反坦克炮推了上来。"明天早上天一亮就发动进攻！"夜里漆黑一片，德国士兵只能凭感觉构置机枪阵地。炮兵连无法找到发射炮位，因而准备抵近射击。

英国人从来不会早起，这是他们的弱点之一，也是人尽皆知的事实。盖斯勒据此制订了战斗计划。清晨3点，他的命令传遍各处阵地："看见白色信号弹就开火！"鲁夫少尉和他的三门反坦克炮焦急地等待着。伴随着拂晓的微光，英军火炮和卡车的轮廓隐约出现了，对方毫无动静。几个德军连队坐在车辆上，准备展开追击。

一发白色信号灯终于腾空而起。几乎在这同时，三门反坦克炮开火了，机枪火力咯咯作响，火炮也轰鸣起来。下方的山谷乱成一片。猝不及防的英军官兵惊

— 153 —

慌失措，爬上车辆迅速逃离，同时朝四面八方胡乱射击。一些空车企图跟上，没搭上车的英国士兵高声喊叫，从后面紧追上来。火焰四起，末日骑士策马而来，把万物逐向死亡。

德国人的卡车开动了，朝下方山谷驶去。必须肃清道路，清理击毁的车辆。德军突击队迅速收容伤员和俘虏。那里停着辆英国人的拖车，一位身材高大的英军少校站在车前，双手合十，为旁边死去的一名中尉祈祷，英国军医也跪在一旁。第115"摩步团"的营军医格德大夫跳下桶式车，但他已帮不上什么忙。于是，他和英国军医一同救治其他伤员。英军少校一动不动地站在死去的朋友身旁，像尊雕像。

一名德军少尉走上前去，平静地说道："少校，来吧！"英军少校惊奇地朝他看了一眼，点点头，走向俘虏收容点。盖斯勒的副官舒斯特上尉是个非洲老兵，也是个英勇善战的家伙，在第115"摩步团"很出名，很受爱戴，他摇着头说道："这会让他丧失斗志。"随后，他又像自言自语似的添了一句，"祈祷，遗忘这场战争，对一名少校来说不是件好事，可他这种人挺招人喜欢。"

盖斯勒战斗群的先遣力量和侦察部队迅速赶往马拉瓦，1月28日逼近该镇。这里是非洲吗？绿色灌木丛、草地、柏树、桦树、松树、随处可见的鲜花。有人突然想起，沙漠一路向北侵蚀前，这片肥沃的地区一直是古罗马的粮仓。现在，这里甚至还有条溪流，上面架着木桥，宛如置身下萨克森。但战争不会对大自然的魅力和田园风光有丝毫恻隐之心。

次日上午，英国战斗轰炸机从盖斯勒战斗群上方飞过，误以为下面的是英军部队，因而没有投弹。就在这时，突然响起剧烈的爆炸声，为首的德军指挥车右轮被炸飞。地雷，就埋在桥梁前方！司机赫林格尔刚想跳下车，就被莫里茨少尉一把拽住："坐下，伙计，否则您会被炸上天的！"两人小心翼翼地爬出桶式车，沿着轮胎印往回走。"工兵排前进！"德军工兵迅速排除了地雷，但营主力已驱车驶过溪流，避开了此时袭向桥梁的敌军炮火。一支侦察队返回："马拉瓦前方高地没有敌人！"第115"摩步团"的副官托尼·施特赖特点点头说道："看来，我们很快就会有一辆英国制造的新指挥车了。"

各连连长分配到各自的进军路线。两支侦察巡逻队奉命赶往班加西和迈希利。盖斯勒向隆美尔发出报告："全营已做好进攻准备。"

可是，隆美尔进攻班加西的情况如何？

1月28日下午5点，隆美尔和他那个战斗群动身出发。可这场行动似乎从一开始就不顺利。沙尘暴裹挟着暴雨袭来，持续了两个小时。天气突变时，战斗群部分部队正在穿越干谷，结果被彻底困住。他们又冷又饿，不得不在原地等到次日晨。届时能沿潮湿的地面前进吗？提出这种问题的人，肯定没在非洲待过。1月29日上午，阳光照耀下的一切迅速干透，快得令人不可思议。当然，重型拖车必须留下，但这样一来，部队前进得更快。

德军占领了古老的土耳其要塞雷吉马，继续前进！

隆美尔就在队列前方。

进入贝尼纳。

就在最后一刻，英军缴获的一个Ju-52中队起飞，轰鸣着飞离，太可惜了！

不过，作为回报，一座座庞大的补给仓库排列在街道两旁，简直就像童话故事。英国人满怀信心地建起新仓库，准备发动进攻，开赴的黎波里。德军1941年12月后撤期间留下的补给仓库，根本无人问津。是啊，战争没有节俭一说，它本身就是最大的铺张浪费者。这里的好东西实在太多，供养整个城镇完全没有问题。

班加西的英国守军命运已定。城内的印度旅旅长派出一个个爆破队。一座座物资仓库腾起火焰。700万根香烟付之一炬，一桶桶朗姆酒投入火中，几十万公斤咸牛肉在炸毁的仓库里闷燃。尽管如此，剩下的物资还是很多。

马尔克斯战斗群押回第一批俘虏，还报告缴获了许多企图逃离班加西的车辆。隆美尔没时间听这些，他想赶紧进入班加西。随后发生的事情让他的指挥部惊奇而又可笑。一辆轻型装甲侦察车上的电台收到墨索里尼发来的电报，他亲切地建议隆美尔"趁机会出现时夺回班加西"，但务必确保意大利军队设在艾季达比亚和卜雷加港的后方阵地。隆美尔的回电很简洁："已占领班加西！"

1942年1月30日中午12点，隆美尔率领他的直属部队开入昔兰尼加首府。阿拉伯人吵吵闹闹地朝他涌来，挥舞着先知的绿色旗帜。他穿过这座饱受战火摧残的城市。阿拉伯人高声欢呼，和几周前迎接英军装甲部队同样热情。

虽说隆美尔经常冒险，可他有时候也非常谨慎。收悉盖斯勒战斗群准备冲击马拉瓦的报告，隆美尔取消了进攻。几乎在这同时，埃勒少校也报告："第1营准备进攻。"隆美尔立即用电台给盖斯勒下达了命令："等机枪营开抵后再进攻。'我们'已夺得班加西。"他不想让掩护班加西作战行动的侧翼力量承受任何风险。太阳落入地平线，马尔克斯战斗群辖下的第2机枪营终于同盖斯勒战斗群会合，马拉瓦的战斗随后顺利进行。一如既往，曼基维茨中士带去两瓶烈酒，所有连排长都喝了一大口，只有米特罗斯上尉一如既往地猛灌了两口，他是东普鲁士人。

夜幕降临前，马拉瓦落入德军手中。1月30日傍晚，英军总司令奥金莱克绝望地站在司令部的大幅地图前。

"这么说，这就是冬季战局的结局？按照我们的方案，我军应该到达的黎波里。"奥金莱克对身旁沮丧的参谋人员说道。他派出一架架联络机飞赴前线，竭力让后撤中的英军恢复秩序。可英国军队该在哪里停下来抵抗呢？隆美尔还有多少兵力？他打算攻往何处？德军攻往德尔纳的首批报告已送抵。

难道就没有什么能阻挡、抵抗这只狡猾的沙漠之狐吗？

当然有！隆美尔也受制于补给和兵力消耗的法则，英军这才得以沿贾扎拉一线构置防御阵地。贾扎拉防线对英军的意义，与三周前卜雷加港阵地对隆美尔的意义如出一辙。

17天内，隆美尔几乎夺回了他在五周激战中丢失的一切。不过，他的兵力不足以重新包围图卜鲁格，该镇仍控制在英军手里。英国人又一次把所有希望寄托于这座海边要塞。图卜鲁格会像1941年夏季那样，再次成为插入隆美尔侧翼的利刺吗？非洲军能攻破这扇坚不可摧的门户进入埃及吗？

12

投向拉密堡的炸弹

二级下士海因小心翼翼地旋转着"恺撒"无线电接收机上的旋钮。他屏住呼吸仔细聆听，哒哒哒哒，不，不是这个。还是没有。一连两天，8点到9点，20点到21点，他们坐在艾季达比亚非洲航空兵司令部的无线电通信车里，侦测着电波。他们听到滴答作响的电流声穿过大气层，但没找到他们想找的东西。

"什么也没有。"海因摘下头上的耳机，沮丧地说道。时钟指向20点10分，此时是1942年1月23日，星期五。"再试试，8点半换班。"海因把耳机递给瓦克斯穆特。他戴上耳机，调整着电台上的表盘，继续监听。二级下士海因戴上军帽，打算去吃晚饭。他刚握住门把，就听见瓦克斯穆特喊道："找到了！"无线电通信车里顿时寂静下来，所有人一动不动。海因犹如木雕泥塑般站在车门旁，其他人也紧盯着瓦克斯穆特。瓦克斯穆特专注聆听，手里的铅笔在纸上飞快地书写。海因悄然上前，凑头看去。VQBJ—VQBJ—VQBJ，一次次不断重复。瓦克斯穆特抬头看看海因，两人相视而笑。"就是他们！""快回复，瓦克斯穆特，快回复！"趁着VQBJ呼号的间隙，一等兵瓦克斯穆特敲击按键，把回复送入空中。

此时，距离艾季达比亚1200公里，数千年来只有狂风和太阳的热带非洲沙漠里，传出一声惊呼："联系上了！"一名德国空军上尉跳起身，朝无线电报务员跑去，报务员蹲在沙地里，旁边摆着一部小小的3瓦发报机。其他人也凑了过来，一个个胡子拉碴，渴得要命：弗朗茨·博恩扎克少尉、意大利少校维梅尔卡蒂-桑塞韦里诺伯爵、弗里茨·德特曼少尉、海因里希·盖斯勒中士。他们盯着报务员维希曼，维希曼的身子稍稍前倾，在烛光下仔细聆听着滴答声。众人喜形于色，两天来，他们在艾季达比亚1200公里外这片荒芜之地首次展露笑容。

艾季达比亚的通信兵聆听着中非广袤沙漠里传来的微弱信号。反复询问后，他们吃力地破译了电文："布莱希特别突击队报告，成功执行了敌空飞行，直接命中乍得湖畔拉密堡的油库和机库。两天前返航途中，由于燃料耗尽，紧急降落在不明地区。迫降地点大致在图莫地图区。饮水即将耗尽。"

布莱希特别突击队发回的电报，犹如一股野火，在非洲航空兵司令部迅速传开。弗勒利希少将亲自来到通信车，指示报务员发出回复："我们会敦促意大利人展开救援行动。无法从这里派遣沙漠应急中队提供救助。所有可用飞机已投入进攻。明晨8点再联系，结束！"

"结束！"艾季达比亚的报务员敲下按键。远方沙漠里的维希曼发完报告，也重复了这个词。随后，他跳起身，众人不顾一切军事纪律，紧紧拥抱在一起。他们在He-111前方沙地兴奋地跳起舞来，这架轰炸机犹如神话故事中的怪鸟，停在这片被上帝遗弃的沙漠里。为遮挡阳光，他们把帐篷布挂在机翼上，看上去就像一面面匪夷所思的彩旗。他们的睡袋摆放在沙地里。飞行机械师海因里希·盖斯勒走到布莱希上尉面前："上尉先生，把剩下的水给大家分点，庆祝这个消息如何？几滴就好。"所有人都看着布莱希，可他只是摇了摇头。众人脸上的笑容消失了。他们明白，现在仅仅同1200公里外的战友取得了联系，自己仍困在广袤的撒哈拉沙漠里。两天前，他们的水桶还有20升饮水，现在只剩11升。众人默默地朝睡袋走去，沉默得犹如困住他们的这片沙漠。

他们能顺利脱困吗？还是说这片沙漠会成为他们的墓地？盖斯勒爬起身，走到飞机旁，找到当日上午他仔细查看过的那块石头。他打算明天早上把自己的名字刻在石头上，这样，日后发现这块石头的人就知道这里的白骨是谁，从而获知1942年春季执行这场神奇任务的队员的最终下落。以下就是他们的经历：

乍得湖几乎位于庞大的非洲大陆中心，就在这片大陆的最宽处，湖泊长达200公里。洛贡河（意思是"有毒的河流"）和沙里河汇入乍得湖。从北面看，乍得湖形成的分水岭是撒哈拉沙漠的边界；从南面看，这片湖泊是中非丛林植被抵御不断向南侵蚀的沙漠的最后一道屏障。丛林的北墙，这道庞大的植被水坝，抵御着庄严的沙漠。沙漠和丛林在这里激烈斗争，而沙漠正在获胜。北风不断把沙子吹向南面。部分湖泊已经淤塞，东面，乍得湖被分割成许多小小的池塘。沙子继续侵蚀，不断打击水源和树林。这是一场沉默、不为人知、无情的斗争，没有呐喊，没有惨叫，一如沙漠般平静。

但乍得湖不仅是个地理特征，它也是非洲交通、非洲战略、这片黑色大陆上世界政治的焦点。前德国殖民地、喀麦隆、尼日利亚、赤道非洲、法属西非的边境在这里，在这片热带荒野的边缘汇聚。

就像大自然在此设立天然屏障那样，殖民时代的征服者和开拓者也在这里建起一座堡垒：拉密堡。这座现代骑士城堡几乎就伫立在非洲的中心，控制着整片大陆，几条最重要的交通线在此处汇集。这些交通线从大西洋海岸，从杜阿拉港而来，拉密堡堪称通往比属刚果和阿尔及尔的十字路口。此处也对利比亚构成侧翼掩护或侧翼威胁，1942年前后，这里成为美援物资从大西洋沿岸运往埃及的陆地交通线上的枢纽。

要想了解隆美尔和他的非洲军以最薄弱的力量对抗的敌人是多么强大，就必须明白，这场战局不仅在北部，在沿海地区进行，其影响实际上深及中非。拉密堡也对隆美尔开战，这是一场补给战，是从大战略层面进行的。这里是盟军为埃及提供补给物资的枢纽，超出了隆美尔的作战范围。戴高乐的军队驻扎在提贝斯提高原，从利比亚南部威胁隆美尔的侧翼，对这股法军而言，这里是个重要的集结点，也是他们实现深远目标的起点。

柏林方面并不清楚非洲这些秘密，也不知道西方盟国的大陆战略，甚至对盟国构置了穿过非洲通往埃及的补给路线一无所知。他们既不了解拉各斯发生的事情，标准石油和壳牌公司已经在那里建起大型炼油厂，也不清楚比属刚果杜阿拉港和布拉柴维尔的状况，汽油和石油正从那里运往拉密堡。

但有个人知道这一切。这个特立独行的家伙不受政治或战略影响，既是开拓者，又是充满激情的研究者，他有自己的种植园，堪称真正的冒险家，长年定居非洲，1939年自带飞机报名参加空军，整个德国国防军仅此一例，他就是特奥·布莱希。布莱希给隆美尔带来一场"台风"。1942年1月，也就是隆美尔发动进攻前，布莱希撰写了一份秘密报告："拉密堡是敌人行动的集结点。几条交通线在这个路口交汇，其中包括全年可以使用的东向路线，从这里一路延伸到尼罗河铁路线终端。敌人及时意识到，从非洲西海岸通往尼罗河的补给路线非常重要，而且不受我军威胁，因而充分拓展了这些路线。北面的提贝斯提前进基地控制在戴高乐手里，是利比亚与乍得湖地区之间的一座登陆场，对利比亚沙漠，也对我们的的黎波里—班加西补给线构成威胁。因此，我们必须确保利比亚南部边境的安全，这样就能成功抵御敌人从中非发动的入侵。另一个选择是采取军事行动，目标是不断滋扰或彻底夺取拉密堡—尼罗河补给线。"

柏林的总参谋部对这份报告震惊不已："夺取拉密堡—尼罗河一线？这家伙疯了！"但特奥·布莱希没有妥协，反而敦促道："至少应该对重要的拉密堡枢纽采取空中破坏行动。"

从空中实施破坏行动？要知道，打击目标与北非的德国空军基地之间隔着2500公里的撒哈拉沙漠！

隆美尔仔细阅读了布莱希的报告，他一向青睐大胆、充满想象力的方案。隆美尔查阅了地图，点点头，用绿色铅笔在报告上写了个R，随即转发给非洲航空兵司令部。布莱希的报告上已签了许多名字，但这个绿色的R决定了一切。因此，隆美尔重新发动进攻那天，也就是具有历史性的1942年1月21日，星期三，在严格保密的情况下，6名飞行员执行一场突袭，堪称现代战争中伟大的冒险之一，值得列入战争史的附录：布莱希特别突击队飞赴拉密堡。

坎波乌诺1号营地是座天然机场，地面上覆盖着坚硬的沙石层，天然跑道在各个方向都没有限制。山脉挡住吹来的风，形成这座世界上最孤独的空军基地。

1月20日，他们从胡恩绿洲飞抵此处。沙漠构成的这条奇特的跑道上，他们是唯一的来客，这里没有任何机库，除了沙子和鹅卵石，什么都没有。"他们"指的是特奥·布莱希上尉、He-111轰炸机飞行员弗朗茨·博恩扎克少尉、机械师盖斯勒中士、无线电报务员维希曼二级下士、战地记者德特曼少尉。德特曼发表过关于陆战和空战的各种报道，这些报道充满精神和历史闪光点，毫无陈词滥调，所有空军人员对他的英勇和骑士气概赞赏有加，德特曼可能是唯一获得金质德意志十字奖章的战地记者。

还有个人和他们一同从坎波乌诺机场起飞，赶去空袭拉密堡，此人看上去像是来自恺撒的时代，他就是维梅尔卡蒂–桑塞韦里诺伯爵少校。这位少校是非洲意大利军队的沙漠专家。他早就发现了坎波乌诺这座天然机场，1935年执行突袭任务期间，他降落在沙石构成的这块富有弹性的"地毯"上，他检查了高度，用白色石块在利比亚南部沙漠边缘这片未经勘探的地区标出个理想的起降地，从那以后就出现了坎波乌诺机场。

维梅尔卡蒂是个热爱出行的人，撒哈拉、风、沙子、星星都是他的最爱。他在利比亚当了16年军官，古老的贾卢绿洲一次次深深地吸引了他，于是，战友称他为"贾卢王子"。

1月20日，维梅尔卡蒂乘坐一架大型萨沃亚飞机降落在坎波乌诺。这架飞机担任"母舰"，为德国轰炸机突袭拉密堡和返航飞行提供燃料，会在坎波乌诺等待。机组人员和胡恩绿洲的战友也会倒数时间，直到He-111轰炸机完成大胆的空袭后返回。意大利人对此次行动深感焦虑：敏捷的无线电报务员斯科尔佐内个头矮小，偏偏穿了条过长的短裤，看上去像个侏儒；瘦削的杜阿尔泰少尉总是带着他的猎犬"比里比奇"；德阿加塔、扎拉蒂尼、图伊拉尼中士、飞行机械师马苏阿德，另一个机械师的名字颇具挑衅意味，但并不符合他的性格：阿尔弗雷多·斯坎达洛[1]。

坎波乌诺很美丽，对热爱沙漠，而且带着饮水和帐篷抵御无情阳光的人来说，这里的确是个好地方。

维梅尔卡蒂检查了他的"单人屋"，这个装置由帐篷、睡袋、床铺构成，经验丰富的"撒哈拉人"总是带着它，就像欧洲人随身携带的雪茄剪。驾驶He-111的弗朗茨·博恩扎克是个天生的飞行员，总是镇定自若、食欲旺盛，正忙着用酒精炉煮开锅里的水。机械师盖斯勒拧紧螺丝，通过敲打检查着张力。德特曼伴着夕阳沉沉入睡。夜幕降临后，一如既往，他们很快就钻进睡袋休息了。

---

① 译注：这个名字的大致意思是"圣人的丑闻"。

1月21日，星期三，早上8点，意大利人朝即将深入虎穴的机组人员喊道："In bocca al lupo！"这句话的意思是"祝你们好运"。He-111轰炸机在沙地上滑行，机上载有5000升燃料，简直就是个飞行油罐。

引擎轰鸣起来，博恩扎克冷静地握住操纵杆，布莱希作为突击队队长和观察员，膝盖上卷放着2米×2米的大幅地图。维梅尔卡蒂敏锐的目光扫视着地形地貌。提贝斯提山脉出现了，高达3000米的山峰伸入清晨的薄雾。维梅尔卡蒂和布莱希忙着记录，因为地图上这片区域一片空白：未知领域，不明地带。这里只有风，没有动物和植物，迄今为止没人踏足过这片地区。

天气恶劣，暴风雨即将来临。博恩扎克抱怨道："我们需要的燃料超过预计。"每升燃料都经过仔细计算。备用燃料很少，因为他们在胡恩绿洲预计的是最好、最平静的天气！德国空军一名气象专家甚至专程赶到意大利基地，他歪戴着白色军帽，用萨克森方言兴高采烈地宣布："我是个天气预报员，奉命以我的智慧协助这场特殊行动。"他可真够智慧的！

"该死的蠢货！"博恩扎克嘟囔着，其他人对那个来自萨克森的天气预报员也没什么好话。可他们不知道，这名天气预报员干得非常好，只不过对飞往拉密堡的He-111机组人员来说就不太好了。天气预报员是个英国间谍，隶属乔克·坎贝尔大胆的破坏小组。He-111轰炸机起飞后，他打算找个机会逃离，出于某种愚蠢的巧合，他被一名意大利上尉逮住，这种巧合，就连最狡猾的间谍也无从预料。

要是布莱希特别突击队的成员平安返回，就会看见那个快活的萨克森气象专家墓地上的十字架。十字架上没有姓名，因为乔克·坎贝尔小组的这名成员拒不交代姓名。"就写一个盎格鲁-撒克逊人好了。"他笑着说道，一口浓郁的萨克森口音，这是他在德累斯顿进修期间学会的。

不过，1月21日上午，博恩扎克、布莱希、维梅尔卡蒂和He-111轰炸机上的其他人对这件事一无所知，此时，他们正飞往乍得湖，大声抱怨着狂风和越来越恶劣的能见度。

中午前后，乍得湖东部边缘出现在机组人员的视野里。阳光下的湖水熠熠生辉。借助这个地标，他们不可能错过目标。能见度越来越差，一层灰黄色的面纱悬挂在空中，这是哈马丹，赤道非洲干燥、裹挟着沙尘的信风。2500米高空，飞机上的温度计显示22摄氏度，他们怀疑热带赤日炎炎的中午，下方的温度可能高达45—50摄氏度。

博恩扎克向南兜了个大圈，查看拉密堡战略枢纽的道路和河流交通状况。下午2点30分左右，飞机转身向北。

"各就各位！"布莱希平静地下达了命令。

行动会顺利吗？

城镇的轮廓出现了，眼前的场景越来越清晰：笔直的街道、当地人破旧的住房、机场。他们的照相机快门咔咔作响。

拉密机场有两座大型机库，周围都是仓库，半埋式储油罐占据了很大一片地区。眼前的一切犹如一座沙盘，这里毫无防御，他们睡着了吗？

"连续投放还是单颗投放？"博恩扎克转头问布莱希。"连续投放。"布莱希回答道。博恩扎克点点头，调整着瞄准装置。机上载有16颗制造死亡和破坏的炸弹，每颗50公斤。

"瞄准目标！"

"准备投弹！"

布莱希点点头，博恩扎克按下按钮。

他们在飞机上听不见爆炸声，但能看见爆炸。先是几道闪烁，随后腾起火焰和蘑菇云，烟雾弥漫，一片火海。机库被炸毁，储油罐爆炸起火。轰炸机组欢声雷动，兴奋地高呼，一个个激动无比，宣泄着紧张的情绪："烧起来了，快看，烧起来了！"地面防御没开一炮。他们飞离目标100公里后，仍能看见空中庞大的蘑菇云，这是战争在中非腹地乍得湖畔留下的标志。这场大胆的突袭成功了。

六周后，国防军最高统帅部通过法军下士皮埃尔·弗劳特的交代（他1月21日就在拉密堡，3月7日在利比亚南部被俘）获悉，德国轰炸机出现时，拉密堡驻军大吃一惊，甚至忘了命令高射炮开火。40万升航空燃油和所有储备石油化为乌有，10架飞机被炸毁，机场设施严重受损，拉密堡停用了好几个星期。

He-111早晨8点从坎波乌诺起飞，下午2点30分轰炸拉密堡。现在，他们已向北飞行了4个小时。白昼即将过去，西面出现了明确无误的迹象，太阳迅速落下，在沙丘和岩石上投下巨大的阴影。"我们的航向正确吗？"博恩扎克问道，但他没得到回答。没人能在这片昏暗中确定自己的方位。剩下的燃料只够飞行半个小时，他们能在夜间的沙海中找到坎波乌诺这根"针"吗？维梅尔卡蒂的目光搜索着沙漠，不时摇摇头。时间流逝得像风中的沙子，燃料也是如此。可以肯定，他们无法顺利返回，天黑前不可能找到坎波乌诺。15分钟内，燃料就会耗尽，他们必须借助最后的光亮找个着陆点。看来，他们不得不降落在沙漠里。"升起拖曳天线。"博恩扎克下达了命令，这根用于70瓦强力电台的天线长达100米。

"维希曼！"布莱希叫道，报务员凑向突击队队长，随后发出求救信号，但没收到回复。

"系好安全带，手握紧！"博恩扎克镇定地说道。

燃料耗尽，飞机上寂静无声。

引擎再次轰鸣起来，博恩扎克不得不拉起飞机，避开一条干谷。

黄昏即将逝去，沙漠的黑夜很快就会降临。

飞机再次减缓速度。

就在这里迫降吗？是的。

他们屏住呼吸。

会坠机吗？机舱里的箱子会不会撞向他们的耳朵？

不会，一切都很顺利。

轻柔地跳动几次后，轰炸机停了下来。

众人继续保持沉默，他们望向沙漠专家维梅尔卡蒂。意大利少校把手伸进口袋，掏出个金色烟盒，里面摆着三支雪茄，因为他从来不抽香烟。维梅尔卡蒂把每根雪茄掰成两段，又重新裹好，这样一来，他就有了六支雪茄。六支雪茄？六天？维梅尔卡蒂这只沙漠老狐狸是想暗示大家在沙漠里坚持六天吗？无线电报务员维希曼凝神静思，随即想起他还有部小型电台，是布莱希为防范不测让他带上的。这部3瓦功率的小型电台放在手提箱里，靠电池驱动，而机载电台只能在引擎运转时才能使用。维希曼赶紧架起天线，此时离艾季达比亚空军通信中心规定的联络时间20点还有几分钟。借助烛光，维希曼坐在沙地上，敲下了按键：VQBJ—VQBJ，突击队呼叫。他一次次发出信号，然后停下，仔细倾听，没有回复。他再次敲下按键，VQBJ—VQBJ—VQBJ，停下，倾听，还是没有回复。半小时后，维希曼放弃了，节约电池很重要。

"我们去露营吧！"博恩扎克开着玩笑。他们从飞机上取出应急物品，四块防水帐篷布包裹着睡袋、蚊帐、橡胶床垫，另外还有餐具、饮水杯、行军指南针、步枪、砍刀、防风火柴、香烟、手铲，什么都不缺。食物摆放在六个硕大的罐子里，罐子上写着"供一人六天食用"，这又是个巧合，六天！六天的食物很丰盛：熏制香肠、猪肉、火腿饼干，还有辣味美食，都是好东西，前提是你得有足够的饮水。应急罐里也有浓缩牛奶、维生素片剂、水果干、面包片、茶片、盐、糖、脆饼干。天哪，罐子里的东西真够丰富的，这些东西当然让人喜欢，可水在哪里？吃火腿饼干、面包片、辣味食物、猪肉时的饮水在哪里？盖斯勒拖出个罐子，里面有20升水。

布莱希立即意识到眼前的状况："饮用水必须配给，早晨8点和下午5点，每人分配四分之一升，烹饪用水另外分配。"烹饪用水？是的，不过他们不会煮太多东西，最多就是煮点豌豆配猪肉或熏制香肠。太感谢了！布莱希安抚地说道："咱们今晚用两升水煮上一大壶茶。"博恩扎克忙着用酒精炉煮水，随后朝沸腾的水里投入茶片，闻上去还不错，该放糖了。博恩扎克撕开糖包倒入壶里。维梅尔卡蒂欣喜地提出要求："多放点！"博恩扎克随后用勺子给大家分发茶水。"祝健康！"维希曼喝了一口，随即把嘴里的茶水吐到沙地上。其他人也尝了尝，天哪，咸死人！博恩扎克慌了神，赶紧把糖包凑到烛光下细看，可上面清清楚楚写着"糖"，而且是大号印刷体。他把糖包递给每个人看，他们用指尖沾了点"糖"尝了尝，的确是盐，可包装袋上写的是糖。两升水就这样泡了汤，这很可能决定他们的生死。他们用词典上找不到的污言秽语大骂不已，就连维梅尔卡蒂也用谁都听不懂的意大利语嘟囔起来。维希曼尖锐地说道："您就不该相信印在包装袋上的字！"博恩扎克觉得自己此前从来没受过这样的指责。最后，每人分到四分之一升饮水，钻入睡袋休息了。

这个紧急着陆点位于一条巨大山谷的洼地，东面有两座山脉，南面是高耸的山崖，北面有两个奇形怪状的石冢。他们很快给两个石冢起了名字，以此作为他们绝望处境的象征：紧跟在先知的屁股后。

第一天早上的分水成了件令人兴奋的事。布莱希把水罐放在机翼上，这样就能从容不迫地倒水。第一只杯子小心翼翼地置于下方，第二只杯子放在第一只杯子下面，谨防饮水滴落，第三只杯子放在水罐旁边，接住滚落的水滴。喝完水，维希曼跑到电台前，再次敲击按键，可还是没收到任何回复。维梅尔卡蒂在机翼下俯身查看地图，最后，他的手指停在某处，但他什么也没说。

维希曼和盖斯勒继续探索，他们想攀上平顶山，看看能否找到某个地标。眼前的山脉似乎咫尺之遥，可他们一路前行，始终无法拉近距离，山脉仍在前方。跋涉了两个小时后，他们明白过来：由于空气稀薄、干燥，他们根本无法正确判断距离。平顶山仍在若干公里外，两人口渴难耐，不得不再次步行两小时返回营地。机翼的阴影下，温度计显示36摄氏度。空气无比干燥，毫不奇怪，因为他们处在地球最干旱的纬度，每年的平均湿度只有18%，而柏林是65%。

他们备受干渴的折磨。博恩扎克在地图上计算着，他认为此处距离坎波乌诺最多只有200公里。可这又怎样呢？此处不过是沙海中的一个小点而已。他们商讨起来，最终达成一致："必须与基地取得无线电联系。"夜晚到来后，温度计从36摄氏度跌到8摄氏度。

维希曼再次坐到电台前，敲击按键，仔细聆听，可这个广阔的世界没有给出任何回复。

第二天早上，他们还是没能同基地取得联系。维希曼用帐篷杆制作了第二根天线，这样就把V形定向天线发射的波束指向艾季达比亚。所有人焦急地等待着规定的通信时间。维希曼准时坐在电台前，10分钟内不停地发出呼号，短短的10分钟犹如永恒。他突然摇摇头，喊道："收到了！我收到他们的信号了，他们正在呼叫我们！"他的笔在无线电拍记本上记录着：VQBJ—VQBJ—长长—短—短长短短—长短短—短—长短。电台里传出轻柔的滴答声。维希曼敲击着按键："这里是VQBJ，这里是VQBJ，能听到吗？"众人从维希曼的表情可以看出，他与艾季达比亚联系上了。艾季达比亚发来信号，维希曼迅速记录着，随即叫道："那本书！"博恩扎克跳上飞机取回曼弗雷德·豪斯曼《吹口琴的阿贝尔》，这是预先商定的加密电报解码密钥：第63页，从顶端开始读。维希曼破译了电文：收到，但非常微弱，请再发一遍。维希曼随后告知艾季达比亚，他们成功执行了受领的任务，目前迫降在广袤的撒哈拉沙漠，严重缺水。

一连两小时，维希曼坐在电台前，他的手指有点发颤。艾季达比亚一次次要求："信号太弱，请重复！"维希曼一遍遍重复发送，直到对方弄明白一切。当晚，没人想睡觉，每个人都在思忖："意大利人能找到我们吗？"

第三天，也就是1月24日，星期六，沙尘暴袭来。一层厚厚的棕黄色面纱笼罩着这片洼地。西南风呼啸着撞向停在地面上的飞机。博恩扎克沮丧地说道："这种天气，飞机根本无法飞行，就连鸟儿也只能步行。"他们缩回轰炸机机舱。

维希曼当晚再次与艾季达比亚取得联系。意大利人已展开搜索行动，但目前还没有取得成果，无线电的滴答声逐渐减弱。

周日的拂晓终于到来，这是他们在沙漠里的第四天，一个个形容枯槁，嘴唇干裂，舌头发苦，正常的新陈代谢已停止，唯一的念头就是水。生命似乎只存在于早晨8点和下午5点。分配的四分之一升水，第一口进入嘴巴时美妙至极。德特曼细细品味，端着杯子喝了一个小时。由于今天是周日，布莱希给大家额外分发了四分之一升水。他们躺在地上昏昏欲睡，想象着自己凄惨的下场，于是，布莱希给他们讲了自己昨晚做的梦："我和博恩扎克走进罗马一家优雅的酒吧，我们点了两大杯淡啤酒。服务员惊呆了，赶紧找来经理，经理提供了最好的红酒，不，我们想喝啤酒，淡啤酒。老板跑来了，还带着酒牌。两位先生，请看，我这里有来自莱茵河和摩泽尔河最好的红酒，最好的勃艮第葡萄酒，最好的波尔多葡萄酒。不要，我们想要啤酒，淡啤酒！老板摇着头，越摇越快，像个陀螺。然后我就醒了，渴得要命。"众人苦涩地笑了。

到了规定的联络时间，艾季达比亚告诉他们，意大利人仍在搜索，可还是没有结果。要是到周一还没遇到他们，就在周二下午4点到4点20分打开飞机上功率更大的电台，发出定向信号，以便于搜索。搜索飞机必须位于电台100公里范围内，否则无法收到信号。幸亏他们还有足够的燃料让一台引擎转动，从而确保长波电台正常工作。

他们困在沙漠里的第五个早晨到来了，带来个惊喜。醒来后，他们看见飞机旁边没有叶子的荆棘灌木开满小小的蓝色花朵。这片灌木似乎已枯死，树枝脆得像玻璃，轻轻一碰就断裂。盖斯勒盯着眼前的奇迹，跳起身，拿起铲子在沙地上挖了个坑，他的理论是："灌木开花的地方肯定有水。"于是，他不听劝阻，奋力挖掘起来，沙子不停地滑入坑里，他忙得满头大汗，最后筋疲力尽地瘫倒在机翼下，嘴里喃喃说着："水，水！"

当日临近尾声，意大利人还是没有找到他们。

1月27日，星期二，他们在沙漠里的第六天。下午4点前不久，盖斯勒用剩下的燃料启动了左引擎。功率强大的机载电台打开了，看不见的电波传入空中，要是搜索飞机在100公里范围内，肯定会立即赶来。他们准备好信号枪，等待了5分钟，10分钟，20分钟。

布莱希命令盖斯勒："关闭引擎！"

机械师央求道："上尉先生，再等5分钟吧。"

布莱希的态度很坚决："伙计，关闭引擎！"

"上尉先生，这是我们最后的机会，就让引擎运转到燃料耗尽吧。"

布莱希平静地走到盖斯勒面前，像教导孩子那样说道："伙计，我们必须留点燃料，哪怕只够启动引擎。"

盖斯勒站在那里，歪着头，好像听进去了。他随后走过去关掉引擎。众人心里腾起一股恐惧感。

士气降到最低点。下午5点，布莱希分发了最后半杯水，他们看见他的手在颤抖。没错，这个老非洲人的手在颤抖。他平静地说道："饮水耗尽，我也就下达不了什么命令了。每个人必须想想，从明天早上起打算做些什么。"

他们蹲在机翼下的睡袋上，仔细考虑着这个问题。

弗朗茨·博恩扎克喃喃地说道："我们可以自行选择死亡的方式。"盖斯勒继续把他的名字刻在那块平坦的石块上。他随后跳了起来。"不！"他喊道，语气中带着恳求，"他们肯定会来的，肯定不会让我们死在这里！"

这句话仿佛具有某种魔力，突然间响起喊叫声："一架飞机！"

他们朝信号枪跑去。

他们是不是渴傻了？他们发疯了吗？不是，意大利侦察机真的出现了，是一架基布利！他们疯狂地朝空中射出信号弹，红色、白色、绿色的信号弹。

"朝我们飞来了！"盖斯勒高声喊道。

"贾卢王子"笔直地站在那里，像尊雕像，双手举着望远镜："基布利S1，是杜阿尔泰。"他说得完全正确，因为他认识自己的部下，但这句话只是为了掩饰他眼中暴露无遗的激动兴奋。无线电报务员斯科尔佐内第一个跳出轻型基布利侦察机，手里挥舞着两个意大利军用水壶。他纵声大笑，迈动两条短腿跑了过来。He-111机组人员跌跌撞撞地朝他冲去。侦察机上的其他人也下了飞机，杜阿尔泰、德阿加塔、图伊拉尼。他们知道这里最缺什么，所以每人手里都拿着瓶子，甚至是水罐。痛饮一番后，他们才问候、拥抱，热泪纵横。

简直是一场盛宴，每个人都拿起一瓶水猛灌起来，维梅尔卡蒂和布莱希甚至打算喝下一整罐水。六天来，负责分水的布莱希数着每一滴水，现在却让饮水洒在衬衫上，淌过胸膛，放下水罐时，他只是说了声："啊呀！"

意大利人给他们留下瓜果和饮水，大量的饮水，然后再次起飞，返回只有半小时航程的坎波乌诺。明天早上，他们会送来燃料。

定向信号救了他们。但意大利人没在空中，而是在地面上捕捉到的信号，因为他们已架起环形测向天线，以便更精确地测算方位，这就是他们姗姗来迟的原因。对布莱希特别突击队来说，这真是最后的机会，因为那部小型电台的电池已耗尽。他们现在迎来最美丽的沙漠之夜，晚餐不仅有意大利面和猪肉，还喝了茶和好多水，然后，他们钻进睡袋。

头顶上传来引擎轰鸣时，天色尚黑。他们再次射出信号弹，是意大利人回来了吗？博恩扎克站在那里侧耳倾听，片刻后终于得出结论："不是，是一架Ju-52。"飞机在空中盘旋，借助乍现的第一道曙光降了下来。真是一架Ju-52，沙漠应急中队的贝克尔中尉跳下飞机。正确的问候随之而来：拥抱和欢笑，还有贝克尔带来的早餐——咖啡和香肠三明治。

这架Ju-52当晚12点从艾季达比亚起飞。贝克尔笑着说道："我们没获得批准。整整七天，所有基地都在谈论你们。昨晚没再收到你们的电报，我就对自己说：我得试一试。整个机组也赞成我的决定。"他们违抗命令，冒险试了一把。肯定是上帝指引了他们。

贝克尔带来三罐汽油。他们立即把燃料泵入He-111的机腹。意大利人致电艾季达比亚，告知已找到布莱希特别突击队，第二天早上会把他们救走，但秘密呼号为VQBJ的He-111已飞往坎波乌诺，尔后再从那里向北飞去。

当初动身出发后的第九天，他们终于再次盘旋在胡恩绿洲上空。下方小径上，一支骆驼商队踯躅而行，步伐缓慢而又永恒。

▲ 惨败后的非洲军重整旗鼓，1942年1月发起突如其来的进攻，隆美尔又一次先发制人。

◀ 战斗群指挥官布鲁克哈特少校。

布莱希上尉（上左）率领空军特遣队轰炸中非的法军补给基地拉密堡（上右）。返航途中，他们的飞机耗尽油料，飞行员博恩扎克（左）不得不紧急迫降。他们在炽热的沙漠里熬了六天，终于被一架意大利搜索机解救。水！无线电报务员维希曼拧开水罐，机械师盖斯勒举起意大利报务员斯科尔佐内的水壶痛饮起来。

13

1942 年夏季战局的序幕

来自波鸿兰根德雷尔的一等兵古斯塔夫·格罗斯曼，满头大汗地站在烤炉前。这具烤炉设在沙漠这部更大的"烤炉"里，就在德尔纳附近的乌姆里扎姆绿洲。面包连的车辆上都有个绿心，这是图林根州的标志，因为连里的大多数面包师都来自该州，他们不仅烤制军用黑麦面包，还烘焙小面包和蛋糕。但今天，也就是1942年3月20日清晨，古斯塔夫·格罗斯曼想露一手，让军队面包房看看，真正的烘焙大师在非洲沙漠里能弄出哪些花样。在来自海利根施塔特的朋友鲁迪·丰克的帮助下，他制作了奶油蛋糕和巧克力蛋糕。连里的战友围在一旁，等着看最终成果。

烤炉前的木板上摆放着两个硕大、喷香的杰作，蛋糕上的装饰精美得犹如艺术品。围观者纷纷做出评价："天哪，沙漠里从来没见过这样的东西。"

3月20日下午，乌姆里扎姆的棕榈树下，欢庆50岁生日的克吕维尔将军收到了这两个蛋糕，他也有同样的看法。克吕维尔特地从集团军司令部赶来，在他昔日的指挥部，同非洲军的老伙计庆祝生日。这位值得信赖的非洲军前任军长，3月初升任非洲装甲集团军司令隆美尔大将的副手，自那时起，非洲军就交给了瓦尔特·内林中将。

棕榈树和巨大的仙人掌旁边，摆放着装饰有桌布的桌子，面包师摆好两个蛋糕，又放上一瓶缴获的法国香槟。

这群普普通通的军人多么可爱啊！归根结底，和无数人一样，这些海利根施塔特人、乌珀塔尔人、松德斯豪森人、多特蒙德人更喜欢烤蛋糕，而不是相互杀戮。从根本上说，他们宁愿和来自威尔士、伦敦、曼彻斯特、爱丁堡的英国人坐在一起喝咖啡，而不是拼个你死我活。

对克吕维尔将军来说，这是他多年来首次庆祝生日。德军1月底投入最后的力量，把英国人驱赶到贾扎拉，一举收复昔兰尼加大部分地区后，终于享受到令他们倍感愉快的休整。交战双方疲惫不堪，不得不停顿下来，为争夺埃及、苏伊士、非洲、近东的下一轮角逐加以准备。

用士兵的话来说，各部队获得"充实"。士官和士兵从医院返回，或是休假归来。例如，第15摩托车步兵营再次成为真正的作战部队，编有4个连。3月15日，该营排成方阵，举办了战地宗教仪式。4月4日是他们开赴非洲参战一周年纪念，这次和第21装甲师一同庆祝，因为这些摩托车步兵已编为冯·俾斯麦将军指挥的第21装甲师第104"摩步团"第3营。久经战火考验的这个营加入第21装甲师，立即得到战地厨房和一批补给物资，包括2头牛、5桶红酒、1辆满载"卢云堡"瓶装啤酒的卡车。经历了哈勒法亚山口的激战后，第104"摩步团"已彻底重组，来自普法尔茨自豪的老兵，生还下来的人悉数加入第2营，原先的第8机枪营编为该团第1营。

是啊，从这种状况就能看出，多少人葬身于沙漠里的墓地，又有多少伤员不得不送回国内。

第115"摩步团"的情况和第104"摩步团"相似，第90轻装师辖内第200、第155"摩步团"、炮兵、高射炮部队同样如此。经历了血腥的冬季战局和一月攻势后，航空兵、工兵部队、各绿洲连不得不重组，更别说损失惨重的第5和第8装甲团了。

随着新兵和新武器运抵，一件文明世界的产物也到达非洲，虽说这东西没什么了不起之处，可由于它引发了整个装甲集团军的关注，因而还是值得一提：隆美尔的直属高射炮部队收到一部移动式战地厕所。北非战场的同类设施仅此一部，厕所的几扇门上有个小小的心形孔洞，这让其他部队艳羡不已，因为他们不得不使用传说中的方式如厕：带着铲子出去绕一圈。

英国人也忙着准备新行动。德军侦察部队报告，对方在贾扎拉阵地构置了强大的野战工事。他们的补给物资从埃及沿滨海公路隆隆运往图卜鲁格。德军情报机构报告，英军构建了奇怪的野战筑垒工事，表明奥金莱克和里奇采用了某种新战术。

隆美尔在沙漠里马不停蹄地忙碌了整整一年，这段时期始终没机会与德国最高领导层当面交换意见，因此，自1942年2月初起，他一直敦促元首大本营召开会议，2月中旬还宣布他打算到访元首大本营。元首大本营回复了一封奇怪的电报："隆美尔应该报告，北非的态势是否稳定到他暂时离开该战区也不足为虑的程度。"隆美尔言简意赅地复电称，正因为态势稳定，他才得以抽身飞赴欧洲。但OKW对这个回答并不满意，又发来第二封电报："到达罗马后请及时汇报，我们会给您发去继续飞往东普鲁士的指示。"由此可见，拉斯滕堡并不欢迎隆美尔，此人打破了一切预料，不顾那些先决条件，虽说扭转了北非态势，但也激怒了上层。他们一点也不喜欢这个非洲战场的狂徒，这个固执的斯瓦比亚人，OKW认为必败无疑的地区，他偏偏赢得了胜利。

1942年2月15日清晨4点，隆美尔和韦斯特法尔从的黎波里塔尼亚米苏拉塔附近的机场飞往罗马。这是他们首次乘坐He-111的最新改进款。隆美尔的飞行员赫尔曼·吉森中尉，对当日的事情记忆犹新。希特勒下达过命令，陆军高级将领乘飞机出行，至少要搭乘三引擎飞机。可是，非洲地域广袤，三引擎Ju-52航速太慢，四引擎的"秃鹰"或Ju-90倒是合适，但敌人的情报机构可能会迅速意识到，这种引人注目的飞机执行的特殊任务，因此，隆美尔获准乘坐不起眼的He-111。机上配有三张舒适的扶手椅，一张地图桌，一个可用于进餐的多用途柜子，但武器配备与普通战斗机没什么区别。韦斯特法尔将军对我讲述了这趟行程：墨索里尼在威尼斯宫接见隆美尔，一如既往，态度热情而友好。但双方没有讨论军事问题。长期以来，墨索里尼一向谨慎，不愿插手干预军务，尽管他名义上是地中海战区总司令。

2月16日，他们飞往维也纳新城，隆美尔短暂地探望了他的家人。2月17日，He-111降落在拉斯滕堡机场，希特勒的大本营"狼穴"就在附近。

隆美尔和韦斯特法尔一直认为，元首肯定对北非战事十分关注。可出乎意料的是，希特勒的心思完全放在对苏战争上，满脑子想的是德军在莫斯科门前的挫败。他几乎有点无动于衷地听着隆美尔关于英军冬季攻势、德军1月份反攻、非洲当前态势的长篇大论。

隆美尔最终问道："我的元首，OKW对1942年在北非和地中海地区继续发动战争的方案是什么？"希特勒对这个问题避而不谈，也没有接受隆美尔"夺取马耳他"的建议，只是含含糊糊地指出："要是我们决定在地中海地区进一步发动进攻，最好为此建立起牢固的基础。"除此之外，他没有发表任何意见。就连2月17日夜间、2月18日上午与韦斯特法尔私下里长谈两次的约德尔，也没有坦露明确的观点。OKW陷入了东线的魔咒，认为非洲不过是个次要战区，不明白在北非打击大英帝国的重要性。他们也没有意识到在埃及击败英国的可能性，那里是大英帝国最容易遭受攻击的地方。丘吉尔把一切都押在非洲这张牌上，把非洲视为英国的决定性战线。但希特勒和OKW不理解或不愿理解这一点。隆美尔和韦斯特法尔失望地离开了东普鲁士。

在此次会谈中，希特勒明显对东线冬季战局的困难忧心忡忡，因而情绪低落，意志消沉，不愿多谈北非战事，证明这一点的是，十二天前的2月5日，他接见内林将军，对非洲问题的态度坦率得多。内林从东线而来，即将赶赴非洲，希特勒接见了他，还和他长谈了50分钟，约德尔和布勒将军也在场。对于非洲战事，希特勒认为尽可能向前推进，把大批英军牵制在非洲战线，这一点至关重要，要是能夺取图卜鲁格就更好了。他曾设想在地中海最窄处布设一片雷区，以此掩护补给物资的运输。但海军认为困难太大，因而反对这个构想。希特勒称赞了非洲装甲集团军取得的成就，还明确指出："请转告隆美尔大将，我很钦佩他。"

十四天后，隆美尔已体会不到这种钦佩之情。

返回非洲的途中，隆美尔与墨索里尼进一步会谈，希望争取意大利最高统领支持自己的方案。他以雄辩的口才阐述了自己的想法：先占领马耳他，从而彻底消除此处对非洲补给航线的持续威胁；尔后发动新攻势，初期目标是攻克图卜鲁格。

但是，征服马耳他的准备工作需要耗费大量时间，隆美尔建议更改目标顺序。

和希特勒一样，墨索里尼也对此提不起兴趣。4月初，隆美尔终于赢得元首大本营和墨索里尼最高统帅部的支持。他的主要理由是，英国人正为夏季攻势加以准备，先发制人地打击奥金莱克至关重要。隆美尔为制订进攻方案忙得不可开交，不断要求为他提供更多补给。但4月初的情况看上去很不乐观。马耳他这只大蜘蛛，吞噬了船只、人员、武器。德国军队3月份需要的6万吨补给物资，只有1.8万吨运抵非洲大陆。

但凯塞林现在着手以第2航空队轰炸马耳他这座岩石上的堡垒，此举的目的是为进攻该岛削弱守军抵抗力，可能的话，德国人打算在隆美尔发动进攻前，以伞兵部队夺取马耳他岛。德国第2伞兵师已为此调到意大利。但情况很快表明，意大利人无法在6月底前做好进攻马耳他的准备。于是，隆美尔按照预先的设想更改了方案：先发动进攻夺取图卜鲁格，尔后再占领马耳他岛。

非洲战事时刻表的变化，意味着一场决定性发展就此开始，可当时没人想到，这是一场悲剧性发展。

凯塞林的斯图卡，对马耳他的猛烈攻击持续不停，不仅轰炸港口，还夷平了码头和工事，炸毁了机场。坎宁安海军上将的舰只匆匆逃离雨点般落下的炸弹，皇家空军的战机无法升空。隆美尔的补给运输不再受到干扰。1942年4月到5月中旬，轴心国的船只几乎没有蒙受损失。如果说彻底切断马耳他的重要性需要证据的话，那么这就是证据。可随着时间流逝，希特勒和墨索里尼没有沿这条路继续走下去。英国人很清楚，从长远看，他们无法守住马耳他。丘吉尔忧心忡忡，焦虑而又紧张地等待着英国在地中海战事中至关重要的基地陷落的那一天。戈特勋爵接掌马耳他岛防务时，丘吉尔对他说："你受领的可能是把马耳他交给敌人的悲剧性任务。"奥金莱克将军在开罗沮丧地预言："没有马耳他，就无法守住埃及。"但在拉斯滕堡，没人明白这一点。

德国空军第2航空队驻扎在西西里，斯图卡和轰炸机飞行员对最高统帅部犯下的错误一无所知。他们猛烈轰炸马耳他，为隆美尔的进攻创造基础。一连两个月，地中海的控制权掌握在德国空军手里。从克里特岛起飞的13架Ju-52运输机，8—9架沦为马耳他岛英国战斗机的猎物，这种日子一去不复返了。意大利运输船队到达班加西。重型坦克、88炮、各种炮弹吊上的黎波里码头，都是隆美

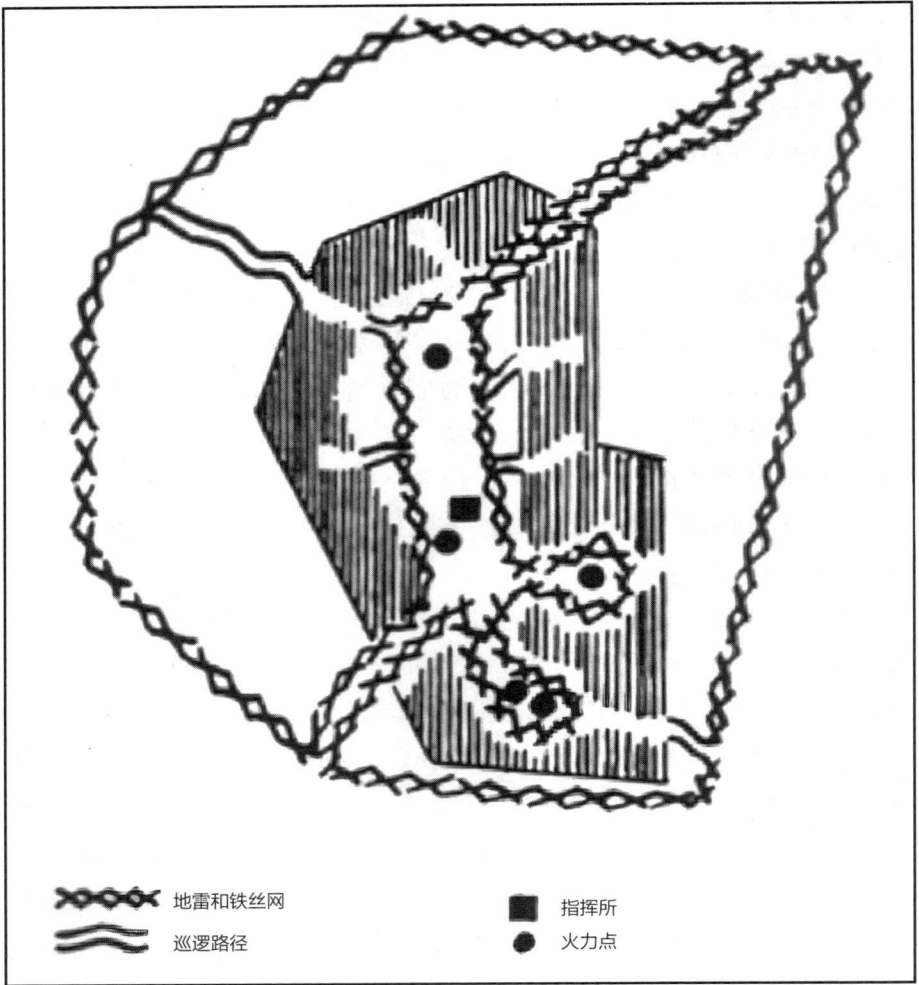

✕✕✕✕ 地雷和铁丝网	■ 指挥所
〰〰 巡逻路径	● 火力点

▲ 铁丝网和地雷构置的堡垒——贾扎拉防线上的"盒子"。

尔急需的物资。

　　随着夏季到来，沙漠热得像个烤炉。就算到深夜，沙子和石头仍和军用水壶里的麦芽咖啡一样热。温度计显示，这里的温度高达40摄氏度、50摄氏度、58摄氏度。有些书里指出，在这种条件下，白人无法从事工作，更别说打仗了。坐在坦克里？不可能！但没什么是不可能的。

英国人、德国人、意大利人坐在烤炉般的坦克里，数百辆坦克集结在一起。步兵和高射炮兵构筑阵地。工兵冒着50摄氏度高温埋设地雷。这些官兵一个个晒得黝黑，瘦削而又结实，皮肤粗粝。成群结队的苍蝇扑向他们，沙子渗入袜子和内衣，沙蚤叮咬皮肤，痢疾也趁机袭来，可他们还是为新的战斗做好了准备。这种力量，这种干劲，这种牺牲精神，足以建造十条苏伊士运河，但他们只想征服一条苏伊士运河。

隆美尔知道英国人正在筹划进攻，英国人也知道隆美尔有同样的想法。谁能赢得这场与时间的赛跑？德军官兵问道："英国佬这次会抢在我们前面吗？"

英军官兵也问道："隆美尔这次会抢在我们前面吗？"他们说的是"隆美尔"，因为在他们看来，隆美尔就是大胆的诡计、闪电般的突袭、穿越沙漠和小径迅猛追击的化身。这位精明、英勇、富有传奇色彩的德国将领散发的神秘气息，显然不利于英军官兵的士气。"隆美尔来了！"就像个可怕的魔咒。英军司令部当然知道这种心理因素的影响。因此，奥金莱克将军发布了一道饶有趣味的命令，堪称战争史上罕见的文件。内林将军的个人战时文件中保存着这道指令的译本：

中东地区英军总司令的命令

致高级军官、司令部各部门负责人、中东地区英军各部队指挥官：

我们的朋友隆美尔，总有一天会成为我军官兵心目中的"妖魔鬼怪"，因为对他的谈论的确太多了，这是个实实在在的危险。尽管隆美尔干劲十足，能力不凡，但绝非超人。就算他是超人，我军官兵也不应该赋予他超自然力量。因此，我要求你们采取一切措施，批驳隆美尔不是普通德国将领的观点。首先，我们提到敌人时，决不能再谈论隆美尔，必须说德国人、轴心国军队或敌人，绝对不能说隆美尔。我必须要求你们检查这道命令的执行情况，并告知所有下级指挥官，这件事具有重要的心理意义。

签名：C.I.奥金莱克

另附：我并不嫉妒隆美尔。

"我并不嫉妒隆美尔。"这句附言，体现出一种个人风格，英军高级指挥官下达的命令，这种情况很常见，这是德军司令部无法想象的习惯。

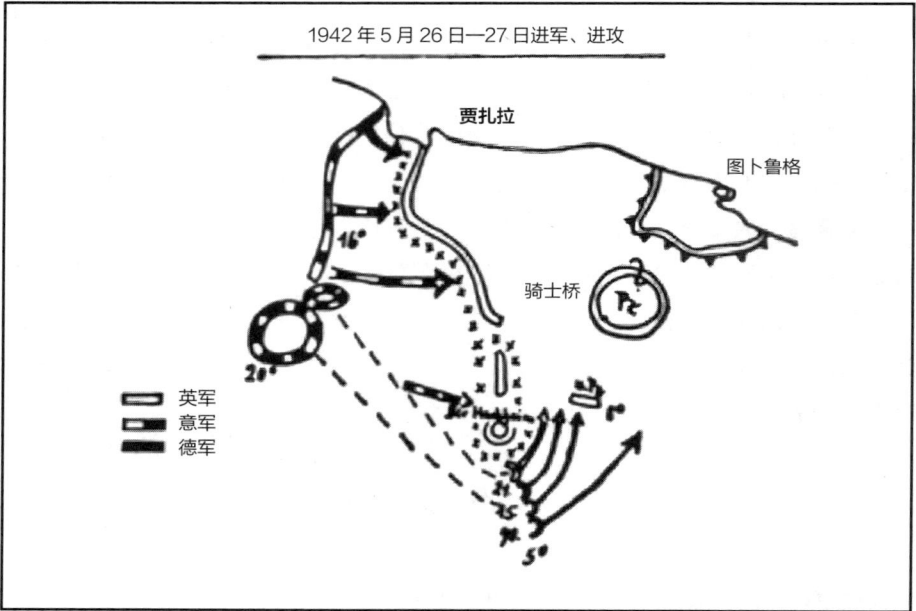

1942年5月26日—27日进军、进攻

贾扎拉

图卜鲁格

骑士桥

英军
意军
德军

▲ 冯·韦尔斯特将军进攻贾扎拉阵地的计划草图。

▲ 1942年3月20日,克吕维尔将军50岁生日之际,在乌姆里扎姆绿洲的棕榈树下,收到了非洲军面包连的古斯塔夫·格罗斯曼和鲁迪·丰克为他烘焙的奶油蛋糕。两个月后,克吕维尔将军的座机在英军战线上空被击落,英军侦察车随后把这位被俘的将军送往后方审讯。

14

高射炮挽救了非洲军

奥金莱克原本打算5月中旬发动进攻，可随后有报告称，隆美尔获得大批坦克补充，奥金莱克认为，英军的优势还不够大。于是，英国战时内阁把进攻推迟到6月中旬。这是个致命的决定。

另一方面，隆美尔自4月起就决定5月26日发动进攻。执行既定方案时，他再次要了花招，这是由英军防御阵地的特殊性造成的。英国人掘壕据守的贾扎拉防线是个技术奇迹。这条防线从海岸边一路延伸到沙漠深处的比尔哈基姆，长达65公里。完善的防御体系，由一连串孤立的地雷支撑点构成，这些堡垒般的支撑点被称为"盒子"，直径为2—4公里。每个盒子的配置情况如下：先是一道宽大的环形铁丝网，然后是一片深邃的雷区，炮兵掩护各处缺口，另外还设有侦听哨、机枪巢、前哨。据守盒子的通常是旅级兵力，配备长期防御需要的各种装备和物资。战役预备队、装甲力量、摩托化部队部署在盒子后方。

盒子守军的任务是守卫雷区，这样一来，敌人就无法像以往那样，在不受干扰的情况下，清理出穿过雷区的走廊。另外，这些盒子构成一个个抵抗"刺猬"，突破防线的敌人必须消灭英军支撑点，否则，他们的后方、侧翼、补给线会遭到持续不断的攻击。如果敌人集中力量对付盒子，那么，部署在环形防御外的英军装甲力量，就会投入战斗打击敌军。

隆美尔进攻图卜鲁格，只有两个选择：要么正面冲击盒子支撑点，突破后消灭对方的装甲力量；要么从南面绕过贾扎拉防线。他可以穿过开阔的沙漠，从后门进入英军防御体系腹地，把盒子里的守军与后方装甲部队隔开，尔后逐步歼灭当面之敌。

如果隆美尔不选择第二种方式，他就不是隆美尔了。当然，他会假装对敌人发动正面进攻。

他手头掌握的力量是2个德国装甲师、1个意大利装甲师、1个德国摩托化师、1个意大利摩托化师、4个意大利步兵师。里奇将军的第8集团军，在贾扎拉阵地部署了2个摩托化师和1个步兵师，另外2个加强师留在图卜鲁格—阿代姆地区。他还以2个装甲师充当机动打击力量，随时准备投入战斗。几个英国禁卫旅、1个自由法国旅、几个印度旅负责据守盒子。总之，双方都有大约10个师，兵力10万左右。隆美尔有320辆德制坦克、240辆意制轻型坦克、90辆自行火炮。里奇有631辆坦克，但后来又获得250辆。

这是北非战场迄今为止出现的最强大的坦克编队。

"我的天，下午2点进攻？光天化日下？糟透了，我一点也不喜欢。"第361团第2连的一等兵布鲁诺·普罗伊斯吼道。布鲁诺每次开口，第一句和最后一句往往都是"我的天"，这就是第90轻装师第361团那些小伙称他为"我的天"的原因。这个团过去是外籍军团，堪称非洲步兵救火队，都是些杰出的军人，出色的战友。隆美尔每次接近该团防区，都会提醒他的司机胡贝尔："用链条拴好备用轮胎，我们要到第361团了。"

5月26日下午2点，这个异乎寻常的进攻时间，第361团成为克吕维尔将军正面冲击贾扎拉阵地的核心力量。左右两侧是两个意大利军的步兵，非洲军摩托化部队跟随在他们身后，另外还有大批假坦克和"尘埃制造器"。所谓尘埃制造器，就是把飞机引擎放在卡车上，转动螺旋桨扬起大量尘埃，从而让敌军情报部门怀疑赶来的是一整个装甲集团军。

这是个诡计，意图让英国人相信，隆美尔正以手头全部力量进攻贾扎拉阵地的北段和中段。

整个行动犹如一场盛大的剧院演出，炮火准时沿宽大的战线炸开，机枪咯咯作响，犹如地震般震颤着沙漠，斯图卡在一个个盒子上空轰鸣。第361团第2连19岁的连长普费尔曼少尉高高举起胳膊，外籍军团的老兵猫着腰冲向雷区。布鲁诺·普罗伊斯和他的朋友埃里希率先到达英军前哨，这是英国第50师据守的盒子。"举起手来！"回答他们的是一名南非机枪手从隐蔽阵地射出的一串子弹。子弹击中他们前方的沙地，激起的沙子从他们耳边掠过。趴倒在地的普罗伊斯随即射光了冲锋枪弹匣。他们随后停了下来。一个个盒子间，狭窄的铁丝网通道封闭了整条战线。从海岸到比尔哈基姆，长达65公里的战线上，进攻方面对着铁丝网和100万颗地雷。

英军指挥部乱成一片，这种状况总是伴随着大规模进攻而来。发生了什么事？敌人的意图是什么？对方的进攻重点在哪里？英军空中侦察没能提供太多情报，可他们发现，大批前进中的摩托化部队，跟在遂行正面冲击的步兵身后。这么说，隆美尔企图达成突破！但里奇将军对这种估计持谨慎态度，他很了解隆美尔这只老狐狸。

照明弹照亮了战场。医护兵穿过破裂的铁丝网。火炮仍在轰鸣，机枪喷吐出火舌。德军战线后方奇怪地活跃起来，但不是发动新的进攻。英军的夜间侦察终于弄清了情况：前进中的敌摩托化和装甲部队突然改变方向，转身向南赶往强大的装甲突击群集结地。他们的任务是穿越沙漠，绕过比尔哈基姆，对英军防线后方施以真正的打击。当晚8点30分，隆美尔准时发出暗号：威尼斯！

犹如一支庞大的幽灵车队，突击群1万部车辆在月夜中行进。借助指南针和里程计，五个师隆隆穿过沙漠。

隆美尔摩托化师那些经验丰富的老兵，坐在缴获的轻型、重型卡车上。号称"道路之王"的补给车辆司机，驾驶着3吨卡车。国防军公报和战争史里从来没提到过这些人。他们行驶在炽热的小径上，穿过寒冷的夜晚和肆虐的沙尘暴，每趟行程200—300公里，有时候高达700公里。他们冒着50摄氏度高温修理车辆，这种情况很常见，因为每天爆胎8—10次是家常便饭。高温下的轮胎像气球那样爆裂。千斤顶深深陷入沙地里。没人提供帮助，也没人下达命令。但他们修好车辆，汗水淋漓地回到车上，再次上路。他们筋疲力尽，形容枯槁，始终处于敌人战斗轰炸机和侦察车的威胁下。这些优秀的驾驶员和探路者，深受全体官兵敬重。

前方车辆卷起滚滚尘埃，后方车辆依次排列，紧紧跟上，保持着队形。"瞭望哨"坐在前轮挡泥板上，紧紧扶着散热器，能见度只有1米左右。"加速，加速！"他们朝司机喊道，随后又突然让车辆停下，以免与前车碰撞。

不过，最遭罪的是摩托车手。各种污物卷到他们脸上，车辆发生故障的话，他们就得下车，推着摩托车继续前进。

"摩托车驾驶员前进！"他们不得不在紧急情况下提供帮助：运送弹药、指引反坦克炮、把伤员撤离火线。

第104掷弹兵团①第9连的一等兵博斯特尔来自施滕达尔，是个熟练的油漆工。波兰战局期间他就是摩托车手，在奥杰武乌森林的战斗中，他那个连队一小时内伤亡52人，博斯特尔全然不顾隐蔽在树上的波兰狙击手，骑着三轮摩托车穿过松林，前运弹药，后送伤员。法国战局期间也是如此，他骑着摩托车在罗讷河和萨瓦阿尔卑斯山巡逻。

博斯特尔1941年4月到达非洲后，经历了各场交战。他染上痢疾，一度骨瘦形销，但现在，他又骑上摩托车。博斯特尔只是承担战争重负的10万名将士中的一个。这是为什么？他们为何不逃避？他们在酷暑下驾驶、战斗、牺牲，究竟为了什么？要是你对一等兵博斯特尔提出这个问题，他也许无法给出简明的答案。他大概会耸耸肩回答道："害怕的人，很快就会完蛋的。"摩托车手前进！

这些士兵从头到脚黑乎乎、灰蒙蒙的，看上去活像黑人。一等兵赫尔曼·蒂尔喃喃地咒骂着，不时取出陶制英国杜松子酒瓶喝上一口。里面灌的是咖啡，一如既往，味道有点咸，但能冲掉喉咙里的污垢。他们驱车前进，目标是图卜鲁格西面的滨海公路。在这些士兵看来，这意味着沙漠中某处的尘埃和酷热。但对隆美尔来说，此举意味着把英国第8集团军位于贾扎拉阵地后方的展开地域切为两段，从而打击遭分割后相互隔绝的敌军部队。拿破仑、腓特烈大帝、希腊人都使用过这种古老的战术。隆美尔的突袭能成功吗？看上去很有希望。

5月27日清晨，曙光乍现。德军实施大范围迂回，在比尔哈基姆附近绕过英军

---

① 译注：第104掷弹兵团就是前文经常出现的第104"摩步团"，实际上，该团1942年7月才改称"装甲掷弹兵团"。

南翼的行动成功了。他们一路向北，一个意大利装甲师位于左翼，第90轻装师和几个混编侦察营部署在右翼，非洲军两个装甲师居中：第15装甲师居右，第21装甲师居左。他们的目标是图卜鲁格与前线之间的滨海公路。

特格中校率领第8装甲团排成一个宽大的楔形，位于第15装甲师最前方。该团有180辆坦克，轻装连在前，重装连殿后。第1营沿3公里宽、1—1.5公里深的战线梯次推进。第2营跟随在第1营右后方。德国空军还没有提交空中侦察的晨报。第15装甲师无法遂行地面侦察，因为第33侦察营已调离，奉命执行针对图卜鲁格的特别任务，敌人的装甲部队肯定埋伏在某处。

交战的时刻终于到来了！

绰号"卡普佐之狮"的屈梅尔上尉率领第1营隆隆向前，他的耳机突然传出咔嗒声，随后就听到："敌坦克，12点方位！"

敌人出现了。

英国人也发现了隆隆逼近的德军坦克。第8轻骑兵团的詹姆斯·斯蒂尔少尉坐在他的侦察坦克里，向团部报告道："看来，德国佬投入一个装甲旅。"但他很快更正了自己的报告："不止一个装甲旅，是整个该死的非洲军。警报，警报！"

一场交战随之而来。

第8装甲团投入战斗。"敌坦克，12点方位，攻击，攻击！"团里的坦克都收到了这道命令。

一开始，他们只看见地平线上的几个黑点。敌装甲部队主力巧妙地隐蔽在小山丘后面。屈梅尔上尉一马当先，朝目标全速驶去。他率先开炮，敌人还击。前进，停车，开炮！再来一次，前进，停车，开炮！一辆德军坦克中弹受损，接着又是一辆，怎么回事？英国人怎么会在比我们更远的距离开炮并命中？轰！又一发炮弹直接命中一辆德制三号坦克。真见鬼！德军坦克车长纷纷举起望远镜，前方出现的坦克轮廓似乎是某种新式战车。"天哪，有辆坦克扯掉了伪装！"他们随后看见一辆陌生的坦克。开火，"真该死！"

没错，这是首个惊人的意外。美制格兰特坦克出现在战场上。这款坦克配备的77毫米主炮，性能远胜德国三号坦克的50毫米主炮，只有四号坦克能与之匹敌。可惜，投入战斗的四号坦克配备的是短身管主炮，射程不及格兰特，寥寥几辆配有长身管主炮的四号坦克，却没有配备穿甲弹。

这是场艰巨的战斗。第8装甲团遭受损失后，终于发现当面之敌是英军重建的第4装甲旅。看来，第4装甲旅重返战场了，他们今天要为1941年亡灵节报仇，当时，芬斯基少校率领第8装甲团第1营俘获了整个英国第4装甲旅。

第4装甲旅的复仇，在各个方面都交了好运。他们装备的新式坦克主炮完全出乎德国人意料，而德军为第8装甲团提供的炮火支援也姗姗来迟。英军新式坦克的强大火力，导致第33装甲炮兵团几个连队陷入混乱。另外，德军坦克拂晓时快速挺进，几个炮兵团没能及时跟上，远远落在后方。还有个原因是，第1营几名炮兵连长，首次搭乘装甲团交给他们使用的几辆二号坦克。事实证明这是个错误。他们乘坐的坦克一动不动，结果被敌人击毁，几名炮兵连长先后阵亡。因此，第8装甲团几乎是在没有炮兵支援的情况下孤身奋战。第8装甲团左侧，格哈德·米勒上校指挥的第21装甲师第5装甲团，也在同样艰难的条件下苦战。一发炮弹直接命中，营长马丁阵亡在前线。

特格麾下的坦克，竭力利用更大的射程逼近格兰特。第2营发起精心策划的进攻，打击英军侧翼，终于取得决定性战果。德军指挥官采用的装甲战术赢得了胜利，来自法尔兹的装甲兵击溃了英军，第8轻骑兵团几乎全军覆没，第3皇家坦克团损失16辆格兰特坦克。

第8装甲团隶属第15装甲师，师长冯·韦尔斯特将军乘坐指挥车一路向前疾驶。超过最前方的装甲连时，连长朝他喊道："我们朝哪个方向前进？"没等韦尔斯特回答，他的副官就对连长喊道："那里！隆美尔正赶往那里！"这句话听上去有点不可思议，可事实就是如此。总司令经常驱车行驶在装甲部队中间，并为他们指明前进方向。

英国第4装甲旅本该是奥金莱克第8集团军展开地域前方的一道插销。隆美尔的装甲团炸开这道插销，肃清了通往后门的道路。克勒曼少将的第90轻装师、三个侦察营、意大利第20摩托化军趁机转向阿代姆，牵制图卜鲁格守军，把英军与他们东面的补给仓库隔开。计划的这一部分成功了。

内林麾下的第21和第15装甲师继续向北攻击前进，突击方向与贾扎拉阵地相平行。把几个英国装甲师与他们的补给仓库隔开后，德军部队就会逐一歼灭对方。但计划的这一部分失败了。不过，坦克、卡车、摩托车上的德军官兵5月27日并不知道这一点。第21装甲师攻往阿克罗马。步兵和装甲兵看见了他们前方的巴尔博大道，再过去就是大海，也就是他们的目标。

敌人战败了吗？没人真这么认为，可他们正继续前进！正因为他们在继续前进，全体官兵士气高昂。不过，向前挺进并不总是意味着胜利。

第104掷弹兵团第2营的连长保勒维茨中尉，关键时刻总是保持着特殊的幽默感。但这一次，他用不着煞费苦心地想点俏皮话了。今天是他的生日，天黑前两小时，他缴获了一辆英国卡车，车上满载罐装啤酒和威士忌，当然，威士忌是瓶装的，正是他庆祝生日需要的。这些战利品足够全连享用。靠近车厢一侧的瓶颈已破裂。不管怎么说，烈酒在非洲也是"情绪鼓动者"。

▼ 1942年5月27日—30日，贾扎拉防线上的交战。

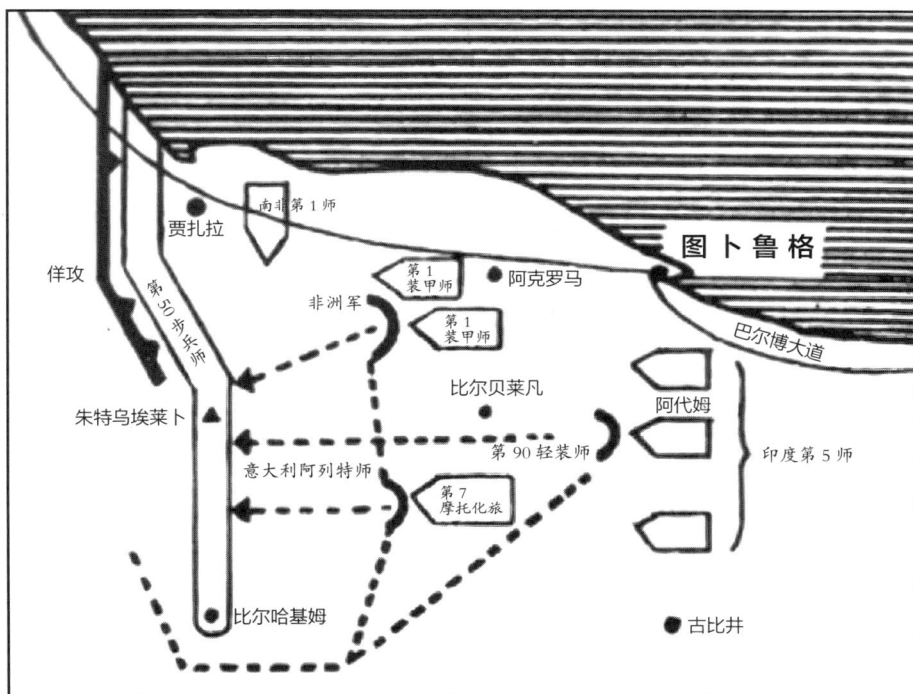

图卜鲁格

贾扎拉
南非第1师
第50步兵师
佯攻
非洲军
第1装甲师
阿克罗马
第1装甲师
巴尔博大道
比尔贝莱凡
阿代姆
朱特乌埃莱卜
意大利阿列特师
第90轻装师
印度第5师
第7摩托化旅
比尔哈基姆
古比井

— 189 —

可是，团长的情绪没这么高昂，他知道非洲军没有实现当日目标。他们没能歼灭贾扎拉阵地与图卜鲁格之间的敌军部队。里奇将军的应对措施出乎隆美尔预料，他没有投入交战，而是命令英军装甲部队向东退却，打击德军1万多部车辆组成的行军队列漫长的侧翼。他那些新式格兰特坦克，给德军战车造成了严重损失。与此同时，皇家空军也猛烈轰炸德军补给车队。遭迂回的贾扎拉阵地，据守盒子的英国守军发起进攻，特别是比尔哈基姆的驻军尤为活跃，给隆美尔造成惨重伤亡。

好运这次似乎不在隆美尔这一方。新式格兰特坦克令德军官兵猝不及防，他们的情报部门事先对此一无所知，另外，英军还投入了新式反坦克炮，这款6磅反坦克炮，口径约为75毫米，击穿德军坦克不在话下。没错，英国人从以往的经历中学到很多经验教训，美国的援助也开始发挥效力。

德军的快速挺进停顿下来。隆美尔穿过里奇集团军后方，从南面奔向海岸，分割英军的方案失败了。诚然，第90轻装师的装甲侦察车直扑阿代姆，非洲军主力向北进击，先遣部队甚至已到达滨海公路，但另一个不幸随之而来：非洲军的整个补给运输遭切断。

交战态势突然明确了：陷入困境的是隆美尔，而不是里奇。第90轻装师攻往东北方，赶去与非洲军会合，可他们的交通线被切断。与此同时，里奇的装甲部队还把在北面战斗的几个德国装甲师与他们的辎重和补给队隔开。事实证明，德军的侦察犯了严重的错误。隆美尔不知道强大的英军装甲部队的存在，他对对方配备的格兰特坦克和新式6磅反坦克炮一无所知，最要命的是，他不清楚贾扎拉各支撑点的防御设施是多么强大，据守骑士桥盒子的守军实力是多么雄厚。5月27日傍晚，态势岌岌可危，正朝一场重大危机发展。北面，德军装甲部队停滞不前；东面，第90轻装师遭楔入。德军官兵筋疲力尽，没有补给，没有饮水，伤员得不到救治，也无法后送。他们困在沙漠里，又能做些什么呢？装甲集团军作训处长韦斯特法尔找不到隆美尔，此时，他在前线和作战部队待在一起，于是，韦斯特法尔带着他的通信电台找到非洲军军长内林，两人共同设法掌握战场上的态势。

内林将军对我阐述了5月27日下午的情况：4点，英国人投入大约65辆重型坦克，从东面发动进攻，打击正向北进击的第15装甲师侧翼，粉碎了负责掩护侧翼的一个营。运输、补给车辆逃往南面和西面。第15装甲师的坦克位于遥远的前方，这样一来，该师和整个非洲军面临的局面，短时间内变得相当严峻。

眼前的状况，很可能给整个装甲集团军造成一场军事灾难。但这种情况下，一个大胆的想法也可能扭转颓势，甚至转败为胜。想出这种大胆构思，并为战争史增添新战术的人，就是瓦尔特·K.内林，阿尔温·沃尔茨上校把他的构思付诸实施。

内林将军和第135高射炮团团长沃尔茨上校[①]，突然遇到大批逃离英军坦克攻击的德军运输部队、补给车队和人员。沃尔茨上校告诉我："驱车行驶很长一段时间后，我们遇到军部逃窜的车辆，这些车辆和师部奔逃的运输车队混杂在一起。我们和团直属部队失去联系，指挥小组一度只剩4个人。我在混乱溃逃的车辆和人群中看见几门88炮。我们冲入车流，突然遇到隆美尔，他挤在溃军中，根本没法动弹。隆美尔怒气冲冲地申斥我，说这场混乱完全是因为高射炮不开火造成的。我控制住情绪，朝那些高射炮跑去，命令他们停下。就这样，我弄到3门88炮。接下来几分钟，我又收拢了军直属部队的半个重型高射炮连。此时，敌坦克隆隆地出现在1500米外，20、30、40辆重型敌坦克！他们前方是非洲军溃逃的补给车队，这些车辆得不到炮火掩护，无助地暴露在敌坦克的攻击下。处于混乱中的是隆美尔、非洲军军部、高射炮团团部、通信车，简言之，就是前线作战部队的神经中枢。

"此时的情况相当危急，换句话说，灾难很可能落到我们头上。我拼凑的连队，以前所未有的速度把高射炮部署到阵地上。刚要下令开炮，我就停了下来。透过望远镜，我发现敌坦克即将突破掩护军右翼的步兵营。要是他们达成目标，我就无法确保炮击不伤害己方官兵的性命。所以，我们的射击必须迅速而又准确：开炮！88炮射出的炮弹袭向目标，首发命中！英国人停了下来。已楔入我方步兵营的敌坦克，显然对突如其来的抵抗感到意外，他们退了回去，但很快又重新发起攻击。

"'高射炮防线！'内林将军喊道，'沃尔茨，您必须以所有可用火炮构置

---

① 译注：第135高射炮团团长黑希特1942年2月擢升中校，调任第25高射炮团团长，沃尔茨上校接任第135高射炮团团长。

一道高射炮防线，充当反坦克侧翼掩护。'这是个突如其来的灵感。幸亏居尔克少校率领另一个重型炮兵连赶到。半小时后，集团军司令部副官带着直属部队的重型高射炮连到来，集团军直属部队由隆美尔亲自指挥。忙乱中，我建起一道3公里长的高射炮防线，抗击英军坦克。"

沃尔茨才刚刚建立起强大的反坦克防御，英军坦克就卷土重来。他们的坦克炮塔漆成浅黄色，指挥坦克的鞭状天线上挂着三角旗。1200米，开炮！16门88炮轰鸣着射出炮弹，打击再次冲来的英军坦克，犹如一堵喷吐火舌的坚墙壁垒。"多拉"火炮连发三弹，在1600米距离上直接命中一辆后撤中的格兰特。这款新式美制坦克也无法匹敌如此猛烈的炮火，他们使用车上各种武器开火射击。顽强的英国人没有停止进攻，他们知道眼前的机会，因而希望把握良机。可随着夜幕降临，德军高射炮防线前方，20多辆敌坦克起火燃烧，烟柱腾入空中。高射炮指挥官率领他的重炮部队，在近距离打击敌装甲力量，这在战争史上还是首次。但交战并没有就此结束，英国人调来炮兵，猛轰高射炮阵地，他们不惜一切代价，企图打垮这堵"铜墙铁壁"，非洲军的命运完全取决于这堵墙壁。

内林将军把他的指挥所设在高射炮防线后方1公里，以此强调这段防线至关重要。英军炮兵持续不停地猛轰几个德军炮兵连，一时间弹如雨下，德军火炮和炮组人员尽没的情况时有发生。居尔克少校和沃尔茨上校不知疲倦地驱车来回视察整条防线，鼓励炮组人员，因为这道防线一旦破裂，会给整个非洲军造成难以预料的后果。犹如听到了他们的祈祷，一场基布利沙尘暴呼啸而来，把战场上的一切包裹在它的保护性尘埃斗篷下。

德国人暂时消除了迫在眉睫的危险，但更大的危机远没有结束。由于缺乏补给，德军装甲部队的处境愈发恶化。

5月28日傍晚，隆美尔问参谋长高泽："克吕维尔正面进攻的情况如何？"他随后下达命令："'克吕维尔'必须从西面突破雷区障碍，肃清我们的后方。"克吕维尔收到了电台传来的命令。

我们让克吕维尔将军自己讲述接下来发生的事情：

"5月28日/29日夜间，我收到隆美尔大将用电台下达的指令，他命令我立即以麾下一个意大利军发动进攻。我派炮兵指挥官克劳泽上校赶赴意大利前进指挥所。他要做的是，从早晨8点30分起，派一名警卫做好准备，以信号弹的方式为我的鹳式飞机指明意军战线。我早晨8点30分左右起飞。我那位飞行员，手头没有准确的地图。非洲航空兵司令冯·瓦尔道将军对他做出明确的指示：先飞往塞格纳利，然后转向正东。我很快发现，我们还是朝太阳的方向径直飞去。飞行员让我放心，说我们不可能看不见信号弹。可随后发生了不幸：我们从英军防线上方飞过，飞行高度150米左右，结果遭到机枪火力打击。第一个点射击中机尾，第二个点射打穿了引擎，第三个点射命中飞行员，他倒向一侧，当场身亡。出于某种奇迹，飞机没有坠毁，而是飘浮在空中，最后自动来了个机腹着陆。起落架彻底撞落，碎片洒落在我身旁，幸运的是，机舱门没有卡住。我落在英军第150旅据守的盒子防线最前沿。大批英国兵冲上来俘虏了我。一年后，我从克劳泽将军——他在突尼斯被俘——那里得知，信号弹根本没有射出，因为负责此事的军官在掩蔽所接到电话时，我的飞机刚刚飞过去。"

这就是1942年5月29日上午的情况。当然，意大利军的正面进攻延误了。凯塞林元帅立即挺身而出，接掌了克吕维尔负责的贾扎拉战线指挥权。他还告诉隆美尔，愿意听从他的指挥调度，也就是说，他这位元帅听命于隆美尔大将。

隆美尔随即召开形势研讨会。内林、高泽、韦斯特法尔、拜尔莱因直言不讳地指出，他们认为情况极为严重，因而建议突出敌军重围。

由于克吕维尔的推进受阻，现在唯一的办法是向西突破贾扎拉阵地，与己方补给基地重新建立联系。隆美尔先有些犹豫，随后同意了这项建议。这场交战输掉了，但大胆的决策也许能扭转最糟糕的局面。

5月30日午夜过后不久，这项方案付诸实施。当日上午，德军从东面开抵贾扎拉主战线上密集的雷区。现在的问题是肃清一条走廊，穿过英军雷区，另外还要打开他们渴望已久的"补给阀"。隆美尔把身后的战场和胜利的荣誉丢给敌人。他的格言是，绝不要进行毫无意义的战斗。

这场大胆的行动还没有取得成功。德国人在雷区迅速打开一条走廊，意大利"的里雅斯特"师也从西面取得不错的进展。但英军那些盒子部署得很不显眼，德军指挥部门不知道朱特乌埃莱卜盒子的存在。据守地雷带中央这个支撑点的是英军第150旅，共计2000名官兵和80辆马克Ⅱ型重型坦克。他们以炮火封锁几条雷区走廊，因此，昼间根本无法穿越雷区，即便夜间采取行动，也是场危险、代价高昂的冒险。另外，里奇将军一改以往采取战术行动时的迟缓踌躇、优柔寡断，重组麾下装甲部队并发起进攻。英军禁卫部队坚守骑士桥，挡住向西突围的第90轻装师和第3、第33侦察营，以及久经考验的第580混编侦察营，率领该营的是骑兵上尉冯·霍迈尔。第21和第15装甲师辖内部队处在遭迂回的危险下，英军据守的朱特乌埃莱卜支撑点阻挡住他们向西逃生的通道。

里奇将军认为，隆美尔这场后撤就是失败。他致电开罗："隆美尔正在逃窜！"

"好！第8集团军，干掉他！"奥金莱克给里奇司令部发去回电，可这个结论为时过早了。

"必须拿下朱特乌埃莱卜，必须把英军第150旅驱离他们据守的要塞。"隆美尔下了死命令。成败在此一举，如果无法完成上述任务，隆美尔和他的军队很可能就此报销。总司令和各级指挥官都明白这一点，就连下级士兵也意识到这个问题。就像战争史上经常发生的那样，整个战区的命运取决于一个旅的战斗力，也取决于歼灭该旅的命令能否得到贯彻。

此时是1942年6月1日，经历过非洲战局的人永远不会忘记这一天，这是个性命攸关的日子。隆美尔亲自派第5装甲团冲击朱特乌埃莱卜。徒劳无获！12辆坦克损失在雷区。基尔率领直属部队发动进攻，但英军的机枪火力和猛烈的炮火击退了这场冲击。

看来，蛮干是不行的。德军指挥官站在炮队镜后查看战场情况，或把望远镜贴在眼前：那些该死的机枪巢在哪里？雷区末端又在何处？内林和拜尔莱因把他们的观察结果记录在地图上，随后做出决定："必须把第104掷弹兵团第3营经验丰富的摩托车步兵调来。"

第3营营部设在一个2米深的沙坑里，旁边部署了一门88炮。

就在这时，德国空军的斯图卡编队飞了过来。所有人兴奋地看着这些俯冲轰炸机是否会把炸弹投向停在战线前方的英军装甲部队。科德尔中尉突然喊道："该死，他们已经投弹了！"的确如此！

炸弹爆炸前，众人迅速卧倒，紧紧贴着沙地一动不动。落下的炸弹击中88炮和拖车，弹药殉爆，根本无法抢救。到处都是伤员和燃烧的卡车。英军抓住有利之机发动进攻，德国人费了好大力气才击退对方。德军士兵大骂不已。激战间歇传来叫喊声："营长和副官赶紧去师部！"

第21装甲师师长冯·俾斯麦将军坐在他的挂车里，指着远处一辆烧毁的坦克问道："埃勒，您看见那辆坦克了吗？"

"看见了，将军先生！"

"那里有个英军的盒子，也就是朱特乌埃莱卜。您的营必须攻占那个支撑点。埃勒，这是个艰巨的任务，到目前为止，所有进攻都告失败。制订您的进攻方案，然后告诉我，您打算怎么干。情况很紧急，埃勒。"

俾斯麦最后补充道："拜尔少校的炮兵营为您提供支援。"

赶去侦察情况的途中，埃勒遇到拜尔少校，他和内林将军、拜尔莱因上校站在一门88炮旁。内林和拜尔莱因介绍了情况，拜尔莱因还在地图上给营副官科德尔中尉指明方位。突然，有人高喊："隐蔽，低空飞机！"话音未落，机枪火力已然袭来，埃勒中弹负伤。他已无法率领全营夺取朱特乌埃莱卜，赖斯曼上尉接掌第3营，指挥这场进攻。

沃尔夫少尉向我介绍了情况："一切取决于精心准备、快速突破、全速挺进。拂晓时的炮火准备就是进攻信号。

"第9连居左，第10连居右，营部居中，所以，我们以60公里的速度攻向3公里外的英军阵地。每个连都有个工兵班，专门对付铁丝网和地雷。第10连的首轮冲击突破了雷区，但第9连陷入其中，敌支撑点集中火力打击这些士兵和他们的车辆。赖斯曼朝副官喊道：'沃尔夫，赶紧到第9连去，告诉他们必须穿过雷区，趴在那里比冲锋更糟糕。'"

作战手册规定："不要曲折行进，直接冲向敌人！"这当然是正确的。他们会先后撤3公里，然后重新发起冲击吗？理论上也许可行，可谁会在紧急情况下这样做呢？沃尔夫迅速奔向第9连。作战手册的规定果然是对的。英国人坐在精心构建、伪装出色的既设阵地里，所要做的就是坚守，他们也确实守住了。这就是沃尔夫少尉中弹的原因，一发开花弹的弹片刺入他肩头。沃尔夫不顾伤势继续奔跑，踉踉跄跄地赶到第9连，弗里德里希中士一把扶住他。按照沃尔夫的命令，第9连集结工兵，还挑了些久经沙场的老兵，终于在雷区肃清一条走廊，全连顺利通过。

第9连现在可以向前推进了。三次冲刺，卧倒，又是三次冲刺。英国人该死的机枪就在那里，但现在沉默下来。卡壳了？快点，再快点！谁抢占了先机？英军士兵仍在装填弹链。弗里德里希中士高声喊道："举起手来！"几个英国兵高高地举起双手。就这样，他们突破了英军支撑点第一道阵地。近战随之而来，双方使用手榴弹和冲锋枪展开厮杀。拜尔的炮兵以直瞄火力猛轰英军精心伪装的阵地，呼啸而来的斯图卡投下炸弹，这次投得很准。

交战白热化之际，隆美尔突然出现在赖斯曼身旁。左右两侧的机枪打光弹链后发出咔咔声。隆美尔喊道："敌人顶不住了，赖斯曼，挥舞白手帕，他们会投降的！"一如既往，隆美尔兴奋激动时，斯瓦比亚方言会脱口而出。挥舞白手帕？赖斯曼觉得老家伙又在胡言乱语了。英国人拼死抵抗，挥舞白手帕有个屁用！但隆美尔已扬起白手帕，其他人也掏出手帕挥舞起来。不过，有白手帕的人不多，于是，有人取出围巾，还有人举起衬衫拼命挥舞。神奇的一幕发生了，英国人高举着双手走出阵地。2000名英国官兵向第104掷弹兵团第3营的300名士兵投降。英军第150旅覆灭，奥金莱克就此丧失了歼灭隆美尔的机会。但隆美尔的希望也落了空，他本以为5月29日在朱特乌埃莱卜上空被击落后沦为俘虏的克吕维尔将军仍在盒子里。德军发动进攻几小时前，英国人用侦察车把克吕维尔送出支撑点。被俘的英国军官厨师交代，他为克吕维尔精心烹制了一块牛腿排，可这位将军没胃口。

第3营的损失也很惨重。阵亡的诸多官兵中，有一名久经考验的老兵。他虽然年轻，但深受所有人喜爱，他就是一等兵博斯特尔。他是营里仍在服役的寥寥几名摩托车手之一，这次又驾驶着摩托车投入战斗。他送回第一名伤员，带上几箱弹药驶往前线，穿过敌军火力密集的雷区通道，就这样来回奔波了四次。但第五次，他腹部中弹，这种伤势在非洲堪称致命伤。他的摩托车挎斗里载着重伤员，博斯特尔唯一的念头是："必须把他送到急救站，否则，他和我都会送命的。"于是，博斯特尔没有下车，也没有呼叫医护兵，而是继续行驶，左手捂着腹部的伤口，右手控制油门。博斯特尔终于赶到急救站，这才从车上跌落，几小时后，他伤重不治。

急救站位于卡普佐小径，时至今日，许多德国士兵仍记着它。评估胜利的历史学家，永远不要忘记这些急救站。

炽热的阳光无情地照耀着卡普佐小径。伤员发出痛苦的惨叫，呻吟着讨水喝。

一个个低矮的担架紧挨着，摆放在沙地上，医护兵匆匆穿过一排排担架。医护二级下士喊道："再拿张毯子来！"他小心翼翼地把毛毯塞入一名炮兵的残肢下："会好的，同志。过一会儿我再给您打一针，会好的。"负伤的炮兵点点头，眼神惊惧不安。会好吗？

直到夜幕降临，第一辆运输车才赶往主救护站。医护兵累得站不起来，儿名初级医生几乎要瘫倒在地。

当晚8点，100辆卡车组成的车队已做好出发准备。可用的救护车寥寥无几。主救护站位于120公里外的泰米米。

基尔直属部队的埃克特上尉躺在卡车后厢里，他也在朱特乌埃莱卜前方负伤。躺在他旁边的是27日负伤的冯·韦尔斯特中将。他身边是两名胸部中弹的士兵，还有个腿部负重伤的伤员。急救站想尽办法，尽量让伤员的"床铺"柔软些，可毫无用处，因为司机无法选择路线。

这趟行程无疑是痛苦的。车辆刚刚开出500米，伤员就呻吟起来，随后发出惨呼。但车辆继续前进，驶过坑坑洼洼，碾过沙土石块。只要不偏离方向，只要不压上地雷，就要继续前行。5辆坦克和5辆侦察车护送着伤员车队。前进，前进！英国人发现了雷区中的车道，正施以炮火轰击。前进！

车厢里的伤员发出撕心裂肺的惨叫，谁能受得了这个？而惨呼的伤员，又如何能忍受无法抑制的痛苦呢？

司机停下车，轻伤员帮着重伤员重新躺好。炮弹随后在车辆周围炸开，继续前进！车队的间隔越来越大，因为有些车辆不得不一次次停下。

这趟行程耗费了19个小时。持续19个小时的痛苦，几乎让伤员陷入疯狂状态。

主救护站的情况也好不到哪里去。医生和红十字会护士筋疲力尽，他们冒着酷热，在尘土飞扬的帐篷里不停地忙碌，一个个汗流浃背。但这里有冰块，有缴获的香槟，身体状况允许喝酒的伤员都可以来上一杯。这里还有红酒和冰镇柠檬水。运抵的伤员越来越多，医护人员的神色变得严厉起来。

庞大而又闷热的手术帐篷里，医疗器械叮当作响，医护人员的话语简明扼要。

内科医生看看手术台上脸色蜡黄的伤员，说了句："输血！"

一丝丝生命的气息顺着输血管传递过去。

外科医生走了过来。

"开始麻醉吧！"

"8、9、10、11、12……"

"手术刀！"

一片寂静，几双手来来回回，护士帮外科医生擦去额头的汗水。这里的空气似乎有毒。"脉搏越来越弱了！"

快点！几句轻声低语。外科医生直起身子，看着护士握着注射器的手。

"还有脉搏。"

"手术钳！"

"棉球！"

"脉搏越来越弱。"

"注射樟脑！"

"脉搏跳动了。"

仔细听！医护人员神色紧张。

"脉搏没了。"

手术剪落在手术盘里："死亡！"

上尉军医林茨站直身子，疲惫而又绝望，手术失败了，又失败了！赢的是"死亡"，这是医护人员的专业术语。他很清楚这个术语，他也知道自己不能离开手术帐篷。他坐在沙地上，等待着下一个手术者。

在主救护站捡了条命的伤员，转运到德尔纳的地中海医院。

第104掷弹兵团第3营负伤的营长埃勒少校也被送到德尔纳，他的营攻克了朱特乌埃莱卜，还迫使英军第150旅束手就擒。小小的病房里已经摆放了两张病床，从挂在椅子上的军装可以看出，一位是少将，另一位是中校。两人在蚊帐里睡得很沉。医护人员把埃勒少校的床铺推到他们旁边。埃勒醒来后，透过蚊帐看见凯塞林元帅站在病房里，他随后认出两位病友：隆美尔的参谋长高泽少将，集团军作训处长韦斯特法尔中校。他们俩也在朱特乌埃莱卜负伤，炮弹的剧烈爆炸把高泽抛向一辆坦克，脑震荡！韦斯特法尔的腿上挨了块迫击炮弹弹片。

凯塞林情绪不佳。

"亲爱的高泽，我不想打扰您，可这样下去不行。隆美尔大将不再是师长或军长，他不能总是驱车在前线游荡。作为集团军司令，他得待在指挥部，随时能让部下找到。您必须劝劝他。"凯塞林唠唠叨叨地说了一大通。

"元帅先生，大将不会听的。他每次都开车出去，通信车没法跟上他的速度，要么就是被击毁。等我们到达另一部电台，通常为时过晚。可这里是非洲，他在后方如何指挥部队作战呢？这场战争，一切只能从前线决定。"

韦斯特法尔也插了进来："元帅先生，我们不能束缚隆美尔，他必须根据地形做出重要的决定。"

但凯塞林不这么容易被说服："二位，这种情况可能会造成灾难性后果！"

▲ 第135高射炮团团长沃尔茨上校。

15

比尔哈基姆地狱

"拜尔莱因，上车，我要亲自去比尔哈基姆。"隆美尔对他的新参谋长弗里茨·拜尔莱因上校说道，1942年6月1日，拜尔莱因从非洲军调到非洲装甲集团军，接替了负伤的高泽少将。这是隆美尔的典型作风，他刚刚逃离优势之敌的致命包围，把战场丢给里奇，现在又打算进攻敌军战线上的要点。

隆美尔拼凑了一个战斗群，编有第90轻装师辖内部队、非洲军一些坦克、第33侦察营、意大利"的里雅斯特"师。自5月26日以来，意大利人一直待在比尔哈基姆前方，他们本该在进攻开始后夺取这个支撑点，但没能前进哪怕是一步。隆美尔无奈地摇摇头，恼火地说道："一整个师！好吧，我们很快就会攻克比尔哈基姆。"

"好吧，我们很快就会攻克比尔哈基姆。"这句话演变成非洲最艰巨的激战。比尔哈基姆掩护着图卜鲁格，是贾扎拉防线的南部基石，据守该支撑点的是自由法国第1旅和一个犹太志愿者营，统归皮埃尔·柯尼希将军指挥。

里奇将军很清楚自己为何把这些战斗意志顽强的部队部署在比尔哈基姆。这里是贾扎拉防线的枢纽，一旦比尔哈基姆沦陷，整个贾扎拉防线也就无法守住，图卜鲁格前方最后一道壁垒会随之土崩瓦解。可如果守住比尔哈基姆，这个支撑点就会对敌人任何一场进攻构成持续的侧翼威胁。里奇的态度很坚定：必须坚守比尔哈基姆。而隆美尔从作战必要性出发，认为必须夺取比尔哈基姆。

隆美尔起初再次使用了他著名的"白旗战术"，但在比尔哈基姆没能奏效。守军击毁了德国人的坦克，猛烈的机枪火力袭向隆美尔和挥舞白旗的德军先遣部队。隆美尔扭头对拜尔莱因说道："没关系，我们进攻！"

3000名法国兵和犹太志愿者营的1000多人坚守精心构置的阵地。妥善伪装的机枪巢与地面齐平，炮兵阵地也难以发现。德国人后来数出1200个战斗抵抗点，各个角落喷吐的火舌构成猛烈的侧射、纵射火力。法国炮兵击退了德军一切进攻。隆美尔下达命令："把斯图卡调来！"电报发给凯塞林，这位元帅复电："斯图卡正在赶来！"俯冲轰炸机到达后投下了炸弹。

但法国工兵修筑的战壕和阵地非常狭窄，除非炸弹直接命中，否则不会造成太大破坏。柯尼希随后致电里奇："派战斗机来！"里奇派出了战斗机。面对敏捷灵活的英国战斗机，斯图卡无能为力，情况极为严峻。许多斯图卡在遂行攻击的过程中被英国战斗机咬住，像熊熊燃烧的火炬那样坠落。这场不幸令隆美尔深感震惊。

亲自飞抵前线的凯塞林怒气冲冲地说道："隆美尔，这么干不行！必须投入所有地面力量，进攻这些该死的阵地！放弃这种稀疏战斗群的战术吧！"

隆美尔下令前调高射炮部队，他们是非洲装甲集团军久经沙场的救火队。沃尔茨上校率领着经验丰富的第135高射炮团，以及其他高射炮团各营各连。这些部队的番号必须载入非洲战争的历史著作。战斗报告记录下他们的番号：第43高射炮团第1营，第25高射炮团第2营，第18高射炮团第1营，第6高射炮团第1营。这些高射炮用于地面行动，第3摩托化侦察营、第33坦克歼击营、第90轻装师的掷弹兵、意大利"的里雅斯特"师提供支援。沃尔茨战斗群投入进攻。

可是，德国人在朱特乌埃莱卜成功打击英军第150旅的杰出战术，在比尔哈基姆没能奏效。德国工兵夜间清理出雷区走廊，法国人早晨重新埋上地雷。他们还穿过宽大的防御圈，运入补给物资和弹药，每个小时都以非洲战场前所未见的猛烈炮火打击进攻方。隆美尔暴跳如雷。夜间，他下令发射照明弹，把敌军防御阵地照得亮如白昼，从而以机枪火力持续不停地射击，以此疲惫敌人。可德军部队次日晨发起冲击时，击退他们的防御火力丝毫未减弱。沃尔茨上校认为，德军进攻力量太过虚弱，隆美尔固执己见，没有接受沃尔茨的意见。基尔率领的直属部队伤亡惨重，高射炮部队的损失也很大。突袭逐渐沦为激烈的交战。

对隆美尔来说幸运的是，英国第8集团军司令里奇消极看待比尔哈基姆交战。他没有下定决心，集中麾下作战力量，沿宽大战线发起救援进攻，打击隆美尔的北翼，非洲军主力就在那里。里奇只是对朱特乌埃莱卜展开断断续续的冲击，对付那里的意大利"阿列特"师。非洲军军部与隆美尔失去联系，但他们迅速抓住机会，独自对分散的几个英军装甲旅展开全面打击。

克拉泽曼上校接替负伤的冯·韦尔斯特将军，率领第15装甲师从南面进攻。第8装甲团穿过一片设有铁丝网的雷区，直奔泰迈尔井。第21装甲师从东面而来。英国人以为自己正与意大利"阿列特"师的坦克交战，突然间卷入与非洲军的坦克战。

这样一场坦克战结束后，一切看上去都很简单。分析人员找出一个个错误，评估一道道命令，胜利或失败成为有充分理由的结果。可实际情况完全不同。机动坦克战期间，参与其中的人，通常无法看清整个战事的过程，坦克组员、团长、参谋人员、将军都是如此。一切保持流动状态。发回后方指挥部的报告大多已过时，而后方指挥部发给前线的命令，通常为时过晚，因为此时的情况已发生变化。墨守成规的英军将领待在前线后方，这种指挥方式完全跟不上瞬息万变的战场态势。而隆美尔和他那些指挥官，乘坐指挥坦克或桶式车，亲赴前线指挥战斗。

但这样一来，他们只能看见整场战事的一部分，这就是他们把责任下放给各级指挥官，甚至交给坦克车长的原因。他们必须在钢铁战车里独自做出决定，伴随左右的只有他们的组员、他们的勇气和恐惧。当然，他们知道隆美尔也在战场上。隆美尔和他的副官乘坐桶式车或装甲侦察车，跟随部队一同进攻。经常发生的事情是，坦克车长犹豫不决地停下坦克，突然听见有人猛敲他这头钢铁巨兽。车长打开舱盖，看见隆美尔的副官冯·施利彭巴赫男爵中尉拿着撬棍充当"门环"。隆美尔的车上总是带着根撬棒，这东西就像普鲁士国王指挥棒的现代形式。隆美尔站在桶式车里，坦克车长刚从炮塔探出脑袋，他就喊道："前进！前进！进攻不能停滞不前！"

不过，这种激励部下投入战斗的方式有时候也会出岔子。冯·施利彭巴赫中尉告诉我："有一次，我们从后方靠近一辆停下来的坦克，我拿着撬棒跳下桶式车。这辆坦克突然遭到炮击，驾驶员挂上倒挡，一头撞上我们的汽车，不过，隆美尔及时跳车逃离。"

随之而来的战果表明，这段时期，隆美尔与英军将领指挥战斗的方式是多么不同。

英国第7装甲师师长梅瑟维将军，命令第4装甲旅进攻隆美尔前进中的第15装甲师。该旅旅长提出反对意见，他在电台里用明码与第2装甲旅旅长讨论战场态势。组织出色的德军侦听部门经常窃听到对方的交谈，这次也不例外。英军的战斗报告指出，德军侦听机构的一名军官，窃听了两位英军将领的交谈后，突然插话："非常感谢你们提供的宝贵情报！非常感谢你们提供的宝贵情报！"这句玩笑当然是个危险的鲁莽之举，但没造成严重后果。

非洲军的进攻，令英国人猝不及防。他们怎么也不相信，刚刚逃离朱特乌埃莱卜困境的隆美尔，居然能再次掌握战场主动权。

第15装甲师粉碎了印度第5师，歼灭该师辖内第10旅。里波尔德中尉率领第5装甲团一个连，从北面封闭了困住该旅的包围圈。内林将军乘坐桶式车参加了此次进攻，还以随行的50毫米反坦克炮封锁了包围圈上的一个缺口，这门反坦克炮猛烈轰击企图突围的英军坦克。18岁的二等兵拜尔来自内卡苏尔姆，混乱的战斗中，他用手枪逮住个逃窜的英国人，看上去像个普普通通的士兵。拜尔问道："哪支部队的？"俘虏摇摇头，这是他的权利，不需要交代任何军事机密。拜尔又问道："军衔？"俘虏必须回答，于是他说道："某印度旅的将军。"二等兵拜尔觉得难以置信，于是，俘虏从裤兜里掏出将军的肩章证明自己的身份。他是印度第10旅旅长德斯蒙德·扬，战后成为倍受尊敬的隆美尔传记作者。

英国第2、第4、第22装甲旅，遭受了与印度第5师类似的命运，折损170辆坦克。第201禁卫旅几乎悉数被俘。隆美尔逐一粉碎英国第8集团军，完全因为该集团军零零碎碎地投入辖内作战部队。

但第8集团军实力雄厚，比隆美尔的装甲集团军强大得多。完好无损的英军部队仍占领贾扎拉阵地北部、图卜鲁格、骑士桥、阿代姆。要是英军以坚定、训练有素的指挥机构指导一场联合进攻，对隆美尔来说，情况很可能与几天前的朱特乌埃莱卜同样危险。他还没有肃清自己的身后，因为比尔哈基姆仍在顽强抵抗。

"该死的比尔哈基姆！"隆美尔这几天经常骂出这句话。一周来，他的几个战斗群一直从东南方冲击该支撑点。1000多个架次的斯图卡朝这处阵地投下炸弹，但徒劳无获。隆美尔随后决定采用不同的解决方案：他命令第33、第200、第900工兵营由北向南进攻，穿过朱特乌埃莱卜与比尔哈基姆之间的广阔雷区。

6月8日晨，德军工兵位于比尔哈基姆以北7—8公里外。隆美尔随后赶到，他交给集团军工兵指挥官黑克尔上校的任务是，挑选部分工兵部队，会同两个意大利营组成战斗群，从北面夺取比尔哈基姆。黑克尔指出："大将先生，我的兵力不足以完成这项任务。"隆美尔考虑后，决定投入更强大的军力。他答应把第288特种部队部分力量交给黑克尔。门通上校指挥的这支精锐部队，原本打算用于伊拉克，但1942年3月调到非洲。第288特种部队辖内的山地猎兵连、坦克歼击连、侦察排用于进攻。黑克尔还获得了基尔直属部队的部分力量，包括11辆坦克、一些侦察车和一个88炮连。另外，一个炮兵营、一个重型炮兵连、沃尔茨上校的高射炮部队提供侧翼掩护，这是一股相当强大的力量。黑克尔把麾下部队分成两个战斗群，都从北面发起攻击，但实施钳形机动。黑克尔率领左路战斗群，第200工兵营的洪特上尉指挥右路战斗群。

这场进攻的开局并不顺利。德军展开时，比尔哈基姆射出的炮火越来越猛烈。英国战斗轰炸机也发起攻击。德国工兵冒着猛烈的炮火肃清一条前进通道。下午5点，黑克尔下达了进攻令。

黑克尔上校乘坐装甲侦察车，行进在意大利营前方。他扶着炮塔，另一只手一次次举起："前进！前进！"这场进攻逐渐形成突击势头，但敌人的炮火和地雷在突击队列撕开越来越多的缺口。6名意大利连长，很快阵亡了3名。无遮无掩的地形是一片可怕的死亡陷阱。基尔直属部队的11辆坦克，被敌人出色伪装的反坦克炮击毁6辆，还有4辆碾上地雷。

二级下士卡尔·埃里希·舒尔茨站在他的88炮旁，以直瞄火力轰击识别出的敌机枪巢和迫击炮阵地。

洪特上尉命令道："用炸点把战壕里的敌人熏出来！"一时间烟雾四起。

机枪子弹射中副炮长格哈德·施密特，这名一等兵倒下了，另一个炮手迅速接替了他。变换阵地！

英军第4装甲旅充当救火队，企图发起救援进攻，从东面打击黑克尔的左翼。但沃尔茨上校据守在那里。他的20毫米高射炮付出了高昂的代价，重型高射炮的损失也很大，可还是击退了英军的坦克突击。

夜幕降临前，一路拼杀的黑克尔战斗群距离比尔哈基姆外围防线已不到500米。天黑后，山地猎兵继续进攻。他们和工兵相配合，夺得敌人最靠前的几个机枪阵地。第288特种部队山地猎兵连连长图姆泽上尉，端着冲锋枪跳入犹太营据守的战壕："举起手来！"俘虏押送到后方，疲惫不堪的犹太士兵眼中充满恐惧，德国人会饶了他们吗？德国人饶了他们！

夜幕降临战场，伤员带离火线，激战暂时平息下来。6月9日清晨，斯图卡会在地面部队发起最终突击前，猛烈轰炸比尔哈基姆。

黑克尔驱车深入雷区，观察斯图卡的打击效果。非洲的拂晓骤然到来，黑克尔看看手表，又望向天空。他没看见斯图卡，更没看见毁灭性的密集轰炸落向比尔哈基姆要塞。由于命令传输出了岔子，德国空军没有发动攻击。这个错误给黑克尔造成致命威胁。法国人立即发现了他那辆侦察车，机枪、反坦克炮、火炮猛烈开火。司机企图驱车加速逃离，结果碾上地雷，轰隆！黑克尔一头撞上车顶装甲板，头部负伤。不过，他还是带着脚上负伤的翻译克勒姆克上尉、司机、重炮连连长逃入一辆烧毁的坦克，在这里设立了指挥所。

黑克尔6月9日呈交了报告，隆美尔愤怒地吼道："该死的比尔哈基姆，我们付出的代价太大了，得不偿失。我打算放弃这座要塞，我们去进攻图卜鲁格！"

据拜尔莱因将军说，黑克尔回答道："大将先生，再给我一个德国步兵营继续进攻。我们现在已夺得几个支撑点，我相信我们能胜利结束战斗！"隆美尔与拜尔莱因商量了一会，随后告知黑克尔："您说得没错，黑克尔，我把巴德中校的部队交给您，至少一个营！"

巴德中校是第115装甲掷弹兵团团长，手头有两个重武器营，团部配备了各种必要的技术装备。

巴德战斗群赶到前，轰鸣的斯图卡终于朝敌人的防御工事投下炸弹，这次总算及时而又准确。德军炮兵也以所有火炮开火。

6月9日傍晚，第115装甲掷弹兵团两个营赶到战场，随即投入进攻。但坚守比尔哈基姆的对手，顽强得难以想象。德国人弹如雨下之际，柯尼希将军的日训令传遍了比尔哈基姆1200个筑垒巢穴："我们必须在沙漠这个角落证明，法国人不仅能战斗，也勇于牺牲！"

口头传达的这道训令，迅速传遍了犹太营据守的各处阵地。"战斗到底，全世界的犹太人都在看着我们！"

1942年6月10日傍晚，巴德的几个营，以及黑克尔麾下顽强的工兵和山地猎兵，深深楔入敌军防御体系，到达这座沙漠旧堡垒的残垣断壁前。

柯尼希将军发电报给里奇："我们完蛋了，敌人就在我的指挥所外面。"

里奇将军的回电只有一句话："设法突围！"

最后的悲剧随之上演。

自6月6日起，布里尔上尉和他的战斗群一直据守着比尔哈基姆的南部封锁线。舒尔茨上尉率领凯泽装甲掷弹兵营、第606高射炮营、第605坦克歼击营一部，组成战斗群突击力量。6月7日，他们正面冲击夺取要塞的企图以失败告终。对布里尔这股力量来说，对方的雷区和火炮防御太过强大。因此，位于比尔哈基姆前方的这个战斗群，受领的任务是防范敌人突围或从外部获得救援。

6月10日夜间，德军巡逻队抓获一名俘虏，他正忙着肃清英军布设的雷区。通过审讯，德国人获得了令他们振奋的情报。据俘虏交代，陷入重围的守军接到突围的命令，打算穿过已然肃清的几条雷区走廊，设法同英军部队会合。

德国人据此做出部署，侦察车和装甲车会在次日晨从南面驶入德军阵地，加强防御力量。随后，战斗群的传令兵悄然穿过作战地带，低声传达相关命令。布里尔和凯泽逐一检查各个炮位和机枪阵地：枪口和炮口必须瞄准各突围点。所有曳光弹填入弹匣和弹链。电话班把线缆一路铺设到前线。配备信号枪的岗哨分布在作战地带。整个战斗群已做好准备。布里尔下达了严格的命令，除非他射出信号弹，否则谁也不得开火。先是一发红色预警信号弹，待绿色信号弹出现在空中，机枪和火炮才能射击。

布里尔还给敌人准备了一件意想不到的"礼物"：德国军队配备的头6挺MG-42机枪。第606高射炮营从陆军总司令部获得这款新式神奇武器，由休假归队的士兵带回非洲。射手在一条遥远的干谷接受训练，随后编为机枪排。

午夜时分，前方德军哨兵听到比尔哈基姆不断传来低沉的引擎轰鸣，咯咯作响的履带声，以及雷区铁丝网的切割声。布里尔对传令兵低声说道："还不是时候。"就在敌人射出烟幕弹，掩蔽突围部队之际，布里尔推推身边的二等兵巴茨："发射信号弹！"绿色信号弹突然照亮整片地区。地狱之门就此敞开。密集的火力，剧烈的爆炸，血肉横飞。烟幕没能为柯尼希的部下提供掩护。曳光弹嘶嘶作响地钻入他们的车辆。德军官兵首次听到MG–42机枪的嘶吼，每秒25发子弹的射速发出的撕裂声给他们留下深刻的印象。

广阔的封锁线上，另一些地段也爆发了激战。德国士兵用步兵铲、手枪、刺刀、手榴弹同突围的法国人展开近战。最终逃出包围圈的，只有柯尼希将军率领的半数作战部队，他们设法逃到英军第7旅防线。

6月11日拂晓，比尔哈基姆残存的守军举起白旗。德军各战斗群占领了这片废墟遍地的战场，他们发现这里还有500名伤员和一小股后卫力量。

比尔哈基姆这块基石陷落后，里奇将军已无法据守贾扎拉防线。隆美尔实现了进攻图卜鲁格的先决条件。

比尔哈基姆的失陷，令英军总司令部深感绝望。这些德国人不可战胜吗？就没有对付隆美尔的良策吗？英军总司令部反复提出这些问题。他们对"隆美尔现象"震惊不已，此人违背了战争艺术的一切传统规则，可他总是能赢。

例如，战争法则规定，进攻方的兵力应当强于防御方，可隆美尔作为进攻方，兵力几乎总是处于寡不敌众的状况。隆美尔没有墨守成规，他曾告诉一名被俘的英国装甲兵将领："要是英军装甲部队指挥官零零碎碎地使用装甲力量，我干吗要担心英军坦克的数量优势？我的军队总是比零零碎碎的英军部队更强大。"可英国人没能吸取教训，这些伟大的海上探险家没有在非洲集中力量。不仅如此，隆美尔还决定了交战地点，因而也就决定了交战规则。

比尔哈基姆投降后，隆美尔挥师向北，即将对英军装甲力量发起大规模打击。一周前，隆美尔还处于惨败的边缘，可现在，他再次攥住一场伟大胜利的"犄角"。

德国人又一次踏上征程。"两发信号弹！"两支信号枪同时朝空中射出白色信号弹，这是为第21装甲师集结待命区提供的识别信号。迷路的部队或走散的士兵也需要这种预先约定的信号弹或无线电信号指引方向。他们随后把指南针迅速转向信号弹指明的方向，这样就能牢牢记住位于信号弹上方或下方的星星：继续前进！

第104装甲掷弹兵团的舒尔策少尉驱车穿过比尔哈基姆与骑士桥之间的沙漠，巡逻期间迷失了方向。

二等兵米勒坐在后座，冲锋枪放在膝盖上，以防沙漠的夜晚发生意外。司机留意着发动机和行车方式。舒尔策少尉两手捧着指南针放在双膝间，他盯着表盘说道："向左两度，好的……稍稍向右，对，我们现在位于仙后座尾部中间。"注意，那里黑黢黢的，好像有什么东西。过去看看，小心点！车门打开了。前方有人喊道："你们是英国人吗？"米勒缓缓端起冲锋枪。对方似乎嗅到危险的气息，踩下油门迅速驶离。继续前进！右侧传来车辆行驶的动静和履带声，英军布伦机枪运载车典型的声响，这是英军最小型的装甲车辆。除此之外，还有轻柔而又连贯的哒哒哒哒，这是什么声音？是沙鼠，没错，这里既然有沙漠之狐，当然也有沙鼠。交配的季节，雄鼠用尾巴敲击沙地，以这种有趣的方式吸引雌鼠。

凌晨2点45分，舒尔策少尉的巡逻队还是没同己方部队会合。他们现在不得不朝仙后座左外侧的星星行进，因为从观星者的眼睛望去，天空是朝右旋转的。

"停车，什么人？"

"选帝侯。"

"哦，你们这帮混球，总算回来了！"

感谢上帝，终于听到了"亲切的"话语。他们回到团里，跟随部队继续前进，一路向北，奔向海岸！

▲ 汉斯·克拉默将军，原先是第8装甲团团长，后来担任非洲军军长。

▲ 摩托车手麻烦缠身，因为这些摩托车不适合沙漠使用。

▼ 第33炮兵团团长克拉泽曼上校和拜尔莱因中校。

▲ 步入战俘营！从左到右分别是巴赫少校、施密特将军、冯·拉文施泰因将军。

▼ 高炮部队在非洲战场的表现极为出色，第43高炮团第1营获得三枚骑士铁十字勋章，从左到右分别是格勒特少尉、居尔克少校、伯泽尔上士。

16

图卜鲁格陷落

六个月来，第361非洲团第2连的普菲尔曼少尉一直没有二级下士布罗克曼的消息。这位二级下士是个组织天才，在他们这支德国外籍军团很有名望。1941年11月交战期间，某天，布罗克曼外出行动后没回来，他被列入"失踪"名单。失踪，这个悲观的词有很多意思。二级下士布罗克曼的命运说明了这个词的真正含义。

现在是1942年6月12日，第90轻装师在阿代姆前方与印度第29旅交战，该旅守卫着沙漠里的几个盒子。第21装甲师辖内部队也向东攻击前进。双方即将展开具有决定性的大规模交战，争夺里奇设在图卜鲁格周边防御体系的最后几座堡垒。

远离前线的德尔纳，此时，塞德曼少将的斯图卡和战斗机中队人员欢聚在德尔纳南部机场的食堂里，庆祝冯·兰曹少尉的生日。他们坐在一起，讨论着上帝和宇宙。上级一再提醒他们，警惕英军远程沙漠战斗群的突袭。这种事在德国空军基地发生过两次，英军突击队炸毁了飞机，还干掉了睡着的机组人员。虽说没人把这些警告太当回事，可他们还是把冲锋枪放在触手可及之处。

外面漆黑一片。当晚，英军远程沙漠战斗群的詹姆斯·布雷上尉带着两辆卡车穿过沙漠，车上载满涂黑面孔的突击队员。这是个混编突击队，有英国人，也有法国人，甚至还有德国人。车辆停下，人员分成两组，相关命令低声重复了几次："用手榴弹炸毁飞机；进攻机场营房；炸断电话线；至少要带回一两名俘虏。"他们上车后继续行进。率领一个突击组的法国少尉激动不安，不断提醒司机谨慎驾驶，还一次次看向指南针。他喃喃地说道："我们得尽量靠近点。"突然，司机停下汽车。

"怎么回事？"

"我去看看周围的情况，少尉先生，我很熟悉这片地区。"

法国少尉闷闷不乐地同意了："那你动作快点。"

司机消失了，其他人坐在车厢里等待着。一分钟，两分钟，三分钟，五分钟过去了，司机还没回来。

率领突击组的法国少尉低声咒骂时，机场控制室的房门被人推开了，一名污秽不堪的军人站在门前，他穿着奇怪的军装，气喘吁吁地说道："英国佬来了，就在外面。一个10人突击组，是我把他们带来的。赶紧采取行动！"犹如晴天霹雳，飞行控制室里的军官和士兵跳起身，没有询问任何问题，也没有丝毫犹豫，拿起手榴弹和冲锋枪，在这名奇怪的告密者带领下冲了出去……

法国少尉骂道："该死的，那家伙跑到哪里去了？"

另一名突击队员说道："但愿别出岔子，我从来就没信任过那个德国佬。"

米歇尔中士反驳道："别胡说，德国人怎么啦？纳粹把他关进集中营，就因为他在外籍军团和我们一同服役。他们后来又把他送到该死的第361团，那个团没有车辆，只能以手榴弹和冲锋枪进行战斗，纳粹根本不信任他们。"

"可是……"另一名突击队员刚想开口，但他的话再也没能说出来。因为就在这时，他们看见一些身影朝这里袭来，还听见有人用德语下达命令。英军突击队员赶紧端起武器，太晚了！手榴弹轰然作响，汽油罐和车上的爆炸物随之炸开。惨叫声和伤员的呻吟掺杂在一起。有两人跳下卡车，但冲锋枪火力随即把他们射倒。整个突击小组，只有那名法国少尉逃脱，德国人奋力追赶，可他还是消失在茫茫沙漠里。他在沙漠里游荡了好几天，终于回到英军部队，这才讲述了当日发生的事情。

三名突击队员幸免于难，沦为德国人的俘虏。可是，挫败这场突袭的那个人，此时站在德尔纳南部机场的食堂里。英军远程沙漠战斗群的这名司机把突击小组领到机场，他的名字是布罗克曼，二级下士布罗克曼。1941年11月被英军俘虏后，这位经验丰富的组织者竭力避免了囚禁带来的麻烦。他过去曾在法国外籍军团服役，这让他获得了英国人的信任，他们把他招入远程沙漠战斗群，他也自愿参加突击行动。

第361非洲团一名连长对我讲述了这起事件，英国方面的档案也证实了此事，但我注意到那位二级下士的名字被改掉了，连长在寄给我的信中写道："时至今日，仍有人对衡量这种行径的标准争论不休。但有个问题可以肯定：这是前外籍军团成员在第三帝国处于含糊境地的结果。作为一名法国外籍军团成员，他受到各种诋毁，这些诋毁破坏了他与祖国之间的纽带，即便他通过战功获得尊严和勋章，通常也很难再恢复这种纽带。"

没错，这就是"沙漠吉卜赛人"的处境，第361团的许多官兵有时候也这样自称。他们的装备不如其他部队，大多数时候，其他团坐车，他们却只能徒步穿越沙漠。可他们都是勇敢的战士！说到战友情谊，任何一支部队都比不上他们。与许多故事和传说截然相反，这些前外籍军团成员与上级为他们挑选的军官处得非常好。不过，要是哪位军官不知道如何同这些人相处，最好赶紧申请调职。

非洲战争期间，第361团几乎出现在每一个热点地区。就像他们说的那样，无论他们在何处投入进攻，总有人"说三道四"。这些老兵不喜欢豪言壮语，更不会大谈爱国主义和民族主义。他们不为任何理想而战，对他们来说，战斗仅仅是军人经受的考验和磨炼。他们已沦为雇佣兵。参加突袭后返回的人员，总会给其他人带点战利品。可能没有哪支部队的厨师，会像第361团第2连的埃里希·莱本古特那样关照他的战友。浓浓的人情味把他们凝聚在一起，连队就是他们的家。作为前外籍军团成员，他们从来不说沙漠，而是用阿拉伯方言称之为Bled，这个词在德语中的意思是：家！

库珀中士拿着电报夹走入办公室，哈迪少校把桌上的茶杯推到一旁。库珀说道："开罗发来的电报，长官。"少校点点头，拿起电报阅读起来。他先看看电报的日期和发送时间，随后站起身，摇了摇头，拿着电报走进第8集团军司令办公室。

里奇站在坎布特破损的原意大利行政大楼的窗户前，凝望着集市广场满目疮痍的房屋。通常都很镇定的里奇，现在却紧张地敲打着窗台。英国第30军军长诺里将军站在大幅地图前，力图掌握整体作战态势，并就必要的决定发表自己的意见。诺里将军冷静地阐述了麾下第1、第7装甲师1942年6月12日的状况，完全是一场悲剧。比尔哈基姆陷落后24小时内，零零碎碎、指挥欠佳的英军装甲部队，企图阻止隆美尔的军队向北攻往海边，可这番拦截没能奏效。几名准将拒不服从命令，为是否应该进攻争论不休。英国第7装甲师师长梅瑟维将军无法做出决定，于是驱车去找集团军司令寻求指导。梅瑟维让麾下两个旅自行解决问题，可他在途中迷了路，结果被德军部队俘虏，导致第7装甲师一整天无人领导。相应的后果很快到来。拉姆斯登少将率领第22装甲旅，徒劳地试图赶去救援第7装甲师，他花了11个小时才与军部取得联系。

隆美尔再次利用英军指挥方面的混乱来赢得胜利。他的装甲力量击败了英军分散投入战斗的各个旅。因此，到6月12日下午，英军装甲部队耗尽了实力，仅剩一具空壳。沙漠上满是格兰特、十字军、斯图尔特坦克的残骸。

尽管诺里将军目前还无法评估这场灾难的严重性，但他在坎布特向里奇将军汇报的状况已相当惊人："我们没有可用的装甲力量阻止隆美尔攻往海边。要是德国人到达海边，我们据守贾扎阵地两个仍有战斗力的师，也就是南非第1师和英国第50师，就会被切断，最终覆灭。"话音未落，里奇的参谋军官哈迪少校带着开罗发来的电报走了进来："长官，总司令说他已飞离开罗，一小时内就会到达这里。"里奇和诺里面面相觑，他们知道，总司令此次的视察肯定不会愉快。

中东地区英军总司令克劳德·奥金莱克爵士没有发火，但从他简短的话语里，还是能听出愤怒和痛苦之情。十天前，他认为已击败敌军，对方陷入包围，得不到任何补给，他还打算给予对方致命一击，可现在，这个敌人竟然把英国第8集团军逼到穷途末路。难道隆美尔与魔鬼结盟了吗？就没有一个英军前线将领能匹敌他和他那些指挥官吗？英军将领和参谋人员面无表情地听着总司令的申斥。他们中的少壮派，脸上露出一丝不甘的神情，虽然沉默不语，可他们本来是有话要说的。

这些少壮派想说：只要我们仍以第一次世界大战的打法进行第二次世界大战，就永远打不赢。要是我们的将领不明白全新的战争时代已来临，新时代快速机动的装甲力量导致静态防御的一切想法过时落伍，那么，无论我们的实力多么强大，都注定是输家。我们的将领龟缩在后方指挥部，斟酌权衡，犹豫不决，等待上级下达命令。隆美尔、内林、克勒曼、冯·俾斯麦、克拉泽曼和其他德军指挥官，却亲自率领装甲部队、高射炮部队、摩托化步兵前进。这样一来，无论出现什么紧急状况，他们都能及时下达必要的命令。英国指挥官在做什么？我们的各级指挥部争权逐利，没有统一的意志，没有赢取胜利的意识，缺乏激昂的斗志，完全依赖开罗制定的平淡无奇、陈旧过时的策略，在坎布特转换成冗长的命令。可是，坎布特发给第13或第30军的电报，传达到第7装甲师和各装甲旅，几个小时过去了，战场上的情况早已改变。

年轻的参谋军官想把这一切告诉总司令。他们可能还想说，他们对毫无意义的英勇行为深感绝望，例如，南非第6野战炮兵连的官兵，为掩护苏格兰禁卫部队后撤，几乎战斗到最后一兵一卒。连长纽曼少校给每门火炮指派了一名军官，以直瞄火力轰击德国第5装甲团的坦克。可这有什么用呢？面对德军坦克和火炮的协同火力，该连8门火炮被击毁，包括连长和大部分军官在内的半数炮组人员阵亡。阿什利少尉和他的报务员站在最后一门火炮旁，直到被敌人的坦克炮弹炸成碎片。除了载入历史著作，这种英勇无畏又有什么意义？

隆美尔的坦克可不在乎历史书籍里的英雄主义。内林非洲军辖下的第15和第21装甲师继续前进，径直攻往海边。他们已深入南非第1师和英国第50师后方，里奇把这两个师留在贾扎拉及其周边，这些英军士兵正面朝西，端着步枪严阵以待。

不！英国在北非的保守策略，根本无法匹敌隆美尔的积极进取。此人和他那些指挥官充分证明，二战中的坦克战讲究的是快速机动。如果他们出现在进攻队伍最前方，那么，不是出于对勇气的错误理解，而是借此准确评估装甲战术和作战部队的心理。隆美尔曾明确指出过这一点："快速而又艰苦的坦克战期间，大多数作战部队很快会屈从于休息的要求。没有哪支军队人人是英雄，个个是好汉。他们会以这样或那样的理由报告，再也无法前进了。指挥官必须发挥权威，亲自克服疲劳的自然症状，消除官兵的冷漠心态。指挥官必须成为战斗的推动者，必须确保不断控制战场态势，哪怕是亲临前线。"年轻的英军参谋人员清楚隆美尔战争艺术的秘诀，可他们的将军却不明白。

但高级将领讨论战事时，世界上没有哪支军队会允许年轻的参谋人员多嘴多舌。所以，他们在坎布特只好缄口不语，默默地听着里奇的讲话，就连奥金莱克也对里奇的观点深表赞许，因为这番话与他的心思不谋而合："隆美尔不是超人，他的军队同样蒙受了严重损失。从兵力上说，我们还是比德军更占优势，要是我们继续进行消耗战，他们很快就会喘不过气来。就算隆美尔以虚弱的力量到达滨海公路，我们也能击退他们。"奥金莱克欣赏这种乐观论断，所有总司令都喜欢乐观主义。这就是他们长时间讨论后得出的结论，英军打算沿贾扎拉到阿代姆这条防线继续战斗，直到隆美尔耗尽力量。飞回开罗前，中东地区英军总司令奥金莱克致电伦敦的温斯顿·丘吉尔："这里的气氛还不错，我们冷静而又果断地评估了态势。部队的士气很好。敌人显然没能达成他们原先的意图……奥金莱克。"

这封电报迎合了丘吉尔的心理，他在回电中写道："我最诚挚地赞同你战斗到底的决心……成功不仅取决于武器，也取决于意志。愿上帝保佑你们。温斯顿·丘吉尔。"

就这样，英军继续战斗，这片庞大的沙漠战场，以图卜鲁格、贾扎拉、骑士桥、阿代姆为边界。英军禁卫部队在骑士桥、印度军队在阿克罗马遭遇败绩。英军装甲部队无法避战，无论隆美尔的联合装甲力量出现在何处，英军不得不挺身应战，因为避战意味着给德国人让出通往海边和图卜鲁格的道路。所以，隆美尔决定了交战地点。

隆美尔打算进攻何处？骑士桥？贾扎拉还是阿代姆？里奇该如何应对？要是他把所有装甲力量部署到某个要点，就得冒上隆美尔突破其他薄弱地点的危险。倘若里奇把装甲力量留在手中，冒的风险更大，因为隆美尔可以长驱直入到图卜鲁格防御地带。隆美尔几个装甲师高歌猛进，粉碎了里奇拦截他们的零碎力量。隆美尔手中不容小觑的王牌是88炮，凭借这款武器，他一次次击败了英军的大规模坦克突击。非洲军穿过燃烧的英军坦克残骸，德国人的突击势头粉碎了一支支英军部队。隆美尔和非洲军军长内林将军，以不可思议的精确发动了一场现代战争，一举摧毁敌军装甲力量，这是第二次世界大战中真正具有重要性的经典交战。英国第8集团军的脊梁骨断裂。没等奥金莱克将军的飞机6月12日夜间降落在开罗，坎布特的第8集团军司令部已获悉，英军装甲力量灰飞烟灭。掩护贾扎拉阵地内的英国步兵和图卜鲁格要塞的移动钢墙已然破裂。隆美尔控制了比尔哈基姆与图卜鲁格之间的沙漠地区。诚然，里奇将军仍有两个实力完整、装备精良的步兵师，每个师1万来人，可1942年的坦克战中，这些步兵师又有什么用呢？快速机动的机械化交战期间，区区几辆坦克就能突破整个步兵团据守的阵地，因为步兵没有足够的反坦克防御武器。

6月14日，里奇将军下达了与总司令奥金莱克36小时前所做决定截然相反的命令。他发出"生而自由"的代号，这意味着：南非第1师和英国第50师撤离贾扎拉防线北部阵地，设法进入图卜鲁格，或者绕过图卜鲁格撤往埃及边境。

开罗的奥金莱克强烈反对这项决定，他打电话给里奇，要求不得放弃图卜鲁格防御前沿。但奥金莱克从开罗对态势做出的评估，并不符合里奇所处前线的情况。伦敦和开罗紧张而又焦虑地盯着图卜鲁格。这座海边的堡垒，埃及门前的大型支撑点会陷入怎样的境地？图卜鲁格能像一年前那样再次守住吗？隆美尔有足够的兵力立即进攻这座堡垒吗？还是打算再次围困图卜鲁格？

隆美尔的宏大目标已然在望。他为此奋战了一年，整整一年：击败英军装甲力量后，切断、歼灭第8集团军主力步兵师，尔后突袭图卜鲁格，迅速夺取这座堡垒。接下来，还有什么能阻止他攻往开罗和亚历山大呢？尼罗河、近东的石油、波斯湾唾手可得。

但隆美尔麾下各个师也遭到猛烈打击。6月15日凌晨，第15装甲师越过巴尔博大道攻往海边。但第115装甲掷弹兵团第3营和6辆三号坦克构成的拦截力量不够强大，结果被不愿束手就擒的英军官兵的殊死拼杀打垮。德军炮兵、坦克、斯图卡随后以猛烈的火力打击南非师沿巴尔博大道逃离的队列，这条古老、备受争议的滨海大道沦为火海。

南非第1师惊慌失措，辖内部队丢下重武器逃入图卜鲁格。据守骑士桥的英军禁卫部队，也放弃了争夺激烈的沙漠地带，一路向东退却。一切都在运动。夜间，英军和德军部队交错而过，通常只隔几百米。但英国第50师采取了大胆的突围方式：辖内部队分成小股，向西穿过意军部队。他们向西，而不是向东退却，突如其来的进攻把意大利人打得措手不及。这些英军部队深深楔入德军补给线腹地，随后开入沙漠，绕过比尔哈基姆，最后在马德莱纳与其他英国军队会合。他们死里逃生，但重武器损失殆尽，该师也没参加图卜鲁格的决定性交战。身处伦敦的温斯顿·丘吉尔仍认为能守住图卜鲁格，他在6月15日发给奥金莱克的电报中写道："把足够的军队留在图卜鲁格，确保守住此地。"奥金莱克同意后，丘吉尔又发去电报："获知你打算不惜一切代价坚守图卜鲁格，内阁深感欣慰。"

当然，隆美尔已想出攻克图卜鲁格的新花招。为误导敌人，他命令麾下机动部队绕过图卜鲁格，仅以步兵力量逼近要塞西部防御地带。此举是想给英国人留下这种印象：隆美尔打算像去年那样，绕过图卜鲁格，径直攻往埃及边境。隆美尔亲自率领第90轻装师，6月19日到达拜尔迪。他迅速发出几份明码电报，第200装甲通信营的卡尔·多恩坐在无线电通信车里嘟囔着："老家伙真够诚实的。"这些电报一再提到"四柱床行动"，所有人都认为这场行动针对的是拜尔迪，英国人也对此深信不疑。德军无线电侦听部门报告，英军指挥部发现隆美尔在拜尔迪前方，于是向司令部汇报："注意，隆美尔正攻往埃及边境！"这正是隆美尔这番佯动所要达到的目的。于是，他迅速返回，找到在图卜鲁格东南面待命的非洲军和意大利第20摩托化军辖内几个突击师，率领他们调转方向，趁夜间逼近英军要塞。

6月20日拂晓前不久，隆美尔和他的参谋人员来到前进指挥所。这是个周六，鲜红的阳光穿透了地面的薄雾。隆美尔独自站在那里，胸前挂着望远镜，不时看看手表。军帽帽檐遮住了他习惯性半闭的双眼。他一次次举起望远镜，查看图卜鲁格的情况，不时走到充当防护墙的小沙丘后，若有所思地来回踱步。此时是清晨，四下里一片寂静。手表指针缓缓指向5点20分。远处传来轻微的嗡嗡声，空中出现了一些小黑点。斯图卡、战斗机、轰炸机！非洲战区所有可用的德国和意大利飞机悉数出动，准备以猛烈的轰炸支援地面部队冲击图卜鲁格东南角。

"沃尔夫少校！"隆美尔喊道，身边的参谋人员脸上露出笑意。这里没有狼（沃尔夫）少校，倒是有个狐狸（富克斯）少校，是空军联络官。可隆美尔总是记不住他的名字，所以，狐狸少校成了狼少校。一名参谋军官还对隆美尔呼喊"狼少校"做出回应："狐狸少校赶紧到大将这里来！"

"沃尔夫跑到哪里去了？"隆美尔吼道，可他已经来了："富克斯少校向您报道！"但隆美尔没有改正自己的称呼："听着，沃尔夫，您能确保这些飞机准确投弹吗？"

"各航空兵中队已接到任务简报，大将先生。"富克斯回答道，就在这时，他们听见图卜鲁格要塞传来剧烈的爆炸声。80架斯图卡和100多架轰炸机投下炸弹。

首轮打击已落下，争夺图卜鲁格的第二次交战爆发开来。

要塞东南角腾起高高的尘土"喷泉"，印度军队据守在那里。破碎的铁丝网、混凝土块、武器抛入空中。呼啸的轰炸机和斯图卡俯冲而下，展开一轮轮打击，这种累积效应相当惊人，仿佛600架轰炸机投入了战斗，不断落下的炸弹摧毁了5公里防御地段上的铁丝网障碍。

德军装甲师随即投入行动。冯·俾斯麦将军指挥第21装甲师，克拉泽曼上校率领第15装甲师向前冲去，久经考验的门尼上校率领独立部署的第15"摩步旅"提供支援①。

第361装甲掷弹兵团②第1、第2营获得隆美尔特别表彰。约恩斯中尉率领的第8连，是冲击港口区的首支德军步兵部队。二级下士维尔绍斯带着他的排，粉碎了英国海军部队的抵抗。这些士兵的英勇表现，让隆美尔亲手为他们的营长克勒曼上尉颁发了骑士铁十字勋章。

第5装甲团第8连再次投入战斗。有些人还记得一年前的复活节星期一，他们那次也想攻克图卜鲁格。当时，他们已穿过恶名昭著的十字路口，可身后的英国人封闭了突破口，从背后施以猛烈打击。大多数坦克组员徒步逃回，暗自庆幸没有葬身图卜鲁格大火堆。这次会怎样？图卜鲁格要塞的防御肯定不会弱于一年前。宽阔的铁丝网、强大的防坦克壕、巧妙的炮位掩护着这座港口城市。防御力量与一年前相近，约有3万到4万人。唯一不同的是，守备部队（印度人、南非人、英国人）经历了贾扎拉防线的战斗后疲惫不堪，士气低落，对胜利缺乏信心。伦敦广播电台还雪上加霜地宣称："图卜鲁格对北非战事没有决定性。"这种说法给士气造成打击，担任要塞指挥官的南非将军克洛普发出愤怒的抗议。

---

① 译注：第15"摩步旅"谈不上独立部署，该旅隶属第15装甲师，负责指挥该师步兵力量，也就是第104和第115"摩步团"。1942年7月，该旅改称第15装甲掷弹兵旅。
② 译注：第361装甲掷弹兵团就是前文提到的第361非洲团。

第5装甲团第8连仍有两个四号坦克排，其他战车在前几天的战斗中损毁，散落在沙漠里或维修连。轰鸣的钢铁巨兽缓缓向前。晨光下，连长科赫中尉透过炮队镜查看前方状况，与此同时，工兵冒着敌军炮火，在防坦克壕上架起一座坦克桥。赢得战斗荣誉的总是突击部队，工兵默默地置身幕后，实际上，这些现代战争的杰出工匠和技术人员取得了辉煌的成就。坦克小心翼翼地向前驶去，一辆接一辆驶过铁桥。再往前几百米，就会遇到那些该死的暗堡，这些巢穴完全是在岩石上炸出来的，靠近时你才能发现。科赫的部下一年前就领教过这些暗堡的威力。

实际上，德国空军承诺的斯图卡支援，应该马上开始。每辆坦克都配备了手持式烟雾信号，以此标出德军进攻点，从而让斯图卡准确地炸毁敌人设在前方的混凝土火炮和机枪阵地。他们来了，空中炮兵及时赶到。手持式烟雾信号伸出车外。"释放紫色烟雾。"这句话在车组人员的耳机里回荡。一切进行得犹如操练场那般顺利。第一条斯图卡攻击链在坦克炮塔上方呼啸而过，投下的炸弹，准确命中前方100米外的敌防御体系。科赫中尉把头缩入炮塔，这种做法在非洲很少见，因为从淤塞的观察孔朝外张望，什么也看不见。伴随炸弹的爆炸，德军坦克全速行进，冲入前方的尘埃。

装甲掷弹兵团的步兵迅速向前，冲到敌人的机枪巢旁，用烟雾把里面的守军熏出来。

第15装甲师早晨8点30分顺利跨过宽阔的防坦克壕。工兵和突击队干得非常棒。空油桶和汽油罐抛入战壕，就在他们忙碌之际，隆美尔出现了，他敦促着："加快速度，伙计们，我们的手指已经搭在扳机上了！"随后，第8装甲团第一批坦克和第33坦克歼击营第3连的车辆，轰鸣着驶过壕沟。与此同时，工兵已在雷区清理出走廊，还剪断了铁丝网。

就像一年前那样，他们再次到达西迪马赫穆德著名的十字路口，巴尔博大道一条柏油岔路从这里通往阿代姆。但这次，这里不再是"捕鼠器"。虽说英军部署在山地边缘的反坦克炮喷吐出火舌和闪烁，不过，随后就有新一波斯图卡俯冲轰炸机呼啸而至。准确的空中支援成为德军这场地面进攻的特点，英国人对此深感意外。空中轰炸、坦克突击、步兵推进，完美的协同粉碎了英军在筑垒港口城市外围阵地实施的抵抗。当然，这是一场激烈而又艰巨的厮杀，持续了好几个小时。

第一批英军炮兵观察员投降了。德军反坦克部队以50毫米反坦克炮轰击南非人的机枪巢。这些反坦克兵一次次跳下拖车，攥着手枪冲入覆盖着瓦楞铁皮的敌掩蔽所。大多数人出来时押着俘虏，南非士兵戴着波尔人的帽子。第33坦克歼击营第3连第2排的二等兵弗里茨·霍夫曼抓获的俘虏让所有人大吃一惊，对方是个留着黑色小胡子的彪形大汉。沦为俘虏的壮汉生怕自己会被枪毙，不停地低声祷告。但霍夫曼递上一根香烟，壮汉的脸上绽露出笑容。没错，香烟！

可惜，隆美尔的精心算计还是出了岔子：意大利第20摩托化军仍在英军第一道筑垒防线前方，没有向前推进哪怕是1米。这就导致了非洲军第15装甲师快速挺进期间的侧翼暴露在外，遭到英军密集的炮火打击。科赫中尉的装甲连也没能幸免，猛烈的反坦克炮火袭向连队。另外，英军重型海岸炮兵连也掉转炮口，从海岸边以大口径火炮轰击进攻中的德军部队。坦克炮塔关闭了，这样比较安全，但战斗舱内的温度升到50摄氏度。坐在指挥坦克里的无线电报务员施罗特尔觉得自己宛如置身地狱，因为他的座位就在变速箱旁边。对他来说，这场战斗就是接收各种命令和报告。他口渴难耐，于是打开一罐英国炼乳，黏稠的奶液把他呛得咳嗽起来。施罗特尔稍稍推开舱盖，想呼吸点新鲜空气。就在这时，一发炮弹在旁边爆炸，冲击波掀开坦克舱盖，泥土和石块飞入战斗舱内。但引擎继续轰鸣，他们的坦克小心翼翼，几乎是摸索着向前行进。那里，山坡偏左侧，敌坦克！英国人再次犯了他们常犯的错误，驾驶坦克径直穿过斜坡，把自己的侧面暴露在外，这就给对方提供了更容易击中的目标，而且，侧面的装甲板厚度也不及正面。

"注意，10点方位，距离800米，敌坦克，自由射击！"科赫的命令从指挥坦克发给左右两侧隆隆行进的其他战车，这些坦克排成宽大的编队。科赫瞄准一辆马克VI型坦克，这辆战车的鞭状天线上挂着面三角旗，说明这是英军的指挥坦克。很奇怪，英国人竟然没有放弃这种做法，他们的指挥坦克暴露得太明显了。挂上三角旗，愚蠢的做法，注定要遭遇灭顶之灾，一旦击毁他们的指挥坦克，对付其他坦克就容易得多。"快点，穿甲弹，10点方位，距离800米！"

"装弹完毕！"装填手报告道。

炮手随即喊道："准备就绪！"

"开炮！"

"距离不够，再加50米！"

命中！

英军指挥坦克中弹起火。舱盖随即打开，但其他英军坦克没有搭救组员，而是转身逃离。科赫中尉的坦克朝燃烧的英军指挥坦克驶去，一名英国中尉和他的炮手爬出坦克，高举双手，两人都负了轻伤。科赫递上绷带，英国人点头致谢。可我该拿你们怎么办呢？科赫思忖着，随后做出决定："您二位得上我们的坦克了，否则还得出事。"

他们继续前进，两名俘虏隐蔽在炮塔后。第6连在左侧行进。怎么回事？弗兰克-林德海姆少尉的坦克中弹起火。从哪里射来的炮火？科赫随后看见英军一门火炮正在调整方向，瞄准他的坦克，就在前方几百米外。"加快速度，高爆弹，12点方位，反坦克炮！"太晚了，英军炮手的反应更胜一筹，炮弹直接命中。炮塔撕裂，再也无法旋转，驾驶员负伤，弃车！

车组成员爬入距离坦克20米外的散兵坑，两名英国俘虏跟着他们，其中一位掏出烟盒递给科赫："来根香烟吗？""谢谢，现在不是时候。"

他们的隐蔽地很不妙，周围不断落下炮弹。科赫觉得必须离开这个危险的地方。由于驾驶员负伤，科赫只好连跑几步，冲向他那辆受损的坦克。他坐在驾驶员座位上，把坦克开到组员隐蔽的散兵坑。几名组员和两个英国俘虏赶紧上车，他们随后驶离这片不断遭到炮火打击的危险地域。直到这时，科赫中尉才注意到腿上有块弹片。报务员施罗特尔过了很久才发现自己也挨了块小弹片。

维修中队一辆汽车开了过来，就在他们讨论能否修复这辆坦克时，一辆小型装甲运兵车到来，隆美尔坐在里面。科赫步履蹒跚地走上前去，向总司令汇报了情况。"必须把他们送到阿代姆的主救护站。"隆美尔说道，随即指示直属部队一部汽车把负伤的驾驶员、坦克指挥官、两名英国人送往后方。随行人员把坦克驾驶员送上车，随后又把他抬了下来，因为驾驶员的伤势无法保持坐姿，只好等待救护车。很快，科赫、驾驶员延奇带着两名英国俘虏坐上救护车，穿过沙漠朝阿代姆而去。激烈的战斗很快落在他们身后。科赫中尉突然想起一件事，激烈的战斗中，没人搜查过两名英国俘虏身上是否有武器。科赫的手枪留在坦克里，要是俘虏突然掏出把枪怎么办！

科赫低声问驾驶员延奇："带手枪了吗？"

"我不知道，可能在我的背包里。"延奇回答道，他也明白过来科赫问这话的意思。那名英国中尉笑了起来，慢慢把手伸入衣兜。他听懂了科赫的话，现在要掏枪了？"拿去吧，"中尉说道，顺手把他的勃朗宁塞入科赫手里，"现在想来根香烟了吗？"普雷尔斯烟的味道真不错！

图卜鲁格争夺战仍在肆虐。德军炮兵前移，以直瞄火力轰击敌军工事。非洲军第15装甲师装甲炮兵团射出一发发炮弹。第21装甲师第408炮兵营的一等兵汉斯·M.普法夫站在他那门105毫米重型火炮旁，30分钟内朝敌军暗堡射出80发炮弹。这些炮兵汗流浃背，吃力地拖来更多炮弹。犹如上天赐予的礼物，他们找到一大堆旧炮弹，是德国炮兵去年存放在这里的。这群炮兵欢呼起来："天哪，来得正是时候！"炮弹的口径完全合适。第250发炮弹射出后，该变更炮位了。然后一切照旧，开炮，把火炮挂上牵引车，前进几百米后卸下火炮再次开火。他们一次次重复这个程序，紧紧跟随先遣坦克和步兵，近距离轰击敌人的反坦克炮和机枪巢，守军根本无法抵御。傍晚6点30分，第15装甲师把敌人逐出杰卜尔杰塞姆堡，当晚7点，皮拉斯蒂诺堡投降。现在，这片筑垒战场的三分之二落入德国人手中。

隆美尔率领集团军直属部队参加了非洲军这场决定性突破。他这股力量称为"总司令直属部队"，但通常冠以指挥官的名字，叫"基尔直属部队"。这股直属力量由隆美尔亲自掌握，是沙漠战期间形成的快速作战力量的理想模式，兵力约为一个营，编有一个装甲连，一个反坦克炮和高射炮混编连，配备75毫米自行火炮、50毫米反坦克炮、37毫米反坦克炮、20毫米高射炮，还有个装甲侦察车和通信车排。利用这股力量，隆美尔多次介入关键地点的战斗。他在靠近城镇的山坡摧毁了敌人的暗堡，而在著名的图卜鲁格十字路口，隆美尔这位地雷专家和他的部下，徒手排除了反坦克障碍的地雷，为他们的车辆肃清道路。在图卜鲁格前方，来自萨尔州弗尔克林根的二等兵库尔特·金德，从他的总司令那里学会了如何排除沙地里这些"魔鬼的蛋"。

此时，图卜鲁格要塞指挥官克洛普将军绝望地坐在防御地带中心的指挥部里。德军刚刚发动进攻，他的指挥部就遭到斯图卡轰炸。新指挥所也挨了颗炸弹，就这样，要塞指挥官在关键时刻从一处转移到另一处，与麾下部队的联系中断，从中午起，克洛普再也没能发出命令。飞往埃及汇报情况的里奇将军，从尼罗河眼睁睁地看着图卜鲁格的垂死挣扎。镇内火焰四起，克洛普致电里奇："态势已然无望，我打算向西突围。"

开罗焦虑不安，伦敦如坐针毡。克洛普随后发出最后一封电报："太晚了，大多数车辆损毁，我们已无法移动。我会继续抵抗，直到最重要的物资悉数摧毁。"克洛普将军在报告里没有提到，他那支警卫部队的一些士兵，抢走他的指挥车后驱车逃离。图卜鲁格这座传奇性堡垒，守军一年前成功抵御了隆美尔历时28周的围攻，现在却土崩瓦解。先前的贾扎拉交战、密集的炮火、斯图卡的猛烈攻击、非洲军势不可挡地攻入雷区和铁丝网防御带，严重削弱了第8集团军久经考验的部队。

6月21日清晨5点，隆美尔驱车驶入图卜鲁格镇，直属部队紧跟在他身后。整个镇子沦为废墟瓦砾，完好无损的房屋所剩无几。可除此之外，码头和街道上满是残垣断壁、碎石瓦砾。港口船坞里停泊着许多船只残骸，有一些是被第21装甲师的直瞄火力击沉的，桅杆和烟囱凄惨地伸向空中。上午9点40分，隆美尔在巴尔博大道接受了克洛普将军的投降。隆美尔先前驶过燃烧的车辆和炸毁的物资仓库，对英军爆破队的行径气愤不已，他怒气冲冲地朝克洛普吼道："要是您继续破坏车辆，我就不得不让您的部下徒步穿越沙漠；要是您继续炸毁食物仓库，您的部下就没东西可吃了。"

克洛普镇定地回答道："大将先生，我只不过是奉命行事而已。"他又以更加平静的口气补充道，"我从没下达过炸毁食物仓库的命令。"隆美尔和拜尔莱因要求这位战败的将军跟随德军车队返回图卜鲁格镇。3.3万名俘虏踉踉跄跄地走向战俘收容点。艾伦·穆尔黑德在他的书里描述了此次交战："这是场惨重而又彻底的失败。仅从装备方面而言，敌人就缴获了沙漠中前所未见的最大一笔财富。通往埃及的道路已敞开，仅用一天就征服图卜鲁格的隆美尔，决心沿这条道路攻往埃及。"没错，这就是隆美尔，他很快会伫立在尼罗河畔吗？在开罗谢泼德酒店的酒吧里喝杯威士忌，他那些军官还记得昔日的梦想吗？看上去很有可能，隆美尔也希望如此，他在日训令里写道："非洲装甲集团军的将士们！彻底歼灭敌人的时候到了。接下来几天，我会再次要求你们付诸巨大的努力，从而实现我们的目标！"

我们的目标！

他的目标是尼罗河，图卜鲁格的胜利不过是实现目标的踏脚石而已。

隆美尔大将的声望一时间如日中天。他收到拉斯滕堡发来的贺电，元首擢升他为陆军元帅。从现在起，我们得叫他"隆美尔元帅"了。率领非洲军装甲部队艰苦奋战的瓦尔特·内林擢升为装甲兵上将。隆美尔把自己的几颗大将星送给内林，祝贺他晋升。墨索里尼也把卡瓦莱罗和巴斯蒂科将军擢升为元帅。

攻入图卜鲁格的官兵获得晋升，还以他们的方式接受了日训令的激励，另外，大量战利品也令他们喜笑颜开。卡尔·多恩弄回一箱真正的德国血肠，第200装甲通信营的官兵兴奋得像孩子。这是英国人一年前从德军手里缴获的，现在物归原主，这箱血肠成了胜败转换的象征。

▲ 1942年6月20日拍摄的这张照片是一份有趣的战争史文件：隆美尔正同非洲军军长瓦尔特·K.内林（右）、装甲集团军情报处长冯·梅伦廷研究进攻图卜鲁格的方案。

▼ 隆美尔装甲集团军攻克图卜鲁格，这里已沦为废墟瓦砾。投降前，克洛普将军的南非部队纵火焚烧油罐和补给仓库，大火肆虐了好几天。

▲ 表情严肃！1941年12月危机期间，隆美尔和他的作训处长韦斯特法尔中校置身图卜鲁格南面的作战地域。

17

海军上将卡纳里斯介入

开罗的奇巧酒吧，夜生活要到午夜过后才真正开始。此时，微风从尼罗河拂来，棕榈树婆娑。黑黢黢的星空俯瞰着抛光石板铺就的舞池，只有长长的吧台没有暴露在外，这道半圆形吧台环绕着舞台和舞池。此处是开罗所有歌舞表演酒吧最优雅的所在，四面高墙环绕，不给窥探者任何机会。身着盛装的迎宾员，一次次对乘车到来的贵宾鞠躬。男士揣着鼓鼓的钱夹，女士穿着优雅的裙装。1942年炎热的夏夜，阿拉伯人和欧洲人仍能在这里找到和平时期的一切乐趣。

尽管埃及是大英帝国投入北非战争的军事基地，开罗成为英国繁华的"后方兵营"，但埃及是个中立国，法鲁克国王和他的内阁希望在英国高级专员的阴影下展现出中立性。因此，战争与和平状态在开罗并存。起初，许多人只感受到战争带来的好处，特别是在商业领域。到了晚上，身着便装的英国和埃及军官就来这里找乐子。开罗富裕的年轻人、达官贵人的儿子、大地主、黑市商人，带着大把钞票来到这里的夜间销金窟。

寻欢作乐的不仅有钱包鼓鼓的埃及贵人，也有阿拉伯石油经理，身旁的女伴珠光宝气，别忘了，还有活在战争边缘的人，这些谍报机构的人员进行各种阴谋诡计，以及间谍工作的危险勾当。他们都想在夜间喝上一杯贵得要死的威士忌加苏打、佩诺茴香酒或杜松子汽酒，看重声誉的人只喝香槟。

灯笼发出的彩色光线照亮花园。交谈声嗡嗡作响，欢笑声不时出现。东方人喜欢热闹。乐队奏起美妙的欧洲探戈和欢快的狐步舞，其间还穿插此地的特色：阿拉伯舞。今晚会有一位特别嘉宾莅临，她就是近东最美丽的肚皮舞者赫克马特·法赫米。无论她在何处表演，总能赢得雷鸣般的掌声，年轻的侍者来回奔波，送上有钱的仰慕者赠送的一束束鲜花和名片。赫克马特出行就像个女王，大批资助人和朋友组成了庞大的"护卫队"。可她真正感兴趣的是个年轻的埃及新贵，近期才出现在开罗社交圈。此人名叫侯赛因·加法尔，不仅有钱，也很幽默，他热爱生活，还有大把时间，这都是赢得著名舞蹈家友谊的重要因素。所有人都觉得他是个有钱的闲汉，实际上，他是德国间谍，真名叫做汉斯·埃普勒尔，他和他的朋友汉斯·格尔德·赞德施泰德来开罗执行特别任务。赞德施泰德扮成个出生在爱尔兰，疯疯癫癫的美国人，使用美国护照规避了英国的兵役。他那份假护照上的名字是彼得·芒卡斯特，昵称是桑迪。

奇巧酒吧里的最后一张小桌也坐得满满当当。一对对男女伴随着时下流行的乐曲"太阳与月亮有约，可月亮没来"翩翩起舞，坐在桌子旁的客人哼唱着"可月亮没来"。真是讽刺，因为今晚的月光皎洁无瑕。

侯赛因·加法尔环顾四周，寻找着侍者。他的目光随后落在吧台旁边的一张大桌子，那里坐着六名身着便装的年轻埃及军官。安瓦尔·萨达特少尉也在其中。他经常和一名肩膀宽阔的中尉一同来这里，那人名叫阿卜杜勒·纳赛尔，有时候会从埃及南部的驻地来开罗。军营里提到他们俩的名字，其他军官会心照不宣地眨眼示意：纳赛尔和萨达特都不是英国人的朋友。他们属于争取埃及独立的若干小团体之一，网罗了各种不满分子，正在等待时机。他们甚至反对国王法鲁克，反对那些与英国人沆瀣一气的帕夏。他们密谋，企图发动革命。但到目前为止，大多数埃及人对此一笑置之。侯赛因·加法尔与萨达特的目光在奇巧酒吧相遇："您好，您也来了！"但这仅仅是目光的问候，这种交流只需要一秒钟。除此之外，没有任何手势，没有任何暗示，也没有任何面部表情能说明他们是老相识。

舞曲还没结束，酒吧里突然骚动起来。这是刚来的宾客造成的，他们拿着报纸的号外，情绪激动地交谈着。他们在说什么？众人一次次听到"图卜鲁格"

这个地名。图卜鲁格！一份号外突然出现在几名埃及军官的桌上，其中一人拿起报纸，大声朗读头条新闻，惊人的消息迅速传播开来。不明就里的人向侍者打听情况，还有人干脆询问酒吧里的跑腿小厮，这帮小家伙聪明、调皮，表面上殷勤有加，骨子里却有股傲慢。他们凑到英国人的桌子旁，没等对方再次询问就回答道："隆美尔只用一天就攻克了图卜鲁格。第8集团军溃败，追击他们的德国人越过埃及边境。他们来了，先生，他们往开罗来了。"这帮小家伙带着傲慢的镇定，扬起眉毛强调道，"也许后天这里就会跳起阿勒曼德舞，隆美尔帕夏会和他那些军官坐在这张桌子旁喝威士忌。"这番话很放肆，可他们提到"隆美尔帕夏"时流露出钦佩之情，看见英国听众的惊惧神色，这帮小厮的眼中闪过一丝快意。

"该死的！"一位表情严肃，满头灰发的绅士喃喃地骂道，几分钟前，他彬彬有礼地请求和侯赛因·加法尔、桑迪他们拼桌。他随即为毫无绅士风度的这句话表示歉意，但化名侯赛因·加法尔的汉斯·埃普勒尔同情地点点头："的确是个坏消息！"

"糟透了。"这位绅士说道，从一百米外就能认出他是个身着便装的英国殖民地官员。他又补充道："难以置信！"语气里流露出一丝尴尬，但这位邓斯坦少校完全能控制自己的情绪，因为他是英国情报机构驻开罗的头头，用德语来说就是阿布维尔负责反间谍的三处处长。

"该死的隆美尔！"侯赛因·加法尔也骂道，一旁的朋友桑迪对他惟妙惟肖的愤慨感到震惊。但这种惟妙惟肖让邓斯坦少校相信，他遇到的是个对英国友好的年轻埃及人。于是，少校又说道："没错，这家伙就是魔鬼，天知道他是怎么做到的。图卜鲁格！去年坚守了八个月，可现在，一天就沦陷了！简直令人难以置信！"

侯赛因激动地反驳道："第8集团军没有覆灭，3万名官兵被俘，这没错，可埃及境内到处都是英国将士。还有第10集团军，他们在叙利亚干什么？肯定会开过来和我们一同保卫这里，他们不会让开罗沦陷的。"他特地强调了"和我们一同"。

邓斯坦少校犹豫了片刻，但他看见侯赛因满怀热情的目光，终于忍不住说道："先生，只管放心好了。隆美尔杀过来的话，第10集团军绝不会在叙利亚袖手旁观的。"

桑迪眼含笑意说道："太好了，真是个好消息！"

侯赛因故意说道："当然是个好消息，另外，我们还有一支埃及军队。"

邓斯坦少校掏出普雷尔斯香烟，指指萨达特和他那些朋友围坐的桌子："埃及军队？请原谅，我无意冒犯，可你看看坐在那里的那帮家伙，你觉得他们会为图卜鲁格的陷落而焦虑吗？"

桑迪刚想说点什么，侯赛因把手搭在他胳膊上："赫克马特·法赫米来了。"就在这时，雷鸣般的掌声响起，打断了所有交谈，赫克马特出现在舞台上。邓斯坦少校说道："简直是奇迹，就像空中花园那样的奇迹！"

舞台上的女人，美艳不可方物，是个阿拉伯美人，而不是美国那种长腿姑娘。这位阿拉伯美人身材曼妙，姿势勾魂夺魄，眼神充满诱惑。这才是埃及真正的形象。多么完美的舞蹈艺术啊！除了开罗，你在任何地方都看不到这种舞蹈，无论是柏林的冬季花园还是斯卡拉歌剧院，抑或巴黎的女神游乐厅，伦敦皮卡迪利大街上的巴黎咖啡馆。别说奇巧酒吧，就连整个开罗，知道这位美女是德国情报机构重要消息来源的人也寥寥无几。

赫克马特跳完一支舞，掌声雷动，疯狂欢呼的观众抛上一束束鲜花。就在这时，发生了不寻常的事情。年轻的埃及军官桌上传来的喊声响彻大厅："赫克马特，跳一支图卜鲁格华尔兹！"他们是用阿拉伯语喊的，但许多英国人听得明明白白。犹如一道闪电穿过大厅，整个酒吧开了锅，干杯！邓斯坦少校跳了起来，眼中闪过一抹厉色。这道闪电突然在这里，在这间酒吧，清晰地暴露出埃及的问题，这个问题动摇了埃及的殖民主义控制链。

隆美尔这道闪电击中了整个开罗。一份份号外迅速推出，一群群民众讨论着报上的新闻。从尼罗河传来的喊声和歌声清晰可辨，那里的瓦格比尔凯特大道上，学生的游行示威如火如荼，他们高呼："前进，隆美尔！"

1942年6月21日，华盛顿的夜晚也很炎热。温斯顿·丘吉尔和富兰克林·D.罗斯福待在距离开罗1.2万公里的白宫。英国首相飞抵美国，与美国总统商讨战争局势。不过，他们之间没太多好消息可供交流。从法国—西班牙边境到纳尔维克，整个欧洲几乎彻底落入德国人手里。日本人在亚洲胜利进军。新加坡投降了，希特勒的潜艇击沉了大量商船。苏联境内，一个个德国师攻往伏尔加河，斯大林紧急呼吁盟国开辟第二战线。可美国和英国该在哪里打击希特勒呢？

尽管如此，罗斯福和丘吉尔还是为他们能相互扶助而感到高兴。两人正在总统办公室讨论以下问题：隆美尔是否有足够的兵力再次围困图卜鲁格。就在这时，一名军官走入办公室，敬礼后，把一份电报递给总统。罗斯福看了看，随即又仔细读了一遍，脸上的表情僵硬了。会谈戛然而止，人人都意识到出事了。

罗斯福把电报递给丘吉尔。英国首相读罢，脸色苍白。电报里写的什么？这几分钟的戏剧性场面，最真实、最激动人心、最令人印象深刻的描述莫过于丘吉尔本人的回忆录："电报上写着：'图卜鲁格投降，2.5万人被俘。'我简直无法相信这个惊人的消息是真的。于是，我请伊斯梅尔勋爵打电话给伦敦，进一步弄清情况。几分钟后，他给我带来哈伍德海军上将从亚历山大港发来的报告：'图卜鲁格已陷落，情况严重恶化，亚历山大港可能很快会遭到猛烈空袭。鉴于月圆时期即将到来，我正把整个舰队从东地中海调到运河以南，以防不测。'"

丘吉尔回忆录继续写道："这是我在整个战争期间所能记得的惨重的打击之一，不仅造成恶劣的军事影响，还严重玷污了英国军队的声誉。新加坡，8.5万名英国官兵向数量少得多的日军投降，现在，2.5万名（实际上是3.3万名）久经沙场的英军将士在图卜鲁格向兵力也许只有他们一半的敌人缴械投降。如果这种情况是沙漠军队作战士气的典型代表，那么，我们根本无法应对非洲东北部面临的灾难。我不想在总统面前掩饰我的惊惧。这是个痛苦的时刻。失败是一回事，耻辱则是另一回事……罗斯福总统只是问道：'我们怎样才能帮助你们呢？'我毫不犹豫地回答道：'尽可能把你们能拨出的谢尔曼坦克多给我们一些，尽快把这些坦克运抵中东。'"

罗斯福和丘吉尔仍满怀希望，尽管这种希望在1942年的严峻形势下显得模糊而又危险。他们打算制造原子弹，这个项目滑稽可笑的代号是"合金管"。英美科学家正在研究核裂变的秘密，最终目的是制造一颗原子弹。罗斯福和丘吉尔不知道德国科学家在这方面进展如何，担心对方可能会领先于英美科学家，但1942年夏季，两人还是下定决心，全力以赴，继续从事"合金管"项目。

就这样，两位政治家决定制造原子弹。我们这个时代最大的幽灵就此进入战争舞台。这是永载人类历史的一刻。而决定这一刻的是他们对隆美尔的恐惧。因此可以说，原子时代始于德国人在图卜鲁格赢得胜利的阴影下。

可原子弹能及时造出来吗？待原子弹出现，埃及会不会已然沦陷？隆美尔6月21日已跨过埃及边境攻往马特鲁港，他的目标是亚历山大、开罗、苏伊士。他与阿拉伯的心脏地区仅隔几百公里。大英帝国的埃及基地，似乎命运已定。

对中东地区英国势力构成威胁的不仅仅是德国人。在开罗老城区，以及该地区的驻军中，各种密谋组织屡见不鲜，他们想把埃及从英国的统治下解放出来。目前，他们只是政治、军事小团体，仅仅出于对英国人的仇恨，以及埃及获得自由的梦想走到一起，还谈不上真正的团结。可这些团体每天都有可能发展成危险的组织。要是德国人为实现自己的目的使用同谋者的话，那么，萨达特少尉和纳赛尔中尉身边狂热的军官、马斯里帕夏将军的朋友、佐勒菲卡尔少校和阿卜杜勒·劳夫少校的亲信就是一支第五纵队。

早在1940年，国防军最高统帅部就有这个想法。

1940年春季，阿布维尔一名少校构思了大胆的方案。当年夏季，阿布维尔一处这名少校在布达佩斯结识了昔日奥匈帝国的陆军上尉拉斯洛·冯·阿尔马齐伯爵。阿尔马齐熟悉沙漠，作为测绘专家，曾在埃及政府的制图机构任职多年，他飞越过撒哈拉沙漠，在开罗结交了很多朋友。阿布维尔如获至宝，随即授予阿尔马齐德国空军上尉的头衔。阿尔马齐为德国人的事业提出首个建议：争取埃及陆军总参谋长马斯里帕夏的支持，英国人1940年1月初把这位将军打入冷宫。

马斯里将军是英国的敌人，他同情阿卜杜勒·纳赛尔那些少壮派军官，和许多人一样，他期盼德国战胜英国，认为这样一来，埃及就能获得自由。此人也许能成为德国一方强有力的王牌。

德国空军少校兼阿布维尔情报军官尼古劳斯·里特尔提出，必要时把马斯里绑架到德国，这让柏林的军事情报局（阿布维尔）深感震惊。卡纳里斯海军上将起初觉得这是个疯狂的计划，但想象力丰富的海军上将很快改变了想法，他在备忘录里写道："执行马斯里计划，四周内提交报告。"

里特尔以第10航空军的力量组建了一支特别突击队，随后与匈牙利驻开罗公使取得联系，此人刚刚返回布达佩斯述职。德国人起初没把实情告知这位聪明的外交官，只是说联系马斯里将军的目的是想在开罗设立一部秘密电台，用于传递重要的天气预报。这番托词活灵活现，最后一个借口甚至是真的。匈牙利公使答应帮忙。

与此同时，里特尔少校把他的特别突击队增加到10人。除了冯·阿尔马齐，其他都是阿布维尔成员：报务员、译码员、口译员、司机。这些专业人士来自翻译公司或国防军最高统帅部设在施坦斯多夫的通信机构。

在布达佩斯，匈牙利公使把里特尔的秘密电台塞入外交邮袋，顺利带到开罗。出于外交方面的谨慎，他没同意把电台设在公使馆，而是把它交给为匈牙利效劳的一名奥地利籍牧师。这位牧师是个积极踊跃的情报人员，经常对朋友说："要是我不得不交代我在开罗的活动，就很难侍奉上帝了。"通常他会若有所思地补充道，"热爱自己的祖国，这个理由能得到原谅吗？"好吧，匈牙利牧师希望上帝能原谅他。为安置电台，他找了个所能想到的最安全的地方：开罗舒卜拉区圣特蕾莎教堂的祭坛下。

公使和他的报务员成了虔诚的教会信徒，因为只有这样，他们才能在不引起怀疑的情况下前往"工作地点"。他们只能在祷告期间发报、收报。就这样，秘密战的历史揭露出丑恶的事实：开罗的圣特蕾莎教堂里，赞美颂在中殿回荡之际，躲在祭坛下的报务员发出电报："注意，注意，RBQX呼叫总部，请回复！"德尔纳的阿布维尔分支机构回复后，报务会发送以下情报："第一点，天气预报。"随后是准确的天气报告。"第二点，帕夏今天报告……"接着就是马斯里提供的情报，他的代号是帕夏。

马斯里最初建议德国人派一艘潜艇，到尼罗河三角洲的贝罗洛湖把他接走。这当然是不切实际的。双方最终约定，派一架德国飞机，在距离开罗不太远的沙漠里某个预先约定的地点接走马斯里。

德军1941年5月20日夺取克里特岛后，里特尔终于从第10航空军弄到两架He-111，用于执行帕夏行动。这两架飞机调自第26战斗机中队。冯·阿尔马齐对沙漠了如指掌，早已选中绿洲公路上红山附近某处作为会合点。

帕夏从开罗出发的话，用不了几个小时就能到达会合点。他必须在日落前一小时赶到，放好指引飞机降落的十字标志。然后，里特尔的一架He-111就会降下来接走他，另一架飞机留在空中以防万一。

两架飞机做好起飞准备，可圣特蕾莎教堂经德尔纳发来电报称，马斯里出了车祸，无法按时赶到会合点。不过，1941年6月7日星期六，马斯里伤势痊愈，时机终于到来，他会在下午3点出发。

哈勒尔上尉和里特尔少校驾驶备用机，布莱希上尉担任观察员。冯·阿尔马齐驾驶第二架He-111，负责接送马斯里。两架飞机都标有德国空军徽标。

德国飞机傍晚6点到达约定的着陆点，可什么也没看到。冯·阿尔马齐降低速度，沿通往开罗的公路低空飞行，想看看马斯里是否仍在路上。一无所获！15分钟后，他调转方向。开罗的一座座尖塔就在他前方，沐浴着夕阳。离埃及首都咫尺之遥，英军总司令部就在那里。可马斯里在何处？计划泄露了吗？

次日晨，报务员在规定时间从开罗圣特蕾莎教堂发来电报："帕夏可能被捕了。有可能叛变。我们的电台和位置处于危险中，因此中断联系，结束。"

究竟出了什么事？直到战争结束很久后，我才获得解答这个问题的各种信息。

马斯里想搭乘埃及军用飞机前往约定的会合点。他很信赖埃及空军中队长侯赛因·佐勒菲卡尔，于是，侯赛因把出行日期定于他在开罗赫利奥波利斯机场值班那天。当然，还得把内情告知飞行员。飞机加油时，飞行员去控制塔报备。英国飞行控制员心生疑窦，盘问了几句。起飞后，没过几分钟，由于一架英国飞机出现，飞行员又把飞机降了下来。他是吓坏了，还是没能重新控制住飞机？不管怎样，他驾机紧急降落，掠过一片树林，撞上橄榄树树冠。飞机损毁，飞行员逃离。一名埃及警卫把马斯里将军从树上救下。幸亏警卫人员听命一群致力于革命的埃及军官。与赫利奥波利斯机场电话联络后，英国飞行控制员下令逮捕马斯里将军，抵抗组织里有个年长的埃及少校，立即挺身而出，与马斯里将军互换身份。马斯里逃走了。直到三个月后，英国人才发现弄错了，他们找到并逮捕了正确的目标。埃及人本该严密看守马斯里，可他没回营地睡觉，而是到处乱跑，埃及人对此置若罔闻。就这样，马斯里与纳赛尔身边的密谋分子始终保持联系，他后来在巴勒斯坦被捕。

但里特尔特别突击队对这些情况一无所知。的确，开罗有个运作良好的意大利通信网，由一位名叫纳尼的军官领导。德国军事情报局通过他们派驻雅典的机构进入"罗伯托"网络，1941年5月到1942年1月，他们从这个意大利间谍网得到许多情报。但意大利人的情报并不总是可靠的。1941年6月中旬，柏林蒂尔皮茨河岸召开会议[①]，卡纳里斯亲自主持。这位海军上将指出："隆美尔需要来自埃及这座英国基地的情报。他的策略主要基于计谋和突然性。任何对他有帮助的情报，都抵得上20辆坦克，顺便说一句，他没有得到任何坦克，因为坦克都送到俄国前线去了。"

会议决定采取一场新的大胆行动，派两名特工潜入开罗和海法。

柏林会议结束后不久，两张新面孔出现在里特尔特别突击队设在德尔纳的营地。其中一位面目和善，50来岁，聪明灵活，看上去很像犹太人，名叫克莱因，他们叫他帕塔雄。另一位长着双蓝眼睛，看似热爱运动，名叫米伦布鲁赫。两人的阿拉伯语都很流利，米伦布鲁赫甚至能说好几种方言。他们俩在阿拉伯国家生活过多年，克莱因在亚历山大，米伦布鲁赫在海法。他们的任务是返回这些城市，建立秘密渠道，招募间谍，设法联系埃及密谋组织，从而扩大情报来源。这是德国情报机构首次尝试派特工潜入大英帝国的埃及基地。

他们长时间讨论了使用何种潜入路线。潜艇？不行。驱车穿越撒哈拉沙漠？不可能。那就只能用飞机空投了。

一条商队路线从费拉菲拉绿洲通往尼罗河畔的代鲁特。冯·阿尔马齐知道，距离尼罗河100公里左右有一座山丘，是沙漠里的地标。山丘南面有一片宽阔的坚土地带，可供飞机降落。从德尔纳飞过去的话，飞行时间不到4.5个小时，也就是说，往返一趟只需要9—10小时。问题是，两名特工下了飞机，如何跨过100公里的沙漠赶往尼罗河谷呢？步行？必死无疑。冯·阿尔马齐想出个办法，战前他曾驱车驶过这条路线。飞机上当然无法携带汽车，可摩托车呢？带上一辆摩托车显然不成问题。他们仔细测量、计算了一切：距离、时间、重量、油耗、食物、服装、钞票等等。这番计算仍在进行之际，他们花了很大力气找到一辆轻便摩托

---

① 译注：蒂尔皮茨河岸是德国军事情报局，也就是阿布维尔总部所在地。

车，飞机也赶来了。到1941年7月16日，一切准备就绪。

德尔纳机场上空的气流不利于飞行，行动的开局很不顺利。负责运送两名特工的飞机爆了个轮胎。里特尔面临的问题是：推迟行动还是更改方案？

他做出决定："行动必须继续进行！"备用机运送特工，受损的飞机在空中警戒。就这样，他们起飞了。起初保持低空飞行，进入敌方空域后拉高到2000米。即便这个高度，空气中依然充满沙尘。于是，他们拉高到3000米，4000米。引擎轰鸣着，一小时，两小时……飞行近五小时后，观察员看见了那道山脊，高度降到几百米。太阳在他们身后渐渐落下，得抓紧时间了。负责警戒的飞机在1000米高度盘旋，机组人员嘟囔着："他们怎么还不降落？"里特尔少校也问道："我们为什么不降落？"可年轻的飞行员仍在寻找合适的降落地点。莱希特上尉命令道："伙计，降下去！"睡在炸弹舱里的克莱因和米伦布鲁赫也惊醒了。

放下襟翼，稳住！

飞机现在不得不着陆了。

但飞行员继续驾驶飞机贴近地面。

莱希特上尉朝飞行员吼道："伙计，赶紧降落！"可飞机没有降落。白昼像沙漏里的沙子那样迅速流逝，再过几秒，夜幕就会降临。届时，没人能看清这片硬质地面上有没有石块，毕竟这是一条天然跑道。

"降落，伙计，赶紧降落！"

他们抛出烟幕弹，腾起的烟雾清晰地指明了风向。飞行员准备着陆，可随后又把飞机拉起。

"怎么回事？"里特尔吼道。他们很快就明白怎么回事了。远处，一辆英军侦察车拖着滚滚尘埃，慢慢驶过这片地区。由于携带了大量油料，He-111起飞前拆除了机炮和装甲板，因而不敢投入战斗。于是，飞机迅速飞离，兜了个大圈后重新折返，飞行员再次准备降落。落日投下奇怪的阴影，覆盖了高低起伏的地面。He-111现在必须着陆了，所有人紧紧抓住固定物，可飞行员又一次拉起飞机。莱希特上尉扭头望向飞行员，目光充满疑问。

"地面太颠簸了，我们会撞毁的。"满脸通红的飞行员解释道。

"天哪，那只是阴影！落日的余晖下，每英寸泥土看上去都像半米高的障

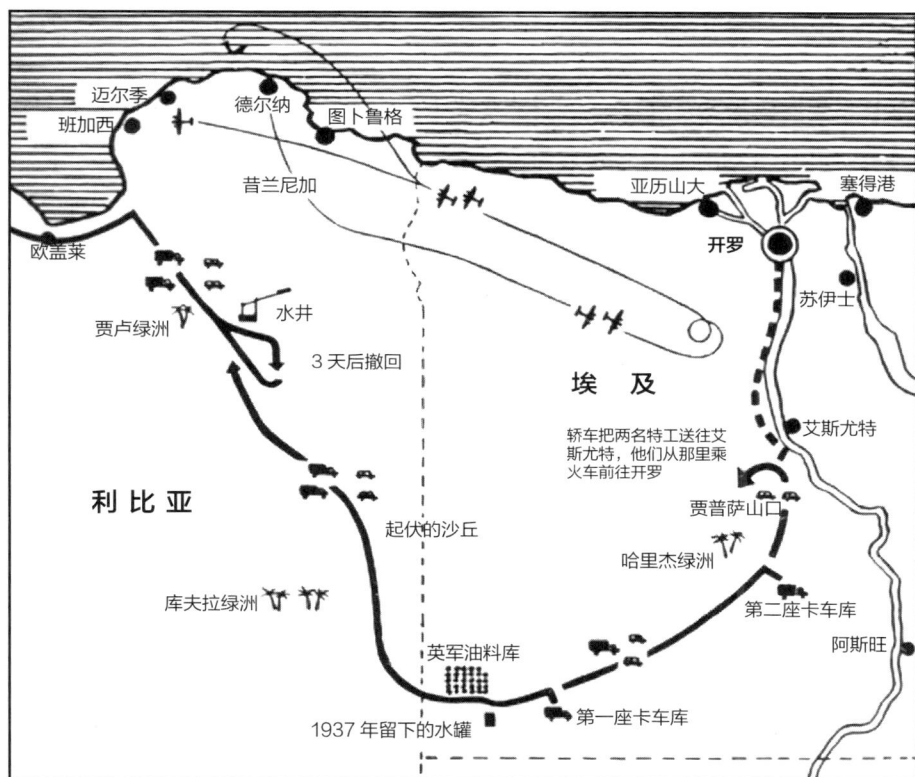

▲ 秘密特遣队赶赴开罗，为隆美尔刺探情报。细线是特工克莱因和米伦布鲁赫徒劳的飞行；粗线代表埃普勒尔和赞德施泰德执行秃鹰行动的3000公里路线。

碍物！这里的地面平坦得就像滕佩尔霍夫机场的跑道。"莱希特上尉吼道，"降下去，降下去！"

太晚了。

飞行员已拉起飞机，盘旋着准备重新着陆。飞机再次进入逆风方向时，太阳消失了，尽管如此，飞行员再次尝试降落。

"注意！"

"收油门！"

此时的地面犹如覆盖了一块黑布，非洲的夜晚降临了。年轻的飞行员不敢贸然着陆。"我没法做到。"他喃喃地说道。里特尔和莱希特紧盯着他。

"中士，您知道您在做什么吗？"里特尔厉声问道。可这名航空兵中士的态度强硬起来："少校先生，我得为这架飞机负责，要是坠毁的话……"他没有说下去，所有人都知道他想说什么。如果飞机坠毁，会追究他的责任，他这架飞机受领的任务不是降落，而是在1000米高空盘旋警戒。执行着陆任务的应该是目前在空中盘旋的另一架飞机，那名飞行员是个经验丰富的老手。

"只能让特工跳伞了。"莱希特说道。

"可摩托车怎么办？"里特尔问道，"他们俩没法步行100公里，穿越沙漠赶往尼罗河谷。我们只准备了三天的食物和饮水，步行穿越沙漠至少要一周时间。"克莱因和米伦布鲁赫躺在炸弹舱里，不清楚出了什么状况。

米伦布鲁赫爬上机舱，凑到里特尔身边问道："少校先生，怎么了？"里特尔恼火地摆摆手，转身对莱希特说道："不行，不能跳伞，只好推迟行动了，希望战斗机中队还能为我们提供飞机。"

"希望如此，"莱希特上尉说道，随后又强调，"但愿如此！"

"返回德尔纳。"里特尔恼火地下达了命令。米伦布鲁赫摇摇头，爬回炸弹舱，把情况告知克莱因。所有人沉默不语。莱希特的手指轻轻敲击着观察员的座椅扶手。里特尔自责不已，因为是他决定更换飞机的。他甚至能想象，把这起不幸告知冯·阿尔马齐后，对方失望的表情。

引擎的轰鸣和飞机的震颤令人昏昏欲睡。透过驾驶舱向外望去，几百万颗星星在非洲的夜空中闪烁。

无线电报务员摆弄着电台，调到接收状态。规定的通信时间到了。他凝神倾听，很快收到德尔纳发来的电报，短长，长短，长短……他用铅笔迅速记录着，随后报告："德尔纳不许我们降落。敌人发动攻击。飞往备用机场！"

真倒霉，所有人的目光盯向仪表盘的油量表。能坚持到班加西吗？"要绕行350公里，也许我们能做到。"莱希特上尉说道。就在他们计算燃料和航程时，飞机左引擎噼啪作响，调整一番后无济于事，引擎出故障了。

现在只有一条路，哪怕英国人正在空袭，也得飞往德尔纳。突然，机尾的机枪吼叫起来，朝一架英国轰炸机扫射。飞行员迅速降低高度，兜了个大圈规避敌机。一切阴谋都是为了破坏这场行动吗？

"电台无法收电。"报务员报告。

"寻找海边的紧急着陆点。"里特尔命令道。

"做不到，少校先生，我怎么能在狭窄的海边找到着陆点呢？"飞行员说着，把飞机降得更低。

"那我们就在海面上迫降！"莱希特说道。

"燃料只够飞行20分钟了！"

"报务员，发出海上紧急迫降信号，"莱希特冷静地说道，"飞行员，在海面上迫降前，别忘了放下尾翼。"

外面一片漆黑，死一般的沉寂，引擎已停止转动。

"抓紧！"

剧烈的冲击！但这架He-111浮在海面上，空油箱提供了浮力。

报务员、飞行机械师、克莱因和米伦布鲁赫及时爬到后舱门。He-111的尾部率先撞上海面，突然间产生的制动效应导致驾驶舱遭到重击，在水面下断裂。米伦布鲁赫被一只滑动的板条箱夹住，其他人顺利逃到紧急出口，四下里漆黑一片，再加上紧张不安，他们没发现米伦布鲁赫出事了。机组人员打开舱门，迅速爬到机身上，随后取出救生艇。飞行员朝他们这里游来，可米伦布鲁赫在哪里？里特尔少校和莱希特上尉又在何处？

无线电报务员爬入机舱，遇到压碎的机架、摩托车、食品箱，随后摸到一条腿，是米伦布鲁赫！报务员喊道："米伦布鲁赫！"对方一动不动，更没有回答。米伦布鲁赫的头部和胸部被箱子紧紧卡住，不是死了，就是身负重伤昏迷不醒。报务员无法穿过机舱进入驾驶室，只好爬了回来。

驾驶舱出了什么状况？海水从舱门灌入，毫发无损的飞行员从这扇舱门逃生。但飞机迫降时，里特尔的头撞在驾驶舱内壁，他昏昏沉沉地坐在座椅上。海水漫到膝盖处，里特尔右臂受伤，他试图站起身，但纯属徒劳。莱希特上尉坐在他前方的观察员座位上。海水涨到胸口位置。莱希特浑身乏力，可还是竭力离开座椅，他的胳膊无力地垂在水里，头部后仰。"莱希特，"里特尔喊道，"莱希特，动一动，我们得离开这里，您情况怎样？”莱希特嘟囔了几句，随后恢复了意识，努力朝舱门而去。里特尔用肩膀把他推了出去。莱希特脱困了，他滑入水中，其他机组成员把他拉上救生艇。

里特尔爬到飞行员座椅上，全凭左臂朝逃生舱门而去。他滑倒了几次，跪在驾驶舱内喘了口气，随后听到莱希特的喊叫："少校先生，快出来，驾驶舱很快就要破裂了！"里特尔跌进海里，他没有救生衣，全凭左臂划水，受伤的右臂沉重得像挂了铅块，疼痛难耐。他只能仰身躺在海面上漂流。里特尔大声呼救，试图联系救生艇上的同伴。救生艇终于调转方向朝他划来。就在这时，He-111嘶嘶作响地沉了下去，成为米伦布鲁赫的棺材。

他们在海里漂流了12个小时。小小的救生艇只能容纳四人，因此，四个人待在救生艇上，另外两人系着保险缆泡在水里。里特尔右臂骨折，克莱因肩膀青肿，莱希特几根肋骨骨折。三个没负伤的人彻夜划桨，直到次日中午，潮水才把他们推上迈尔季与德尔纳之间的海滩。他们随后步行穿越沙漠，经过一场口渴难耐的艰苦跋涉，终于到达阿拉伯村庄。沙漠救援队的鹳式飞机从那里把他们救走。此次行动的第二架飞机顺利到达班加西时，燃料几乎已耗尽。

德国情报部门派遣两名特工潜入亚历山大的首次行动就此告终。非洲航空兵司令大发雷霆，短期内他再也不会为情报部门提供任何飞机了。里特尔飞回德国的医院接受治疗，冯·阿尔马齐接替了他的职务。

18

秃鹰行动

原先担任埃及政府顾问的冯·阿尔马齐，比任何人都更了解开罗这个情报中心的重要性。例如，他知道美国驻开罗军事武官发给华盛顿的电报深具价值，德国和意大利情报机构截获、破译了这些电报，这归功于足智多谋的意大利间谍比安卡·贝尔加米。从1941年8月起，隆美尔通过这个渠道获得了最具价值的情报，事实证明，这些情报对他在北非遂行的某些突袭具有决定性作用。

但阿尔马齐也很清楚，这个情报来源迟早会枯竭。没有哪位军事领导人会寄希望于长期获取敌人的秘密情报。一个小小的错误、一次泄密、一场背叛，都足以破坏情报来源。

隆美尔1941年冬季仍收到许多机密情报，但阿尔马齐担心，总有一天，非洲装甲集团军可能再也无法获得美国驻开罗军事武官那些破译的电报。毕竟，隆美尔1942年的方案是以非洲装甲集团军攻往尼罗河。因此，隆美尔要求阿布维尔提供关于埃及境内敌军情况的详细报告，为占领战略和经济要地做好准备，防范德军侵入尼罗河三角洲期间遭遇意外的危险和破坏行径。

一如既往，隆美尔固执地要求阿布维尔满足他的要求。经历了马斯里帕夏行动，以及里特尔派特工克莱因和米伦布鲁赫潜入开罗的尝试后，冯·阿尔马齐伯爵这些经验丰富的人士认为，要想派特工进入埃及，只能从陆地穿越沙漠。

卡纳里斯委派阿尔马齐指挥这场行动。至于派遣特工，他从柏林阿布维尔总部挑出两名曾在北非生活过多年的工作人员：埃普勒尔和赞德施泰德。运输和技术细节交给第800勃兰登堡教导团，这支情报特遣队直接听命于卡纳里斯海军上将，他们的名字取自勃兰登堡市。1939年，为加入波兰战局，阿布维尔在该市组建了首个勃兰登堡连。1940年10月，连队扩充成团，1942年12月又扩编为师级部队。他们在各战区执行特殊任务，进行突袭破坏，必要时，这些勃兰登堡人也潜入敌国境内展开活动。部队成员主要是生活在国外的德国人，都能说一两种外语，流利得和他们的母语没什么区别。许多人还留着敌国当初签发给他们的护照。"勃兰登堡人"堪称现代军事诡计的化身，和英军远程沙漠战斗群这个对手一样，他们也取得了许多非凡的成就。

冯·阿尔马齐派遣特工穿越沙漠的行动，代号"萨拉姆"，参与者调自勃兰登堡团，或者暂时隶属该团。除了极少数例外，这些人都在东方国家居住过多年，了解这些地区的习俗，身体状况完全能适应即将到来的艰苦远征。

行动的准备工作耗时三个半月左右。由于隆美尔1941年/1942年冬季遭遇军事挫败，从图卜鲁格、塞卢姆、哈勒法亚山口退到欧盖莱，原定的出发地点不得不后移。最终的决定是，特工人员从的黎波里出发，跋涉3000公里后到达尼罗河畔的艾斯尤特。3000公里，这段路程相当于从马德里到莫斯科，或是从挪威北部到西西里。其中很大一部分穿过敌占区，以及此前从来没人踏足过的沙漠地带，根本无法获得饮水、燃料、食物补给。德国人估计，整个运输队可能不得不隐蔽数日，因而为他们准备了六周的口粮。德国空军还给他们提供了陆军不具备的特殊食物，这是穿越沙漠期间必不可少的东西。

为了让车辆克服撒哈拉沙海的沙漠地带，德国人还开发了牢固的绳梯。柏林一家公司获得OKW特别批准后生产这种绳梯。车轮打滑，车辆有可能陷入沙坑的情况下，把绳梯摊开就能脱困。另外，此次行动还需要许多特殊设备，而这些设备的生产，请注意，是秘密生产，在战争第三年遇到很大困难。

电台的问题非常典型，既要保证很长的发射距离，又能用于短程通信，尺寸和重量还不能太大。OKW在施坦斯多夫设有通信机构，那里的技术人员在规定时间内研发、制造了符合要求的电台，这是个了不起的成就。

1942年2月初，两名特工和三名报务员带着设备，在骑兵一级下士冯·斯特芬斯的护送下，从柏林前往的黎波里。他们先乘火车到达那不勒斯，打算从这里搭乘两架Ju-52完成下一段旅程。说起来容易做起来难。德国空军的运输力量目前完全用于为非洲军队运送补给。斯特芬斯下士驱车赶往罗马，想从航空队弄到两架飞机完成自己的运输任务。行动的秘密性给他这番努力造成很大困难，但阿布维尔这名下士知道如何达成自己的目的。

　　德国人在的黎波里征用了一栋别墅，作为此次行动的指挥部。他们随后准备汽车，挑选的是从英军手里缴获的车辆：两辆福特豪华卡车和两辆福特1.5吨人员载运车，也就是轻型卡车。他们仔细检修、磨合了这些车辆，还在驾驶室安装了轻机枪，以便乘员使用。

　　这场远征，很大一部分路途是穿越任何地图都没有标明的未知地域，因此，唯一的办法就是使用指南针。三辆卡车配备了阿斯卡尼亚陀螺方向仪，为防万一，为首的车辆还配了台太阳罗盘仪。和德国军车一样，这些车辆也喷涂了十字标志，但沾满沙子，所以，即便凑近也看不太清。这样就遵守了《海牙公约》。特工人员身着德国军装，以免被俘后作为间谍被处决。

　　1942年4月29日，德国人开始行动。他们赶往意大利军队据守的贾卢绿洲，这段行程相对轻松。但在贾卢，他们遇到首个尴尬的意外：意大利人的地图不准。地图上标明，车辆可以沿坚硬、平滑的砾漠快速行驶，一路到达英军基地达赫莱。但根据当地居民的说法，以及阿尔马齐的亲身经历，贾卢—库夫拉小径以东50公里肯定有一片沙丘带，要想穿越，必须沿曲折的沙丘走廊行进，这会耗费更多时间和油料。阿尔马齐驾驶飞机侦察后，确认沙丘带的直径长达几百公里。这就打乱了原先的油料计算，他们不得不重新计算，还要增加必要的油料。随后出现了第二个意外：绿洲的饮用水不适合这场运输行动。他们不得不从20公里外的一口水井灌满一个个水桶。

　　阿尔马齐很清楚，这是个生死攸关的问题。他们日出时动身出发，每辆卡车上两个人，阿尔马齐和埃普勒尔位于最前方，整个小分队共八名成员。

　　阿尔马齐把胳膊伸出车窗，握紧拳头向上举了三次：前进！这片砾漠坚硬得犹如混凝土路，持续数千年的风，把浮沙吹离坚硬的地面。所以，他们以100公里的时速疾行，完全不必担心，因为这里没有电线杆，没有沟渠，更没有马路牙子，眼前的"街道"无比宽阔。司机握紧方向盘，对准指南针上的方位，踩下油门向前疾驶。但第二天，这种乐趣消失了。起风时，这里和大海一样，卷起阵阵"波浪"，广袤的沙海挡住他们的去路。这里从来没有徒步跋涉的行人，也没有车辆驶过，但阿尔马齐伯爵和他的部下打算穿越这片沙漠。

翻越撒哈拉的沙丘需要特殊的技艺。先把车辆与丘脊形成一个直角，然后全速驶向沙丘顶部，但不能开得太远，否则就会从丘顶冲入10米、20米，甚至60米的沙坑，再也无法脱困。因此，即将到达沙丘顶部前，你就得打方向，保持速度，斜向驶下山脊另一侧。翻越下一座沙丘，还是要油门全开，保持动力，再次上演刚才的一幕，就像过山车那样。

他们就这样行驶了两天，最多只前进了40公里。昼间的温度高达50摄氏度，夜里又陡降到8摄氏度，他们冻得瑟瑟发抖。第三天，随队的医生患了沙漠热，疲劳造成的这种疾病伴有循环系统的症状和意识模糊。带着重病员，他还是队里的医生，这趟行程无法继续下去。按以往的经验看，患病的医生不可能快速恢复，留在营地浪费时间也毫无意义。雪上加霜的是，久经考验的冯·斯特芬斯下士心脏病发作。几个月来，他一直忙于设备和技术方面的准备工作，可以说是"萨拉姆"行动的技术灵魂。他精准地计算了一切，为每一罐牛舌腊肠、咖啡豆，甚至马郁兰调味品同相关部门争执不休。斯特芬斯甚至考虑到饮水问题，也多亏如此，因为阿尔马齐听从意大利专家的忠告，在贾卢的水井灌满了几个水桶，自愿帮忙的一个阿拉伯人问他们是不是想把这些水保存很长时间。斯特芬斯回答道："当然了，可这关您什么事？"久居沙漠的阿拉伯人惊慌地挥着手："不是，先生，我是说这些水不能储存，我们都知道。这些水三天内就会变质。"

虽然阿尔马齐伯爵相信意大利专家的建议，可斯特芬斯还是把水样交给德国第659水利工程连检验，最终报告是"存放时间不能超过三天"。于是，他们到20公里外的布塔法尔井重新灌满水桶。

斯特芬斯每天工作20个小时，撒哈拉沙漠现在递上了账单。队里的医生也病倒了，无法提供救助。阿尔马齐做出任何人在这种情况下都会做出的决定：原路返回！离开五天后，他们又回到贾卢绿洲。

总的说来，这番挫折对他们还是有利的。阿尔马齐现在知道，不可能征服这片广袤的沙海。因此，制定新规定后，他开始寻找另一条路线。

5月11日，特遣队再次出发。这次没带医生和斯特芬斯，患病的二级下士拜尔哈慈也留下。他们沿着著名的巴利菲卡特大道行进，意大利人沿途构置了高高的铁柱和勘测塔，环绕着沙海边缘。撒哈拉沙漠炽热的阳光又一次成为他们的随行伙伴。

第六天，他们遇到了德国非洲探险家弗里德里希·霍内曼1798年首次见到的东西，霍内曼当初写道："我们在一片黑色的岩质沙漠里跋涉了七天，这里无疑是世界上荒芜的地区之一。这片沙漠高原的可怕外观，很可能是火山喷发形成的。"

阿尔马齐特遣队也进入由黑色玄武岩块构成的这片石场，贝都因人称之为"加雷特"，是史前火山爆发的产物。满地巨石仿佛是恶魔抛下的，有些石块和汽车一样大，当然，也有很多拳头或脑袋大小的石块。

阿尔马齐驱车到前方查看情况，几小时后回来了，他找到一条适合通行的路线。队伍以10公里的速度艰难地穿过这片迷宫，跋涉6小时后终于走出石场。雄伟而又古怪的吉勒夫出现在他们眼前。这片巨大的高原，西面隆起700—800米，但东面缓缓下降到沙漠里。

阿尔马齐再次行进在队伍前方。这位可爱的冒险家，名字永远和非洲装甲集团军紧密相连，他像贝都因人那样在撒哈拉活动，仿佛这一生都在沙漠里度过。他对地形的记忆犹如一部相机，以往见过的东西都牢牢记在脑海里。他用稍带匈牙利口音的德语告诉身边的战友："我1930年来过这里，1932年，我是第一个从东面翻越大吉勒夫高原前往库夫拉的欧洲人。我的朋友克莱顿，这个英国人当时是我的同伴，现在加入了英国远程沙漠战斗群，正等着逮住我呢。是啊，那时候我们是最好的朋友，我们一同寻找传说中的扎尔祖拉绿洲，也就是'小鸟绿洲'。我找到了那片绿洲，从而让诗人阿诺德·赫尔里格尔在他的书中写下一个神话故事。这个故事发生在不复存在的世界，那时候还有古老的牧场和茂密的植被。1933年秋季，我带着德国伟大的非洲探险家莱奥·弗罗贝纽斯教授，参观了大吉勒夫高原的洞穴壁画。那些洞穴壁画离这里的西坡很近，就在隐蔽的苏拉干谷里，我称之为'壁画谷'，我在地图上也是这样标注的。我是看见这些具有千年历史的彩色洞穴壁画的第一个白人。弗罗贝纽斯教授的描述，引发了评估非洲文化史的革命。有时间的话，我们可以去找找我1933年搭设的石制金字塔，那是为纪念埃及王子兼沙漠探险家凯末尔·丁·侯赛因而搭设的，上面还刻着我的名字。"阿尔马齐讲述着这一切，听上去就像个中欧的导游。可爱的阿尔马齐是个风度十足的骑士，也是匈牙利君主制的拥护者。第一次世界大战结束后，为支持卡尔国王，他成了叛乱者和密谋分子。他是个冒险家、飞行运动爱好者、赛车运动员、沙漠探险家，现在为德国而战，为隆美尔深入沙漠腹地。

眼下的问题是找到一条通道翻越山脉。阿尔马齐说道："1937年，我是从东面下来的，所以，东面的入口我得找找看。"没错，他一直从东面的尼罗河谷进行一次次探险，充当埃及人、英国人、学者、环游世界者、战略家的探路者。这位匈牙利伯爵一直是利比亚沙漠的最佳向导，可他们从来没有感谢过他，总是对他嗤之以鼻。于是，轮到阿尔马齐报复了，此次的路线是由西向东，朝尼罗河而去，对付英国人。

凭借自己出色的本能，阿尔马齐找到了他1937年埋在大吉勒夫高原脚下的储水，密封罐里的水仍能饮用。他打开一个水罐，把水倒入几名队员伸出的手掌。他们小心翼翼地尝了尝。这当然不是黑森林的泉水，有点温热，可喝起来和他们水壶里的水差不多。众人笑着喝了几口，随后兴高采烈地捧着水浇到脸上。昂贵的奢侈！

他们把一辆轻型卡车藏在阿尔马齐储水处后方的岩石角落，以此作为返程的补给仓库。

特遣队还给贾卢基地和隆美尔装甲集团军的无线电台发了份加密电报，汇报自己的进展。报务员阿贝勒和韦伯都是"勃兰登堡人"，他们在昔兰尼加马迈林附近的帐篷里收到这份电报。这样一来，装甲集团军就能随时掌握神秘的"萨拉姆"特遣队的前进路线。

忙碌三小时后，阿尔马齐找到了翻越大吉勒夫高原的通道。

他停在高原顶部，平静地俯瞰着250公里长的大吉勒夫高原，随后说道："这是座庞大而又出色的天然机场，我1937年注意到这一点，整个航空队可以同时降落在这里。此处距离尼罗河700公里。"说罢，他继续朝下方俯瞰。

5月22日是星期六，傍晚时分，阿尔马齐的部下看见哈里杰绿洲的灯光在下方山谷里闪烁。生火会暴露行踪，所以他们以冷食果腹：罐装牛舌、长久面包①、凉茶、巧克力甜点。想抽烟的人得坐到车里去。他们随后钻入睡袋，数日来，特遣队首次加强了警卫力量。

周日的早晨阳光明媚，下方的哈里杰犹如人间仙境，那是一片庞大的绿洲群，有大量淡水、绿色植被、人群，但目前居住在木制营房里的是敌人。驱车绕过这片绿洲是不可能的，但那些小小的棕榈树丛边缘，不一定都有士兵把守。他们很快做出决定，径直朝下方驶去。

特遣队六名成员分乘两辆卡车，阿尔马齐在前一辆车上，沿通往路口的主路行驶，这条道路直通最小的一座绿洲。阿尔马齐喃喃地说道："但愿我们能交好运。"可最糟糕的情况发生了，进入小绿洲的路口已被封锁，几辆汽车和一些士兵站在尘土飞扬的棕榈树下。现在说什么都晚了，对方已看见驶来的两辆卡车。阿尔马齐下达了命令："继续前进，把武器准备好！"守卫绿洲的是埃及人，不是英军。

哨兵举起手臂。

停车！

阿尔马齐用英语对埃普勒尔说道："告诉他们，我们是师里的先遣部队。"埃普勒尔从车窗探出身子，用阿拉伯语对哨兵说道："我们是师长的先遣队。"他指了指身后的高原，"将军等一会儿可能也会从这条路过来。"

这里是最偏远的哨所，距离前线上千公里，一名风尘仆仆的士兵用开罗口音的阿拉伯语宣布将军即将到来，埃及哨兵会怀疑什么呢？他挥手放行，阿尔马齐和埃普勒尔听见对方嘟囔着："真希望你们的将军别来视察这里。"

"我也希望如此。"阿尔马齐抱怨道，想起了隆美尔。

他们全速前进，下午早些时候，穿过沙漠边缘的贾普萨山口后，他们停下车，俯瞰着尼罗河谷的艾斯尤特。

---

① 译注：能长时间贮存的黑麦面包。

棕榈树在微风下轻轻摇曳，棉花田熠熠生辉，似乎紧紧依偎着尼罗河这条闪闪发亮的丝带。阿尔马齐掏出他在途中不断拍照的小型相机，对着标有"距离艾斯尤特10公里"的路牌拍了一张。旁边的警示牌用英语和阿拉伯语写着："陡坡危险，缓行！"

"陡坡危险！"阿尔马齐对埃普勒尔说道，竭力让自己的声音听上去毫不在意。两人默默地吸着烟。随后，两名特工从手提箱里取出他们的便衣。

柏林的阿布维尔总部没有忘记给他们的外套和裤子缝上开罗商店的标签。他们什么都考虑到了。

两名特工的钱包塞得鼓鼓囊囊，私信、照片、账单、酒店收据、埃及零钞，一串钥匙里有把美国别克汽车的点火和行李箱钥匙，还有开罗某汽车俱乐部赠送的日历本，里面记载着重要事项和约会日期，总之，两名年轻人的衣兜里揣着他们在沙漠驱车旅行后返回开罗该带的一切。他们随后从车上取下装有电台的手提箱，第二个皮箱里放着钱，2万英镑。以当时的汇率计算，相当于40万马克。柏林的出纳主管格特纳包扎这笔巨款时，心在淌血。40万马克啊！这可不是今天在埃及仍能见到的假钞，而是坚挺的英镑旧钞！

道别简短而又迅速。"没时间多愁善感啦！"阿尔马齐说道，"咱们在开罗见，给我们找个体面的住处。"

赞德施泰德回答道："放心好了！"埃普勒尔也以他一贯的话保证道："必须的！"说罢，两人动身离去，每人手里拎着个箱子。

阿尔马齐和他的部下调转方向，再次穿越2000公里的沙漠。他们像探险队那样察看了地形，绘制了地图和草图。他们在目视距离内跟随一支英军车队。他们在返程途中发现了英军远程沙漠战斗群的一处加油站：15辆满载饮水、油料、罐头食品的卡车。他们把自己需要的东西装满汽车，带不走的油料倒入沙地，还把沙子塞进英国人的卡车引擎。

二级下士韦尔曼自豪地把预先约定的行动成功信号发给马迈林，隆美尔的总部回复道：收悉！这是特遣队返程途中收到的最后一条消息，从这一刻起，他们再也没得到任何回复。直到6月初，阿尔马齐在比尔哈基姆向隆美尔报告特遣队顺利返回时，他才知道发生了什么状况。阿尔马齐举手敬礼："大将先生，'萨拉姆'行动顺利结束，'秃鹰'行动可以开始了！"隆美尔亲自向他介绍了情况，毫不掩饰他对整件事的尴尬。

隆美尔说，5月攻势开始后，他把报务员阿贝勒和韦伯调离马迈林，编入他的通信组，现在需要一切人手，两名报务员可以在他的指挥部等待开罗发来的电报，还可以做点其他工作。但5月27日和28日出事了。那几天，非洲军在英军贾扎拉防线后方的处境极为险恶，英国人从四面八方涌来。一天早上，隆美尔还没刮完胡子，脸上仍留着泡沫，就不得不率领指挥部后撤。混乱中，他的部分通信人员被俘。不幸的是，阿贝勒、韦伯和他们的通信车落入敌人手里，车上还有关于"秃鹰"行动的所有文件。

听到这个消息，阿尔马齐倒吸一口凉气。有必要吗？这个念头在他脑中闪过。柏林阿布维尔总部精心策划的行动，所有人付诸了大量心血，承担了巨大的风险，就这样白费了？就因为要给两名报务员安排点活儿？

阿尔马齐竭力消除这番交谈的尴尬，于是他说起"萨拉姆"行动："大将先生，我本来可以率领一个团直奔尼罗河的！"隆美尔拍拍他的肩膀，当即提升他为少校，还笑着说道："阿尔马齐伯爵，我希望很快就能率领整个集团军，沿更短的路线开抵那里。"这位匈牙利伯爵风度十足地回答道："大将先生，我们的两名特工肯定会为您准备好一栋别墅，要是英国人没逮住他们的话。"

经过一段危险的行程，埃普勒尔和赞德施泰德带着电台顺利到达开罗。他们在尼罗河畔租了座船屋，埃普勒尔成功地扮演埃及阔少侯赛因·加法尔，赞德施泰德摇身变成疯疯癫癫的爱尔兰裔美国人彼得·芒卡斯特。两人在住处的屋顶上悄悄架起天线，还设法联系埃及密谋组织。今天在开罗担任阿拉伯联合共和国部长的安瓦尔·萨达特，当年就是埃普勒尔的联络人之一。那时候，萨达特是埃及陆军通信部队的一名少尉，也是阿拉伯联合共和国现任总统阿卜杜勒·纳赛尔的好友，纳赛尔当时是中尉，在苏丹服役。萨达特在开罗的反英军官革命圈里充当纳赛尔的代表。

萨达特少尉利用阿梅尔夫人的秘密政治沙龙，安排两名德国特工接触埃及陆军前任总参谋长马斯里帕夏，里特尔少校曾计划用飞机把此人带回德国。埃普勒尔和赞德施泰德从这些反英军事集团获得了绝佳的机密情报，他们的王牌是开罗当时最著名的舞蹈家赫克马特·法赫米。她与英国军官的关系非常好，因而获得了许多重要情报。这位美丽、备受赞赏的肚皮舞娘痛恨英国，准备采取各种手段给"敌人"造成破坏。埃普勒尔对自己利用她的仇恨并不感到羞愧。赫克马特告诉埃普勒尔，英国第10集团军部分力量从叙利亚和巴勒斯坦调往埃及。她还告诉两名德国特工，英国人往阿莱曼前线运送了10万颗地雷，说明他们打算在那里构置一条庞大的防线。埃普勒尔还从赫克马特处获悉，弗赖伯格将军的新西兰第2师，早在其他师开拔前就已赶赴马特鲁港。

化名彼得·芒卡斯特的报务员赞德施泰德，总是在规定时间坐在电台旁仔细聆听。可什么也没收到！一旁摆放着他要发出的报告，这些情报都以达芙妮·杜穆里埃的英文版小说《蝴蝶梦》精心加密。阿布维尔从葡萄牙购买了这部小说同样版本的三本，一本交给"秃鹰"特遣队，另一本由阿贝勒和韦伯使用，还有一本交给阿布维尔设在雅典的无线电中继站。

侯赛因·加法尔和彼得·芒卡斯特这两名德国情报机构的特工，本该充当隆美尔的耳目，现在却坐在毛绒扶手椅里啜着威士忌。他们跟随阿尔马齐跋涉2000公里穿越沙漠有什么用？柏林阿布维尔总部和隆美尔对"萨拉姆"和"秃鹰"行动寄予的厚望会落得怎样的下场？这场伟大的冒险全毁了！

埃普勒尔和赞德施泰德顺利到达开罗，在租赁的船屋架起天线。他们的情报网运作正常，舞蹈家赫克马特·法赫米提供了出色的情报，反英的埃及密谋组织也同他们取得联系。可这一切没能结出任何果实。

这是怎么回事？究竟出了什么问题？

答案多种多样。今天在阿卜杜勒·纳赛尔手下担任部长的安瓦尔·萨达特，在他的《埃及革命秘密日记》一书里谈到此事，埃普勒尔告诉他，他的电台出了故障，因而无法联系上德国电台。萨达特是埃及陆军通信部队的军官，精通无线电通信和电台设备，他答应帮埃普勒尔检修电台。萨达特写道："我去船屋拜访这两个德国人，徒劳地寻找着电台，船顶上的天线一目了然，可我怎么也找不到他们的电台。埃普勒尔把我带到配有留声机的收音机柜前，按下弹簧开关，木盖升起，里面摆放着电台和一把座椅，甚至还有一盏灯，这样，报务员就可以在收音机柜盖上，留声机继续播放音乐的同时操作电台。就连最聪明的反间谍人员也很难猜到这件家具里竟然藏有德国军用电台，并由德国情报机构的一名特工操作。"萨达特仔细检查了电台，据他说，没查出任何故障。难怪这位埃及革命家心生疑窦，觉得两名德国特工可能根本不想发送情报。

纳赛尔密谋组织的狂热斗士继续写道："这座船屋就像《一千零一夜》里童话般的住所，周围的一切都给人舒适和愉悦感，这是个深具腐蚀性的环境。两名年轻的特工可能已经把他们受领的任务抛到九霄云外。"这就是萨达特的说法。

赞德施泰德、埃普勒尔、萨达特都不知道，德国电台听到了"秃鹰"的呼叫，但没有回复。

▼ 1942年6月26日—27日，隆美尔对马特鲁港采取的大胆行动。

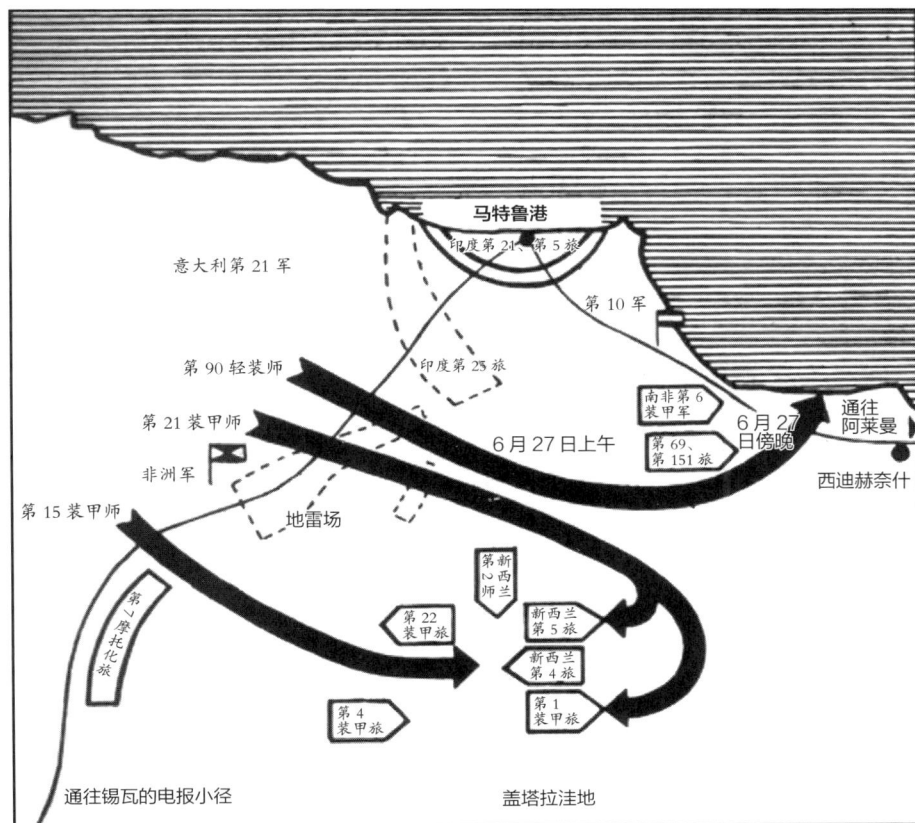

负责中东地区所有德国特遣队的S少校为我解开了谜底。各方谍报机构非常熟悉他的化名安吉洛，时至今日，他的真实姓名仍未公开，我可不想充当泄密者。

安吉洛获知阿贝勒和韦伯被俘后，立即指示他负责的所有电台，不再接收"秃鹰"发来的电报，停止一切无线电通信。德国情报机构的这位专家很清楚，阿贝勒和韦伯迟早会交代他们了解的"秃鹰"行动，尽管他们掌握的情况并不多。德国人最担心的是密码本完好无损地落入英国人手里（事后证明的确如此），真发生这种情况的话，英国情报专家就有足够的线索对两名报务员实施酷刑逼供。待他们掌握了足够的信息，就可以加入其中，发送各种假情报欺骗德国同行。这样一来，"秃鹰"传递的一切情报就变得毫无用处。安吉洛不得与埃普勒尔和赞德施泰德联系的命令非常明智，对两名特工的安全很有必要，这是保住他们性命的唯一办法。问题是谁能及时赢得战场上的胜利：隆美尔的坦克能在英国反间谍部门发现尼罗河畔那座船屋前冲入开罗吗？事实证明，英国人的速度更快！1942年9月，埃普勒尔和赞德施泰德在他们的船屋被捕。

▲ 阿布维尔的两名间谍，克莱因和米伦布鲁赫（上左图中坐在右边的那个），本来应该乘飞机降落在沙漠里，再骑摩托车潜入开罗。但飞行员没能降落，返航期间，飞机发生故障，在海上迫降时，米伦布鲁赫身亡，He-111机组人员平安逃生。冯·阿尔马齐展开新行动，率领特遣队穿越沙漠，把埃普勒尔和赞德施泰德顺利送抵尼罗河谷。上右图从左到右分别是韦尔曼、阿尔马齐、蒙茨、赞德施泰德、埃普勒尔。

19

奔向尼罗河

从普通士兵到将军，在地中海里沐浴是每个非洲军人的梦想。这就是德国非洲军军长内林和他的参谋长拜尔莱因上校，1942年6月22日下午以洗澡的方式庆祝德军在图卜鲁格赢得胜利的原因。这场庆祝险些酿成大祸，福勒中士把汽车停在一座显然已经废弃的小石屋外，两名衣衫褴褛、饥肠辘辘的英国军人突然冲了出来，手里攥着手枪，他们逃离图卜鲁格后一直躲在这里。跑来洗澡的德国将军、上校、中士都没携带武器，但内林镇定自若，与两个英国人平静地交谈，消除了眼前的紧张局面。他们谈话之际，内林的通信车开了过来，其实这辆汽车一直跟着将军，只不过开得较慢而已。令人不快的状况解决了，内林和拜尔莱因不愿因为"押送俘虏"而破坏洗澡的雅兴，他们收缴了英国人的手枪，把他们送回镇子，命令两人去战俘营报到。两个英国人不愿当俘虏，转身逃入沙漠。因此，英国战争史自豪地记录下贝利少尉和诺顿中士这场冒险，他们沿海岸线跋涉了38天，终于逃回英军防线。

我们的话题还是回到图卜鲁格海滩吧。没等内林和拜尔莱因洗完澡，传令兵就把他们叫回指挥部：隆美尔元帅发来电报，请他们立即去见他。等待他们的是隆美尔备受争议的命令：赢得图卜鲁格的胜利后，毫不停顿地进军亚历山大。许多人对这道命令钦佩有加，当然，大声怒骂的官兵也不少。

英军在图卜鲁格惨败后，隆美尔元帅认为自己的主要目标已唾手可得。当然，德国和意大利军队也为攻克图卜鲁格和先前赢得的胜利，在人员和技术装备方面付出了高昂的代价。停下来休整一番似乎很有必要，从战术和其他方面的理由看都是如此。最令人担心的还是补给问题，这是英国人控制马耳他岛造成的。只有占领马耳他，隆美尔才能不受阻碍地横扫北非一切地区。马耳他岛控制在英国人手里，意味着隆美尔继续向东挺进就是在碰运气。

隆美尔司令部杰出的情报处长冯·梅伦廷中校，在《坦克战》一书中谈到这个问题："现在需要定下大胆的决心。希特勒和墨索里尼4月底商定的方案规定，攻克图卜鲁格后，隆美尔装甲集团军应当停在埃及边境组织防御，直到所有海空力量对马耳他岛发起进攻，伞兵部队夺取该岛。这种构想完全正确，因为马耳他陷落后，通往北非的补给航线就能得到确保，隆美尔装甲集团军可以一路攻往尼罗河三角洲，不用担心补给问题。我军攻克图卜鲁格那天，也就是6月21日，凯塞林元帅飞抵非洲，他与隆美尔在指挥车里交谈时，我也在场。隆美尔强调，他要乘胜前进，不能等待攻克马耳他。凯塞林指出，英国人越来越靠近他们的后方基地，进军埃及的行动要想取得成功，就必须获得德国空军的全力支援。可这样一来，德国空军就无法支援攻打马耳他岛的行动。要是无法夺取马耳他，隆美尔漫长的补给线必然会处在严重威胁下。因此，凯塞林坚持原定方案，要求隆美尔把进攻埃及的行动推迟到德军攻占马耳他岛后。隆美尔强烈反对，两位元帅发生激烈争执，没能达成一致意见……尽管意大利总参谋部、德国海军司令部、凯塞林元帅继续反对，但隆美尔发电报给希特勒，请求元首裁决。希特勒致电墨索里尼：'领袖，胜利女神的微笑一生中通常只有一次。'命运攸关的决心就此定下，进攻马耳他岛的行动推迟到9月份，以一切可用力量支援隆美尔攻入尼罗河三角洲。这个决心是否正确呢？"

听听隆美尔基于什么理由下定决心是很有意思的。拜尔莱因中将对我讲述了元帅的观点，隆美尔指出："我必须尽到最大努力，绝不能让英国人在某处设立新防线，并从中东地区把新锐兵团调到这条防线上。第8集团军的实力目前非常虚弱，主力仅仅是两个英国步兵师，从埃及腹地匆匆调来的装甲部队毫无战斗力可言。"

隆美尔还有另一个理由：意大利人什么时候才能完成进攻马耳他岛的准备工

作？这场行动会不会因为意大利人没完成准备而推延，甚至重新安排？墨索里尼在任何情况下都不希望德国人独自征服马耳他，而德国伞兵在克里特岛遭受严重损失后，希特勒希望意大利人发挥更大的作用。所以，征服马耳他的问题，很大程度上取决于意大利总参谋部。隆美尔对此持保留态度。

另外，隆美尔对进攻埃及的行动信心十足。他知道英国人把第10集团军部分力量调离叙利亚，用于北非前线，他也知道美军装甲部队很快会出现在这片战区，他还知道英国人对是否守卫马特鲁港犹豫不决。他怎么知道的？隆美尔掌握这个情况，是因为美国驻开罗武官发出的电报遭破译。罗马和柏林收悉这位武官发给华盛顿的大量电报，归功于意大利间谍比安卡·贝尔加米。比安卡是意大利法西斯民兵组织一位高级指挥官的女儿，她从美国驻罗马大使馆弄到了密码。

除了美国武官从开罗发出的电报，非洲前线的德军侦听连也为隆美尔提供了关于敌军部署情况的出色情报。阿莱曼交战前，德军在非洲战局几次遭遇严重危机，最终得以克服，归功于无线电侦听连取得的成就。他们截获英军电报，监听对方每一部电台，追踪敌军部队的运动，最后破解了英国人的密码。因此，隆美尔对敌人的计划、意图、武器装备、部队集结情况了如指掌，而且知道如何利用这些情报。这股无价的清泉一直流淌到1942年6月底，隆美尔对亚历山大发动进攻前。泉水随后干涸，英国人突然更改了密码。现在急需开罗的"秃鹰"采取行动。阿尔马齐早就预见到这种情况，这是他一直担心的，这也是他一再敦促把埃普勒尔和赞德施泰德派往开罗的原因。但秃鹰已折翼。

结果，隆美尔没能掌握这样一份重要情报：英国人在距离亚历山大60英里的阿莱曼前线，构筑的防御阵地有多强大？这道防线宽达60公里，位于阿莱曼与南面无法逾越的盖塔拉洼地之间，是英军设在尼罗河前方的最后一道屏障。隆美尔也不知道，英国人为构筑这道壁垒，使用了意大利战俘，其中包括高素质的意大利工兵。意大利人在土木工程方面很有天分，他们为英军布设了出色的雷区，还修筑了掩体、堑壕、支撑点。

6月22日，隆美尔的装甲部队隆隆向东。6月23日，隆美尔跨过埃及边境的铁丝网，第90轻装师早已把这道边境线远远甩在身后。缴获的文件和破译的英军电报表明，奥金莱克的第8集团军打算在马特鲁港占据阵地。隆美尔敦促麾下各师加快速度。油料告急，但德军在哈巴塔火车站缴获英国人一座庞大的油料库。德军各装甲师利用这些油料一路向东，朝尼罗河挺进！

这几天真够疯狂的。德军和英军车队都朝东面行进，通常只隔500米。

我们先前提过的一支支经验丰富、久经沙场的部队穿过沙漠，不断向前跋涉。

第104装甲掷弹兵团的泽瓦斯少尉和他的自行火炮在队伍中。

第15摩托车步兵营的汉斯·舒尔策少尉也在队伍里。6月24日，他击毁了匆匆而过的英军车队的一辆坦克和一辆卡车，随后驾驶Kfz-15中型人员运输车，带着部下赶了过去，想弄点战利品，把单调的"老家伙"牛肉罐头换成英国咸牛肉、切片培根、什锦泡菜。可他们发现一群英国重伤员，没负伤的英国兵正为伤员包扎，这里没有医护兵，只有全副武装的士兵。

英国人没有举枪射击，也没有投掷手榴弹，而是忙着缓解负伤战友的痛苦。舒尔策和六名部下被这个场面打动了，他们跳下车，掏出急救包帮着包扎伤员。就在这时，另一支英军车队驶来。舒尔策和一名英军中士迅速交换了眼神，少尉随即招呼部下："上车！"他举手敬礼，英军中士迅速回礼。另一个英国兵掏出包香烟塞给二等兵米勒，米勒感激地收下了。舒尔策率领部下离开，没人朝他们开枪，没人阻拦他们，更没人高喊："举起手来！"包括德国人和英国人在内的所有人，可能都觉得这一刻很荒谬。也许他们的想法和二等兵米勒一样：过不了半小时，我们就会再次朝对方开枪射击，真够蠢的，太蠢了！

隆美尔率领三个战斗群进入马特鲁港地区。他故技重施，打算与英军装甲部队交战，包围敌步兵力量。歼灭敌装甲部队的任务交给非洲军辖内第15和第21装甲师，这两个装甲师正开赴马特鲁港南面。尽管英军炮火异常猛烈，但赖斯曼上尉率领第104装甲掷弹兵团第3营，还是在马特鲁港通往锡瓦绿洲的道路上，夺得英军防线南端至关重要的支撑点。起初的战斗很不顺利。英军投入坦克发起反突击。二等兵苏森贝格尔刚刚给团里发出急电："敌坦克攻击，请求紧急增援！"子弹就从他耳边呼啸掠过。没等他摘掉耳机，一名端着冲锋枪的英国兵出现在他面前："举手投降！出来！"苏森贝格尔是英军抓获的唯一一名俘房。他们把他押回己方阵地，初步审讯后，又把他领上卡车，跟随支撑点的整个补给车队朝马特鲁港方向驶去。

夜幕降临，英军车队只行驶了15分钟，就遭到猛烈的炮火打击：他们与沃尔茨上校指挥的一个高射炮营狭路相逢。车上的英国人忙着寻找隐蔽，只有二等兵苏森贝格尔瞅准机会，躲入路边的骆驼刺灌木丛。又一发炮弹袭来，他赶紧跳入坑洞，却发现一名英国兵躲在里面，他夺过英国兵的冲锋枪，指向对方的腹部。在高射炮弹的闪烁下，两人就这样坐在坑里，直到第18高射炮团第6连一名少尉发现了他们。苏森贝格尔返回后，向赖斯曼上尉报告："先前被俘的二等兵苏森贝格尔，押着一名英国俘虏归队！"

6月26日和27日，隆美尔麾下各师绕过马特鲁港。德国第15和第21装甲师消灭了集结在南面的英军装甲部队，与新西兰第2师展开激战。隆美尔原本以为弗赖伯格将军指挥的这个精锐师据守在马特鲁港，时至今日，德国出版的许多战争史著作仍持这种错误看法。实际上，头部负伤的弗赖伯格扎着绷带，率领新西兰人与德国第21装甲师展开血战，基彭伯格将军驱车行驶在第5旅最前方，指引新西兰官兵的火力。在此期间，德国第90轻装师转身向北，马克斯战斗群和第6高射炮团第1营封锁了通往东面的滨海公路，就此构成包围亚历山大前的最后一个合围圈。陷入合围的是英军步兵主力：印度第10师，以及印度第5师、英国第50师、南非军队部分力量。如果隆美尔消灭这股力量，就能彻底赢得胜利，不仅打断了英国第8集团军的脊梁骨，也打开了通往亚历山大的道路。

所以，一切取决于阻止敌兵团逃离马特鲁港，或突出非洲军在南面形成的合围圈。但事实证明，隆美尔麾下寥寥几个实力虚弱的师，很难在广袤的沙漠里构成严密封锁，困住实力强大的敌军。弗赖伯格将军机动力不俗的新西兰兵团，以强有力的突击冲破第21装甲师的拦截线，皇家空军也为这场突围提供了持续不断的空中支援。

激战惨烈得难以想象。弗赖伯格的新西兰士兵搭乘卡车而来，拎着砍刀，高声呐喊着投入战斗。交战双方都为激烈的白刃战付出高昂的代价，但大批新西兰官兵冲出了德国人的包围圈。

德国第90轻装师包围马特鲁港的部队，也遭遇英国第10军强有力的突围。隆美尔亲自率领部下投入近战，他那些军官充当机枪手，基尔直属部队再次担任他的保镖。

第361非洲团也付出了惨重的代价，施特勒尔少尉率领的第4连遭遇英军反坦克炮、迫击炮阵地，大部分车辆中弹起火，伤员呼叫医护兵布施，整个连队陷入岌岌可危的境地。这支外籍军团的顽强斗志挽救了该连残余人员：二级下士罗森茨魏格和二等兵施瓦茨，没接到命令就端起机枪冲向英军阵地。猛烈的火力迫使英国士兵趴下，第4连趁机隐蔽起来，但罗森茨魏格和施瓦茨为挽救全连牺牲了自己。

面对英国第50师和南非炮兵部分部队的突围企图，门通上校第288特种部队的霍尔策战斗群首当其冲。参谋军官、军需官、无线电通信人员攥着手枪、手榴弹、刺刀投入战斗。基弗少尉率领的小队陷入包围，但他们构成环形防御，击毁英军车辆，粉碎了对方突出干谷的企图。面对不断涌来的印度和南非士兵，德军官兵殊死奋战，第8连的一等兵约翰内斯·米勒、上士陶赫、二级下士朗格尔、少尉基弗隐蔽在卡车后，朝进攻中的南非人投掷手榴弹。侥幸冲破拦截线的英军官兵，随后撞上德国人的刺刀和手枪枪口。

这种激战场面发生在德军封锁线上的许多地段。第25高射炮团（该团的战术徽标是一棵圣诞树）第2营第7连，受领的任务是封锁马特鲁港与南面锡瓦绿洲这条交通线上的"电报小径"。连里的6门火炮部署在小径东面，一支特遣队为该连提供掩护，弗赖中士率领16名部下执行这项任务，他们有1挺机枪、2支冲锋枪、若干卡宾枪、几把手枪和刺刀。吃晚饭时，警报响起，南非人和印度人发起进攻。担任第一射手的一等兵海因茨·布里茨，用架在卡车上的机枪开火射击。敌人停下脚步，举枪还击。突然，德国人的机枪沉默了。二等兵安东·施陶登迈尔喊道："海因茨，开火！快开火！"但海因茨·布里茨没有开火，也没有回答，敌人的机枪子弹射中了他。英军士兵蜂拥向前。就在这时，德军士兵身后传来喊声："为反坦克炮肃清射界！"德军反坦克炮随即猛轰英军车队，几个88炮连也从右侧投入战斗。激战沿"电报小径"骤然肆虐开来。英国人的夜航战机投下照明弹，随后实施轰炸。大批英军车辆趁机逃脱，另一些中弹的车辆像火把那样熊熊燃烧，车上的伤员和受困者被烧成焦炭。经历过这场夜战的人，永远都忘不掉这一幕。

常见的说法是，英军之所以能成功突出马特鲁港包围圈，责任归咎于意大利军队，必须指出，这种观点并不正确。隆美尔的包围圈太薄弱，突围的英军部队具有强大的机动力，以源自绝望的勇气殊死战斗，从附近埃及基地起飞的皇家空军战机为他们提供了有效支援。意大利部队战斗得非常英勇，难能可贵的是，他们的武器装备很差，坦克拙劣，重武器稀缺。"阿列特"装甲师和"的里雅斯

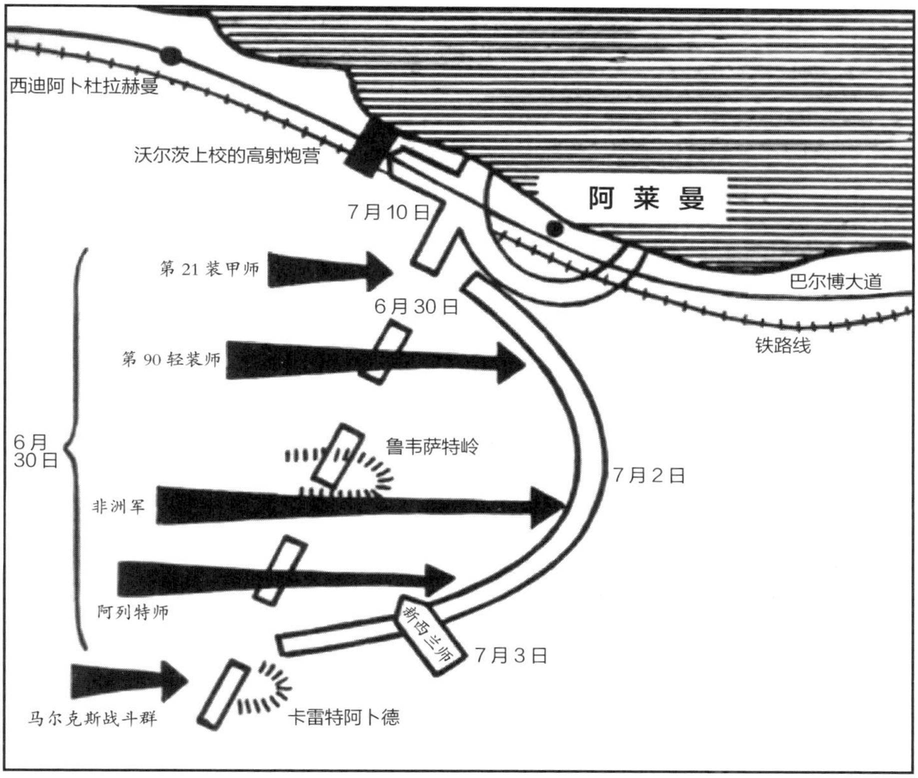
西迪阿卜杜拉赫曼
沃尔茨上校的高射炮营
阿莱曼
7月10日
第21装甲师
6月30日
巴尔博大道
铁路线
第90轻装师
鲁韦萨特岭
6月
30日
7月2日
非洲军
阿列特师
新西兰师
7月3日
马尔克斯战斗群
卡雷特阿卜德

▲ *6月30日到7月7日的阿莱曼交战，改变了北非战事的进程。*

特”摩托化师遭到猛烈打击，只剩14辆坦克、30门火炮、2000名官兵，可他们继续抵抗。英军战机投下炸弹，意大利第20军军长巴尔达萨雷将军和军炮兵指挥官皮亚琴扎将军阵亡。

借此机会，我想替经常受到不公正指责的意大利军队辩解几句，特别是考虑到即将到来的阿莱曼交战。

评判意大利军人的战斗表现，必须考虑到这样一个前提：这场战争从一开始就在各个方面对他们提出了太多要求。墨索里尼曾宣称，他们会以800万把刺刀重建帝国。可刺刀固定在过时的燧发枪上。

意大利最高统帅部向非洲只派遣了一个装甲师，也就是"阿列特"师，这个骄傲的番号源于意大利人光辉的历史。"阿列特"是撞锤的拉丁语称谓，古时候，罗马人使用巨大的攻城锤，攻破从西班牙到叙利亚的一座座城堡。古罗马人的"阿列特"激起各民族的钦佩和畏惧之情。但墨索里尼"阿列特"装甲师的坦克，只是引发了敌人的蔑视和盟友的同情。心怀畏惧的只有意大利坦克组员，因为这些坦克仅重12吨，装甲板厚度不足，配备的是40毫米主炮，他们如何能以这种坦克对付英国人的反坦克炮和战车呢？意军坦克的舱门周围堆放着沙袋，目的是给置身"移动棺材"的倒霉蛋提供点额外保护。当初派驻意大利第20军的德方首席口译员蒙策尔博士写道："驾驶这种坦克投入进攻，别说赢得胜利，就连生还下来的机会，也超出了道德所能要求的勇气。"他说得没错。

意大利人的其他武器也比他们的坦克强不到哪里去。从某种程度上说，意大利军队类似于战争末期美军攻入德国后，我们的人民冲锋队。尽管武器装备拙劣不堪，可每个德国士兵，甚至德国军官都知道，意大利人经常以出人意料的顽强和英勇进行战斗。从军事角度看，意大利第9神射手团，和所有"神射手"部队一样，完全无可指责。另外，还有件事值得一提：大批意大利劳工营取得了杰出的成就。迂回图卜鲁格的道路堪称意大利筑路技术的绝佳典范。尽管普通意大利士兵对战斗和牺牲的态度，与其他国家军人展现出的英雄主义不太一样，但身处北非的成千上万名意大利士兵，在最艰苦的条件下辛勤工作，表现出另一种强烈的英雄主义。

第二次世界大战期间，就连最前线的美国兵也能得到出色的伙食。德军战地厨房提供的是扎扎实实的家常便饭。而意大利士兵饭盒里的食物缺乏营养，淡而无味，简直就是贫民窟的伙食。就像许多德国军人证明的那样，他们吃着这些"垃圾"投身战斗，英勇牺牲，"战友"这个词对他们来说意义重大。

6月28日下午5点左右，第90轻装师、第580侦察营、包括基尔直属部队和布里尔上尉率领的第606高射炮营在内的几个战斗群、第288特种部队、意大利第10和第21军部分部队，加入对马特鲁港的冲击。8000名南非和印度士兵仍在这座堡垒里顽强坚守精心构置的阵地。

但6月29日清晨，枪炮声平息下来。德国人在要塞防御地带击毁40辆敌坦克，6000名英军士兵列队走入战俘营。亚历山大西面最后的支撑点，出色的马特鲁港陷落。这是个伟大的胜利，德国国防军公报专门提到第90轻装师的功绩。但隆美尔的军队没有彻底歼灭奥金莱克的野战集团军。

隆美尔的目标是在马特鲁港歼灭英军步兵主力，从而阻止对方在亚历山大门前重新占据新防线，但他没做到这一点。英军总司令得以把大部分步兵力量撤入阿莱曼阵地，在尼罗河前方设立了最后一道拦截线。

布里尔战斗群的官兵搜寻着马特鲁港的英军仓库，弄到不少啤酒、罐头、香烟，他们想休整几天，好好享受一番。可就在这时，警报声响起。

11点左右，通信班班长施密特二级下士，拿着隆美尔发来的电报找到战斗群指挥官，电报上写道："布里尔上尉立即率领战斗群赶往586-左9，隆美尔。"五分钟后，战斗群集合，又过了几分钟，他们做好了动身赶赴指定地点的准备。就在这时，隆美尔出现了。

他摊开地图说道："布里尔，您和您的部下开赴亚历山大，到达郊外就停止前进，英国人肯定已逃之夭夭。"这位元帅停顿片刻，笑着说道，"要是我明天赶到的话，我们就一同开车去开罗喝杯咖啡。"

布里尔上尉是陆军高射炮部队首位骑士铁十字勋章获得者，也是德国军队开赴非洲后第一个荣膺金质德意志十字奖章的人，早就习惯了隆美尔各种奇奇怪怪的命令。但今天这道指令让他屏住呼吸，天哪，这意味着胜利！来自威斯特法伦的这位勇士挺起胸膛："明白，元帅先生！"他随后问道，"哪些部队交给我指挥？"是啊，他的战斗群必须获得加强。第606高射炮营损失较大，布里尔目前只有1门40毫米火炮、1门50毫米反坦克炮、4门20毫米火炮、2门迫击炮、配备105毫米火炮的第33炮兵团第7连，但格雷布少尉的火炮走散了，晚些时候才能归队。

隆美尔笑着看看布里尔："布里尔，出发吧，我会把拼凑到的力量给您派去的。"实际上，该战斗群得到显著加强。布里尔获得2辆自行火炮，这是以捷克生产的38吨坦克改造的，安装了第605坦克歼击营的75毫米反坦克炮，这些自行火炮曾在比尔哈基姆同布里尔战斗群并肩战斗过。另外还有凯泽装甲掷弹兵营，当初也在比尔哈基姆和布里尔战斗群一同打击过企图突围的法国守军。最后还调来2辆装甲侦察车。布里尔战斗群动身出发，隆美尔怎么说的？"到达亚历山大前，你们绝不能停止前进！"

这是一场迅猛的进击。布里尔战斗群在途中遇到英军部队，就以钳形机动迂回，直到对方后撤或投降。他们完全不理会侧翼之敌，战斗群的口号是：攻往亚历山大，攻往开罗！

非洲装甲集团军司令部，情报处长读着布里尔每隔一小时就发来的报告，不停地摇头，这位精明的总参军官嘟囔着："这不可能！"他随即命令报务员，"让他们重发一遍！"

可发来的电报依然是：

"14点30分，到达第一目标。"

"14点50分，到达第二目标。"

"15点35分，与敌侦察车交火，击毁3辆敌坦克；我方损失1门40毫米火炮，1门20毫米火炮，1辆轻型汽车，1门105毫米火炮。"

"18点02分，到达当日目标，战斗群掘壕据守。"

第一、第二、当日目标在地图上标得清清楚楚，明白这一点的人都知道，布里尔战斗群已到达代巴前方。隆美尔的看法是："进展如此顺利，没必要掘壕据守了。"他下达命令："布里尔战斗群进攻代巴，占领该支撑点！"

当晚10点10分，布里尔发来电报："已占领代巴，继续攻往西迪阿卜杜拉赫曼。"非洲装甲集团军司令部研究着布里尔的报告，这群军官摇着头说道："他会成功的，也许真能到达亚历山大！"

在此期间，第90轻装师主力也做好准备，打算沿滨海公路向东进击。第21和第15装甲师的坦克穿过英军放弃的马特鲁港防线，隆隆向东。攻往亚历山大，攻往开罗！

布里尔战斗群遥遥领先。

可是，即便最大胆的行动也有其自然局限性，这就是士兵的体力表现，没有哪位指挥官能克服这一点。士兵的四肢沉重得像灌了铅，大脑无法产生清晰的思维，没人说话，没有缴获的杜松子酒提供帮助，再多的命令也无济于事，这时候必须让他们休息了。然后，这群士兵瘫倒在地，或垂头坐在车轮旁，就这样睡着了。

深夜时，布里尔命令战斗群停在西迪阿卜杜拉赫曼东北面。不仅士兵疲惫不堪，就连车辆也出了故障。战斗群官兵裹着毯子，躺在车辆下沉沉睡去。

"还有多远？"

"还有100公里左右。"

距离亚历山大还有100公里。至于他们与尼罗河三角洲之间的阿莱曼，布里尔只知道那是个标在阿拉伯地图上的小镇，有一座火车站，另外，英国人显然已把他们的部队集结在那里。德军司令部对阿莱曼镇周围的雷区一无所知，他们也不知道意大利战俘和英军工兵部队忙碌了数周，在阿莱曼南面的鲁韦萨特岭和盖塔拉洼地末端布设了深邃的地雷带。这些阵地的防御力量相当薄弱，只有南非第1师在此据守了一周，外加新西兰第6旅和印度第18旅，就这么多兵力。要是隆美尔不给英国人时间，让他们把后撤中的各个师集结在这个支撑点，那么，阿莱曼防线本来坚守不了太久。可惜，这种假设不成立。

凯泽上尉的装甲掷弹兵营守卫着滨海公路，夜间派出巡逻队。次日晨，布里尔战斗群留在原地，清理武器，维修车辆。侦察队向东而去，到达火车站。铁轨上停着几节车厢，除此之外别无他物，没见到这里有英军部队据守。布里尔继续向前，到达阿莱曼雷区，这才遭遇英军抵抗。防御火力相当猛烈，德军侦察车转身返回。透过望远镜，布里尔看着滨海公路上的车流量。英国人正把他们拼凑的力量从亚历山大和开罗派来，赶来据守尼罗河三角洲前方这座最后的堡垒。

"还有多远？"

"从这里算起的话，还有85公里！"

距离亚历山大还有85公里。

布里尔的部下笑着说道："我们明天就能到达那里。"可是，他们次日没能实现目标。6月30日早晨，他们的车辆准备再次出发之际，第15和第21装甲师的坦克已越过古赛尔—代巴一线，第90轻装师在沿海地带穿过后撤中的英军部队，越过富凯，肃清几片雷区，消灭一些英军炮兵部队后，到达代巴地区。但英国战斗轰炸机和低空飞机发起猛烈攻击。又一次身先士卒的隆美尔，在代巴补给仓库一座营房设立指挥所。皇家空军的战斗轰炸机飞行员发现了他的踪迹，于是，隆美尔把指挥所稍稍后移，可很快又遭到轰炸。德国人首次领教到新出现的危险：皇家空军大规模投入，这些战机从亚历山大和开罗周围的机场起飞，满怀激情地投入战斗。丘吉尔从伦敦发来命令，要求皇家空军必须"不惜一切代价"阻止隆美尔继续前进。

北非战事逐渐到达顶峰。德军坦克能到达尼罗河吗？英国作为世界大国的地位会就此陨落吗？对德国人来说，惊人的战略良机就在眼前：

叙利亚、伊拉克、波斯控制在德国手中；

土耳其侧翼不保，只能加入德国阵营；

苏联的东翼遭受威胁。

1942年6月30日，这一切似乎很快就会成为现实。隆美尔看到的是，他与自己希望实现的目标之间，仅隔着一支显然已被击溃的英国军队，对方企图在阿莱曼实施最后的抵抗，他要做的仅仅是粉碎这种抵抗。

当日下午，隆美尔元帅把麾下指挥官召到他设在滨海公路，西迪阿卜杜拉赫曼与代巴之间的指挥所，商讨后续作战事宜。拜尔莱因上校不得不离开内林将军位于南部沙漠的指挥所，穿过英国第1装甲师后撤中的队列，在沙漠里跋涉50公里。他在英军车队后方行驶了几个小时，一场遮天蔽日的沙尘暴把白昼变成黑夜。

此次会议做出决定，次日，也就是7月1日，进攻英军阿莱曼阵地。非洲军接到命令："取道法贾德，全速攻往开罗。"拜尔莱因谨慎地指出非洲军辖内各师的疲惫状况，装甲集团军参谋长却满怀信心地说道："他们还是能完成任务的，但速度要快，不能给英国人留下炸毁开罗附近尼罗河大桥的时间。"太乐观了！

布里尔也收到电报："停止前进，返回第90轻装师归建，等待后续命令。"

接到这道命令时，布里尔正和105毫米重炮连待在一起。格雷布少尉下令："开炮！"随即又是："开炮！"105毫米火炮猛轰阿莱曼的英军阵地。报务员施密特调皮地说道："上尉先生，开罗的咖啡凉了。"布里尔笑着答道："施密特，必要的话，我们就喝杯冷咖啡吧。"

南非第3旅的英国副官比恩中尉，沿滨海公路驱车疾驶，赶往亚历山大。他携带着发给补给部队和舰队司令部的命令，是个坏消息："德军正炮击阿莱曼。"他不知道，那是遥遥领先的布里尔战斗群，而不是非洲军，也不是第90轻装师，阿莱曼前方发生的不过是一场小规模交火。可这些日子，英军参谋人员觉得发生任何情况都不足为奇。

"德国人进攻了！"这个消息犹如野火般传遍了亚历山大。

"隆美尔来了！"就像罗马公民当初惊呼"汉尼拔来了"那样，德军先遣部队冲击阿莱曼的消息令英军总司令部大惊失色。英国舰队奉命离开亚历山大，驶往塞得港和海法。见到这一幕，埃及人欣喜不已，英军官兵大摇其头。

没有哪个德国人能描述亚历山大和开罗这段日子发生的戏剧性事件，只有目击者才能做出可信的陈述。英国战地记者艾伦·穆尔黑德这几天就在开罗，他妻子也在这里，因为她是英军总司令部的工作人员。穆尔黑德和几个朋友坐在一起，他们问道："他何时会来？"

穆尔黑德在他的战事报道中写道："三年来，大英帝国把能腾出的每一个士兵、每一门火炮、每一辆坦克派往中东。这里是英国唯一能真正打击敌人的战线。现在，这条战线似乎正在破裂。埃及沦陷会造成一连串难以想象的灾难，会导致英国重新回到不列颠之战的黑暗岁月。一旦埃及沦亡，马耳他和英国控制的地中海所有地区也难以幸免。苏伊士会随之丢失，那里储存的物资和装备相当于50个图卜鲁格。苏伊士、塞得港、亚历山大、贝鲁特、的黎波里很可能丢失。我们无法指望在巴勒斯坦和叙利亚实施抵抗，一旦德军到达耶路撒冷和大马士革，那些油井就出现在他们眼前，土耳其也陷入包围。"

穆尔黑德这番话没有夸大其词。

亚历山大港那些码头空无一人，一个个爆破组准备炸毁港口设施。几乎所有英军部队都已撤离这座城市。

开罗的情况如何？街道上挤满了从亚历山大和农村地区涌入城内的车辆。这里已沦为孤城。申请人在英国领事馆门前排起长队，想获得前往巴勒斯坦的过境签证。驶离开罗的列车挤得就像一场大迁徙。那些表现出乐观情绪或要求众人保持冷静的人，被告知去看看笼罩在英国领事馆和总司令部上方的滚滚浓烟，英国人正焚烧他们的文件和档案。要想了解更多情况，只要到那里隔着铁栅栏看看就明白了：几座总参大楼之间的工地上，英国士兵铲起一堆堆地图、文件、密码本，投入四个熊熊燃烧的大火堆。

长长的卡车队，满载办公用具驶往巴勒斯坦。美国工作人员撤往索马里兰。新闻从业者、电话操作员、所有女秘书疏散到南方。妇女和儿童这些随军家属奉命撤离，她们坐在行李箱上等待着。宪兵挥着手枪，阻止从欧洲逃来埃及的难民挤上火车，他们奉行的政策是"英国人先上"。

城外，从前线而来的车辆绕过金字塔，朝城内驶去，车上满载伤员和手无寸铁的散兵游勇。艾伦·穆尔黑德写道："各种火炮、空军车辆、维修车、坦克、数不清的卡车，挤满了筋疲力尽、呼呼大睡的人员，正沿沙漠道路涌入开罗。庞大、蜿蜒的车队长达上百英里。我们不禁要问：'整个军队在后撤吗？'这些车辆中的很大一部分，奉命赶往三角洲，在那里构置防御。"

尼罗河三角洲的防御阵地！今天我们知道，奥金莱克将军当时已决心放弃尼罗河三角洲，他想把第8集团军残部撤到苏丹，或是巴勒斯坦和伊拉克。由此可见，德国在非洲的胜利几乎已触手可及。

可将军和士兵永远不知道他们做的哪些事情，有朝一日会载入史册。战争史上的许多重要决定，往往事后才能看出。

1914年9月12日，德皇威廉二世并不知道自己输掉了马恩河畔的交战，因为他认为这场交战根本就没输，或至少对法国人来说也是场败仗。

另一个例子是，拿破仑1812年9月也没有意识到，他在距离莫斯科110公里的博罗季诺赢得的胜利，很快会被即将遭遇的惨败抵消。

陆军元帅埃尔温·隆美尔1942年6月30日也面临命运攸关的时刻，整个世界当时并没有注意到这点。可俗话说得好，期望越高，失望越大。

6月30日，隆美尔向麾下指挥官介绍了打击尼罗河三角洲前方最后一处英军堡垒的方案，完全复制了他对付图卜鲁格和马特鲁港的战术。作战方案规定，非洲军6月30日向南开进，朝盖塔拉洼地方向而去，摆出在60公里长的阿莱曼防线南端达成突破的姿态。但天黑后，该军就应当转向东北方，进入距离阿莱曼火车站20公里处。借助夜幕掩护，非洲军辖内各师随后攻入阿莱曼支撑点与白色清真寺之间的英军后方。第90轻装师的任务是绕过阿莱曼，就像他们在马特鲁港做的那样，前出到滨海公路，封锁这条公路，从而包围阿莱曼支撑点。隆美尔指出："一旦阿莱曼陷入重围，我们的装甲师位于南面的敌军主力身后，对方就会像马特鲁港那样土崩瓦解。"

以马特鲁港交战的经验看，此次行动获胜的机会很大。德军经历了五周激战，实力严重受损，无法承受艰巨的消耗战，但他们还是能击败对手。按照以往的交战经历，要是隆美尔能把麾下各师机动到阿莱曼防线后方的英军主力身后，完全有可能彻底打垮第8集团军。可是，隆美尔的好运突然消失了。派驻开罗的美国军事武官每天发电报给华盛顿，德国情报机构一直能破译这些电报，可现在做不到了。6月29日，对方改了密码。英国人已获悉德方破译了这些密电，于是更改了加密方式。柏林摄政王大道，阿布维尔的密码专家破译的最后一封电报仍使用旧的布朗密码，是美国驻罗马武官发出的："一名意大利高级官员对绝对可靠的情报提供者谈及，我方驻开罗武官发出的密电，罗马和柏林也能读到。建议更改密码。"

这个重要的情报来源就此干涸。俗话说得好，祸不单行。非洲装甲集团军的侦察工作也不得力。另外，非洲军的行动落后于计划时间表，因为该军从古赛尔赶往阿莱曼前方的转向点，必须穿越复杂地形，而且受到沙尘暴延误。德军装甲师7月1日上午到达代尔阿卜亚德，没发现英军既占支撑点。但侦察部队报告，英军在6公里外的代尔谢恩布设了一片很大的雷区。另外，内林的侦察部队还发现，南非第1旅守卫着鲁韦萨特岭北面的另一处英军支撑点。因此，除了进攻代尔谢恩，达成战役突破外，别无选择。隆美尔同意了。

7月1日下午，非洲军穿过雷区，激战后歼灭印度第18旅。第21装甲师以非凡的勇气攻克代尔谢恩支撑点，但也为此付出了高昂的代价。非洲军只有55辆可用坦克，这一仗折损18辆，隆美尔集团军的装甲矛头严重受损。

当日下午，第90轻装师按计划行事，企图绕过英军阿莱曼防御阵地，但从战术上说，他们无法做到这一点，因为南非第1、第2、第3旅的猛烈火力给他们造成沉重打击。获知这个消息后，隆美尔立即赶往第90轻装师，亲自指挥该师前进，可就连他也承认，无法实现预定目标。

遭遇这些挫折后，隆美尔的方案基本上已告失败，因为这份方案的要旨不是卷入代价高昂的激战，而是迂回敌军。但今天查阅英国总参谋部的文件，我们震惊地发现，由于混乱的命令，英国第1装甲师7月1日上午没能到达鲁韦萨特岭南面的阵地。要不是代尔谢恩守军顽强抵抗，内林在鲁韦萨特岭的行动本来会很轻松，也许能实现进入英国第13军身后的目标。但印度第18旅顽强抵抗，破坏了内林的良机。英国第1装甲师获得一天时间重新部署。德军装甲师余部7月2日冲击鲁韦萨特岭，却发现无法击退英军。这项任务远远超出了德军的实力，特别是因为皇家空军控制着战场上空。7月3日，隆美尔放弃了迂回到英国第13军身后的希望。他现在打算以非洲军、第90轻装师、意大利"利托里奥"师执行一场合围机动，绕过阿莱曼，但新西兰军队从卡雷特阿卜德支撑点发起大规模进攻，挫败了他的企图。弗赖伯格的新西兰人打垮了意大利"利托里奥"师，还俘获该师炮兵部队。这导致隆美尔的侧翼暴露在外，备受威胁。但这位元帅没有放弃，而是把重武器投入战场，前调了包括88炮在内的一切力量。可仅凭26辆坦克是无法攻克英军阵地的。7月3日这个决定性夜晚到来后，隆美尔命令麾下部队就地据守。从师长到普通士兵，所有人都知道，5月26日开始的这场进攻，原本有望胜利到达亚历山大，现在却陷入停滞。

隆美尔致电凯塞林，告诉他自己被迫停止了进攻，此时，凯塞林刚刚收悉相关报告，称英国舰队已离开亚历山大，英军总司令部也从开罗疏散。可是，虽说这两座埃及城市仍担心德军赢得一场速胜，但大英帝国在北非面临的巨大危机已过去。

开罗老城区，埃及地下运动领导人徒劳地等待着发动罢工的命令。法鲁克国王与埃及政治家不断磋商，隆美尔到来后，王室和政府该如何行事。

阿莱曼前方，整个7月份发生的战事，实际上就是即将到来的尼罗河争夺战之前的一场拉锯。隆美尔的军力已耗尽，处境岌岌可危。他那些疲惫不堪的部队部署在英军前方，而对方的实力日益加强。英军通往他们大型后勤营地的补给路线，长度约为100—200公里。相比之下，德军补给物资从图卜鲁格起运的话，路程超过574公里，前提是这些物资能运抵图卜鲁格。出于安全方面的原因，大多数意大利官员通常命令补给船只开往的黎波里，从那里到前线的距离高达2000公里，相当于从杜塞尔多夫到莫斯科。

德意装甲集团军之所以能在1942年7月这场危机中幸免于难，凭借的是全体将士的英勇奋战，也多亏英国人的谨小慎微，他们觉得隆美尔的军队实力强大，无法以协同一致的大规模进攻打垮对方。实际上，隆美尔的情报处长冯·梅伦廷中校坦率地指出："毫无疑问，我们再也无法承受第8集团军的大举进攻了。"

就这样，隆美尔的军队艰难地熬过7月4日。第21装甲师按照隆美尔的命令脱离战斗时，英军投入40辆坦克发动进攻。德军炮兵遭到猛烈打击，但策克战斗群一个炮兵连阻挡住了英军的冲击。

7月5日一整天，隆美尔苦苦支撑。第15装甲师只剩16辆坦克，而他们面对的英国第1装甲师却有100辆坦克。新西兰第4步兵旅发起冲击，幸亏几架斯图卡无意间炸毁该旅旅部，导致第4步兵旅群龙无首，进攻停顿下来。

7月6日，隆美尔重组麾下部队。他们匆匆埋设了刚刚运来的地雷，把几个88炮连部署到防线最危险的地段，还把缴获的英制25磅火炮投入使用。第90轻装师和两个装甲师终于收到从的黎波里运来的补给物资，非洲军的坦克数量上升到44辆。奥金莱克将军自6月底以来一直亲自指挥第8集团军，但迅速消灭隆美尔的机会已错过。

7月9日，隆美尔再次主动出击，他想摆脱危险而又暴露的位置。他的侦察部队发现了英军南部防线的薄弱点。德国和意大利装甲部队协同行动，一举夺得重要的卡雷特阿卜德支撑点，这场进攻顺利得出人意料，但英军迅速放弃该支撑点，完全是按计划行事，因为奥金莱克想把隆美尔诱入南面的交战，他好趁机在北面发起打击。

7月10日清晨5点，凌晨3点刚刚躺下的隆美尔仍在熟睡，但他的命令已得到执行。进攻时间定于6点，德军的任务是向东攻击前进，设法从后方夺取阿莱曼支撑点。就在这时，战线北部地段传来猛烈的炮声，此刻发生的情况不啻为一场灾难，给战役后续进程造成严重影响。

冯·梅伦廷中校阐述了当时发生的情况："装甲集团军指挥部就在前线后方几公里。我驱车赶往前线时，遇到几百名狼狈溃逃的意大利人，都是'塞布拉塔'师的士兵，很明显，这个师已被英军打垮。必须采取措施封闭缺口。我立即联系指挥部，组织参谋人员、高射炮、步兵、后勤部队、面包连，以这股七拼八凑的力量抗击澳大利亚人的猛烈冲击。随之而来的是一场最艰巨的近战，许多参谋人员亲自操作机枪，但我们阻挡住敌军首轮冲击。"

冯·梅伦廷中校以清醒的陈述结束了这份报告："不幸的是，无线电侦听连杰出的连长泽博姆上尉在战斗中阵亡，这个重要的情报连，大多数人员不是牺牲就是被俘。"这条简短信息的背后隐藏着一个悲剧：第621无线电侦听连，是隆美尔判断敌情的无价之宝，他们取得的成就，给予多高的评价都不为过。他们使用特殊设备窃听对方的电话，监听敌军无线电通信，破译对方的电报，堪称隆美尔贴在敌军指挥部墙壁上的耳朵。非洲军执行的许多大胆行动，战争史经常评价为"幸运"或"巧妙"，可如果没有侦听连提供的情报，这些行动不可能成功。

第621无线电侦听连7月9日的最后一份报告指出："识别出澳大利亚师，该师动向不明。"这是澳大利亚第9师，7月10日发动进攻，一举打垮"塞布拉塔"师，消灭了第621连。该连的损失，再加上开罗再也没发来电报，导致隆美尔重要的情报来源枯竭。争夺阿莱曼阵地的决定性交战期间，他一直没能越过这个障碍。这么重要的侦听连，遭受损失完全是一出悲剧造成的：7月10日的防御战中，泽博姆上尉徒劳地企图坚守一处全然无望的阵地，这是因为当初在马特鲁港，完全不了解该连重要性的一名高级军官严厉申斥泽博姆"过早放弃阵地"。用错地方的勇敢给整个集团军造成了无可弥补的损失。

7月10日艰巨的防御战期间，非洲军辖内一个新兵团出现在北非沙漠，这就是第164轻装非洲师。该师空运到非洲，没有携带车辆，大部分人员来自萨克森州，师徽是点缀在迈森瓷器上两把交叉的佩剑。第164轻装非洲师辖内第382装甲掷弹兵团和第220工兵营第3连，从卸载地直接投入战斗，与黑克尔上校的战斗群协同作战，这个战斗群以高射炮和薄弱的装甲力量封闭了突破口，阻挡住英军的进攻。第382装甲掷弹兵团，为堵截英军在装甲集团军北翼的突破发挥了重要作用。

接下来几天，再次证明了冯·梅伦廷中校7月10日的惊人发现：意大利人再也无法承受这场艰苦交战造成的压力。隆美尔不得不从南翼抽调越来越多的德军部队，加强意大利军队据守的北部地段。他再次企图扭转态势。7月13日下午，隆美尔以第21装甲师的坦克力量冲击阿莱曼据点，但徒劳无获。南非第3旅的防御火力阻挡住德军坦克。隆美尔固执己见，命令该师7月14日重新发动进攻。德军坦克夜间隆隆向前，凯塞林的航空兵中队为他们肃清道路。这股装甲力量艰难地到达滨海公路，阿莱曼据点的澳大利亚军队发起侧翼突击，击退德军这场冲击。隆美尔的实力太弱，要是再有个强大的装甲师，哪怕只有一个，也许就能扭转眼前的态势，可惜，没有更多装甲师了。对苏战争吞噬了德国的军事力量。

7月15日，新西兰人和印度人在鲁韦萨特岭达成突破。第15装甲师和第3、第33侦察营展开反突击，收复了丢失的阵地。7月16日，澳大利亚军队在泰尔艾塞歼灭了意大利"塞布拉塔"师残部，第382装甲掷弹兵团坚守阵地，这才阻止了一场灾难。

7月17日，西南面的意大利"的里雅斯特"师和"特伦托"师被打垮。隆美尔不得不迅速拼凑可用力量，竭力封闭突破口。德军为收复先前的阵地展开反突击，激烈的交战随之而来。

当晚，凯塞林和意大利总参谋长卡瓦莱罗赶来拜访隆美尔。这位陆军元帅宣称："除非补给问题得到重大改善，否则，我们就会处于崩溃的边缘。"他说得没错。

凯塞林的观点一直是"先夺取马耳他，然后再攻往尼罗河"，事实证明他的看法正确无误。可战争不是数学计算，而是一门特殊的艺术，会出现许多无法预测的因素。这方面的例子非常多，这里仅举一例。

7月份阿莱曼交战期间，硝烟弥漫的战场上，一名装甲掷弹兵脱颖而出，一举成名。他的照片刊登在德国国内各种杂志上。19岁的京特·哈尔姆看上去还是个孩子，和成千上万名投入战争血腥怀抱的小伙没什么不同。他不是个好斗者，也不是冒失鬼，就是个腼腆的年轻人。新兵训练期间指导他的军士可以发誓，这个出生于1922年，脸色苍白的小伙成不了英雄，更不可能成为名字永载非洲战争史的传奇人物。

可是，继来自威斯特法伦的胡贝特·布林克福特后，钳工京特·哈尔姆成为第二位荣获骑士铁十字勋章最年轻的士兵。隆美尔亲自把这枚勋章挂在他颈间。授奖仪式上，一只苍蝇叮在哈尔姆的鼻子上，直到今天他还是觉得，在元帅面前忍住苍蝇造成的瘙痒，远比让他成名并荣膺骑士铁十字勋章的整场战斗艰难得多。

与许多报道和书籍迄今为止的说法不同，京特·哈尔姆没有"阵亡在沙漠里"。他还活着，我请他讲述了自己的经历。哈尔姆今天在巴特明德开了个煤店，生了四个可爱的女儿，他的讲述缓慢而又犹豫，带着淡淡的不伦瑞克口音，仿佛回忆起久已遗忘的陈年往事。时至今日，身边的人不知道这位京特·哈尔姆就是15年前德国各大杂志封面上刊登的那个年轻人。哈尔姆耸耸肩："说这些干吗呢？"名气给他造成的麻烦够大了，至少，这位著名的骑士铁十字勋章获得者，获释回国后没被批准进入不伦瑞克工业大学学习机械工程。于是，他和妻子做起煤炭生意，他们事业有成，日子过得红红火火。回顾往事，他对自己1942年7

月22日在北非镇定、顽强的表现和坚定的责任感深感满意。

7月21日/22日夜间，英军总司令奥金莱克投入麾下最强大的突击旅，大举进攻阿莱曼附近的中央战线，企图粉碎内林的非洲军。一波波澳大利亚、印度、南非士兵猛烈冲击德军防线。第15装甲师以残余的力量抗击英军坦克。奥金莱克随后打出手里的王牌，把刚刚调自英国的第23装甲旅投入战斗，会同印度第161旅，意图打垮第21装甲师。

第104装甲掷弹兵团直属连的反坦克炮排，据守在一条300米宽的干谷边缘，离第21装甲师指挥所仅隔几公里。这个排配有2门苏制76.2毫米反坦克炮，每门火炮重700公斤。排长是斯库博菲乌斯少尉，二级下士雅贝克是第一门反坦克炮的炮长。京特·哈尔姆是炮手，堪称火炮的眼睛和灵魂。一切取决于他们这些炮手能否命中目标。

整个上午，英军炮兵一直在猛轰干谷的斜坡。德军反坦克炮组隐蔽在火炮后，炮弹爆炸激起的尘埃笼罩着他们。只有斯库博菲乌斯笔直地站在火炮护盾后，端着望远镜查看干谷的情况。对方的炮火突然停顿下来，硝烟散尽后，斯库博菲乌斯喊道："他们来了！"包括哈尔姆在内的炮组人员赶紧爬起，各就各位。

英军马克Ⅱ型、马克Ⅳ型、瓦伦丁坦克组成的强大编队隆隆驶过干谷，简直就像在操练场上演习。哈尔姆的反坦克炮距离斜坡150米，炮组人员不知道的是，为首的5辆英军坦克，已在烟幕掩护下越过他们的阵地，很快就会出现在第21装甲师指挥所前方。必须干掉这5辆坦克。可其他坦克尾随而至，哈尔姆的炮组人员数出10辆、20辆、30辆，这些坦克身后还有更多敌坦克，足有上百辆。要是对方达成突破，用德军士兵的话来说，"那就糟了！"

"开炮！"斯库博菲乌斯下达了命令。现在，一切取决于京特·哈尔姆能否保持镇定并准确瞄准目标，取决于装填手能否冷静而又迅速地为700公斤的反坦克炮装填炮弹，也取决于三炮手和四炮手能否牢牢稳住炮架，以免反冲时发生位移，因为这片满是岩石的地面根本无法挖掘炮位。

他们一言不发，哈尔姆坐在左侧的炮瞄装置旁，装填手在右侧。哈尔姆点点头，扳动击发机。尘土在他们耳边飞扬，硝烟笼罩住他们。炮架颤抖着，一只炮轮向后跳动，撞上哈尔姆的腿。他们把火炮推回原地，哈尔姆根本没感觉到任何疼痛。斯库博菲乌斯喊道："命中！"直接命中。重新装填后，哈尔姆再次瞄准目标。直接命中！

没过两分钟，4辆起火燃烧的敌坦克停在他们前方。其他坦克也停止前进，搜寻着危险的敌人。他们发现了德军反坦克炮组，随即射出猛烈的坦克炮火。一发发炮弹落在反坦克炮周围，炮组人员没太当回事，装弹，瞄准，开火，命中！

英军袭来的炮弹，猛烈得犹如飓风。一发坦克炮弹从哈尔姆两腿间穿过，第二发炮弹炸断了装填手的小腿。"三炮手担任装填手。"他跳起身，装弹，瞄准，开火，命中！

6辆……7辆……8辆，起火燃烧的英军坦克已达9辆。其他坦克退了回去，英军坦克指挥官显然告诉他的部下，无法穿过这道障碍。一辆坦克调转方向驶上山坡，打算从后方干掉这门危险的反坦克炮。但反坦克炮排的第二门火炮早已有所防范，连发两炮，炸飞了这辆马克Ⅱ型坦克的炮塔。

上百辆坦克的冲击停顿下来。

面对一门反坦克炮，他们动摇了。

几名炮兵的勇气，一个19岁小伙的双眼和双手，阻挡住敌人一个装甲旅。

第104装甲掷弹兵团团长埃韦特上校，坐在桶式车里观看了这场血腥的决斗。他随即驱车向后驶去，因为他知道两门反坦克炮支撑不了太久。斯图卡和第21装甲师的坦克奉命赶来支援，他们来得正是时候。哈尔姆的反坦克炮遭到英军坦克猛烈打击，护盾破裂，扎着绷带的装填手试图赶往急救站，却由于失血过多，死在阵地后方100米处。所有人都负了伤，要么就是被火炮的反冲撞伤，可他们仍在射击。随后，一发坦克炮弹击中反坦克炮的炮瞄装置，护盾也被炸飞，炮组人员伏倒在地。他们还活着吗？还活着！

"撤往团指挥所！"他们经受的考验就此结束。干谷另一侧的第二门反坦克炮仍在射击。斯图卡在上空轰鸣，第21装甲师的四号坦克正在赶来。一名英军目击者阐述了接下来发生的事情："装甲旅选错了进军路线，结果遭到德军反坦克炮的精准打击。先遣坦克悉数中弹，包括指挥坦克在内的9辆战车起火燃烧，这一切发生在几分钟内。全旅陷入混乱，没等实施重组，又遭到斯图卡打击，其他坦克沦为德军四号坦克的活靶。整个旅灰飞烟灭。两年的训练，跨越半个地球的长途调动，一切都在半小时内报销了。"

驾驶坦克平安返回的人寥寥无几，来自伦敦的戈登·雷德福是其中之一。

据他说："太可怕了！"

英军第23装甲旅损失了96辆坦克。

英国人粉碎内林非洲军的企图就此破灭，主要归功于一名少尉率领的五名炮兵。

京特·哈尔姆获得了隆美尔亲自颁发的骑士铁十字勋章，还晋升为二等兵。他后来又经历了许多次战斗，最终擢升少尉。1944年间，他乘坐"毛里塔尼亚"号战俘船前往美国，途中与一名带着义肢的英国军官交谈，许多军人遇到过的惊人巧合突然间发生了：这名英国军官乘坐的坦克，就是京特·哈尔姆7月22日在鲁韦萨特岭前方干谷里击毁的一辆。

"他把他的住址写给我，但后来在法国战俘营被没收了。我答应给他写信，可我没能兑现这个承诺。"京特·哈尔姆结束了他的故事。

▼ 这是隆美尔最后一次为夺取开罗和亚历山大制订的庞大计划。内林将军以这份草图阐述了相关方案。

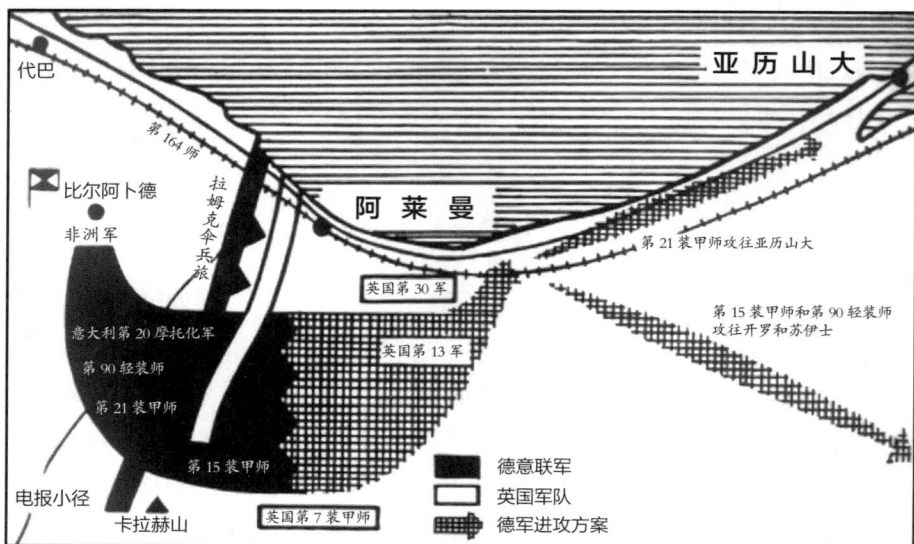

代巴
第 164 师
比尔阿卜德
非洲军
拉姆克伞兵旅
亚历山大
阿莱曼
英国第30军
第 21 装甲师攻往亚历山大
意大利第 20 摩托化军
第 90 轻装师
第 21 装甲师
英国第13军
第 15 装甲师和第 90 轻装师攻往开罗和苏伊士
第 15 装甲师
电报小径
卡拉赫山
英国第 7 装甲师

德意联军
英国军队
德军进攻方案

▼ 阿莱曼防御作战期间，19岁的炮手京特·哈尔姆表现杰出，击毁9辆敌坦克，隆美尔亲自为他颁发了骑士铁十字勋章。

▼ 阿莱曼战线北部地段，为击退敌军坦克突击，第33装甲炮兵团第1连一门重型野战榴弹炮开炮射击。

▼ 阿莱曼前方，德军士兵用骆驼刺灌木丛和铁丝网为他们的战车布设伪装。

20

哈勒法山——沙漠中的斯大林格勒

　　林格勒少尉在1942年8月26日的日记中写道："阿莱曼前方。中午的温度高达56摄氏度，没有一丝风。通常情况下，中午前后的海风至少会持续两个小时。我们躺在这里，听到些传言：我们会再次出动，朝尼罗河三角洲发起最后的进攻。据说几个营已拿到前往伊拉克的地图。我忙得不可开交。我们对隆美尔充满信心，当然期望迅速进入开罗。"

　　三天后的8月29日，连里的鞋匠恩格尔一等兵，光着膀子坐在沙坑里，钉着几双非洲军靴，瘦削的身上汗流浃背。一等兵魏因茨海梅尔趴在机枪旁，和鞋匠一同严密监视前方的状况，以防英国人突然穿过雷区这种常见的意外发生在盖塔拉洼地边缘他们这个先遣连身上。曼基维茨中士一直在检查武器装备，他从恩格尔的修鞋摊走过，停下脚步看了看，随即说道："恩格尔，您得赶紧干完手头的活。明天一切都得做好准备。明天……"他拍拍胸兜里厚厚的笔记本。笔记本里记录着日训令，他打算明天晚上向全连宣读这道命令。

　　明晚，也就是8月30日晚间。

　　中士转身离开，又和连里的几名老兵交谈起来。他们在非洲服役了17个月，整整17个月，没有休假。他还同库尔特谈了谈，连队这位会计抱怨道："我们连是第四次重组了，可我还没收到新来的补充兵名单。他们直接投入战斗，可现在在哪里？不是被俘、负伤、阵亡，就是病倒了。"沙漠吞噬了这些新兵，连里的老兵也越来越少。从第一天起就在沙漠参战的助理军械士被俘，一等兵古斯特、默比乌斯、福伊斯特尔，二级下士阿普曼，战地厨房车司机弗莱因·科法尔阵亡。几乎所有老资格军官、二级下士、一等兵都消失了，原先的骨干只剩6—7人，可整个连队还在。

这种状况，对1942年8月的非洲装甲集团军来说很常见。各个连队坚守在开罗前方，看上去不太妙，炎热、沙尘、苍蝇、腹泻把他们折磨得形容枯槁。疫苗接种了一次又一次，可有什么用呢？减员还是在不断增加。

在曼基维茨中士看来，连队的情况就是这样。他的胸兜里摆放着一道命运攸关的指令，一切都看明天了，8月30日。

拟制这道命令的集团军司令和他的参谋人员情况如何？

隆美尔元帅双眼酸痛，饱受鼻白喉和肝肿胀的折磨，他坐在自己的挂车里，仔细研究地图和空中侦察报告。同参谋人员交谈时，他一次次指出："我们7月初进军阿莱曼，尽管心存顾虑，尽管疲惫不堪，可我还是尽量不给英国人在亚历山大前方站稳脚跟的机会，以免他们投入新锐力量。我不想让这里的战事沦为战线停滞的阵地战，因为英军官兵接受过阵地战训练。这种情况下，英国人的顽强能得到充分发挥，而他们的长期僵化和缺乏机动性不会造成任何影响。"

没错，隆美尔希望避免这种情况，但他没能达成突破阿莱曼的企图。伦敦和华盛顿一直在等待隆美尔的坦克出现在亚历山大前方，可7月初，确切地说是7月3日夜间，是个分水岭，从那时起，他就被挡在阿莱曼。

1942年5月26日到7月30日，6万名英国、南非、印度、新西兰、法国、澳大利亚官兵列队走入德意联军战俘营，英军还损失了2000辆坦克和侦察车。遂行进攻的整个英国军队在沙漠里灰飞烟灭。一连数周，非洲装甲集团军凭借缴获的食物维生，他们使用的车辆，85%是英国或美国货。但5月到9月这段时期，隆美尔的损失也很大：2300名德军官兵阵亡，7500人负伤，2700人被俘。当年8月，德国军队的作战兵力只有3.4万人。意大利军队的损失是：1000人阵亡，10000人负伤，5000人被俘。

德军没能进抵开罗，他们被牵制在阿莱曼前方，面临的恰恰是隆美尔希望避免的危险。英国军队的实力与日俱增，他们的补给线从90到250公里不等。英美船队绕道好望角，运来各种物资，一个个新锐师从叙利亚、印度、伊拉克开抵。而隆美尔得到了什么？他只获得一个师，也就是第164轻装非洲师，外加拉姆克伞兵旅，没有任何车辆。运抵前线的补给物资，从来就没超过需求量的三分之一。这些物资不得不从图卜鲁格、班加西，甚至的黎波里运来，途中不断遭到皇家空军打击。从意大利启运的物资，就算没被驻扎在马耳他的英国海空力量消灭，也在运往前线的途中被英国轰炸机炸毁。此时，意大利有2000多辆汽车和100门火炮准备运给隆美尔，德国国内也有1000辆汽车和120辆坦克等待运出。可这些技术装备没能运抵非洲，意大利船队无法实现这一点。做出估算并不难，隆美尔知道如何进行简单的计算，他告诉部下："我们这个装甲集团军最近几周取得的战果，让华盛顿和伦敦惊恐不安。很明显，这种警报会促使英国和美国付诸最大的努力，以防尼罗河三角洲和中东地区丢失。"隆美尔拍着侦察部队和柏林情报机构发来的报告说道，"一支支大型船队，正在强大的海军舰队护卫下绕道好望角。第一支船队已进入红海，可这仅仅是开始，会有越来越多的船队开抵。罗斯福和丘吉尔知道北非的战况岌岌可危。可以预见，到9月中旬，英国第8集团军会强大到我们再也无法匹敌的程度。"

隆美尔给出的日期是9月中旬。

该怎么办？集团军司令部参谋人员给出统计数据：8月底的兵力对比是三比一，英国人占有优势，对方的空中优势甚至高达五比一。

229辆优异的德国坦克和243辆低劣的意大利坦克，面对700辆英国坦克。

英军布设的雷区异常强大。

他们的火炮也占有优势，炮弹非常充裕。

然后就是油料问题。隆美尔装甲集团军的油料，通常只够维持150公里的行程。而英国人的油料，多得完全可以让他们肆意挥霍。

不过，这些参谋人员还是非常谨慎。隆美尔知道，每次进攻前，他们都仔细计算过。不管怎么说，他已赢得胜利。一连几晚，这位元帅坐在挂车里反复思考相关问题。

另一方面，英国人也在反省。英国首相温斯顿·丘吉尔8月初来到开罗，他即将飞赴莫斯科，去安抚约瑟夫·斯大林，这位苏联领导人对德国军队的夏季攻势震惊不已。德国人攻往高加索山区、顿河、斯大林格勒。必须采取些措施！

丘吉尔在开罗吼道："必须采取些措施！"果然，他们采取了措施：大英帝国最优秀的战略家哈罗德·亚历山大将军出任中东地区英军总司令。第8集团军也该有个新司令，丘吉尔选中戈特将军。丘吉尔身边的顾问对他的决定担心不已。戈特是个好斗而又无情的莽夫，英军官兵给他起的绰号是"俯冲轰炸机"，经历多次失败后，此人心灰意冷，完全丧失了斗志。派他担任第8集团军司令，最高兴的恐怕是隆美尔。但丘吉尔固执己见，否决了他们的建议：把第8集团军司令一职交给来自英格兰一个名叫蒙哥马利的将军。丘吉尔不喜欢性情古怪、执拗顽固、冷若冰霜的"蒙蒂"，此人对一切都无动于衷，也无法激发丘吉尔的奇思妙想，另外，法国战局期间，担任师长的蒙哥马利行事乖张，经常惹恼英国首相。在丘吉尔看来，就算蒙哥马利是个将军，他对自己的宣传未免也有点太多了。不，丘吉尔不想任命"蒙蒂"，他在军队里不受欢迎，因为他太离经叛道了。

可是，上帝有时候的确会影响战争历史，蒙哥马利就是个很好的例证。

丘吉尔选中戈特将军，蒙哥马利只好退回后台，继续他默默无闻的军旅生涯，随后发生了意外：1942年8月7日，一架德国侦察机从开罗上空缓缓折返，飞回德军战线。他们突然发现一架没有护航的英国运输机。开火！一通扫射后，起火燃烧的英国运输机坠向地面，机毁人亡，戈特将军也在这架飞机上。他这次出行没带护卫力量，是因为他命令战斗机返回，为英国首相有可能的前线飞行提供保护。

这起事件似乎是冥冥中的天意，想象力丰富的温斯顿·丘吉尔以自己的方式做出诠释，他决定派蒙哥马利领导第8集团军。注定要击败隆美尔的那个人就此登上战争舞台。

刚一获悉蒙哥马利出任第8集团军司令的消息，隆美尔就派人收集了这名将领的所有材料。夜里，他仔细阅读这些资料，喃喃地说道："不错，蒙哥马利在敦刻尔克作为一名师长和组织者扬名立万。要小心，决不能心存侥幸。此人的诀窍是物质优势。"这位陆军元帅继续阅读蒙哥马利的材料。

他最后得出结论："这个对手很危险！"

这个对手太危险了！蒙哥马利从国内带来几名听命于他的年轻军官，其中包括即将出任第13军军长的布莱恩·霍罗克斯中将。这群年轻将领听从命令，绝不会主动挑起战事，只关心自己部队的利益。蒙哥马利到任后，立即取消了第8集团军从阿莱曼阵地继续后撤的所有指令和方案。他的观点是："决不考虑放弃阿莱曼防线。"

蒙哥马利命令各师师长，只能以紧密布势使用麾下部队，他宣称："立即结束先前零碎投入部队的做法，隆美尔正是利用这一点赢得了胜利。日后，坦克和炮兵力量必须大规模投入。"随后，"蒙蒂"粗暴而又坚决地向英国内阁提出自己的要求："你们满足我的要求前，我不会发动进攻，但我会坚守阿莱曼，直到你们答应我的条件。"当然，德军指挥部获知了这个情况，可他们该怎么做呢？

内林将军对我说："隆美尔该怎么做呢？对方无疑会以巨大的优势力量和最谨慎的态度发动深具威胁的进攻，难道隆美尔坐等灾难来临吗？他是不是应当先发制人？或者说，他是否应该撤往更有利的阵地，例如退守1941年初的意大利—埃及边境？

"现在回顾起来，必须说，撤往更有利的防御地段，获得更好的补给条件，可能是正确的解决方案。可这毕竟是一场后撤，众所周知，柏林和罗马出于政治方面的原因，绝不会批准后撤，哪怕这种决定最符合隆美尔灵活的交战方式，也能充分发挥他的战术优势。"

这就是冷静、谨慎的内林将军做出的判断，他对态势的客观评判经常给自己的职业生涯造成麻烦。

国防军最高统帅部、希特勒、墨索里尼要求隆美尔不得后撤，命令他坚持下去。这样一来，只剩一个选择：进攻！隆美尔只得集结一切可用力量，再次孤注一掷。作战方案和相关命令就这样拟定了，第104装甲掷弹兵团第9连的曼基维茨中士，以及装甲集团军那些军士，8月30日把这道命令张贴在各连连部：

非洲装甲集团军司令   司令部，1942年8月30日
集团军日训令

全体将士！

今天，获得新锐师加强的集团军即将再次发动进攻，以期彻底歼灭敌军。我期望集团军全体将士在这些决定性的日子里尽己所能！

签名：**集团军司令**

隆美尔元帅

作战方案体现出隆美尔的风格。此次攻势以非洲军的进攻为开始，第90轻装师和意大利第20摩托化军部署在集团军南翼，从卡拉赫山周边地域攻往东北方，越过鲁韦萨特岭后，就可以围歼英军北翼及其预备队。

第164轻装非洲师、拉姆克伞兵旅、几个意大利师部署在鲁韦萨特岭北面，他们的任务是沿滨海公路发起有限进攻，牵制当面之敌。意大利第20摩托化军和第90轻装师，在集团军相对静止的侧翼与非洲军转动的进攻侧翼之间充当铰链，同时发起进攻，掩护非洲军西北翼。一如既往，非洲军遂行主要突击。如果歼灭英国第8集团军的方案取得成功，就立即展开第二阶段的行动：非洲军军部率领第15装甲师和第90轻装师，取道开罗攻往苏伊士；第21装甲师负责夺取亚历山大。

内林将军把一份手绘草图放在我面前，这张草图生动地体现出德军的进攻方案。

隆美尔这场攻势，成功与否取决于几个至关重要的前提条件。首先，他不打算把非洲军摩托化力量用于战线北部条件良好的作战地带，而是投入南翼地形崎岖的盐沼草原边缘。这是个狡猾的构想，因为英军指挥部想不到德军会在哪里发动进攻，另外，对方的空中侦察会发现，非洲军装甲部队部署在阿莱曼战线北面。德国人还搭设了石屋，掩护他们的坦克和车辆，以免遭到炸弹破坏，这些石屋覆盖了骆驼刺灌木丛、缴获的英军伪装物或其他临时性伪装材料。

隆美尔元帅还在阿莱曼战线南翼构筑了同样数量的石屋和炮兵阵地，目的是欺骗敌人。这是个精妙的诡计，对方仔细观察的话，就会发现这些工事都是假的。尔虞我诈的非洲战争中，沙漠之狐隆美尔的计谋狡猾至极：要是英国人确认这些工事是欺骗手段，那么，他们就不会相信德军会在南部战线发动进攻；可如果他们认为这些工事是货真价实的坦克阵地，那么，他们对德军预备队实力的估测就是实际情况的两倍。这反过来促使英国人相信，德军会在北部发动进攻。

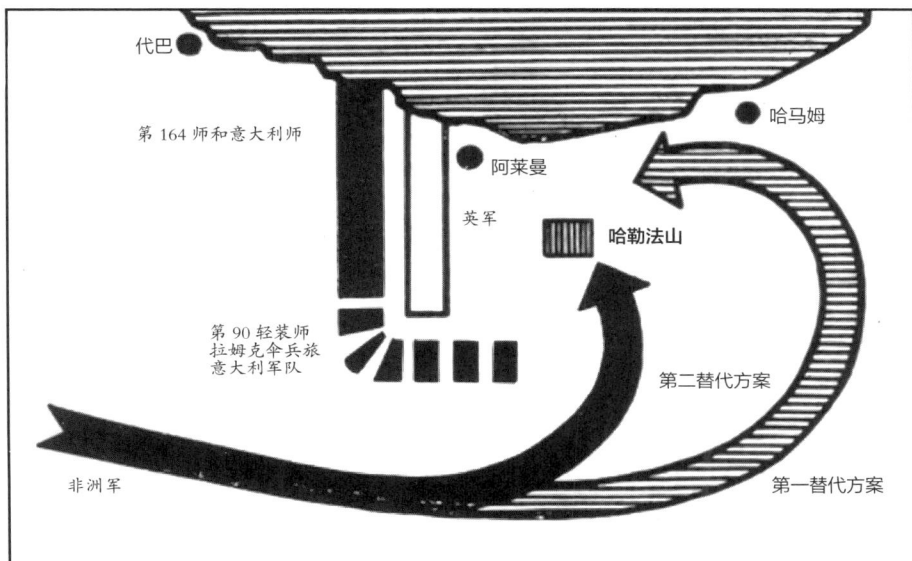

▲ 德军的主方案受阻，替代方案引发了哈勒法山交战。

　　隆美尔作战方案的第二个要点是，突击力量展开、穿越雷区、突破到英军南部防线后方，这些行动必须在一夜间完成。只有这样，才能阻止占有兵力优势之敌实施重组。

　　借助8月29日、30日两个短暂的满月夜晚为掩护，非洲军变更部署到南面。北面的假工事继续欺瞒敌人的空中侦察，德军装甲部队实际上已悄然南调。

　　这些措施奏效了吗？第一个重要的先决条件得到满足了吗？

　　奇怪的事情发生了，相关事件的真相直到今天才浮出水面。

　　大英帝国总参谋长艾伦·布鲁克元帅，在回忆录里谈到他1942年8月下旬视察第8集团军的情形："蒙哥马利到任才几天，但他很清楚，隆美尔肯定会在某个日子发动进攻……这场进攻必然落在南部战线，目标是转向北面。他对我们详细说明了如何以炮兵力量粉碎这场进攻。他对自己的论断深具信心，就连首相也觉得他的方案和措施无懈可击。"

　　蒙哥马利也在回忆录里自豪地指出，他坚信隆美尔会在南面发动进攻。英国第13军军长布莱恩·霍罗克斯中将在回忆录里承认，英军采取的防御措施，完全依据隆美尔诡计多端的进攻方案制定。德军孤注一掷的攻势，在时间和地点方面没有出乎英军指挥部意料。蒙哥马利从一开始就认为，轴心国军队在北部战线的进攻是佯动，因而没有做出任何额外部署应对这场冲击。

他在正确的地点、正确的时间耐心等待着。

霍罗克斯将军的第13军，防区面对德军主要突击地段，收到对方发动进攻的报告后，这位军长不但没有惊慌失措，反而上床睡觉去了。

霍罗克斯指出："敌人发动进攻前，我的参谋长和情报处长弗雷迪·德巴茨少校对隆美尔的企图了如指掌。他们告诉我：隆美尔会投入他的非洲军，在新西兰师与希迈马特山之间进攻第13军据守的阵地。待他们突破第7装甲师的防线，要么兜个大圈绕过哈勒法山，要么兜个小圈，直奔哈勒法山脊。"

这些英军将领没有透露准确的情报从何而来，这不重要，就连隆美尔也没在他的日记里提及秘密情报的来源。前线将领不喜欢与见不得光的叛徒分享他们的胜利桂冠。

蒙哥马利和他那些将领声称，他们是从天气状况、非洲军的实力和油料、隆美尔的战术、德国人的心态、常规侦察推断出隆美尔的进攻方案的。但下述事实值得我们沉思：

在我面前摆放着一张地图，这是拜尔莱因将军交给我的，当时他还是个上校，职务是非洲军参谋长。这张地图是隆美尔发动攻势的关键要素，以色彩和文字准确标明了英军南部防线后方的道路位置、可通过性、地面状况。德军突击方向和时间表就是据此制定的。这张地图堪称无价之宝，解决了德军司令部发动进攻前面临的一切难题，因为德国参谋人员对南部突击地域的复杂地形一无所知。德军实施的侦察，确定了对方布设的雷区，可雷区后面是什么？意大利人的地图提供的信息非常少，盘问当地居民也不靠谱，战斗侦察更不可行，因为这会惊动敌人。军事地质学家深入敌军腹地的大胆远征，也许能提供可靠的地形概况，但仅限于他们走过的路线。因此，德军各部队接到指示，要求他们特别留意从英国人那里缴获该地区的地图，这些战利品出自一流的英国地图绘制部门，往往能提供决定性帮助。

某个晚上，南部战线的德军雷区爆发了战斗的声响。地雷炸开，德军哨兵呼喊着发出警报，机枪手扣动扳机，照明弹射入空中。雷区发生混战，似乎是一支英军侦察巡逻队正设法拖走他们的伤员。

德军巡逻队前进，随后在雷区发现一辆炸毁的英军侦察车。这些士兵搜寻着战利品，副驾驶座上的是什么？是个沾有血迹的地图袋。拿上！

隆美尔的参谋人员在地图袋里找到一张英军南部战线的道路图，不由得欣喜若狂。这张道路图印刷精美，带有序列号和保密号。皱巴巴、脏兮兮的地图上沾有茶渍和墨迹，还标注了许多文字。当然，德军参谋人员非常谨慎，生怕这是个诱饵。他们仔细检查，认真对比，最后得出结论："真实无误！"他们获得了需要的东西。图上标出了可供车辆通行的硬质砾漠小径、无法通行的柔软沙丘带、流沙地域，险恶的干谷和广袤的沙漠也一清二楚。英军防线至关重要的哈勒法山，"芝麻开门"的口诀落入德国人手里。

他们立即着手评估这件战利品，以便绘制己方行进路线图。尽管他们没有不加怀疑地照单全收，但交给装甲师使用的路线图，肯定存在一些危险的错误。

霍罗克斯将军的回忆录，证实了我们长期怀疑的东西。

德军巡逻队搜查英军侦察车后，英国第7装甲师师长当日上午向第13军军长布莱恩·霍罗克斯爵士报告："德国佬把那辆侦察车劫掠一空。"布莱恩爵士立即打电话给蒙哥马利的参谋长弗雷迪·德甘冈："你好，弗雷迪，他们捡走了你的鸡蛋！"

"蒙蒂"的参谋长回答道："但愿他们能孵化吧。"

这是什么意思？

我们在霍罗克斯将军的回忆录里找到了答案。他写道："为促使隆美尔下定决心，我们想出个绝妙的花招。蒙哥马利的参谋长德甘冈绘制了前面提到的道路图，完美地伪造了英军南部战线后方的道路状况。我方侦察车带着地图驶入德国人的雷区。几枚S型地雷炸坏了侦察车，我方巡逻队随即撤离，监视接下来发生的事情：德军巡逻队搜查车辆，发现了那张地图。它成为德国人制订进攻方案的基础，对方还据此绘制了道路图。这张伪造的地图，对哈勒法山交战的进程产生了重大影响。"

我把阿莱曼交战的总参地图放在桌上，再次沿那些彩色线条查看德军和英军阵地，读出一个个战略要点的编号，手指沿一条条小径移动。隆美尔的旅伴弗里茨·拜尔莱因坐在我旁边，解释着详情。

8月份的哈勒法山交战期间，拜尔莱因在内林将军指挥的非洲军任参谋长，内林8月31日负伤后，冯·韦尔斯特将军接替了他的职务。除了冯·韦尔斯特，拜尔莱因是寥寥无几的幸存者之一，亲身经历了命运攸关的八月攻势期间非洲军的遭遇，这场攻势在战争史上被称作"六日角逐"，这是因为德军突破阿莱曼战线，征服尼罗河三角洲的最后一搏持续了整整六天。

拜尔莱因说道："情况就是这样。"他用几条铅笔线勾勒出各种状况和交战进程。"这就是我们想要采取的行动。拉姆克伞兵旅、第90轻装师、意大利第20摩托化军像一扇房门那样，从阿莱曼战线向北转动，非洲军辖内几个装甲师的任务是绕过英国第8集团军，从他们后方实施坦克突击，围歼该集团军。这是隆美尔惯用的战术，他在图卜鲁格、马特鲁港、贾扎拉附近就是这么干的。这种战术在阿莱曼也能取得巨大的成功。最重要的是，这份方案旨在造成心理影响，以我们的经验看，英军防线破裂，德国军队出现在身后，这种情况肯定会给他们造成恐慌。当然，非洲军辖内几个装甲师，交战期间必须实施大范围迂回，这需要大量油料。我们不仅要达成突然性，还要快速挺进，这样一来，敌人就来不及做出应对，也无法通过重组实施抵抗。所以，油料供应和突然性是这场攻势取得成功的两个先决条件。

"8月27日，隆美尔、意军总司令卡瓦莱罗元帅、德国南线总司令凯塞林元帅，在装甲集团军司令部召开重要会议。隆美尔要求获得6000吨油料，作为此次攻势的最低储备量。他解释道：'交战取决于这批油料能否及时交付。'卡瓦莱罗回答道：'元帅先生，您只管投入交战好了，油料已在运输途中。'"

以往的经历告诉隆美尔，这种承诺很值得怀疑。他知道漫长运输航线上的陷阱，也记得意大利船队像奉命行事那样，进入英国海军舰炮射程，或遭遇皇家空军轰炸机中队猛烈空袭的灾难性时刻。隆美尔也许不清楚我们今天了解的一切，但他知道的东西，足以让他产生怀疑。例如，他不知道意大利空军军官安东尼奥·特里齐诺出版了一本轰动一时的书，透露了某些耸人听闻的内容。我们只举一个例子：1942年夏季，一名意大利海军军官坐在马特鲁港专门为他设立的电台旁，不分昼夜地把最重要的军事情报发给他的上司，意大利海军情报部长毛杰里海军上将，战后，毛杰里获得了美国人颁发的高级勋章。这位海军军官后来组织美国特工登陆意大利海岸，还安排他们会晤意大利海军部的高级参谋人员。特里齐诺用整整一章阐述了了解非洲护航运输队详情的意大利高级海军军官，与英国情报部门的合作。这些内幕令人震惊不已。美国海军中校埃利斯·M.扎卡赖亚斯在《秘密使命》一书中证实了这种合作："我们非常清楚轴心国海军司令部对非洲战事的意图，也知道德国和意大利海军之间的会谈。"尽管这些消息骇人听闻，但每次吃了败仗就大喊"背叛"，这很虚伪。

德国和意大利也充分利用了出色的情报资源，阴险的勾当并不仅限于一方。但今天可以肯定地说，负责为非洲装甲集团军提供补给的意大利海军司令部，遭受背叛的情况尤为严重，这种背叛给隆美尔最后一场大规模攻势蒙上阴影。他1942年对情报泄密产生怀疑，我们知道，他曾多次表述过自己的焦虑。因此，凯塞林在1942年8月27日的重要会议上向他保证，要是意大利人无法供应油料，德国第2航空队会以空运的方式提供必要的油料，这让隆美尔深感宽慰。

1942年8月30日晚上8点左右，夜幕刚刚降临，德军装甲师就隆隆驶向阿莱曼战线南部地段。一轮满月照耀着这支强大、喧嚣的装甲纵队。第15装甲师齐装满员，以70辆三号和四号坦克投入战斗。第21装甲师投入120辆坦克。这场进攻沿宽大战线遂行。午夜前，第15装甲师先遣部队遭遇英军据守的雷区，随即发起攻击。他们原以为对方的防御力量不会太强大，却没料到英军实施了顽强抵抗。布施少校率领第115装甲掷弹兵团第1营冲向英军坦克、火炮、步兵守卫的雷区，双方展开激战。魏克塞尔上尉率领的第2营挽救了态势，该营穿过雷区，设立登陆场，这才肃清一条雷区走廊，确保第15装甲师的坦克顺利通过。这起事件是个巧合吗？德军的侦察是不是出了岔子？

第21装甲师也遭遇英军雷区。第104装甲掷弹兵团第3营营部行驶在装甲先遣部队前方，遇到雷区后停下，等待指引坦克穿过雷区走廊。突然，地雷爆炸，排成长龙的车辆腾空而起。一名工兵中尉犹如鬼魂般站在前方挥手示意，竭力阻止这场灾难：第21装甲师先遣部队驶入一片未知的英军雷区。装甲掷弹兵小心翼翼地爬下卡车，可S型地雷还是在各处爆炸。"停止前进！卧倒！"命令传来。一名浑身是血的二级下士爬了过来，他那个班被地雷炸倒。英国人的机枪也在前方吼叫起来，曳光弹击中了车辆和人群。这是此次进攻的第一个意外。四下传来呼叫医护兵的喊声，参谋军官驱车穿过步履蹒跚的部队，试图恢复秩序，就在这时，新一轮打击接踵而至。

皇家空军的战机飞抵，照明弹照亮天空，这种武器在上一场战争中得到个荒诞的名称："圣诞树！"英军飞行员还使用了新型地面照明标志，他们投下含镁的燃料，落到地面才点燃，而且很难扑灭。结果，德军装甲掷弹兵紧紧趴在地上，整片战场亮如白昼。

非洲军军长瓦尔特·内林，乘坐指挥车跟随第21装甲师一同行动。他这辆装甲车里还坐着参谋长弗里茨·拜尔莱因上校、副官冯·布格斯多夫、两名司机、包括哈尔库尔和古默斯巴赫在内的三名报务员。地雷不断爆炸，炮弹落在四周，机枪子弹嘶嘶作响地掠过。战斗相当激烈。内林随后收到第一个坏消息：第21装甲师师长格奥尔格·冯·俾斯麦少将，突破英军雷区时阵亡在全师最前方。几乎是同时，第90轻装师师长克勒曼少将也负了伤。

午夜过后，8月31日到来。各个师仍在宽阔、防御严密的英军雷区激战。重型炸弹从雪亮的空中落下，英军战斗机和攻击机的火力给谨慎行事的德军摩托化部队造成严重破坏。一架战机识别出内林的指挥车，犹如雄鹰般朝通亮的战场俯冲而下。直属部队以各种口径的武器开火射击，但英军飞行员毫无畏惧，进入低空攻击状态后投下炸弹。这颗炸弹在内林指挥车前方爆炸，周围的官兵非死即伤。弹片穿透指挥车装甲板，内林浑身是血地倒下，电台被炸毁，但拜尔莱因和其他人幸免于难。车外的副官冯·布格斯多夫身负致命伤，久经考验的军需官，来自维尔茨堡的瓦尔特·施密特阵亡。二级下士弗朗茨把内林拖上自己的桶式车，朝急救站驶去。就这样，德军突击集群的四名将军，交战刚刚开始就倒下三个。拜尔莱因换了辆装甲运兵车，继续指挥全军，直到冯·韦尔斯特将军接掌指挥权。

拂晓前不久，他们终于打垮英军雷区的抵抗。因此，8月31日拂晓后，非洲军先遣部队和侦察力量才到达己方雷区以东12—15公里处。隆美尔以摩托化兵团趁月夜向东疾行50公里，拂晓后转身向北发起攻击的企图破灭了。失败是因为他们遭遇意想不到的抵抗，还因为地形困难得出乎意料，那张道路图是弗雷迪·德甘冈的诱饵，根本不会标明准确的路况。他们原以为有小径可供通行的地方，却发现庞大的沙丘挡住去路。道路图上标明难以逾越的沙丘，实际上是英军支撑点。

拜尔莱因告诉我："我们当时考虑过，是否应该结束这场交战。英国人显然很清楚我们在哪里。隆美尔和我商讨了态势，我们决定继续进攻。但有一点很明确：迂回第8集团军的大解决方案已不复可能，因为敌人有足够的时间准备反突击，突然性已丧失。另外，我们也无法在昼间绕过哈勒法山的强化山脊。所以，敌人迫使我们采用小解决方案，也就是说，比原定方案更早地转身向北，正面冲击哈勒法山脊至关重要的132高地。"

德军侦察部队发现，英国人大力加强了哈勒法山的防御，但他们不知道，刚刚从英国本土开抵的英军第44步兵师部署在山上，那里还安排了重型装甲部队和半埋的坦克。

第15和第21装甲师的初步进攻取得不错的进展，但意大利"阿列特"师和"的里雅斯特"师远远落在后面。幸亏一场沙尘暴持续了整个昼间，尽管地面部队苦不堪言，但也阻止了皇家空军以优势力量介入地面交战。8月31日傍晚，各师油料告急。卡瓦莱罗元帅承诺的油料在哪里？他当初亲口保证："您只管投入交战好了，油料已在运输途中。"

哈勒法山交战背后，关于油料的这篇戏剧性章节，各种说法很多。有人仅仅谈及破坏活动，也有人认为组织工作效率低下，还有人声称运气不好。

我调查了此事，应该可以澄清事实。

8月22日，"皮奇·法西奥"号油轮驶离里窝那。8月29日，它与从比雷埃夫斯而来的"阿布鲁齐"号油轮会合，一同驶往图卜鲁格。两艘油轮都在德尔纳附近被英军鱼雷机击沉。为防患于未然，卡瓦莱罗8月27日还从那不勒斯派出1.2万吨的"波扎·里卡"号油轮，结果也被鱼雷击沉。另一艘油轮，或者说是满载油罐的货轮"泰尔杰斯塔埃雷"号，在驱逐舰护卫下起航。到达图卜鲁格港入口前不久，这支护航船队的航程较为顺利，可随后发生的事情有两种不同的说法。

第一种说法是，意大利驱逐舰舰长生怕遇到磁性水雷，因而下令把航速降到5节。一艘德国商船没有执行命令，以14节航速驶入图卜鲁格港获得掩护的码头，但载有油罐的意大利货轮遭到英军鱼雷机攻击，沉没在图卜鲁格港入口外。

第二种说法是，"泰尔杰斯塔埃雷"号到达图卜鲁格，但港口遭遇空袭，一道莫名其妙的命令要求这艘货轮驶离港口，结果被英国潜艇击沉在入口外。不管哪种说法是正确的，反正卡瓦莱罗承诺的油料没能运抵。凯塞林现在不得不投入行动，他命令运输机飞赴非洲。但飞机运载的油料，飞行途中消耗大半，混乱中，凯塞林没有获知这个情况。

9月1日，第15装甲师在杰出的装甲兵指挥官克拉泽曼上校的率领下，再次猛攻哈勒法山脊，经过激烈战斗，前出到距离132高地不远处。这场交战到了决定性阶段。掷弹兵、工兵、炮兵、装甲兵承受的困苦难以言述，他们冒着敌机投下的弹雨顽强战斗，一次次穿过英军炮兵射出的致命弹幕。另外，英国第7装甲师对冲击哈勒法山的几个德国师东翼发起强有力的坦克突击。但隆美尔已下定决心，打算突破到海边。第8装甲团冲破敌军防线，9月1日下午，该团先遣力量距离海边18公里，已位于阿莱曼战线后方。但左侧的第5装甲团落在后面，无法突破英军防御阵地。整个昼间，皇家空军对德军装甲团和装甲掷弹兵团实施了最猛烈的打击，仅非洲军军部就有7名军官阵亡。为前方装甲部队运送油料和弹药越来越困难。由于缺乏油料，各部队在敌军身后动弹不得。一个个皇家空军中队无情地投下炸弹。面对雨点般落下的炸弹，德军部队和各级指挥部蜷伏在无遮无掩的沙漠里。9月1日傍晚，隆美尔元帅决定停止进攻，逐步撤回盖塔拉洼地北面的出发阵地。激烈的战斗后撤又持续了三天，"六日角逐"这才结束。

隆美尔为何会在尼罗河战役的关键阶段输掉这场交战？这个问题一次次被提出，答案总是千篇一律：缺乏油料是关键因素。可这种说法难以令人信服。既然缺乏油料，为何德军后撤期间丢弃的车辆并不多？冯·韦尔斯特将军告诉我，他们抽空了闲置车辆的油箱，及时介入的德国空军也运来油料。但冯·韦尔斯特将军也强调指出，隆美尔的实力太弱。而英国第8集团军新任司令蒙哥马利将军非常清楚德军的进攻方案，很有针对性地部署了大批火炮和坦克，占有巨大的优势。要是非洲军的油料补给情况更好些，就能获得更好的机动性，说不定能打垮英军的防御。

也许是吧。但毋庸置疑，英军的空中优势是个至关重要的决定性因素。战争期间，德军指挥官首次意识到敌人的空中优势给己方作战行动造成的致命障碍。这是个警告，不过，非洲的德军将领无法解决这个问题。凯塞林元帅甚至从东线抽调航空兵力量驰援图卜鲁格战线。8月17日，第210轰炸机联队的三个中队从塔甘罗格飞往图卜鲁格，但这纯属杯水车薪。非洲的德国空军力量处于劣势。另外，德国空军非洲司令部至关重要的侦听排，一直负责监听敌军地面和空中活动的无线电通信，为德军防空力量提供了宝贵的情报，现在却突然聋了。英国人把他们的无线电通信从短波改为超短波，与陆军侦听连的情况如出一辙，德国空军侦听排的失效给防空工作造成严重影响。

哈勒法山交战成为非洲战局的分水岭，隆美尔和他那些官兵凭借大胆、计谋、勇敢这些因素主导的前一阶段战事就此结束。他输给了物质实力更强大的对手，对方的空中力量和炮兵都占有巨大的优势。最重要的是，隆美尔面对的敌军指挥官干劲十足，对胜利充满信心，掌握的物资不计其数，从而把非洲战局领入重要的转折点，此人就是蒙哥马利。

从现在起，伯纳德·蒙哥马利掌握了主动权，就此进入非洲战争的历史，他倡导的是毫无风险的物资战。不堪重负的德国军队遭受到必然的惨败，除了严重的损失，他们还丧失了赢得胜利的信心。哈勒法山转折点与斯大林格勒的挫败几乎同时发生，大概不是巧合。因此，许多人把哈勒法山称为沙漠中的斯大林格勒，从许多方面看，这种说法正确无误。

▲ 1942年8月，温斯顿·丘吉尔莅临北非战区，更换了英军总司令。

▼ 地中海及中东地区英军总司令哈罗德·亚历山大将军（右侧持望远镜者），堪称大英帝国最优秀的战略家。左侧敬礼者是著名的英国第7装甲师师长哈丁将军。

21

英军突袭图卜鲁格

    亚历山大的居民经常说："埃及是世界上最美丽的国度，而埃及最美丽的地方是亚历山大皇家游艇俱乐部的露台。"战争期间游览过此处的人会发现，自己宛如置身仙境。坐在阴凉处，湛蓝的大海和游艇的白帆出现在眼前。舞台就在你身边，来宾都是些军官、有钱人、优雅的女士。

    1942年9月初，英国第10和第15快艇队的18艘船只在这片海滩反复演练。他们拖着小型登陆舟，一次次练习上船、解缆、重新登船。操练进行得很顺利。每天下午聚在游艇俱乐部露台喝茶的埃及女士戴着歌剧眼镜，以免疏漏出现在海军望远镜里的任何细节。英国海军司令部的军官皱着眉头看着这一幕，但听到这些女士的交谈，他们的脸上露出了笑意。

    "他们穿的海军军装是哪个国家的？"

    "希腊，亲爱的，希腊军装，我是听我丈夫说的。"身边的朋友告诉她。

    "希腊？"

    "没错，希腊教官。"

    她的朋友还有点不明白："这些希腊人从哪里来的？"

    "从希腊来的。"

    "哦，明白了。"

希腊教官参加英国快艇队在亚历山大海边的演练，是英国情报机构出的点子。地中海地区的轴心国军队很快就会接到提高警惕的指示："防范盟军入侵希腊的企图。"

但亚历山大海边的演练，与希腊无关。

这件事始于1942年7月初，远程沙漠战斗群负责人约翰·哈兹尔登上校提出狠狠打击隆美尔油料补给的构想，他打算派特种部队炸毁图卜鲁格的大型油罐。当年夏季，开罗的英军司令部抓住一切能给他们带来曙光的希望，因此，哈兹尔登的构想得到很多人支持。原定方案迅速扩大："当然，不仅要炸毁储油罐！不，图卜鲁格的德军维修车间非常重要，必须消灭传奇性的第548维修团，他们为隆美尔修理坦克和车辆。这帮该死而又能干的家伙经营着非洲最出色的德国坦克工厂。"于是，开罗司令部召集了工兵指挥官。当然，弹药库和码头也得炸毁，还要解救英国战俘。还要……还要……还要，哈兹尔登的破坏计划就这样发展成英军总司令部的突袭方案，他们打算对隆美尔战线后方500公里实施陆海空联合进攻。

8月21日，英国陆海空三军首长批准了这份方案，还起了个"协定"的代号。

英国地中海舰队司令哈伍德海军上将指出："这是场危险的行动，只有前线的危急态势能证明此次冒险的合理性。"

某些情况下，他们不得不赌上一把。时间逐渐流逝，一晃就到了9月中旬。英军战线的危急状况已结束，哈勒法山交战严重消耗了隆美尔的军力，但"协定行动"并没有被放弃。

医护二等兵阿尔贝特·戈尔德曼从克里特岛调到北非第220医护连第2排，9月13日，他和五名战友沿通往图卜鲁格的道路慢慢前行。他们刚刚降落在机场，正寻找过夜的住处。就在这时，几辆缴获的3吨卡车从他们身旁驶过。六人刚想拦住卡车，突然看见车上载满浑身污秽、虱子横生的英国战俘，他们显然来自沙漠，很可能是从图卜鲁格而来。德国卫兵挤坐在驾驶室里。

戈尔德曼朝英国俘虏挥挥手，一名俘虏也向他招手致意。"这帮可怜的家伙。"戈尔德曼这样想。

他们看见第一道防御工事前的德国哨兵抬起栏杆，放卡车通过。他们还看见一架鹳式飞机盘旋在道路上空，陪伴运送战俘的卡车行进了一段路程。随后，一切消失在尘埃中。阿尔贝特·戈尔德曼和五名战友步行穿过旧铁丝网和战火留下的遗迹。海面熠熠生辉，没有枪炮声，战争和前线离这里很远。夜晚迅速降临，戈尔德曼一行跟跟跄跄地走入一处废弃的高射炮阵地。"就在这里过夜吧。"他们随后收拾了一下，尽量让自己过得舒适些。

这时，满载英国战俘的卡车沿主路驶往图卜鲁格港，很快转向右侧。"停车！"两名德国宪兵举着手电筒站在前方，对负责押送俘虏的德国军官说道："请出示通行证。"这名军官说道："在这里。"说着，他从车上下来，一名身材高大的掷弹兵跟在他身旁。卡车上的英国俘虏突然沉默了，气氛一时间紧张起来。随后，两支手电筒跌落在地，随之而来的是短促的呻吟和轻微的惨叫。

"按计划行事。"身着德国军官军装的那个人命令道，把长长的匕首插入裤腿的插袋。

一名意大利军官在哨所旁拦下车队。双方交谈之际，三门高射炮发出雷鸣般的轰鸣：空袭警报的信号！隆隆的炮声淹没了意大利人的惨叫和咒骂。那名魁梧的掷弹兵把意大利制冲锋枪递给卡车上的一名英国战俘："他去的地方再也不需要这玩意了。"

空中活跃起来。一如既往，皇家空军准时出现在上空，只是今天出动的飞机比往日多得多。

每晚8点左右，部署在图卜鲁格沙嘴的第114混编高射炮营的官兵都会等待英国人的例行空袭。敌机准时到来。首先飞抵的机群和过去没什么两样，遭遇高射炮火后转身飞离。但雷达兵随后报告更多敌机飞来。一波波敌机呼啸而至，12门88炮朝空中倾泻出炮弹。这些高炮连和炮长没想到今晚会耗尽弹药，仅菲韦格中尉的第1连就射出3500发炮弹。

第一批炸弹落下时，医护二等兵戈尔德曼和几名战友正走向高处的高射炮阵地。亚历山大勋爵为"协定行动"投入180架战机。惠灵顿轰炸机对图卜鲁格镇的狂轰滥炸持续了整整4个小时，炸断电话线，打击高射炮阵地，迫使德军官兵躲入掩体，为哈兹尔登突击队的行动提供了背景噪音。这支突击队伪装成押运英国战俘的车队，刚刚穿过图卜鲁格镇，正赶往海湾夺取登陆场，因为这是Y1

特遣队的命令：

哈兹尔登上校率领90名部下，伪装成英国战俘，分乘三辆卡车前往图卜鲁格。会说德语的突击队员穿上德国军装，扮演押送人员。借助空袭的掩护，哈兹尔登必须占领港湾南面的登陆场，还要控制驻守在那里的海岸炮兵和高射炮力量。行动成功后，就发射信号弹，给图卜鲁格港外的海军部队发出登陆信号。海军部队乘坐驱逐舰在图卜鲁格北部海滩抢滩，突击队搭乘快艇，在哈兹尔登占领的登陆场南面登陆。大约650名士兵登陆后，会同哈兹尔登突击队，占领德军补给、高射炮部队、意大利海岸炮兵力量守卫的城镇。特遣队必须炸毁镇内一切重要设施。行动完成后，乘坐快艇和驱逐舰返回。劳埃德·欧文上尉率领的特别突击队，随同哈兹尔登穿过沙漠前往图卜鲁格，等在城镇前方，空袭时潜入图卜鲁格镇。欧文的任务是封锁进入该镇的道路，夺取德军无线电和雷达站，带走最重要的设备，瘫痪敌人的指挥部，切断对方所有通信线路。这就是特遣队的突袭方案。

英国人并不缺乏勇气。哈兹尔登的远程沙漠战斗群从开罗出发，跋涉2500公里穿越沙漠，与四个月前德军上尉阿尔马齐伯爵率领勃兰登堡人，把隆美尔的间谍埃普勒尔和赞德施泰德送到艾斯尤特的路线完全相同，只不过方向相反而已。

海上，英国地中海舰队的一股力量等待着登陆信号："锡克人"号、"祖鲁人"号驱逐舰，18艘快艇，8艘狩猎级护航驱逐舰，"考文垂"号防空巡洋舰。哈兹尔登上校携带的地图正确无误，航拍照片透露出各种细节。

他们发现一条干谷把计划夺取的登陆场一分为二。于是，坎贝尔少校率领30名突击队员去东面，哈兹尔登带着其他人去西面。坎贝尔迅速消失在黑暗中。哈兹尔登的部下推开第一座意大利兵营的房门，意大利海岸炮兵连的人员坐在烛光下喝着红酒，窗帘拉着。意大利人惊愕地抬起头，没等他们弄明白这些身穿德国军装的人为何攥着手枪站在门前，一切都太晚了。手榴弹在屋内炸响，冲锋枪猛烈扫射，雨点般落向图卜鲁格的炸弹发出的轰鸣，淹没了惨叫和呻吟。英军突击队清理死者，设立指挥所，无线电班迅速架设电台。

下一座兵营在半公里外。尽管空袭仍在继续，可营房里的意大利人却在呼呼大睡。戴维·西利托推开房门，打开手电筒，命令道："开火！"

突击队小队长麦克唐纳发现了敌炮兵连的地下掩体，还听见意大利炮手的鼾声。他低声下达了命令。手榴弹从通风口丢了进去。爆炸声，惨叫声。英军突击队员继续投掷手榴弹，直到掩体内再也没有动静。

突袭行动就这样在海湾西侧进行。唯一的意外是几名意大利人在岗哨内拼死抵抗，卡宾枪子弹射穿了格雷厄姆·泰勒少尉的胳膊和胸腔，掩护他的麦基和阿勒代斯投出多枚手榴弹，那座小小的哨所里再也没有任何生还者。

一切都按计划顺利进行，意大利营的留守人员死在营房里或炮兵阵地旁。

哈兹尔登上校下达了命令：“发射绿色信号弹！”这枚信号弹的意思是，海湾西侧已控制在英军手中。派往沙嘴尽头的斯科特少尉看见了信号弹，他朝东面望去，等待着坎贝尔少校的信号弹。如果东面的行动也取得成功，他就给哈兹尔登的指挥所发出灯光信号，指挥所会用电台给海上舰队发出“黑鬼”的代号，意思是：我们已夺得登陆场。斯科特随后就朝海面打出灯光信号，指引潜伏在黑暗中的快艇。可坎贝尔没有发射信号弹。

凌晨1点30分，一波波惠灵顿轰炸机仍在图卜鲁格上空轰鸣。一连半个小时，他们没有朝海湾北部投掷照明弹，因为驱逐舰登陆力量需要以夜色为掩护。

此时，哈特曼上校部署在沙嘴的高射炮部队已射出6500发炮弹，击落23架轰炸机，随后接到第一通报警电话：英国人登陆了！

英军参谋人员紧张不安地聚集在开罗的军事情报局总部，不时看看手表。凌晨1点，他们期待“黑鬼”的代号传来。现在快到2点了，要是还没收到规定的代号，海军司令部就会命令舰队撤出行动。

离凌晨2点还有10分钟……还有5分钟。

副官拿来取消行动的电报，一言不发地放在桌上。就在这时，蜂鸣器响起……译码员迅速解码电报。他在纸上只写下一个词：黑鬼！在场的军官迅速冲了出去。

坎贝尔少校终于射出信号弹：他已占领登陆场东侧的意大利炮兵连阵地。这场行动不像哈兹尔登突击队那么顺利。坎贝尔无法守住自己夺取的炮兵连阵地，不得不把火炮炸毁。不管怎么说，尽管进度稍晚了点，可整片登陆场现在牢牢控制在突击队手里，海军可以投入行动了。可是，命运之神介入了。坎贝尔的信号员汤姆·兰顿，和哈兹尔登突击队的斯科特少尉一样，负责为海湾东角的快艇指明方向，结果弄丢了手持式探照灯。那些快艇没找到小小的海湾，18艘快艇，只有2艘顺利到达，其他快艇兜到外海或海港入口前方。

驱逐舰队的情况如何？大型驱逐舰"锡克人"号和"祖鲁人"号伪装成意大利军舰，一直在图卜鲁格近海游弋。收到"黑鬼"的代号，尽管晚了一个小时，可他们还是驶向海港入口北面的海岸，在那里卸载舰上的海军部队，随后驶往港口，攻击港内船只和岸上目标。

第一个麻烦是放下笨重的登陆艇造成的。尽管如此，第一波登陆部队耽误半小时后还是出发了。几艘驱逐舰稍稍退后，40分钟后，他们再次向前，准备把第二波登陆部队送上返回的登陆艇。但那些登陆艇没有回来。第一波登陆部队的指挥官发回电报，说他那艘登陆艇的引擎出了故障，漂浮在近海。已登陆的船只无人领导，正等在海滩上。

几艘驱逐舰勇敢地驶向岸边，力图加快行动。突然，米勒–弗兰克中尉的第46高射炮团第1营第1连打开灯口口径60厘米的探照灯，雪亮的光柱扫向海面，随即发现了英国海军的"锡克人"号驱逐舰。

驱逐舰立即以舰载武器开火。意大利海岸炮兵开炮射击，英国人也以舰炮还击。

在此期间，菲韦格中尉第1连的通信兵发出动员电报："我们的雷达表明，6000米外出现三艘军舰。"

直到清晨4点，图卜鲁格德军指挥部才响起警报。德国驻军司令刚刚接到报告，这才相信港湾南面意大利炮兵惊慌失措的报告。德国人嘲笑过他们"英军登陆"的说法，可现在再也笑不出来了。他们看见一支英国舰队就在图卜鲁格港外。

可是，欧文的Y2特遣队在哪里？他们还没潜入图卜鲁格镇吗？对哈兹尔登来说不幸的是，Y2特遣队确实没进入图卜鲁格。欧文和他的部下先前摸进镇内，德国和意大利哨兵毫无戒备地放行。无论遇到什么麻烦，匕首和钢索套总能解决问题。可是，欧文徒劳地等待与哈兹尔登取得无线电联络，等待首轮打击奏效的提示。他觉得自己走错了地方。凌晨1点，英国舰队还是没登陆，于是，欧文率领部下退出图卜鲁格。只有这支全身而退的英军突击队幸免于难，可他们没能按计划捣毁图卜鲁格的敌军指挥部。

英军突击队也没有消灭驻守沙嘴和机场的几个至关重要的88炮连，对方的无线电和电话设施完好无损。这样一来，哈兹尔登和英国舰队的行动已输了一半。

清晨5点10分，菲韦格中尉命令他的炮兵连朝"锡克人"号驱逐舰开火。第一发炮弹射得太远，第二发炮弹直接命中。

"所有火炮以直瞄火力打击敌舰！"完全是一场打靶训练，尽管这些高射炮手很久没有练习打击海上目标了。

菲韦格随后以指挥设施控制整个高炮连，密集的高射炮弹袭向"锡克人"号驱逐舰甲板上方几米。英国军舰开炮还击，但舰炮火力不够准确，有些炮弹甚至落到山地，只有鲁豪斯上尉的第3连阵地挨了两炮。

"锡克人"号起火燃烧，朝海岸方向倾斜。"祖鲁人"号驱逐舰也中弹受损，可还是企图把"锡克人"号拖离战场。就在这时，一发阴差阳错的88炮弹射断了拖缆。

"锡克人"号舰员弃舰，舰长和350名舰员中的一部分后来获救。"祖鲁人"号也被德军高射炮和意大利炮兵连以缴获的英制76.5毫米火炮击沉。只有小型狩猎级护航驱逐舰幸免于难，但也有几艘遭重创。

清晨7点，3艘英军快艇高速驶入港内。没等德军高射炮开火，一架意大利战斗机飞抵，以低空攻击击沉了逼近的英军快艇，快得犹如鬼魅。

哈兹尔登的部下趴在图卜鲁格南角和小海湾的干谷里，手榴弹和冲锋枪火力把他们逐一消灭。远程沙漠战斗群英勇的指挥官哈兹尔登上校也在这里，阵亡时，他的头靠在冲锋枪旁。这就是这位伟大冒险家的结局。坎贝尔少校躺在海湾的沙滩上，奄奄一息，手里仍攥着手枪。

许多阵亡的突击队员赤身裸体，因为他们身着德国军装实施突袭，不想穿着这身军装被俘，这有违国际法。活着的人烧毁了各种不利的证据，给牺牲的战友套上英国军装。

到9月14日下午，一切都结束了。德军维修和补给部队组织特遣队，搜查整片地区，收容英军俘虏。德国国防军最高统帅部宣布："今晚，敌人投入海空力量，企图在图卜鲁格几个地段登陆。意大利和德国部队立即介入，粉碎了敌人的企图。"

哈兹尔登的几名部下和少数海军士兵逃往沙漠。他们潜入图卜鲁格镇前方的意大利战地医院，以为这是敌军兵营。于是，他们朝一座座帐篷猛烈开火。待他们发现射杀的是躺在床上的伤员后，赶紧溜走了。

　　五周后，浑身污秽、瘦得皮包骨、差点渴死的7名突击队员踉踉跄跄地跌入一支英军巡逻队的怀抱。突袭图卜鲁格整整两个月后，另一支英军巡逻队发现了戴维·拉纳克少尉，他像个半疯的鬼魂那样在沙漠里游荡。据报，这是突袭图卜鲁格的哈兹尔登特遣队返回的最后一人。

▲ 1942年9月14日，英军突击队潜入图卜鲁格，企图夺取该镇，摧毁镇内的油罐。他们的行动失败了，只有几个油罐起火。

22

阿莱曼的"魔鬼花园"

无水的石漠荒凉一片，满是岩石，一片片沙地间只有些生长不良的骆驼刺灌木丛，这就是阿莱曼战线。太阳在北面烘烤着泰勒艾塞的石冢，在南面照耀着难以逾越的盖塔拉洼地边缘海拔200米的希迈马特山，这是阿莱曼战线的两块基石，相隔60公里。这条战线距离亚历山大只有90公里。1942年秋季，两支敌对的军队在这里对峙，过去五个月的激战导致交战双方筋疲力尽。

弗里德里希·普凡察格尔少尉是位资深的地雷专家，不过，他在非洲不得不重新学习布雷、排雷技术。这是因为，虽然普凡察格尔和施普林格鲁姆中校第220工兵营那些战友在波兰、法国、希腊干得不错，可他们的技术在非洲完全用不上。这里奉行的是一套新规则，特别是在地雷战方面。

隆美尔的工兵把布雷、排雷技术发展成一门独特的艺术。如果不提非洲装甲集团军工兵指挥官黑克尔上校和他的部队，沙漠战争史肯定不够完整。第200、第220、第33、第900工兵营，某些特别部队，陆军支队仍隐身在战争荣耀的阴影处，可他们取得的成就，是德国军队在非洲战局赢得一切胜利的重要先决条件。

阿莱曼见证了地雷战的顶点。二战期间，任何时刻、任何地点埋设的地雷，数量都无法与阿莱曼战线相提并论。

第220工兵营三个连部署到北部战线，接替了第900工兵营。第900工兵营已在非洲战场扬名立万，库贝少校这些部下仍带有德绍–罗斯劳工兵学校的传统。与第21装甲师第200工兵营、第15装甲师第33工兵营一样，第900工兵营是第90轻装师的探路者、后卫、先遣部队辅助力量，而第220工兵营隶属第164轻装非洲师。格吕克少尉对弗里德里希·普凡察格尔和他的特遣队介绍任务时说道："工兵在非洲非常重要，可能是隆美尔目前在交战中最重要的兵种。这一点无法保证你们不被地雷炸成碎片，可至少……"几周后，格吕克少尉的名字列入了阵亡名单。

隆美尔的六个步兵师（一个德国师，五个意大利师）和拉姆克伞兵旅，沿60公里长的阿莱曼战线布防，德国和意大利装甲师在他们后方担任机动预备队。

第90轻装师最初作为隆美尔的机动力量，留在滨海公路北面。

第21装甲师部署在南翼待命。

第15装甲师据守防线中央地段。

沙漠群狐被迫进行堑壕战。第15装甲师在宽大的障碍物和雷区后方构置了防御网。装甲掷弹兵和反坦克部队人员据守阵地，炮兵部署在他们后方。在满是岩石的地面上伪装坦克，还要砌起提供掩护的石墙，这是个辛苦活。另一方也是如此，蒙哥马利的十一个师沿防线掘壕据守。25万人马的两支大军就这样对峙，谁会率先采取行动？这是个大问题。

在德军将领看来，蒙哥马利第8集团军的实力与日俱增，这不是什么秘密。源源不断的物资从英国和美国运抵非洲：坦克、火炮、新锐兵团，特别是油料。而德国的补给物资却运往高加索和斯大林格勒。

隆美尔心急如焚，打电话，发电报，甚至严词威胁。他还对国防军最高统帅部和意大利最高统领发出呼吁，可所有提供帮助的承诺无一兑现。罗马的意大利统领和拉斯滕堡的德国元首抱有这样一种想法：尽管隆美尔言辞悲观，可目前的北非战事很顺利，为什么不能继续顺利进行下去呢？

德国非洲装甲集团军确信，英军的进攻准备比轴心国军队更充分，肯定会抢先发动进攻。这会造成怎样的后果？

从地形看，阿莱曼战线为交战双方提供了成功实施防御的唯一机会，他们据守的防线相对较窄，谁都无法迂回、包围对方。战线南面是盖塔拉洼地的盐碱沼泽，北面是大海。因此，要想突破对方的防御，只能实施正面冲击。对蒙哥马利来说，别无他途。而隆美尔必须竭尽全力挡住对方的冲击。

隆美尔和他的部下知道，与广袤沙漠里的机动战相比，英国野战集团军更适合抵御或进行顽强的正面进攻。英军士兵接受的训练，仍基于第一次世界大战的物资战。拜尔莱因将军对我说："我们焦虑地关注着事态发展。新西兰和澳大利亚步兵接受过正面进攻的训练，再加上英军的优势炮兵力量，以及用之不尽的弹药补给，可能具有很大的破坏性。我们对此头疼不已。在我们看来，最重要的是竭力阻止对方突破我军防御，因为装甲集团军已不具备实施机动防御战的能力。缺乏油料是个原因，但最关键的是英国空军的压倒性优势，这导致我们无法遂行机动防御。因此，我们的方案是在任何情况下都得坚守防线。敌人达成任何渗透，我们必须立即发起反突击加以肃清，以免对方的渗透发展成突破。隆美尔为此想了个很特别的办法，也就是'魔鬼花园'，这东西其实和他的风格格格不入。"

听到隆美尔的召唤，普凡察格尔少尉和他的连长容克斯多夫中尉赶紧跑向第433装甲掷弹兵团指挥所。隆美尔在这里召集指挥官开会，热切地提出掩护阿莱曼阵地的构想，他认为不仅要布设常规雷区，还要设置大型雷区（他称之为"魔鬼花园"）强化防御。

隆美尔询问前线工兵的看法。他同集团军工兵指挥官黑克尔讨论过这件事，黑克尔正忙着制订方案。普凡察格尔和容克斯多夫认为，布设特殊的大型雷区对工兵来说没什么难度。"可元帅先生，我们从哪里能弄到所需要的材料和地雷呢？"

隆美尔回答道："我会解决的。"最重要的问题是，工兵必须设立高效的"魔鬼花园"，确保英军无法通行，对方的扫雷组也无法解决。

容克斯多夫笑着说道："这没问题，元帅先生。"他随即介绍了第220工兵营研发的几个技巧，先前的实际运用非常成功。

例如，几根电线杆缠着电线倒在路上，英军侦察车上的人会下车清理路障。这些看似没什么危险的电线连接着埋在路面下的炸药，一旦移动电线，别说人员，就连侦察车也会被炸入半空。

这些诡雷会让敌人紧张不安，心理影响可能比实际损失更严重。没错，这是场致命的"心理战"。黑克尔的工兵每天都在琢磨新玩意。

工兵特遣队的二等兵卡尔提出最邪恶的构想。经历了马特鲁港的惨剧，他满脑子想的就是复仇。1942年夏季，英国人在旅馆和军官宿舍布下狡猾的诡雷，例如，厕所的冲水装置连接着触发雷管，一拉动就会引爆诡雷。他们甚至在抽屉里安放了地雷。这些伎俩给德国人造成很大损失，卡尔最好的朋友也送了命，他是营长的传令兵。从那时起，卡尔就一门心思研究报复手段。他经常说："你们必须从心理学的角度考虑问题。"他会站在房屋前思忖许久，然后挥挥手说道："在门把手上安装地雷？这是孩子的把戏！英国人早就玩厌了，没人会上当，也不会给他们的士气造成任何破坏。"最后，卡尔在客厅的墙上歪歪斜斜地挂了幅画像，解释道："英国士兵不会在意一幅歪斜的画像，但入住的英国军官肯定会不高兴。他会扶正画像，那么，这就是他这辈子的最后一个举动了。"这幅画像用一根细线连接石膏墙里的炸药，炸药的位置齐胸高。

隆美尔与工兵军官在第433装甲掷弹兵团指挥所商谈后几天，非洲装甲集团军工兵指挥官下达了构置"魔鬼花园"的命令。第164轻装非洲师防区，工兵的任务是设立四片大型雷区掩护北部防线。每片雷区长3—5公里，两侧宽4—6公里，当然，雷区面朝敌人的一侧是敞开的，以便把进攻方诱入陷阱。

第一座"魔鬼花园"号称H盒子，布设在沿海地区，据守此处的是来自萨尔州的第125装甲掷弹兵团，第220工兵营第3连的德雷克塞尔少尉为此充分发挥了想象力。第二、第三座"魔鬼花园"分别命名为I、L盒子，设在第382装甲掷弹兵团防区，劳伦茨中尉率领第220工兵营第2连布设了这些死亡陷阱。第四座"魔鬼花园"是K盒子，设在第433装甲掷弹兵团防区，第220工兵营第1连负责这项任务。指挥工兵特遣队的普凡察格尔少尉，后来接掌第2连，完成了L盒子的布设工作。

隆美尔信守了提供材料的承诺。他派人拆除了埃及—利比亚边境残存的栅栏和铁丝网，把这些材料运抵前线。铁栏杆、铁丝网、电线杆的数量多得惊人，于是，德国工兵用这些材料构置U形盒子的底部和侧面围挡。一辆辆汽车终于运来法国和埃及制造的反坦克地雷。这些反坦克地雷也呈U形埋在距离铁丝网10米处，但这仅仅是一道地下篱笆。"魔鬼花园"的实际情况是这样：首先是简单的圆饼形地雷，工兵把这些地雷埋成两层或三层。如果英军扫雷队进入雷区，排除最上层的地雷，那么，第二层地雷就会爆炸；要是扫雷者行事谨慎，发现了第二层地雷，那么，第三层地雷会炸死他们。

德国工兵还把意大利制造的手榴弹改造成反步兵雷，布设了特殊的地雷陷阱。最惊人的是，他们使用了100公斤和500公斤的航空炸弹，在"魔鬼花园"里埋设得星罗棋布，上面覆以车辆残骸，四周遍布绊发线。这些绊发线密集得犹如蜘蛛网，触碰到任何一根都会引爆炸弹。

当然，这些炸弹暂时还没有解除保险，"魔鬼花园"里的危险品何时"激活"，这个问题待定。隆美尔的决定很有必要，因为德军主战线目前仍在地雷盒子前方，必须等所有"魔鬼花园"构置完毕，他们才会撤到盒子后方。

工兵冒着生命危险不停地摆弄、敲打、挖掘，步兵、装甲兵、情报人员对他们取得的成就震惊不已。这群工兵忙得不可开交，像在精密车间工作那样，给集束手榴弹和缴获的炮弹装上引爆雷管，再连接小型触发装置。看似无害的木桩与大量炸药相连，这样一来，敌坦克碾上木桩，就会引爆精心伪装的炸药，结果可想而知。

这些工作是在非洲夏末的骄阳下完成的，德国工兵在阿莱曼附近的沙漠里埋设了50万颗地雷。他们不仅在昼间工作，白天的炎热尚能忍受，最要命的是夜里，必须把所有细节考虑周全，从而最大限度地减少意外事故。

德国工兵从团指挥所出发，沿着电话线朝部署在最前方的连队摸索前进，车辆跟随他们缓缓行进。到达前线后，一个机枪班提供掩护，工兵随即展开布雷作业，一个班从卡车上卸下地雷，一个班挖坑，一个班布雷，另一个班拔掉保险销后填埋地雷。最后，他们还要精确测量雷区，并绘制到地图上。

这种夜间作业，布设1000颗地雷不是什么稀罕事。1000颗！这些工兵徘徊在死亡边缘，但和高空作业的工人一样，他们并不担心自己的安全。不过，这种习以为常有时候也会造成致命事故。第2连一名二级下士，喜欢站在法制反坦克地雷上吓唬步兵。与德制反坦克地雷不同，法国地雷能承受300公斤的压力，可是……工兵埋设反坦克地雷时，这名二级下士再次穿过已埋好地雷的区域，他忘了反坦克地雷之间还埋设了敏感的德制S型地雷。

隆美尔对地雷战很感兴趣，说他能在10米开外发现地雷。对专业人员来说，这不是件难事，因为沙地上小小的凹陷往往会暴露地雷的埋设点。

他每天都查看"魔鬼花园"的进度，黑克尔上校向他介绍特殊的陷阱时，隆美尔总是很高兴。他坚信"魔鬼花园"是蒙哥马利日益壮大的第8集团军难以逾越的障碍。

哈勒法山交战结束后，德国工兵终于牢牢锁上阿莱曼战线的房门。德军主战线退回到"魔鬼花园"底部。一个个U形盒子的两条腿伸向前沿。当然，步兵守卫着这些地雷盒子。无人据守的雷区毫无价值，因为敌人可以有条不紊地清除地雷，而守军也会产生一种毫无理由的安全感。因此，排级、连级部队留在先前各个营守卫的前线旧阵地。这些阵地注定要丢失，德军士兵把倒霉的守军称为"诱饵部队"。

德国工兵还布设了T型、S型雷区，以此封闭各座"地雷花园"之间的缺口。但他们也留下一条只有少数人知道的狭窄走廊，以便与前哨连保持联络。不过，这些走廊内含乾坤。弗里德里希·普凡察格尔少尉解释道："我们在走廊里埋了些铁片，英军扫雷组到来后，探雷器发出警告，这样，他们肯定以为这里是雷区。要是我们在夜间发现，英军扫雷组正为计划中的侦察行动肃清雷区走廊，我们不会干涉。他们刚一离开，我们就爬过去，重新埋下地雷。当然，我们会保留英国人做的标志。等英军巡逻队到来，好戏就上演了。"

第200工兵营的洪特中尉，率领部下进行了特殊行动：潜入英军雷区，拔掉地雷上的雷管，再把这些没有危险的地雷重新埋好。如果英国人用电磁探测器检查他们的雷区，会发现一切正常。可设想一下，要是德军侦察连突然冲来，穿过雷区却没有引爆一颗地雷，自以为安全的守军会多么惊恐！

23

约亨·马尔塞尤

从的黎波里到阿莱曼的途中有许多清真寺。这些清真寺几乎都有白色的尖塔和白色的圆顶，但只有一座被士兵和将军称为"白色清真寺"，身处非洲的军人都明白指的是哪一座：西迪阿卜杜拉赫曼那座小小的清真寺，就在阿莱曼前方。土黄色丘陵，方形建筑，白色圆顶上的一轮新月，在阿莱曼前方经历了五个月的激战，所有人牢牢记住了这幅场景。"我们的部队在白色清真寺以南20公里。"这就够了，人人都知道他们在哪里。

当时，这座严重受损的清真寺空空如也，如今，沙地上不再有坦克履带留下的痕迹，弹坑也不复存在，留下的只有回忆和怀念之情：德国最受欢迎的战斗机飞行员阵亡在这里。

约阿希姆·马尔塞尤阵亡时年仅22岁，全世界都知道他的大名。新闻报道上称他为"非洲之鹰"。年轻姑娘写信给他，信封上写着"寄给沙漠之星"，这些信件竟然寄到了。

关于约亨·马尔塞尤的文章和书籍很多，既有真实的一面，也有许多传说。但作为二战期间最具魅力的人物之一，这位伟大的飞行员不需要任何传说就足以载入史册。

1940年圣诞节前夕，预备军官马尔塞尤来到柏林德贝里茨，加入第27战斗机联队第3中队。12月13日，马尔塞尤刚满21岁，已经在英吉利海峡上空的战斗中展现出自己的勇敢，共击落8架轰炸机，但这个成绩还不能说明他后来的飞行技艺。

马尔塞尤无法在柏林大显身手，因为1941年初，帝国首都上空没有太多可供猎杀的目标。那些日子，除了飞行演练、打牌、喝咖啡，他和他的战友基本上无所事事。第27战斗机联队赶赴南斯拉夫短暂执行任务后，1941年4月底调往非洲，全体官兵都很高兴。第3中队当时的队长霍穆特中尉养了只名叫"基蒂"的爱犬，它的经历充分说明有多少战斗机飞行员是不折不扣的个人主义者。霍穆特把基蒂从法国带到非洲，它成了第3中队的吉祥物。他们在地中海上空的飞行高度应该是5000米，但基蒂没有经历过高空飞行，于是，霍穆特请求大队长诺伊曼把飞行高度降到4000米。"因为我没给基蒂准备氧气面罩。"就这样，飞行高度改为4000米，基蒂平安无事地降落了。这种可爱、奇特而又宽容的态度，在现代战争中很特别，也说明这些小伙遵循的是他们自己的那套行事准则。

预备军官马尔塞尤降落在非洲时，和许多年轻飞行员一样，急于冒险，渴望投入战斗，生怕德国最终赢得胜利前，自己没机会扬名立万。上级对他的鉴定并不好，苦恼的指挥官认为他"缺乏飞行纪律"，喜欢搞恶作剧。他确实在英吉利海峡上空取得过8个击落战果，可他被击落的次数也少不到哪里去。马尔塞尤唯一的与众不同之处在于，他有种孩子气般的满不在乎。这个身材中等的年轻人外表出众，留着长长的金发，让人想起第一次世界大战期间的飞行英雄曼弗雷德·冯·里希特霍芬。和里希特霍芬一样，马尔塞尤也对飞行充满热情，只用六个月就把自己的飞行技术发展成一门伟大的艺术。

隆美尔1941年夏季攻势期间，击落敌机的数字公布后，马尔塞尤这个名字脱颖而出。但还有比他更优秀的战斗机飞行员，在非洲也是如此。

1941年/1942年冬季，隆美尔抗击英军攻势的防御作战期间，被战友亲切地称为"约亨"的马尔塞尤，一举成为中队的王牌飞行员。他获得某些特权，总是驾驶他那架"黄14"号战机。外行可能也知道，每个战斗机联队辖三个大队，每个大队编有三个中队。战机喷涂的机号是这样规定的：每个大队的第1中队，机号涂成白色；第2中队是红色；第3中队是黄色。有时候，大队编有第4中队，那么，机号就涂成蓝色。各级指挥官的座机涂有单箭头、双箭头和直线，以此作为标识。

每个中队通常有12—16架战机，所以，一个大队就有40—60架战机，每个联队大约有150架战斗机。

"黄14"很快成为大胆和飞行艺术的代名词。1942年春季，第27战斗机联队来自慕尼黑的"画家"施坦德勒，按照中队长霍穆特的喜好，在他用卡车改成的宿营车里画了幅画。他把中队每个飞行员画成管风琴演奏者，每根风琴管代表一个击落战果。许多人闷闷不乐地坐在没有一根管子的风琴前，但马尔塞尤熟练地踩下踏板，弹动琴键，头发飞舞，看上去就像威廉·布施的老师莱佩尔，他的管风琴上有好多根风琴管。

马尔塞尤取得一个个战果似乎轻而易举，他的飞行技术被视为战斗机飞行员的完美模式。他成了榜样，但几乎没人能取得他那种战绩。每次交战，马尔塞尤通常能击落3—6架敌机。例如，他9月1日执行了三次任务，取得17个战果，其中16个得到确认。当日上午的空战，他在12分钟内击落9架敌机。弗兰齐斯克特上尉也是骑士铁十字勋章获得者，爬下飞机时摇着头说道："看着马尔塞尤冲向敌机群，我忘了开火。"

许多战斗机飞行员研究过马尔塞尤的进攻技战术，可没人能成功地加以模仿。赖纳·珀特根中士作为僚机飞行员，在马尔塞尤身边飞行了几个月，他详细地告诉我，要跟上马尔塞尤这位中队长，掩护他的身后，同时记录他的击落战果是多么困难。马尔塞尤会突然发起攻击，利用给敌机编队造成的混乱，把一架架敌机逐出"安全链"，然后在急转中击落对方。他按下机枪和机炮击发键时，眼睛只盯着敌机。他的飞行完全不假思索。珀特根发现，马尔塞尤在急转战斗中把引擎油门减到最小，这样一来，他的转弯幅度更小，而且到达敌机机腹下。他的瞄准技术显然是一种特殊的天赋，快速掌握情况的能力也异于常人。

经历了最激烈的空战后，马尔塞尤以最低弹药消耗量取得了最高击落战果。他的一个纪录是，仅用10发20毫米炮弹和180发机枪子弹就击落了6架敌机。

很难解释马尔塞尤采用的技战术，特别是因为他本人很少阐述这个问题。他在敌机编队中急收油门，降低速度后急转，交战，开火，眨眼间，他的战机已在被击落的敌机上方。然后他拉回战机，再次冲入敌机编队。

这一切只能解释为混合了经验、本能、灵感的非凡艺术。他驾驶飞机轻松得就像我们穿上外套，他的飞行宛如身长双翼。

　　非洲装甲集团军跨过埃及边境，伫立在阿莱曼前方，除了隆美尔，非洲官兵谈论得最多的人物就是约亨·马尔塞尤。他获得德国和意大利高级勋章：德国的橡叶双剑饰骑士铁十字勋章，极为罕见的意大利金质军事勇气勋章，整个二战期间，只有三位军人活着获得后一枚勋章：明歇贝格上尉、马尔塞尤、奥斯塔公爵。隆美尔和内林佩戴的是银质军事勇气勋章。

　　马尔塞尤是个也许不会再出现的骑士，既有专业技艺，又不乏浪漫。尽管如此，他还是没能成为一颗永恒的明星。他一次次经历了与死亡的搏斗，脸色很难看。每次着陆后，瘦削、面色苍白的马尔塞尤爬出飞机，只能用颤抖的手夹住香烟。此时见到马尔塞尤的人，会产生这种想法：非洲的烈日下，每次飞行任务严重消耗了他的精力，导致他精神紧张。可他承受了耗尽青春期健康的危险，他像狗甩掉身上的水迹那样摆脱了自己的经历。轴心国司令部的将军和高级将领是他宿舍的常客。要是你走进他搭设在非洲沙丘间的寝帐，也许会觉得自己踏入了巴黎或罗马的波西米亚咖啡馆。帐篷一侧有个小小的酒吧，吧台后站立着来自南非的黑人侍者马蒂亚斯，吧凳是用英国炸弹尾翼制成的。旧电缆卷充当吧台，沙袋和蚊帐缝制成沙发和扶手椅。留声机一直播放到深夜，既有阿根廷伦巴，也有意大利歌曲，但几乎每晚都会播放《莉莉玛莲》。马尔塞尤和中队队友坐在这里，吸烟，喝酒，竭力让自己的青春岁月适应这场战争。

　　约亨·马尔塞尤共取得158个击落战果。赢得第125个战果后，他荣膺骑士铁十字勋章钻石饰。但他的兄弟汉斯·鲁道夫·马尔塞尤告诉我，约亨一直没收到这枚德国国防军最高等级的勋章，这是根据希特勒亲自下达的指令制作的，定制周期很长。约亨阵亡后，他的家人也没收到这枚勋章。

　　约亨·马尔塞尤没有输给任何一个对手，导致他丧生的是技术失误。最后一次战斗飞行期间，飞在马尔塞尤身旁的赖纳·珀特根对我讲述了当时的情形，那一幕只持续了三分钟："1942年9月30日上午，高度表显示1500米。我们跟随第3中队从开罗地区返回，没有与敌机发生接触。和先前上百次任务一样，我那架梅塞施密特的机翼靠近中队长的'黄14'。

　　"飞机上的时钟表明，此时是11点35分。

"我们无忧无虑，没有任何情况。能发生什么情况呢？

"我想起三天前，也就是9月27日，约亨最艰巨的那场空战。他在1900米高度遇到英国皇家空军的王牌飞行员，对方取得过35个战果，是北非战区英军战斗机的击落成绩保持者。约亨用了12分钟才击落对方，着陆后说道：'真是个难缠的对手。'他又钦佩地补了一句，'他的转弯技术真棒！'

"耳机里突然传来约亨的声音，打断了我的思绪：'我的座舱里冒烟了！'

"我朝几米外望去，清楚地看见了中队长的面孔。闪闪发亮的驾驶舱盖下，约亨脸色苍白，他用左手打开换气扇，浓烟涌出驾驶舱。我看看航图，再飞3分钟就能到达阿莱曼德军防线。

"地面站收到了马尔塞尤的紧急呼叫，空中传来无线电通话声：'易北河一号，怎么回事？'约亨不停地喊叫着：'我看不清前方！'中队各架飞机靠拢过来，把他夹在编队中央，用无线电指引他：'稍右些……偏左点……'他打断了我们的指引：'我什么也看不见！'我回复道：'再过2分钟就到阿莱曼了。'"

地面站下达了"跳伞"的指令，但马尔塞尤不愿在敌军防线上空跳伞。在他看来，被俘是不可想象的。

仪表盘上的时钟，秒针已转了三圈，现在是11点38分。

下方的L号"魔鬼花园"里，第707步兵炮连的二级下士鲍尔，端着望远镜察看空中的德国战斗机。他震惊地朝身边的战友喊道："有一架起火了！"没错，一架战斗机冒出滚滚浓烟。

1500米空中，珀特根盯着"黄14"的右侧，然后又朝前方望去。白色清真寺，德军防线就在那里！马尔塞尤能飞过去吗？他的座舱里满是浓烟。约亨怎么说？他的声音断断续续："我……没法……坚持下去……"重复一遍后，他又说道，"我现在……不得不跳伞了。"

珀特根告诉我："我当时正向左大幅度转弯。"和当年一样，他的额头又冒出汗珠。马尔塞尤翻转飞机，驾驶舱盖像被一只无形的拳头扯掉了。他现在必须赶紧跳伞。

"'约亨跳伞了。'我对着喉头对讲机说道。

"可是，怎么回事？他那架飞机以疯狂的速度朝斜下方俯冲，这样是没法跳

— 315 —

出机舱的。约亨终于跳出机舱，撞上了尾翼。

"他落了下去，就这样掉下去了，像块石头，那顶白色的救命降落伞在哪里？

"15分钟后，我们降落在沙丘后方。全中队失踪一人，12架飞机少了一架。

"弗兰齐斯克特上尉在白色清真寺南面7公里处找到了他。"

中队成员默默地围坐在桌旁，他们不知道该说些什么。来自德兰士瓦的黑人马蒂亚斯，是马尔塞尤的贴身随从，此时却消失不见了。他经常忙碌的厨房里没有任何动静。直到傍晚，马蒂亚斯才从某个角落或沙漠里回来，把一串贝壳制成的项链递给珀特根。

"马蒂亚斯，这是什么？"

"57个贝壳，长官，我8月底来到上尉身边后，他总共取得57个战果。这些贝壳是我一个个找到的，有时候，要想找到个美丽的白色贝壳得花很多时间。"

马蒂亚斯自豪地说道，可泪水从他黝黑的面颊滚落。"请把这串项链放进他的墓地。"说罢，马蒂亚斯转身离开了帐篷。

三年后，马蒂亚斯落入法国游击队手里，他被枪毙了，但他制作的那串贝壳项链安放在马尔塞尤的棺材里。他们安葬马尔塞尤时，这串项链挂在他胸前，犹如勋章般熠熠生辉，比钻石更亮，它寄托着一位黑人朋友的敬意。

▲ 约阿希姆·马尔塞尤，以158个击落战果成为非洲最优秀的战斗机飞行员。来自德兰士瓦的黑人马蒂亚斯，是马尔塞尤忠诚的贴身侍从。

24

蒙哥马利发动进攻

到1942年秋季，隆美尔指挥他的军队已达18个月。他在沙漠里待了整整18个月，没有休过一次假。

哈勒法山交战期间，隆美尔的医生霍斯特尔忧心忡忡。他每天检查隆美尔肝脏的肿胀情况，还皱着眉头查看他一直没有好转的喉炎。

拉斯滕堡附近，毛尔森林中的元首大本营，获悉了隆美尔身体欠佳的消息。9月19日，希特勒派装甲兵上将施图梅前往非洲接替隆美尔。这位元帅终于获得了理所应得的休假。

1942年9月22日，隆美尔的飞行员吉森中尉在飞行日志里写道："飞往德尔纳。"9月23日，他们飞赴罗马。

9月24日，隆美尔赶去见墨索里尼，此时，意大利统领待在弗利的避暑别墅里。

隆美尔与墨索里尼会晤后，在自己的飞机上与卡瓦莱罗元帅道别，卡瓦莱罗问道："要是蒙哥马利发动进攻，意大利军队能指望您立即返回吗？"

隆美尔转身问他的飞行员："吉森，英国人发动进攻的话，我们返回非洲要多久？"

吉森回答道："元帅先生，直飞8个小时，取道罗马的话10个小时！"

隆美尔问卡瓦莱罗："元帅先生，您满意吗？"卡瓦莱罗激动地点点头，伸出双手握住隆美尔的手："谢谢您，元帅先生！"

隆美尔返回维也纳附近的塞默灵之前，先去了元首大本营，9月25日，希特勒亲自授予他元帅权杖。返程途中，疲惫的隆美尔停留在柏林。为迎接这位元帅的到来，戈培尔在宣传部礼堂邀请了国内外媒体。隆美尔这只沙漠诡狐落入宣传伎俩的彀中，他后来为此懊悔不已。

隆美尔走入大厅，在礼堂门前停下脚步，握住门把手。在众人期待的沉默中，他的声音响起："我的手已攥住通往亚历山大的门把。"

四周后，他的手松开了门把。

马克特上校说道："明天是满月。"他很想补充一句："'蒙蒂'似乎没有做好准备，因为现在是进攻的最佳时机。"但马克特没能说出自己的想法。猛烈的轰鸣犹如雷鸣般撕裂了沙漠里一向平静的月夜，传递到充当第164轻装非洲师指挥所、食堂、工作人员寝室的掩体。师部军官正和他们的师长隆格斯豪森将军聚在一起小酌。突然间，就好像巨人的拳头砸中了餐桌。师作战参谋马克特上校朝出口跑去，上了指挥车。师部第一副官埃尔特里希少校眼明手快地扶住一瓶红酒，但几瓶苏打水从桌上滚落。隆格斯豪森将军透过掩体观察孔朝前线望去，一条闪烁的金色火焰带映入眼帘，敌人的密集炮火袭向第164师整个防区。隆格斯豪森说道："蒙哥马利发动进攻了！"他看看手表，此时是1942年10月23日晚8点45分。

就在五天前，德国陆军总参谋部西线外军处处长利斯上校，从毛尔森林赶到非洲，据他说，分析各种情报得出的结论是，蒙哥马利10月份不可能发动进攻。

蒙哥马利知道如何误导轴心国指挥部门。他在阿莱曼战线南部狡猾地组织了一场佯攻，实际上，他悄无声息地准备在北面展开真正的突击。蒙哥马利从隆美尔那里学会了这种欺骗伎俩。他甚至在南部战线设立了通信部门，那里发出的电报是专门送给德军侦听部门的。另外，他还弄了条油管，设有加油站和油料仓库，但建设速度很慢，慢得让德军情报部门确信，英国人至少还要四周才能完工。这恰恰是蒙哥马利希望德军总参谋部相信的东西。他彻底欺骗了德军情报部门，对方甚至没有发现英军2个新锐师、240门火炮、150辆坦克已开抵前线。

蒙哥马利达成突然性的主要手段是，他打算进攻德军阿莱曼防线最强大的

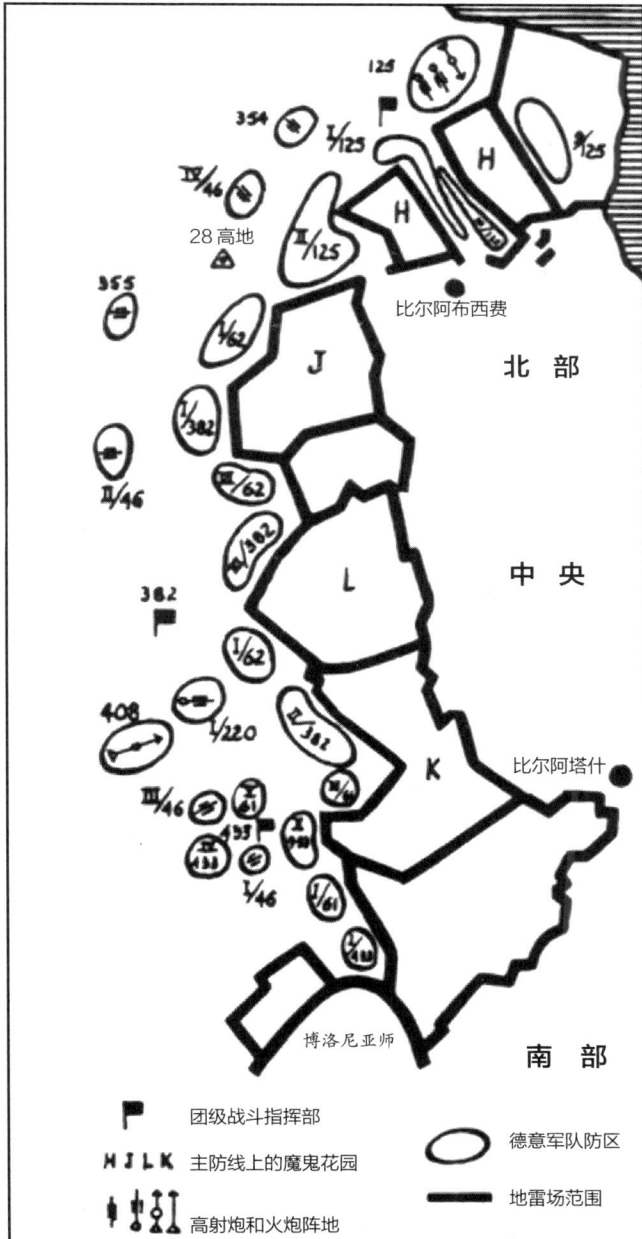

図中文字:

125
354
Ⅰ/125
Ⅳ/46
Ⅱ/125
28 高地
比尔阿布西费
355
Ⅰ/62
J
北 部
Ⅰ/382
Ⅶ/62
Ⅱ/46
Ⅰ/382
中 央
382
Ⅰ/62
L
408
Ⅰ/220
Ⅱ/382
Ⅲ/46
K
比尔阿塔什
Ⅰ/61
Ⅰ/46
博洛尼亚师
南 部

图例:

团级战斗指挥部

HJLK 主防线上的魔鬼花园

高射炮和火炮阵地

德意军队防区

地雷场范围

▲ 1942年10月23日20点40分的战线。第164轻装师和几个意大利师的阵地。

— 321 —

防御地段，而不是最弱处。从所有战略原则上看，他本该在战线南部发起主要突击，可他偏偏进攻北部。第164轻装非洲师的工兵耗时数周，在那里布设了隆美尔的"魔鬼花园"，蒙哥马利的进攻注定会失败吗？

如果"蒙蒂"以他的装甲力量投入进攻，企图穿过"魔鬼花园"的话，行动肯定会失败。可这位第8集团军司令想出一种新战术。

传统的原则是，先以己方装甲部队发起冲击，歼灭敌军装甲力量，尔后打垮对方的步兵。但蒙哥马利改变了顺序。

他告诉身边的参谋人员："我决心另辟蹊径，选择相反的进程。首先，我要以一场强大的技术装备战歼灭防御阵地里的轴心国步兵，然后把隆美尔这道坚墙上的砖块一块块敲掉，拔除隆美尔防线上的利齿。届时，我们再以装甲师遂行突破，歼灭敌军装甲力量。"

这就是蒙哥马利的新策略，他的实力完全能承担这场行动。

持续5个小时的炮火准备拉开了此次进攻的序幕。上千门英军火炮，猛烈轰击比尔阿塔什与比尔阿布西费之间10公里宽的地段，据守在这里的是第164轻装非洲师的几个团和意大利步兵。1000门火炮部署在10000米长的战线上，也就是说，每隔10米就有1门火炮轰击德军防线10米宽的防御地段。德国和意大利士兵趴在战壕里，炮弹在周围落下，硝烟和尘埃四起。所有通信均告中断，指挥部人员问道："前线发生了什么情况？"没人知道。

当晚10点，英军炮火转向"魔鬼花园"。这场炮击造成的结果，对没经历过这一幕的人来说实难想象。每发炮弹都造成地雷爆炸，还引爆了航空炸弹和炸药。黑克尔上校和他那些工兵精心埋设的"魔鬼的蛋"就这样飞入空中。这些爆炸物原本的目的是消灭遂行进攻的英军坦克和步兵。可现在，英国人的炮火把隆美尔的"魔鬼花园"犁了一遍。蒙哥马利兵强马壮，完全可以用美国支援的大量炮弹在雷区炸开通道。隆美尔没想到这一点。

英国第30军辖内几个步兵师投入冲击，他们觉得前方的德军雷区不可能再有任何活物，可他们错了。德军第125装甲掷弹兵团各营各连的残部，仍据守在H盒子地域。他们趴在撕裂的铁丝网、翻犁过的雷区之间的散兵坑里，以反坦克炮和机枪猛烈还击。英军步兵的冲击在该团防区前方戛然而止。文德尔上尉的第2营在防御战中首当其冲。

但第125装甲掷弹兵团南面，J、L盒子前方和后方，情况看上去很严重。第382装甲掷弹兵团防区，协同作战的意大利第62团第1、第2、第3营丢弃阵地逃跑。面对澳大利亚第9师和苏格兰第51高地师的猛烈冲击，第382装甲掷弹兵团拼死守卫着己方防区。

克吕普夫甘茨上尉率领第2营，与澳大利亚人和苏格兰高地人展开近战。英军坦克为遂行进攻的英国步兵提供炮火支援，还以机枪火力扫射德军阵地。英国步兵随后发起刺刀冲锋，打垮了拎着手榴弹、攥着手枪顽强抵抗的第2营。英军坦克隆隆向前，彻底消灭了这个营，身负重伤的营长和少量伤员被俘。

皮珀上尉率领的第1营，情况也好不到哪里去。

英军达成突破。德军主防线后方，第433装甲掷弹兵团一个营，会同师属炮兵营阻挡住对方的进攻。

稍南面，L盒子与K盒子之间，新西兰师和南非师强行穿越雷区。K盒子里，爆炸的航空炸弹给英军坦克部队造成严重损失。可这有什么用呢？英国人已突破德军庞大的雷区。

阿莱曼战线南部地段，英国第13军辖内几个师企图强行达成突破。他们也以火炮和轰炸机猛烈打击德意军阵地，消灭了对方的前哨，还以炮火在雷区炸开通道。但德意军队牢牢守住防线，布莱恩·霍罗克斯爵士的第13军没能取得突破。

基尔战斗群击退了每一股突入之敌。第104装甲掷弹兵团辖内各营和第21装甲师炮兵部队，与敌人杀得难分难解。林格勒少尉率领第10连，在雷区间坚守了24小时，挡住英军第44旅一个团的冲击，全连官兵冒着炮火，不吃不喝，顽强战斗了整整24小时。炮弹炸毁了反坦克炮的轮子，两名炮手趴在车轴下调整火炮，就这样击毁了对方2辆重型坦克。"阿列特"师、神射手营、"布雷西亚"师、"闪电"师辖内部队的意大利官兵也打得英勇顽强。蒙哥马利第13军确实突入东面的雷区，但没能突破到德意联军主防线。

相比之下，战线北部地段的情况看上去更加危急。到10月24日拂晓，英军已打开两条走廊。遂行突破的三个步兵师身后，蒙哥马利投入第1、第10装甲师，以700辆坦克组成强大的装甲编队向西攻击前进。这是非洲装甲集团军的末日吗？轴心国军队的防线会崩溃吗？

不愿冒险的蒙哥马利没有孤注一掷，德军司令部仍有机会控制危险的局面。可是，德军指挥层似乎厄运缠身。装甲集团军代理司令施图梅将军是个勇敢的军人，近日刚刚抵达非洲，他认为遵循隆美尔的传统，亲临前线查看战况是正确的做法。于是，他在集团军情报处长比希廷上校的陪同下，沿危险的小径驱车赶赴前线。他直奔28高地附近的危机发生点，英国人的机枪和反坦克炮火力朝他们袭来。

比希廷上校头部负了致命伤，司机想把桶式车驶离敌军火力网。施图梅将军此时站在车外的道路上，汽车急速驶离时，他想赶紧上车，结果跌倒在地，司机却没有注意到，施图梅就这样躺在地上。第125装甲掷弹兵团第1营派出侦察队，赶去营救将军。第2连的霍尔茨舒中士和基尔一等兵找到了他，但心脏病猝发的施图梅将军已然去世。

集团军司令部的总机接通了电话，韦斯特法尔上校向军需总监通报了这起悲剧事件。转动电话摇把时，他的手在颤抖，他想起施图梅将军到达非洲后，自己几乎每晚都要安排他与战地细菌实验室通话。他很好奇，集团军司令要跟战地实验室说些什么呢？于是，他监听了他们的首次通话。

"是贝贝尔吗？"

"爸爸，是我。"

原来，施图梅将军是和他的女儿通话，她在马特鲁港的细菌实验室工作。第一次通话结束后，马特鲁港的接线员对同事说道："伙计，听见没，父亲和女儿都在非洲。"马特鲁港电话交换站这名同事操着浓郁的斯瓦比亚口音回答道："我的天哪，一年多了，这里还是第一次听到女人的声音。"

10月24日，负责非洲装甲集团军总机的二等兵肯定也想起这一幕，但这种情绪只持续了几秒钟，因为战争抹杀了一切情感。

"请接非洲军军部！"

"冯·托马将军负责指挥装甲集团军，但继续留在非洲军军部。"

10月24日傍晚，国防军最高统帅部要求韦斯特法尔一小时内提交报告，对方的行动是战斗侦察还是大规模进攻？韦斯特法尔立即回复："毫无疑问，这是我们早已料到的大规模进攻。隆美尔元帅必须立即返回！"

蒙哥马利投入一波波新锐步兵力量，反复发起冲击。英军炮兵的轰击持续不停。皇家空军的战机不分昼夜地出现在战场上空。

伯恩哈德·奥尔特中尉把10×50的夜用望远镜举到眼前，他率领的第33装甲炮兵团第1连，部署在离前线8公里的地方。他的连隶属第15装甲师南部战斗群，该战斗群由第8装甲团团长特格上校率领，冯·韦尔斯特中将和久经考验的作训处长海因里希·米勒亲自指挥。10月24日的晨光穿透了战场上的硝烟和尘埃，奥尔特中尉看见惊恐万状的意大利步兵从他的观测坦克旁跑过，逃往后方。意大利人惊慌失措地喊叫着："前线破裂了，前线破裂了！"就这样消失在西面。敌坦克出现在最后一群溃兵身后，都是新运抵的美制谢尔曼、格兰特坦克。电台里传来呼叫："敌坦克逼近！"现在轮到炮兵大显身手了，这些加农炮、迫击炮、野战榴弹炮构成装甲师的骨干力量，10月24日晨的情形再次证明了这一点。先是几发炮弹的试射，随之而来的就是效力射，打击最前方的敌坦克。几个炮兵连不停地开炮射击。德军的炮火很准，最前方的敌坦克起火燃烧，腾起滚滚浓烟，再也动弹不得。

英军装甲矛头陷入停顿。现在轮到施蒂费尔迈尔上尉的第8装甲团第1营展开反冲击了。这场强有力的坦克突击把英军坦克逼入L盒子，对英国人来说，这是片致命的地域。英军夜间的炮火齐射引爆了许多地雷，但事实证明，仍有很多"魔鬼的蛋"完好无损，非常危险。这里，那里，不时腾起一股股火焰。德国人埋设的航空炸弹引爆后，给敌坦克造成极大的恐慌。35辆英军坦克炸毁在L盒子里，其他坦克退了回去。就这样，德军粉碎了蒙哥马利穿过北部走廊的企图。

但对非洲装甲集团军来说，"穷人的战争"这句话依然有效。而蒙哥马利仍有足够的本钱，最重要的是，他卓有成效地使用了空中力量。英国战机现在主导了非洲的天空，德军地面部队不断遭到轰炸。北非战场上的德军官兵都知道"顽固的18"这个词，因为皇家空军通常投入18架轰炸机，在14架战斗机掩护下展开攻击。这股空中力量总是沿相同的航线飞来，总是依次轰炸一个个地图方格，总是来18架。

10月25日拂晓，蒙哥马利在实施了猛烈的炮火准备和空中突击后，再次发起冲击。28高地成为交战双方争夺的重点，英军企图在此处达成突破。

炮弹在这座几米高的沙丘周围炸开时，维也纳新城，埃尔温·隆美尔正伫立在他那架编号为DHYA的He-111飞机前。此时是早晨7点50分，飞行员吉森中尉仍在争取气象站批准他们起飞。报务员哈恩报告，飞机已做好起飞准备，还汇报了他们与气象员的争执。隆美尔下达了命令："我们起飞！"吉森又报告："6000米高度有结冰的危险，塔台禁止我们起飞。"但隆美尔还是坚持自己的意见。

吉森和哈恩点点头，机械师沃尔夫和观察员扎德里希已经待在飞机上。He-111起飞后赶往罗马，在那里短暂停留，随即飞赴克里特岛的伊拉克利翁。隆美尔从那里改乘Do-217飞往非洲，下午5点20分，他降落在代巴，随即搭乘鹳式飞机赶赴前线。天黑前，这位元帅已在他的指挥部里，听取韦斯特法尔汇报当前态势。

第二天早晨，瘦削、苦行僧似的冯·托马将军做了通学究式的报告，他总结道："元帅先生，目前的态势发展对我们极为不利。敌人压倒性的炮兵力量摧毁了我们的'魔鬼花园'。我们能够阻挡住敌人，但无法击退对方。油料情况只允许我们稍事运动。敌人的炮火和滚动轰炸给我方部队造成严重损失。第15装甲师只剩31辆可用坦克。"

这是份令人沮丧的报告。隆美尔托着下巴，眯着双眼站在地图前。他能挽救这里的局面吗？

他立即下令，把所有快速力量集结到北部战线，准备发起大规模反突击。可是，要不要把第21装甲师从战线南部的预备阵地调往北部，他还没有下定决心。隆美尔无法确定，英军的北部攻势会不会辅以南部的一场突击。蒙哥马利的欺骗伎俩奏效了。

在此期间，蒙哥马利从南部战线撤出几个步兵旅和装甲力量，把他们投入北面的交战。10月27日，隆美尔决心从南部抽调第21装甲师和半数炮兵部队。这是在冒险，可除此之外，他还能做什么？必须封闭北部战线的缺口，否则，一切都完了。

冯·兰多将军和他的作战参谋冯·霍伊杜克少校率领第21装甲师，穿过硝烟弥漫的战场，对突破第15装甲师防御阵地的敌人发起冲击，两个月后的圣诞节前夕，他们俩死于英军远程沙漠战斗群埋设的地雷。第8装甲团团长特格上校也带领剩余的坦克投入进攻。这场突击遭遇敌人猛烈的炮火，随后与英军新式坦克展开激战，敌坦克的装甲板厚度和火炮射程都占有优势。尽管如此，德军还是击退了对手，但没能取得决定性成果，因为对方的实力太过强大。险情不时发生，英军步兵经常出现在德军战斗部队身后的炮兵阵地前。炮兵沦为步兵，唯一的办法是端起卡宾枪迎战。第408重型炮兵营操作105毫米加农炮的那些炮兵就是这样，他们两次投入激烈的白刃战，把侵入的英军逐出阵地。

这就是久经考验的营长伯克曼博士的"学校"。这位少校是预备役军官，也是哈默尔恩一所中学的老师和校长。炮兵部队没人不知道这位杰出的指挥官，他们的口头禅是"克劳泽，伯克曼怎么说"，因为隆美尔元帅总是向他的炮兵指挥官克劳泽少将询问伯克曼少校对复杂态势的看法。事实证明，伯克曼的判断每次都很正确，克劳泽将军和隆美尔元帅知道，第408重炮营的官兵也知道这一点。时至今日，他们都没忘记伯克曼少校安葬久经沙场的二级下士阿滕贝格的情形，也没忘记谈起这位朋友时，少校泪流满面的模样。阿莱曼交战打响时，伯克曼少校在医院养伤，他没再参加非洲的战事，后来阵亡在东线。

10月28日、29日、30日，情况越来越明显，隆美尔的军队已无法抵御英军的猛烈冲击。英国轰炸机编队肆无忌惮地在空中巡弋，能随时粉碎德军一切兵力集结。皇家空军一群群轰炸机像接受检阅那样出现在空中，投下密集的炸弹时，德军士兵绝望而又玩世不恭的说法是："当心，党代会联队来了！"对非洲装甲集团军来说，这的确是一场毫无希望的交战。德国最杰出的将领面对的是西方列强的物质优势，在这种情况下，英勇毫无用处。听天由命的隆美尔得出结论："哪怕是最勇敢的战士，也会被空中落下的炸弹炸死。"

10月31日夜间，蒙哥马利发起"增压"行动，意图在北部大举突破。持续一小时的炮火准备结束后，澳大利亚人对第125装甲掷弹兵团遂行正面和侧翼冲击。隆隆驶来的英军装甲部队打垮了一个意大利炮兵营。10月31日晨，英军步兵搭乘重型坦克，沿滨海公路疾进。隆美尔投入第33侦察营，以防北部战线的突出部遭切断，德国空军也投入所剩无几的斯图卡战机。第90轻装师和第21装甲师发起反突击，与北翼陷入孤立的部队恢复了联系，但无法取得决定性战果。

蒙哥马利的猛烈打击随即落下。他原本有800辆坦克，现在把剩余的战车集结起来投入交战，以400辆坦克对付德意联军的80—100辆坦克。

25

元首令：不成功便成仁

1942年11月1日/2日的夜幕降临在北非沙漠，伴随着硝烟、油料燃烧的臭味、口渴和恐惧，阿莱曼交战进入第九天。隆美尔那些"魔鬼花园"几乎完全落入敌人手里，德军防线北部地段凹陷，许多地方出现了缺口。新防线上只有寥寥无几的火炮和坦克，以及实力严重受损的几个师残部。第125、第104、第382、第433装甲掷弹兵团连续战斗了九天，没有得到任何喘息之机。

敌人的优势太大，这些掷弹兵、炮兵、装甲兵的英勇无畏又有什么用呢？

蒙哥马利的夜间进攻，虽说采用了传统打法，但很保险。英军投入400—500门火炮，一连轰击德军主战线达三小时之久。皇家空军的夜间轰炸机一波波飞来，不断消耗德军部队。随后，英军步兵和他们身后的大批坦克投入冲击。结果，著名的28高地西南面防线遭突破，大约400辆英军战车穿过撕开的缺口向西奔涌。蒙哥马利还有400辆坦克留在雷区东面担任预备队。

隆美尔下达了命令："发起反突击！"他们迅速集结力量，整个非洲装甲集团军只剩几十辆坦克，装甲掷弹兵团、高射炮部队、陆军炮兵力量拼凑起来，工兵、指挥部、补给部队人员也组成一个个战斗群。泰勒阿格盖吉尔的坦克战就此爆发，这是非洲战争史上最艰巨的坦克战。一个个皇家空军中队和英军炮兵连持续不停地倾泻火力，他们的弹药耗之不尽。反观靠前部署的德国炮兵，一直饱受弹药短缺之苦。这倒不是非洲战区缺乏炮弹造成的，德意联军有炮弹，但都存放在图卜鲁格或更后方的仓库。他们没有运输车辆，也没有油料前运这些炮弹。为了给前线运送弹药，克劳泽将军甚至使用了战地厨房车。因此，第115炮兵团第2营派出补给车辆，从图卜鲁格为他们的210毫米臼炮运送弹药，一辆3吨卡车耗时三天，只能运来10发炮弹。真是场穷人的战争！

尽管如此，德军部队还是设法封闭了英军打开的4公里宽的缺口。可是，蒙哥马利现在集结第二梯队的坦克力量投入突破口，而非洲军只有35辆可用坦克。

第33装甲炮兵团的火炮猛烈打击进攻中的几个英军装甲团，英军坦克像在阅兵场上那样横冲直撞。第33装甲炮兵团第2营被打垮，而第1营全凭奥尔特中尉考虑周全，这才挽救了第1连。他把该连撤出英军中型和轻型火炮射程，重新部署到有效对付敌坦克的阵地上。多亏该连和1门88炮提供炮火支援，比克斯少尉才得以把第2连的3门火炮撤出敌人密集的火力网，在"电报小径"后方重新遂行反坦克防御。

自豪的第33装甲炮兵团，在到达非洲后的首任团长克拉泽曼中校的率领下，进行过一场场交战，为一次次胜利提供了支援，也多次经历过装甲集团军的危机，现在，该团只剩7门火炮。光荣的第8装甲团也耗尽了残余的力量，团长特格上校的指挥坦克起火燃烧，他是全团最后的阵亡者之一。那些著名的装甲掷弹兵团、工兵营、高射炮部队、侦察营和另一些部队也遭到重创，德军士兵疲惫不堪地趴在散兵坑里，不仅缺水，许多人还负了伤。这就是1942年11月3日的情形。第104装甲掷弹兵团第10连连长拉尔夫·林格勒少尉在日记里写道：

"1942年11月3日，'电报小径'，沙漠里这条道路从西迪阿卜杜拉赫曼而来。又是个新的早晨，饥饿，寒冷。我们没从二等兵弗兰肯那里得到任何食物。视野越来越清晰，阳光穿透了烟雾，寒冷逐渐消退，但饥饿感依然存在，现在又感到干渴。我们有两名掷弹兵埋葬在这里。每隔20米，有时候相隔50米，趴着几名士兵，还有2门反坦克炮，其他就没有了。据说第9连据守在左侧。大海就在12公里外。我们身后呢？什么都没有。南面呢？还是什么都没有。但我们对面是敌人庞大的坦克编队。他们昨天遂行了冲击。2辆、4辆、8辆、10辆……他们进攻了，警报！

"几秒钟内，我们的炮手就会蹲伏在反坦克炮后面。但先让敌坦克进入射程，这是我们唯一的机会。50米，开炮！第一辆敌坦克中弹起火，是辆马克Ⅳ型，车组人员跑向第二辆坦克。变更目标！命中！变更目标！弹壳卡住了，但很快就恢复了正常。再次变更目标。'安静，格布哈特，瞄准第三辆！'开炮，再次开炮，再次开炮，命中！三分钟内，我们用11发炮弹干掉3辆敌坦克。其他坦克转身退却。天哪，要是他们知道我们的实力这么虚弱的话，不知会做何感想。

"但他们随后展开报复。

"4辆敌坦克再次朝我的阵地驶来。

"反坦克炮为何不开火？透过望远镜，我看见炮组人员正竭力打开炮闩。

"看来，我们这次要被打垮了。

"4辆敌坦克正在逼近。非洲战场上，没有与坦克进行近战的武器。我们没有炸药包，也没有集束手榴弹。第一辆坦克已到达我们的机枪阵地，它驶过两个散兵坑，停了下来，履带嘎嘎作响地转动方向，碾碎阵地，活生生地埋葬了散兵坑里的人。一辆马克Ⅱ型坦克朝我的藏身处驶来，我惊恐万状地蜷缩在角落。散兵坑上方传来坦克履带刺耳的噪音，似乎永远不会结束。它什么时候停下来，转动履带把我碾成碎片？可这辆坦克驶了过去，我赶紧站起身，却发现第三辆坦克从右侧驶来，车长从炮塔探出身子，显然非常自信。我从皮带上摘下枚卵形手榴弹，拔掉保险栓扔了过去。手榴弹在炮塔上弹飞后炸开，没造成任何破坏。那名车长朝我咧嘴而笑，他只是稍稍伏低身子，随后挥舞手臂，像在靶场上操练那样：没有命中！随后，这辆坦克继续向前。这处阵地左侧，我的五名部下高举双手朝一辆英军坦克跑去，爬上坦克坐在炮塔上。那是刚刚从俄国战线调来的一名中士和四名补充兵，他们昨晚就吓破了胆。看来，这就是结局了，我今天会葬身在这里吗？"

1942年11月3日，阿莱曼战线北部地段的主防线上，这种战斗场面并不罕见。英国人在各处挺进，德军士兵不是阵亡就是被俘。隆美尔做出正确的决定：弃守阿莱曼阵地，后撤！

隆美尔在11月2日呈交元首大本营的态势报告中已指出这种可能性。鉴于拉斯滕堡以往赋予他的酌情处置权，隆美尔认为大本营这次也不会反对。尽管如此，他还是有点不安，因为他了解希特勒和墨索里尼，知道他们都把后撤视为可耻的行为。在隆美尔看来，现在不是撤往他多次提及的富凯防线、马特鲁港旧阵地，甚至的黎波里的问题，情况严重得多，非洲装甲集团军错失良机后，面对突变的态势，能否在北非大陆立足成了疑问。3000公里外的东普鲁士"狼穴"明白这一点吗？

隆美尔决定派副官英格马尔·贝恩特前往元首大本营，这位预备役上尉过去是帝国宣传部的科长，很受元首青睐。隆美尔交代他："把我们的处境明确无误地告知元首，还要告诉他，我们很可能丢失非洲战区，设法为装甲集团军争取自主行事权。"随后，他驱车沿滨海公路向东赶往前线。

许多人把贝恩特的使命描绘得过于戏剧化。实际上，这不过是个小插曲罢了。隆美尔派"政治军官"而不是总参军官执行这项重要任务，仅仅表明这只斯瓦比亚狡狐知道希特勒多么不信任总参军官。韦斯特法尔上校主动提出飞赴拉斯滕堡，隆美尔正确地指出："他不会听取您的任何观点。"

11月3日上午，隆美尔同韦斯特法尔商讨与敌人脱离接触的技术问题时，几份报告传来，称蒙哥马利当日晨的进攻犹豫不决，看来，对方正在重组麾下部队。这是撤往富凯阵地的好机会，隆美尔立即命令意大利部队向西开拔。

后撤期间尽可能保全步兵力量成了主要问题。装甲集团军没有足够的车辆运送步兵，因此，他们只好步行跋涉，暴露在被敌军摩托化兵团追上后俘获的危险下。但一切似乎井井有条，步兵的后撤也很顺利。隆美尔在前线察看情况。这次也许能幸运地挫败蒙哥马利的企图。

下午1点左右，装甲集团军指挥所，韦斯特法尔上校坐在电报、地图、汽油罐间吃午饭。副官冯·黑尔多夫骑兵上尉推开门走了进来，他拿着一份电报报告道："上校先生，元首发来的命令！"

"哦，黑尔多夫，命令上怎么说？"

"给集团军判了死刑，上校先生！"

"什么！"韦斯特法尔吼道，一把抓过电报。他看了看，把电报丢在桌上，"那帮家伙彻底疯了！"

就在这时，隆美尔乘坐指挥坦克回到集团军指挥所，他刚跳下坦克，韦斯特法尔就把电报递给他，简短地说道："元首下达的命令。"

隆美尔疑惑地朝他看了一眼，但韦斯特法尔没再多说什么。隆美尔拿起电报。这位元帅身旁出现了一阵尴尬的沉默，前线传来的轰鸣声构成了背景噪音。在场的军官盯着隆美尔，发现他阅读电报时，脸上的肌肉在抽搐。隆美尔把电报放在桌上，转身凝望前线。他们现在看到了电报上的内容：

"我和全体德国人民，怀着对您的领导能力和您领导下的德意联军的英勇精神的坚定信念，注视着你们在埃及的防御作战。鉴于您目前的处境，毋庸置疑，必须坚守阵地，绝不后退一步，把每一支步枪、每一名士兵都投入战斗，除此之外别无他途……敌人虽然占有优势，但已呈强弩之末。更强的意志战胜兵力更多的敌人，这在历史上屡见不鲜。您可以告诉您的部队，不成功便成仁，没有其他选择。阿道夫·希特勒。"

是该执行还是违抗元首的命令？还是复电"我们服从您的命令，但我们必须指出……"？或者干脆回电称"后撤已在进行中"？头脑冷静、善于分析的韦斯特法尔认为，获悉11月2日的态势报告后，任何人都很难炮制出这样一份可悲的电报。

韦斯特法尔说道："这道命令就是一针兴奋剂，谁知道是几天前拟定的。"可电报上注有从大本营发出的时间，这就推翻了韦斯特法尔的说法。元首的命令无疑是他收悉隆美尔11月2日的报告后下达的。尽管如此，韦斯特法尔还是劝隆美尔不要执行这道命令，但隆美尔的军人意识否决了这种做法。眼下的问题，对集团军司令而言远比对总参军官难办得多。

隆美尔告诉韦斯特法尔："到目前为止，我总是要求部下绝对服从命令，哪怕他们不理解我的命令，或认为这些命令是错的。现在，我本人也不能违背这项原则，我必须服从元首的命令。"

韦斯特法尔说道："这就意味着集团军的末日。"

隆美尔回答道："可我是个军人！"

这番讨论徒劳无益地持续了几个小时。隆美尔无法想象，希特勒会在不了解阿莱曼前线态势的情况下，下达"不成功便成仁"的命令。他也无从得知这道元首令背后的悲剧性错误。

隆美尔考虑过，要不要向国防军最高统帅部打听情况，可除了11月2日那份态势报告，他还能提出其他论据吗？他已命令贝恩特上尉设法面见元首，再次汇报前线的真实情况。但在此期间该做些什么呢？

11月4日深夜，隆美尔决心停止一切后撤，他下达了命令："战斗到最后一颗子弹！"

实际上，隆美尔要求司令部人员配备手榴弹和冲锋枪，为近战做好准备，这充分说明了他下达命令时绝望的心境。可是，没等相关命令下达，就发生了一连串事件。

11月4日上午的情况如下：非洲军和第90轻装师残部，在泰勒马姆普斯拉沙丘制高点两侧守卫着薄弱的防线，这座沙丘只有4米高。遭受重创的意大利装甲军，以"阿列特"师、"利托里奥"师、"的里雅斯特"师残部据守在他们南面。守卫战线南部地段的是意大利"特伦托"师、拉姆克伞兵旅、意大利第10军。早晨8点，英军实施一小时炮火准备后，蒙哥马利发起冲击。冯·托马将军指挥非洲军几个师的残余力量，殊死抗击英军200辆坦克的猛烈冲击。

拜尔莱因上校拂晓时离开冯·托马将军，打算赶往代巴南面设立的后方指挥所，他看见冯·托马将军把所有勋章佩戴在胸前，这种做法在非洲战区很少见。冯·托马对他说道："拜尔莱因，元首的命令是发疯。他给集团军判了死刑，我该如何对部下解释呢？"

他看看拜尔莱因，补充道："去代巴吧，我留在这里，亲自指挥泰勒马姆普斯拉的防御。"他听天由命但不无讽刺地添了一句，"就像拉斯滕堡的命令要求的那样。"

拜尔莱因注意到冯·托马将军消沉的意志，一时间也不知道该说些什么。赶往代巴途中，他思忖着，托马将军不会是想以身赴死吧。

英军重新发起进攻，冲击重点落在泰勒马姆普斯拉。这片沙丘爆发了激战，冯·托马将军率领军直部队赶赴最前线。

上午11点，冯·托马将军的副官哈特德根中尉赶到拜尔莱因的指挥所报告："冯·托马将军派我带着无线电台撤离，他说他再也不需要我了。我们的坦克、反坦克炮、高射炮在泰勒马姆普斯拉损失殆尽。我不知道将军的情况如何。"

拜尔莱因震惊不已，他跳上轻型装甲侦察车向东驶去。突然，雨点般的坦克炮弹朝他袭来，中午的蜃景下，他看见大批坦克的庞大身影。拜尔莱因跳下装甲车，冒着炽热的骄阳奔向沙丘顶部。激战后留下的惨烈场景出现在他眼前：烧毁的坦克残骸、损毁的高射炮、炸碎的反坦克炮、阵亡的官兵随处可见，活着的重伤员寥寥无几。拜尔莱因隐蔽在沙坑里，探头朝外望去。前方200米有一辆烧毁的坦克，冯·托马将军迎着弹雨伫立在坦克旁。在天空的映衬下，这位高大、瘦削的将军显得有些诡异。

冯·托马骑士在两次世界大战中负伤20次，堪称勇气和信心的缩影。他在第一次世界大战期间荣膺马克斯·约瑟夫勋章，这是巴伐利亚王国的最高军功勋章，从而获得了贵族头衔。他和秃鹰军团经历了西班牙内战，还乘坐坦克在东线鏖战。就在几天前，他还奉命指挥非洲装甲集团军，可现在，他冒着战斗的喧嚣，孤身伫立在燃烧的坦克旁，犹如一尊雕像。英军的谢尔曼坦克排成个宽大的半圆形，逐渐朝他驶来。他们朝沙丘射出的炮火极为猛烈，拜尔莱因觉得，托马将军肯定要送命了。

炮火突然停顿下来，英军坦克开走了。托马将军一动不动地站在那里，手里拿着个小小的帆布袋，里面摆放着日常用品，这是每位将军都有的。他朝英军坦克退却的方向望去。一辆装甲运兵车和两辆谢尔曼坦克朝他驶来，第10轻骑兵团的格兰特–辛格上尉端着冲锋枪喊了几句。冯·托马将军看了看，走了过去，登上英国人的装甲车。

拜尔莱因跳出沙坑朝西面跑去，用了好长时间才到达代巴的指挥所。他找到隆美尔，汇报了自己目睹的情形[①]。代巴南面和东南面浓密的尘云，为拜尔莱因讲述的悲剧提供了背景，因为那里又发生了另一起悲剧。意大利第20军以寥寥无几的装甲力量迎战大约100辆英军重型坦克。尽管该军敞开的侧翼遭英军迂回，可他们没有投降，而是遵照隆美尔的命令顽强抵抗，战斗到最后一辆坦克，全军覆没。除了关于这出悲剧的报告，非洲军情报官还送上抄在纸上的电报，是德军侦听部门截获的。第10轻骑兵团发给蒙哥马利的这份电报简明扼要地写道："我们

---

① 译注：隆美尔对此震惊不已，赶紧让拜尔莱因别再说了，因为走漏消息的话，肯定会连累托马将军的家属。

刚刚俘虏了一名将军，他自称是冯·托马骑士。签名：格兰特-辛格上尉。"

悲剧性的11月4日早晨，凯塞林元帅从意大利飞抵装甲集团军指挥部。两位元帅冷淡地互致问候，因为隆美尔怀疑凯塞林是元首大本营派来接替他的人选。但凯塞林当着韦斯特法尔的面宣称，鉴于当前的态势，他认为元首昨天下达的命令根本无法执行，这让隆美尔惊讶不已。

隆美尔决定给希特勒发封电报，请求元首撤销先前的命令。凯塞林也给元首大本营发去另一封电报，支持隆美尔的动议。

通常说来，这就是指挥官在当前情况下所能做的一切了。但隆美尔表明，除了服从命令，他还能做得更多。

过去几小时发生的事情强化了他的观点：无论是从道德还是从军事角度看，没有任何证据表明服从元首的命令是合理的。作为指挥官，他可以命令士兵奋战到底，也可以命令军队牺牲自己，可他能命令士兵或军队毫无意义地杀身成仁吗？

隆美尔的回答是：不能！

这位元帅驱车赶往非洲军指挥所，他对坐在身旁的拜尔莱因说道："我们的防线破裂了，敌人正涌向我方腹地，执行元首的命令已毫无意义。我们必须撤入富凯阵地，尽力挽救我们所能挽救的部队。"隆美尔随后补充道，"拜尔莱因上校，我把非洲军的指挥权交给您，您知道这意味着什么。哪怕我们日后会因为今天的抗命行为上军事法庭，也得对自己下达的命令负责。做好您的事情，您给部队下达的一切命令都以我的名义签发。要是您遇到麻烦的话，就把这个决定告诉那些高级军官。"两人沉默了片刻。隆美尔决心不服从元首的命令，他有意识地采取了这项决定性措施，而且非常清楚有可能招致的后果。

"我会尽力的，元帅先生。"拜尔莱因回答道。

隆美尔登上指挥车，返回非洲装甲集团军指挥部，韦斯特法尔拟制了后撤令，正等着他回来。当晚晚些时候，希特勒从"狼穴"发来电报："对您第135/42号绝密电报的回复：我11月4日对领袖阐述了我的意见。鉴于态势的发展，我也赞成您的决定。领袖已通过意大利最高统帅部下达了相应的命令。"

这该如何理解？元首大本营发生了什么情况？我仔细研究了这个重要的问题。

11月3日中午，国防军最高统帅部指挥参谋部参谋长约德尔将军，在"狼穴"

呈交了隆美尔11月2日的报告。希特勒吼道："为什么现在才交给我？"约德尔本来可以回答："因为您起得太晚了，我的元首。"当然，他没有这么说。世界上没有哪位将军会批评自己的总司令睡得太晚，起得太晚。

隆美尔在11月2日夜间的态势报告中，谈到阿莱曼战线的灾难性局面，英军已在多处达成突破，还谈到撤往阿莱曼后方100公里的富凯阵地，是挽救非洲装甲集团军的唯一办法。元首大本营11月3日夜间收到了报告。

"狼穴"夜间值班的军官是一名预备役少校，入伍前是一家大型工业企业的经理。斯大林格勒激战的这几周，他已对各种惊人的消息习以为常，觉得没理由叫醒约德尔或希特勒，关于北非态势的这份电报解码时，他们俩刚刚上床休息。希特勒的习惯是耗费大半夜讨论、制订各种方案，或是研究地图。只要他醒着，将军、副官、秘书、各重要部门的联络官就不能休息，必须随时待命。这就是他们也要熬夜的原因。希特勒上床休息的消息传来后，这些勤务人员也就回到各自的寝室，在床上舒展开疲惫的四肢。当然，他们和希特勒一样，也睡到上午很晚。

因此，约德尔和凯特尔直到11月3日上午9点才起床。10点左右，约德尔读到了隆美尔的报告，顿时惊慌不已：元首的命令呢？那道命令发出去了吗？隆美尔收到了吗？那道命令在希特勒的办公桌上摆了几天，直到昨晚上床前他才签上名字，约德尔拿到命令，加密后用电台发出。韦斯特法尔的分析正确无误，希特勒亲手撰写了"元首的呼吁"，目的是"鼓舞士气"。他觉得阿莱曼战线的态势确实很紧张，但还谈不上造成灾难。约德尔拿起电话，接通了通信中心，对方回答道："没错，元首的命令昨晚发出了。"

约德尔立即赶到希特勒的住处，以便在每日态势研讨会召开前，把这个情况告知元首。但他不得不等到中午，这才见到希特勒，因为希特勒11点15分才起床。

"出什么事了？"希特勒疑惑地问约德尔。

"隆美尔传来的坏消息，我的元首。"约德尔回答道，递上了昨晚收到的电报。

希特勒读着电报，脸色涨得通红，喃喃地说道："那里也是……"一如既往，他的目光似乎聚焦在很远处，这是个危险的信号。希特勒平静地问道："我那道特别命令发给隆美尔了吗？"

"发了，我的元首，昨晚发出的。"

"为什么我现在才收到隆美尔的态势报告？昨晚为什么不交给我？为什么不叫醒我？为什么？"希特勒的吼声越来越响，在寝室里回荡。

约德尔指出，昨晚收到这份电报已经很晚了。"值班的少校认为……"他的话没能说完。

"值班的少校认为，"希特勒怒斥道，"他算老几？他知不知道，鉴于非洲的态势，我下达的指令把我置于尴尬的境地？"约德尔沉默不语，希特勒继续吼道："这是愚蠢、人浮于事的又一个例子，我得抓个典型，把这名少校送交军事法庭。"希特勒愤怒的吼声传遍了整个营地，那些军官和秘书都把头低下。

三小时后，那名少校上了军事法庭。法庭当日傍晚做出判决：降为普通士兵，立即打发到缓刑营。他作为替罪羊受到惩处，可元首那道命令依然有效。

这一整天，希特勒不停地抱怨身边的工作人员太粗心大意，但他没有主动撤销"不成功便成仁"的命令，因为这不符合他的本性。隆美尔和凯塞林随后发来电报，希特勒顺水推舟，在不失颜面的情况下撤销了先前的命令。要是隆美尔消极地等待元首主动撤销指令，那么，肯定会遭受一场彻头彻尾的灾难。他及时中止了元首的命令，从而挽救了集团军余部覆灭或被俘的厄运。

意大利外交大臣，墨索里尼的女婿齐亚诺伯爵在日记里写道："一场胜利也许有许多父亲，但失败肯定是个孤儿。"要是把这句话用于非洲战事，就意味着：如果说从卜雷加港到西迪阿卜杜拉赫曼的一连串胜利属于隆美尔，那么，阿莱曼的失败也就是他的失败。[①]但以隆美尔1942年秋季掌握的可用军力看，全世界大概没有哪位将领能战胜蒙哥马利的第8集团军。交战双方的实力对比悬殊太大。尽管如此，隆美尔的部下还是在历时12天的阿莱曼防御作战期间取得了惊人的成就。历史的距离不能贬低，反而应该大力弘扬这些成就。蒙哥马利赢得阿莱曼的胜利是必然的。可沙漠中的胜利究竟是什么？19个月里，双方都赢得或输掉

---

① 译注：这段话有些含糊，齐亚诺的意思是，如果赢得胜利，肯定有许多人站出来争功，失败的话，人人都会推卸责任；而卡雷尔说的是，尽管隆美尔多次赢得胜利，但阿莱曼失败一次就前功尽弃。看来，他对齐亚诺那句话有不同的理解。

了许多次交战。但隆美尔在阿莱曼败得如此惨烈，原因是希特勒的命令延误了他的后撤，导致部分精锐部队没能及时摆脱蒙哥马利的摩托化力量。许多火炮本来可以撤离后重新用于对付英军装甲部队，结果却因为不得后撤而损失掉了。蒙哥马利仍在搜寻战败之敌，就像猎人寻找受伤的狮子那样。英国第8集团军谨慎地向西挺进。

隆美尔这场失败有多严重，遭受的损失有多大，这个问题存有争议，各种主张的差别较大。意大利和德国方面经常淡化损失，还批评隆美尔后撤得太快，没有实施必要的抵抗。而隆美尔身边的人士指出，11月6日前不可能恢复部队的秩序，因此，以最快速度后撤是必要的。他们毫不停顿地退过昔日赢得胜利的战场，后撤，后撤，摆脱皇家空军的袭击成为当下最重要的事。

也有人指出，隆美尔认为大势已去，他觉得唯一正确的做法是撤往的黎波里塔尼亚，甚至把整个集团军撤离北非。这就是他没有继续冒险，没有以顽强的抵抗削弱敌军，任由对方迅速向西挺进的原因。

以下事实加剧了这种批评：11月8日，艾森豪威尔将军指挥盟国远征军登陆摩洛哥和阿尔及利亚，企图攻往突尼斯。阻止艾森豪威尔与蒙哥马利会师后合兵一处，成为轴心国战略的当务之急。因此，罗马、拉斯滕堡、南线总司令凯塞林元帅要求隆美尔在富凯与突尼斯之间抵挡蒙哥马利第8集团军，这就不难理解了。当前情况下，他能做到这一点吗？英军完全可以从沙漠实施迂回，从而攻克各处阵地，隆美尔能守住吗？这些问题长期存有争议，而且没有答案。

装甲集团军最后一任机动车辆负责人米勒中校保存了部分原始文件，这些文件清楚地说明了阿莱曼交战期间集团军的损失。为做出评估，我从米勒博士那里借来文件。我发现，这些文件用墨水而不是鲜血，通过计算、绘制而不是开枪动炮，揭示出现代科技战争的另一面。各种图表和表格预示了胜利或失败。文件上的三号坦克，不再是一位英勇或谨慎的指挥官手里的作战工具，而是一部每行驶100公里需要400升油料的机器。400升！与机动车辆维修、油料消耗相关的一切问题，都由集团军机动车辆负责人处理。

米勒博士的工作范畴让我们想起今天的军事组织：主导交战的是工程师，而士兵不过是机械人员手里的工具。

米勒博士的这些文件，揭示出阿莱曼交战前后，德军装甲部队真实的装备状况。

文件指出，英军10月23日发动进攻时，隆美尔集团军有285辆坦克、8辆指挥坦克、1辆突击炮。截至12月2日下午6点，总共损失了221辆坦克、8辆指挥坦克、1辆突击炮。因此，装甲集团军12月2日只剩64辆坦克，相关文件称，其中11辆在维修车间，所以，可用坦克只有53辆。米勒博士呈交军需总监和隆美尔元帅的报告指出："如此高昂的损失，是元首要求坚守阿莱曼阵地的命令造成的，11月4日后撤期间下达的这道命令，导致各坦克维修连的工作不堪重负，第5装甲团不得不炸毁了大约40辆来不及修理的坦克。"

隆美尔的装甲部队还有少量坦克可用，主要归功于几个坦克维修连的辛勤工作，以及集团军储备的替换坦克。

任何人说起或撰写这场非洲战争，如果不提维修勤务，肯定是不完整的。

多伊斯少校领导的第548维修团，埃申洛赫中校和约翰内斯中校分别负责的第15、第21装甲师维修勤务，堪称非洲战争浪潮中的坚石，特别是第5、第8装甲团的维修连，以及他们久经考验的指挥官豪斯卡上尉、布格尔少校、麦克莱恩少校。费迪·施奈德同样功不可没，他是第288特种部队的维修负责人，这支部队后来改编为非洲装甲掷弹兵团，另外还有预备役中校施特劳布。维修部门这些人员就像魔术师，起火、中弹的车辆在他们手上起死回生，同时确保那些最复杂的战争机器随时可以投入战斗。各种车辆的维修组和技术专家，修理坦克引擎、气缸、曲轴，这些工作非常重要，他们取得了巨大的成就。我们必须把技术人员和熟练工，与最英勇的前线作战士兵相提并论。

温斯顿·丘吉尔认为隆美尔的技术勤务是德国在非洲赢得胜利的支柱，他说得没错。

德军维修勤务的战术徽标是一个黑人的头颅，左耳有个齿轮，置身非洲的每个士兵都认识这个标志。

当然，如果防线无法固定下来，如果受损的坦克落入敌人手里，如果后撤沦为溃逃，不得不炸毁各种吊车、机床、工作台的话，那么，维修人员娴熟的技艺，他们冒着非洲的酷热，每天在维修车间苦干10个小时的付出又有什么用呢？

该死的阿莱曼！

非洲装甲集团军官兵的绝望感，源自遮天蔽日的英军轰炸机，以及遍布沙漠、不断向前挺进的英军坦克。

尽管仍有无数的苍蝇，尽管痢疾和黄疸仍在肆虐，可面对这场后撤，就连阿莱曼的酷暑也不再可怕。阿莱曼交战糟透了，这个镇子位于德国人胜利进军开罗的途中，可现在，这一仗打输了，阿莱曼落在身后很远处。后撤部队的身后留下许多墓地。那句老话是怎么说的？"越过墓地前进！"可现在，他们是越过墓地退却。

▲ 隆美尔的副手冯·托马将军，11月4日在战场上被俘，蒙哥马利接见托马时与他握手。

◀ 末日来临！1942年10月23日/24日夜间，阿莱曼战线的上千门英军火炮投入战斗，这场炮火准备持续了五个小时。

▼ 炮弹落在英军炮兵观察哨前方。

26

劫数难逃的军队

失败后的军事后撤一向很可怕，恐惧之情和各自逃生的念头破坏了一切纪律约束。军队是纪律的象征，一旦陷入无组织、无纪律状态，无疑会沦为最令人震惊的乌合之众。

11月5日拂晓，非洲装甲集团军残部穿过沙漠或沿滨海公路退却，他们的目标是阿莱曼以西100公里的富凯阵地。可是，到达富凯阵地并不意味着获救，事实证明，他们得到的仅仅是短暂的喘息之机。蒙哥马利投入200辆坦克，猛烈打击混乱不堪的德意联军。隆美尔好不容易阻止了阿莱曼的灾难，他清楚地知道，要想在富凯避免重蹈阿莱曼的覆辙，必须率领军队继续后撤。

英军战机搜寻着隆美尔的指挥所，他们可能从德国人的无线电通信中发现了蛛丝马迹，一场地毯式轰炸随之而来，隆美尔和韦斯特法尔及时躲入散兵坑。

继续后撤！

他们冒着尖啸的炸弹，穿过拥挤的道路，穿过塞满车辆的雷区向后退却。

继续后撤！

隆美尔的官兵很快就回到利比亚境内。他们回望埃及沿海平原，四个月前，他们吃着缴获的英军口粮，驾驶着缴获的英国卡车，烧着缴获的英军油料，一路向东追击，径直攻往尼罗河三角洲。现在，图卜鲁格远远落在他们身后。工兵再次担任装甲集团军的后卫，炸毁了德尔纳曲折的弯路，在街道旁意大利殖民者的房屋里埋设地雷。待德意军队通过后，这些工兵的破坏工作，导致穿过昔兰尼加的各条道路无法通行。一个个爆破组蹲伏在路边，看着那些经历过图卜鲁格、西迪雷泽格、阿莱曼交战的老兵从他们身旁匆匆而过，有些伤员不停地呻吟。卡车、摩托车、自行火炮、少量坦克和88炮从路上驶过。一根烟的工夫，队列越来越小，越来越稀疏。很快，又一支队伍开来了。

"后面还有其他部队吗？"

"只有英国佬，没有我方部队了！"

"那好，赶紧走吧！"工兵军官命令道。

一名意大利中士指挥着一群阿拉伯道路工，协助德国工兵破坏道路。接下来就是老把戏了：在一个个棋盘格上布设地雷。但他们玩出了新花样，隆美尔这群工兵，几天前迎来他们的新指挥官比洛维乌斯将军，原先的集团军工兵指挥官黑克尔上校患了黄疸和痢疾。

他们的新花招，重点还是给敌人造成严重的心理影响。

路上埋设的地雷一目了然，第一条障碍带的情形看上去就是这样，棋盘格上的一个个坑洞清晰可辨。前方5米处有个坑，再往前5米又有一个。可这些坑里埋的是空铁罐，偶尔会埋一颗没装雷管的老式T型地雷。这是为何？我们马上揭晓谜底。

英军先遣部队到达后，最前方的侦察车发现了地上的坑洞，立即停车。"扫雷组前进！"英军工兵手持最新式的探雷设备展开作业，这东西看上去像个电动扫帚。他们慢慢穿过道路，探雷设备的蜂鸣器提醒他们，这里有金属物。于是，他们小心翼翼地挖开一个个坑洞，找到的都是些空罐头盒。"该死的，这帮德国佬肯定疯了，要么就是耗尽了地雷，想用这种伎俩阻挡我们。"清理了四排空罐头盒后，英国工兵觉得这种行为愚不可及。"上车！"车队隆隆向前，20米外，他们碾上德国人精心伪装的真雷区，惨叫声和伤亡随之而来。

车队再次停下，工兵仔细检查每个坑洞，找到的还是空罐头盒，于是，他们又不耐烦了，结果再次发生意外。开罗广播电台报道："第8集团军的挺进几乎没有遭遇抵抗，但受到德国工兵的严重妨碍。"

拉姆克伞兵旅旅部的传令兵卡尔·莱纳经常驾驶他的大众桶式车，沿小径驶往盖塔拉洼地。他会看看在战地厨房车旁忙碌的扎布列夫斯基，嗅嗅鼻子说道："伙计，又用饼干做蛋糕了？"扎布列夫斯基心情好的时候，卡尔能分到一份。老爹拉姆克受够了卡尔的特长。

11月初，这种好日子一去不复返。此时，卡尔·莱纳和六名伞兵（克里特岛战役后，英国人就把德国伞兵称为"绿魔鬼"）驾驶一辆雪铁龙，停在马特鲁港附近的雷区前，大批车辆汇聚在这里，挤得水泄不通。莱纳说道："听着，要是英国人此刻到来的话，只管往前冲。哈恩，只管往前冲，我们会顺利通过的，那里有条小路。"二等兵吉勒在前方车道上挥手引导司机哈恩驾驶的雪铁龙。他们就这样通过了。

后撤期间有车坐的人很幸运，当然，倒霉的是步兵，他们不得不徒步跋涉。非洲装甲集团军撤离阿莱曼，缺乏机动性构成了真正的威胁。隆美尔面临的问题是：要么丢下步兵，任由他们自生自灭，要么设法挽救步兵，派摩托化部队超负荷搭载他们，哪怕削弱摩托化部队的机动性和战斗力也在所不惜。隆美尔无力挽救意大利步兵部队，当然也无法把德国步兵撤离前线，他想用车辆把拉姆克伞兵旅这样的特种部队运走也做不到，另外，就连特种部队也没有车辆。

阿莱曼战线南部的意大利第10军，后撤期间被英军打垮后俘获。获悉这个消息，隆美尔说道："看来我们不得不把拉姆克的伞兵注销掉了。"但隆美尔猜错了。

隆美尔是否应该为伞兵提供车辆，从而挽救这支重要的特种部队，这个问题一直存在争议，而且没有定论。至少拉姆克将军认为隆美尔应该为他提供车辆，他后来找戈林告了一状。我们也许可以指责隆美尔考虑不周，但米勒博士中校的文件指出，拉姆克伞兵旅仍有不少车辆，完全可以快速撤离部分力量。他们的车辆在混乱中驶离，没有等待部队撤离前线。那些营长和连长也脚底抹油，但伞兵没有因此而放弃战斗。11月3日，几个伞兵营跟随几辆桶式车和摩托车步行撤离，芬斯基少校的炮兵营掩护后撤。他们击退了英军坦克的突击。旅里的通信车损毁，供水队没有赶来，由于没有拖车，他们不得不炸毁了厨房车。每个人只剩半升水，距离富凯还有100公里。

久经沙场的老兵布尔克哈特少校率领后卫营，途中收容了一个意大利炮兵营，就这样把部队带往西面。幸运的布尔克哈特是个久经考验的战斗群指挥官，可这种运气没能一直维持下去，不久后他就被俘了。他的几名部下从英国人手里溜走，混过一道道英军防线，他们找到一辆老旧的德制尊达普摩托车，修理后夜间行进，白天躲藏，跋涉十三天后到达锡瓦绿洲，可惜，这场奥德赛式的远征也到此结束。令人心碎而又气愤的是，埃及警方逮住了海因茨·弗里德里希和他的两名战友，他们面临五年半刑期，这只是许多此类故事中的一个。

芬斯基少校和他的炮兵，在布尔克哈特后卫营之前就陷入罗网。他们与英军坦克交火，最后一发炮弹射出后，落入英军手中。同样的厄运也落在哈泽内德尔中尉率领的伞兵反坦克炮连头上。但伞兵旅主力顺利逃脱，不仅如此，夜间，他们在富凯前方发现一支英军运输车队，于是，这些伞兵组成战斗群，端着冲锋枪和手枪摸了过去。

"上！"他们朝那些卡车扑去。

这群伞兵把英国人缴了械，用手枪抵着司机："开车，动作快点！"

没等随行护卫的英军坦克车组明白过来，几辆卡车就迅速驶离。一门反坦克炮负责阻挡英军坦克，"绿魔鬼"搭乘英国卡车扬长而去。真是只大肥羊，伞兵不仅缴获了可供他们使用的车辆，还弄到许多好东西。

几辆卡车上满载油料、饮水、香烟，还有从咸牛肉到菠萝的各种罐头。拉姆克的伞兵俘获了英军装甲营的整个补给车队。

次日（11月7日）上午10点左右，马特鲁港后方滨海公路上的德军指挥部，隆美尔问韦斯特法尔上校："来的是什么部队？"身边的军官纷纷举起望远镜，朝沙漠方向望去，那里腾起的尘埃清晰可见。很快，一辆桶式车呼啸而至，胡子拉碴、满脸灰尘的拉姆克将军向隆美尔报告，他的旅顺利归队。

隆美尔迎接600名伞兵时，把所有烦心事抛之脑后。这群士兵在沙漠里跋涉了350公里，以他们的英勇无畏撰写下激动人心的历史篇章。

可是，非洲装甲集团军还有很多散兵游勇。

英军几架飓风式战斗机从德军前线救护站上方低空通过，医护一等兵奥托·布欣格尔医生趴在小沙丘后。过了几秒钟，他听见敌机扫射机场发出的机枪连发声。过去几天，这种空中攻击每隔两个小时就会发生。布欣格尔的医疗帐篷孤零零地伫立在一片小小的洼地上，显然已被遗弃。周围见不到一个人。医护二级下士奥托·博迪恩已经用救护车把最后一批伤员送走。医护二等兵柯尼希骑着摩托车赶往高射炮阵地，布欣格尔告诉他："去弄辆卡车，再来接我和医疗帐篷，还有这里的医疗用品。"他可不想落到前进中的英国人手里。

蒙哥马利一反常态，以异乎寻常的干劲追击隆美尔退往富凯的部队。英军这场挺进非常大胆，经常沿平行的路线追上敌人，导致德国人根本来不及重整部队或组织防御，甚至在富凯也是这样。英军司令部似乎知道隆美尔陷入了险恶境地。可以设想，某些被俘的德国军官，被失败和后撤弄得心慌意乱，面对英国人的严厉审讯，把非洲装甲集团军内部崩溃的情况告诉给英军审讯专家。这种假设是否正确还有待观察。另外，蒙哥马利还可以通过空中侦察，判明后撤之敌的战斗力究竟如何。不管怎么说，隆美尔注意到对方惊人的大胆追击，不得不放弃原本寄予厚望的富凯阵地，因为蒙哥马利的军队用不了多久就会迂回此处。福斯上尉率领第580侦察营留在富凯，很快落入艰难的境地。

奥托·布欣格尔待在富凯机场后方的沙丘间，对隆美尔的决定一无所知。他也不知道最后一辆救护车和三轮摩托，在马特鲁港前方小径上，被英军战斗轰炸机炸成碎片。他只知道英国人离此处不远了。

当日上午，一级下士克罗尔驾驶着摩托车，从机场旁的高射炮阵地来到这里，"大夫，"所有人都把医护兵布欣格尔称为大夫，"我们不会丢下您的，我会给您派辆卡车来。"说罢，克罗尔驾车返回机场。没过多久，英国人再次发动空袭。布欣格尔听见轻型高射炮的射击声，他想："有意思。"但他没太担心，就这样等待着。他没有听到施密特少尉的高射炮第4连第1排被敌机炸毁，也不知道克罗尔接到撤离的指示后，紧张地下达了命令。更糟糕的是，一辆卡车起火，车上载运的东西悉数烧毁。最后，克罗尔带着高射炮第4连残部迅速转移，完全忘了布欣格尔。

布欣格尔爬上沙丘，手搭凉棚望去，仍能看见远处一门88炮的炮管指向天空。但他看不到的是，这门88炮遭轰炸后已被丢弃。整片沙漠寂静无声。

红十字旗在午后的微风中无力地飘摆，这股微风每天下午1点左右从海面吹来。布欣格尔想道："在巴德皮尔蒙特，现在是深秋了。"布欣格尔的疗养院就开在巴德皮尔蒙特，那是他父亲创立的，声誉很好。可要是省党部统领从你的家族文件推断你在意识形态方面不可靠，那么，良好的声誉又有什么用呢？因此，尽管候补军官布欣格尔资历不错，滑翔运动经验丰富，作为军人的表现也很优异，可他的军队档案里写着："不适合晋升为军官！"这就是奥托·布欣格尔医生，作为一战期间军医将军的儿子，起初只是卡车司机的原因，执行了几次英勇的任务后，他晋升为医护二等兵，现在是医护一等兵。

但我详细讲述这个故事的原因是，跟随隆美尔远离故土，在非洲英勇奋战的官兵，不太在乎省党部统领的意识形态鉴定。他们当然不能更改相关鉴定，但可以避开它。因此，在战斗中表现英勇，荣获二级、一级铁十字勋章的布欣格尔医生，尽管只能佩戴医护一等兵军衔，但第6高射炮团的上司和第19高射炮师的军医主任还是把他提拔为"特别军医"。布欣格尔出现时，第90轻装师和第19高射炮师的官兵会微笑点头，极为友善地向他致敬。

他是隆美尔集团军最出名、表现最突出的医护一等兵。他跟随来自汉堡奥斯多夫的第6高射炮团第1营，曲折地穿过沙漠。后撤期间，他加入第361团第2营，隶属雷泽中尉的第4连。他严密地守护着自己的医护帐篷，他那些病人不是偷奸耍滑的家伙，因为布欣格尔首先做的是禁止吸烟，可能的话，还要禁止饮食。尽管如此，伤员和真正的病人还是很喜爱这位医护兵，觉得他就是守护天使。布欣格尔不知疲倦地站在急救站和手术台旁，和沙漠里各个急救站或大型野战医院的其他军医一样恪尽职守。

1942年10月那些日子，德国人在代巴镇附近的沙丘间设立起真正的野战医院，此处靠近海滩。第21装甲师第1/200医护连在高高的沙丘下支起帐篷，他们和另外两个医护连统归少校军医齐兰领导。这里的医疗设备非常棒，手术帐篷里配备了最现代化的器材，还有各种绷带、药物、消毒设备。第1/200连的医护帐篷里摆放了300张行军床，一套发电机组为所有帐篷提供电力。

各座帐篷之间，汽油罐在沙地上排成的硕大十字标志随处可见，汽油罐涂成红色，沙地喷涂成白色，从而形成白底的红十字标志。非洲战场上，红十字标志普遍受到尊重，但有时候也有意外。

英军在阿莱曼发动大规模攻势前，就有大批载着伤员和病者的车辆到达代巴这座医疗镇。随着交战的加剧，卡车、救护车、缴获车辆送来的伤员越来越多。

军医和医护兵不分昼夜地忙碌着。外科医生瓦格纳和迪特尔站在手术台旁，喝杯咖啡，抽根香烟，就算各台手术间的休息了。

送到这里的不仅仅是伤员，还有重病患者：黄疸、痢疾、疖病等等。北非战争期间，阿莱曼附近首次出现疟疾病例，这里立即发出警报。按蚊传播的这种热带疾病，此前一直没有发生过，看来，的黎波里与开罗之间缺乏淡水也有些好处，至少能让阴险的蚊子无法繁殖。可阿莱曼前方的疟疾是从哪里来的呢？德国军医付诸极大的努力，长时间观察后，终于得出准确而又科学的答案。最近几天，一股强劲的东风，把100公里外尼罗河三角洲沼泽地里的按蚊吹到阿莱曼附近的散兵坑。找到这个答案前，阴谋论者已怀疑对方在搞细菌战。幸亏这种怀疑被否决了，要是找不到阿莱曼附近神秘疟疾的来源，无法想象接下来会发生什么。

主救护站最糟糕的情况是人满为患。伤员躺在沙地上不停地惨叫，却没有医护人员照料他们，这种状况比最血腥的战斗更残酷。

越来越多的车辆把伤员从战火纷飞的前线运到代巴附近的医疗镇，这里的确人满为患，因此，卡车和救护车不得不带着伤员继续驶向帐篷镇的另一侧，那里有运输和医护能力，能把重伤员送离前线。空军一辆救护车负责运送伤员，经常驶过镇内满目疮痍的街道。时至今日，许多士兵仍记得少校军医库恩和他那几架鹳式飞机，飞机机身和机翼上涂有硕大的红十字标志。这些飞机带着重伤员和重病患者飞离代巴，赶往伤病员集结点，医用运输机等在那里，随后把伤病员运往克里特岛和希腊的大型野战医院。

装甲兵中士施托克曼髋关节中弹，伤势很重，不得不扎了几天石膏绷带。手术相当成功，他的腿保住了。

施托克曼不再发烧，少校军医齐兰查房时注意到这一点，他笑着说道："施托克曼，今天就转院。"从这一刻起，施托克曼兴奋得就像等待首次约会的年轻姑娘。他听见库恩医生那架鹳式飞机的引擎轰鸣，医护兵把他的担架推入狭小的机舱，施托克曼笑了，很快，他又听见库恩医生爬入驾驶座。鹳式飞机起飞了，身后卷起巨大的尘云。飞机载着施托克曼消失在沙丘后方很久后，那股尘云仍萦绕在帐篷上方。

怎么回事？鹳式飞机回来了？不对，是英军战斗轰炸机的声音！他们径直朝库恩那架飞机刚刚起飞的地方飞来。英国人没看见硕大的红十字标志？尘埃遮蔽了标志？他们把主救护站和挤满伤病员的一顶顶帐篷误判为机场了？谁知道呢。不管少校军医齐兰怎么想，英军战斗轰炸机朝医疗镇投下了炸弹。这些炸弹落在帐篷之间，在场的医护人员所能做的只是高呼"空袭警报"，然后一头趴倒在地。轰！轰！爆炸声很快停息下来，感谢上帝！

第1/200医护连管辖范围内只挨了两颗炸弹，幸运地落在宽阔的营地道路上，掀翻了几顶帐篷，除此之外没造成太大破坏。旁边一座营地的情况严重得多，一颗炸弹落入手术帐篷。正在动手术的外科医生动脉断裂，倒在手术台上的装甲掷弹兵身上，硕大的弹片像一把巨型手术刀，劈开这名掷弹兵的胸部。医生和伤员在同一秒丧生。英军战机飞离，身后留下10名死者和30多名重伤者。

红十字旗已破破烂烂，但首先要做的是把它插回原处。对交战规则的信念还是强于漠视这种规则的例外。

几天后，德军设在阿莱曼前方的庞大防御阵地遭突破，不得不全力后撤。少校军医齐兰的几个医护连也跟随辎重部队穿过沙漠。他们一路退往富凯，穿过富凯继续后撤。

11月6日上午，富凯机场后方，奥托·布欣格尔一再摇动营帐里的战地电话，这部电话与高射炮阵地相连。没人接电话，相反，布欣格尔看见一些奇怪的装甲车，越过沙丘朝滨海公路驶来，还有圆形炮塔的坦克，来的是英国人！布欣格尔给自己下达了命令："现在该离开了。"他迅速归拢医疗设备，把这些东西拖到帐篷外，往坑里铺了块英国的防水帆布，再把医疗设备丢进坑里，最后浇了罐汽油。他像候鸟那样踏上不确定的归程前，擦燃火柴丢入汽油坑。一个多小时后，他转身回望，仍能看见富凯沙丘后方腾起的浓烟。

布欣格尔一直与滨海道路保持平行，途中留意观察"敌情"，夜间就在小小的干谷里宿营，把外套充当床垫和毯子。这些月夜，西面的炮火闪烁和轰炸机投下的照明弹清晰可见。战斗已远离这位医生，他紧紧追了上去，尽管没必要这样做。置身非洲的德国远征军有他们自己的生活法则和战友情谊。我们应该记住，四样东西是隆美尔的非洲军队没有的：保安处、枪杀人质、政治洗脑、战地妓院。

这里与其他战线完全不同，另外，被滥用的"职责"一词也与我们通常的理解不同，这里有更严格的形式。医护一等兵布欣格尔，尽管在国内受到过分积极的党员侮辱，但他还是恪尽职守，因为非洲装甲集团军不是个政权，而是代表着德国最好的那些东西。因此，他紧紧跟随在战斗和他那些战友身后，睡在山洞或沙坑里，一连跋涉了四天，他终于在马特鲁港前方朝一辆德军装甲侦察车兴奋地挥手。这是场愉快的重逢。他端起战友递给他的咖啡瓶，狠狠地喝了一大口。他们还建议他，最好不要沿道路进入镇内，因为英军战斗轰炸机有狩猎的习惯，特别喜欢打击孤立无援的掉队人员。

这个提示很重要。布欣格尔很快来到马特鲁港郊外，朝一群德国士兵走去，还兴奋地向他们挥手，可对方却惊慌地打着手势。待布欣格尔走到他们面前，这才明白对方的意思，还好没出事：他刚才穿过滨海公路旁边的一片雷区，德国工兵刚刚埋下地雷。不过，布欣格尔迈出的每一步，肯定受到守护天使的指引。回到第90轻装师，布欣格尔刚好赶上该师后卫部队再次开拔，他们继续向西退却。

27

艾森豪威尔来了

　　"有时候，出色的军事声望不是件好事。你知道自己的极限，可其他人总是期待你创造奇迹，还把每一场失败归咎于恶毒的意图。"我们从隆美尔这句话里，能听出他深深的沮丧感。他知道自己在阿莱曼的失败不是运气不好，而是罗马和拉斯滕堡无视他的提醒、警告、要求造成的。蒙哥马利之所以能突破德军防线，是因为第8集团军实力更强大、装备更精良，但最重要的是，他控制着交战地区的天空。这种状况首次明确无误地表明：无论地面部队多么英勇，都无法匹敌对方的制空权。敌人的制空权两次造成真正的灾难：1942年的阿莱曼交战和1944年的阿登攻势。两场战役中，决定性的装甲力量动弹不得，地面部队陷入瘫痪，德国人最终输掉了交战。

　　隆美尔在非洲不得不接受多次挫败，以便赢得新的胜利。但他认为，德军在阿莱曼输掉的不仅仅是一场交战，很可能还输掉了整个非洲战局。11月8日，他收到美军登陆摩洛哥和阿尔及利亚的报告，这个消息进一步加强了他的观点。

　　8万名美军和2.5万名英军官兵从非洲另一侧而来，企图以庞大的钳形攻势困住隆美尔后撤中的军队，彻底歼灭非洲装甲集团军。法国人几乎没给盟军的登陆制造任何麻烦，盟军总司令艾森豪威尔将军把火炮、飞机、部队送上非洲北部海岸。从那里到突尼斯、的黎波里或图卜鲁格的路程很长，但这只不过是时间问题而已。谁能阻挡这些美国人呢？柏林和罗马没能在十八个月内充分加强的隆美尔装甲集团军，他无法击败一支英国军队，现在又如何能击败两支敌军呢？

1942年11月8日/9日夜间，隆美尔坐在第164轻装师师长隆格斯豪森将军的指挥车里。旁边的通信车传来希特勒在比格布劳凯勒啤酒馆发表的演讲，元首谈到胜利。但在卡普佐，第90轻装师、第164轻装师、非洲军官兵疲惫地躺在沙地上。第220工兵营第2连到达后，厄勒中士向连长报告："全连28名士兵向您报到！"六个月前，他们从克里特岛运抵，那时候，这个连队齐装满员，装备精良。

慕尼黑比格布劳凯勒啤酒馆的元首不想知道这些，可隆美尔无法忽视。当晚，他满怀辛酸地对隆格斯豪森阐述了自己的担忧："这场战局输掉了，非洲肯定要丢失。要是罗马和拉斯滕堡看不清这一点，不采取措施挽救我的将士，那么，德国最英勇的这支军队就会步入战俘营。届时，谁来守卫意大利，抗击盟国必然发动的入侵呢？"

这是隆美尔最焦虑的问题。一个大胆的方案越来越坚定地在他脑海中形成：他打算在非洲来一场敦刻尔克。他想调集一切适航船只，再敦促意大利海军投入掩护力量，从而救出他的部下。隆美尔与韦斯特法尔、拜尔莱因讨论了这个问题，还明确告知他的副官贝恩特，贝恩特是元首的狂热支持者。他给他们算了笔账："我们丢弃那些物资算什么呢？大部分是缴获英军的战利品，其他的都是些垃圾。但15万将士，其中7万人是战斗经验丰富的德军官兵，有了这股力量，我们仍能赢得西西里岛或法国南部的交战，从而避免全面失败。"

隆美尔在几名部下面前勇敢地承认，英军1940年撤离敦刻尔克，不仅是个辉煌的组织壮举，还是个勇敢而且具有远见的决定，尽管戈培尔把对方丢弃武器装备的撤退称为"可耻"。英国为日后的战事组建新军队，要是没有撤离敦刻尔克的这些军官和士官，新军队的战斗力会如何？

但国防军最高统帅部一直没有勇气及时撤出北非的军队，这种后撤本来能让他们建立新的战略重心。所以说，德国缺乏某些对赢得胜利至关重要的东西。听上去这是个悖论，可事实就是这样。随之而来的盘点无疑是痛苦的。

11月6日和7日，第21装甲师在富凯地区的交战中，遭到蜂拥而来的英军装甲部队重创，该师在阿莱曼交战期间幸免于难的30辆坦克，最后只剩4辆。

阿莱曼交战前新组建的第2非洲炮兵团，杜瓦尔·德纳瓦拉上尉率领第2营担任后卫，在卡普佐小径英勇地牺牲了自己，全营只剩100人。

第606高射炮营久经考验的第3连，在富凯前方的防御作战中被敌人打垮，营主力覆灭，只有达尼中尉率领的运输队逃离了被俘的厄运。

一些不知疲倦的作战部队，例如集团军直属部队，这些士兵口渴难耐，缺乏睡眠，一个个筋疲力尽。尽管如此，他们还是不断杀开血路，冲出敌人的装甲包围圈。

11月这些日子，施波内克将军率领疲惫不堪的第90轻装师，以顽强的防御作战抗击前进中的英军装甲部队，掩护德意联军后撤。

多亏这位师长高度警惕，第90轻装师才在哈勒法亚山口逃脱覆灭的厄运。一个意大利营在山口放下武器，致使一整个英军装甲旅穿过山口向西攻击前进。施波内克伯爵亲自侦察战场情况，及时发现了敌坦克编队，随即通知正在休息的第90轻装师，没等英国人到达，他们就以巧妙的战术迅速撤离。

双方当初激烈争夺、易手三次的哈勒法亚山口，现在彻底落入英军手中。

第90轻装师再次穿过1941年、1942年间著名的战场贾扎拉防线，一路向西退却，退过班加西，撤出昔兰尼加。

到11月13日，隆美尔这股败军的先头部队已退却了1000公里。德军先遣部队到达卜雷加港，因此，隆美尔又回到昔日的出发点，当初他从这里两次发起攻往尼罗河的胜利进军。欧盖莱和卜雷加港会再次成为扭转乾坤的转折点吗？可这次的情况完全不同。两个日期和两个地点构成了非洲战场11月的特点：11月24日在大理石拱门，11月28日在拉斯滕堡。

11月24日，隆美尔、凯塞林和意大利元帅巴斯蒂科、卡瓦莱罗在大理石拱门召开会议，这座拱门是昔兰尼加与的黎波里塔尼亚之间的沙漠门户，堪称建筑学上的大胆之作，也是所有士兵的路标。纪念碑的阴影下，德国元帅与意大利元帅的意见发生了冲突。

墨索里尼的命令是："务必坚守卜雷加港，应当做好准备，尽早对英国第8集团军发动新的进攻。"但隆美尔不为所动，他对意大利人解释了当前态势，还要求尽快撤离的黎波里塔尼亚。凯塞林徒劳地居中调停。隆美尔觉得在非洲赢得胜利全然无望，他只看到这样一个事实：他费了九牛二虎之力，才把军队撤入卜雷加港阵地。这几周一直率领非洲军的拜尔莱因上校，多次发现自己面临最艰难的决定：是该继续坚守，还是迅速摆脱英军的铁钳？蒙哥马利在回忆录里，对隆美尔的军队多次在关键时刻逃离恶名昭著的"瓶颈"深表钦佩。拜尔莱因有时候根据自己对态势的理解展开行动，没有完全遵照命令行事，隆美尔对这位老部下毫不留情，甚至威胁要把他送交军事法庭，由此可见，做出相关决定是多么艰难。

隆美尔眼中只有一个合理的目标：尽快退到的黎波里或突尼斯，从而把他的军队撤回欧洲大陆。

11月27日，隆美尔的飞行中队接到命令："让座机和护航飞机做好11月28日晚从大理石拱门起飞的准备。"无线电报务员里夏德·哈内的飞行日志表明，英军轰炸机投下最后几颗轻型炸弹后，飞行员吉森把隆美尔的座机降落在大理石拱门广场。15分钟后，隆美尔赶到。飞机凌晨2点50分起飞，目的地：希特勒的"狼穴"大本营。隆美尔打算在不预先通报的情况下拜望元首，说服他批准自己撤离北非。决心直飞拉斯滕堡前，隆美尔与韦斯特法尔详细讨论过相关问题，想出各种最有力的论据，以便说服希特勒或反驳他的反对意见。隆美尔设想的是，至少要顺利撤离装甲集团军75%的兵力，从而在欧洲大陆继续战斗。

飞机在塔兰托附近的格罗塔列临时停留前，隆美尔简短地说道："吉森，我现在不想见任何人。"哈内上士放下舷窗的窗帘。清晨6点50分，飞机降落在格罗塔列机场，加油时，隆美尔坐在座位上，双眼紧闭，是在睡觉，还是在思考面见元首时的措辞？隆美尔的副官贝恩特上尉翻阅着几份旧《绿洲报》，这是非洲装甲集团军自办的报纸。

早上8点15分，他们降落在维也纳新城，隆美尔赶去看望妻子，中午12点40分，他又回到飞机上。下午3点15分，他的座机降落在元首大本营附近的机场。隆美尔乘汽车穿过元首大本营所在的东普鲁士橡树林。营地2号门的哨兵敬礼后抬起路障，汽车驶上营区主路，随后拐入左侧一条支路，停在凯特尔元帅的营房前。随后的会谈持续了近一个小时，隆美尔汇报了北非的军事态势，还提出撤离非洲战场的建议。凯特尔、约德尔、希特勒的副官长施蒙特少将平静、饶有兴趣地聆听着，他们似乎同意隆美尔的观点。因此，希特勒下午6点召集他们参加会议时，隆美尔满怀乐观地走进元首居住的营地。

希特勒没有单独接见隆美尔，帝国元帅戈林也在场。希特勒打开话题："非洲的情况怎么样？"隆美尔解释了英军突破阿莱曼防线的原因："他们有大批物资，更强大的炮兵，更多坦克，还有空中优势。"

隆美尔继续解释了英军达成突破后，非洲装甲集团军丧失机动作战能力的原因，他提出的第一个论据是："我们耗尽了油料。"仿佛得到某种暗示，戈林马上插口道："可是，您的成百上千部车辆正沿滨海公路疯狂溃逃，士兵像猴子那样坐在车上，看来，逃跑的汽油倒是有。"希特勒看着隆美尔，什么也没说。

隆美尔又说道："我们的弹药也耗尽了。"

戈林驳斥道："不管怎么说，您把上万发炮弹丢在图卜鲁格和班加西了。"

隆美尔的脸上腾起怒容，他该问问这个胖子如何转移这些炮弹吗？他怎样才能把炮弹运到炮兵阵地呢？希特勒还是一言不发。是他安排了与戈林互换角色的闹剧吗？隆美尔又强调指出："我们现在也没有足够的武器了。"

"那些武器跑到哪里去了？"戈林问道。他稍稍停顿，随即提高嗓门吼道："是你们在溃逃途中把武器丢掉了！"就像安排好的那样，希特勒终于开口了："丢弃武器的人必须受到惩处！"隆美尔从椅子里跳起身，脸涨得通红："我的元首……"没等他说下去，希特勒就狠狠敲着桌子重复道："任何丢弃武器，再也没有步枪自保的人，必须加以严惩！"

斯大林格勒的幽灵在屋内萦绕。10天前的11月19日，斯大林格勒的德国军队陷入重围，希特勒发誓要守住那座城市，他的执念已超出一切常理。可现在，隆美尔又要他批准撤离非洲。

"绝不！"希特勒吼道，转身问凯特尔，"我们在那不勒斯还有些什么武器？"

"6000支步枪正准备启运，我的元首。"

"立即把这些武器全部运去。"

隆美尔肯定不会满足于6000支步枪。"我的元首，6000支步枪能派上什么用场？"尽管希特勒怒气冲冲，可隆美尔还是阐述了自己的观点，盟军登陆摩洛哥和阿尔及利亚后，德国军队已无法长期坚守北非。隆美尔恳求他的统帅："不要计较物资损失，让我把装甲集团军撤回意大利，保卫欧洲大陆，抵御艾森豪威尔必然发动的入侵，我的元首！"

但希特勒对这位陆军元帅厉声说道："隆美尔，我不想再从您嘴里听到这种废话。北非必须像斯大林格勒那样坚守到底。我们必须在意大利门前粉碎艾森豪威尔的入侵军队，而不是在西西里那座客厅里。"这句话听上去很漂亮，也很英勇，甚至是正确的，可前提是把足够的坦克、飞机、士兵运抵非洲。他在过去二十个月没能派遣足够的军力击败一支敌军，又如何能在接下来的几个月里调集重兵击败两支敌军呢？尽管许多人一再提醒，但拉斯滕堡两年来一直把北非战事视为殖民地战争，从来没觉得这场战争关乎欧洲的安危。

隆美尔还想再说点什么，可希特勒又一次打断了他："务必守住北非，不得撤离，这是命令，陆军元帅先生！"

这是命令，陆军元帅先生！

没错，阿道夫·希特勒知道这句话的魔力，他很清楚如何对付他这些元帅。

"这是命令！"

隆美尔接受了普鲁士-德意志传统的古老原则，这句话瓦解了他的反对意见。他怀着悲伤的心情，被迫接受了命令。

从这一刻起，隆美尔对希特勒的信念破灭了，为将的运气也随之消失。疲惫而又绝望的隆美尔，和戈林一同乘坐帝国元帅的专列赶赴罗马。戈林想把与墨索里尼、凯塞林、意大利军方的会谈掌握在自己手里，据他说，这是为了"确保进一步保卫非洲"。

隆美尔参加了多次毫无结果的会谈，听到许多口惠而实不至的承诺后，终于乘专机返回军队，非洲装甲集团军目前驻扎在卜雷加港。二十个月前，德国非洲军就是在欧盖莱前方这座里程碑，开始了他们在非洲的征战。德军第一场胜利始于这里，1941年11月的失败迫使他们后撤，最后停在此处。1942年1月，训练有素的几个德国师再次从这里出发，一路攻往亚历山大的门户。现在，他们又被逐回昔兰尼加边界这个命运攸关的角落，欧盖莱前方著名的里程碑，会成为他们发起第三次新攻势，胜利进军埃及的出发地吗？隆美尔麾下的将士希望如此。可是，利比亚沙漠东半部的海特战斗群抗击蒙哥马利第8集团军装甲先遣力量，坚守卜雷加阵地之际，第二场北非战争在他们身后的突尼斯肆虐开来。

11月8日凌晨，德怀特·D.艾森豪威尔将军（大多数人第一次听到他的名字）强大的舰队出现在卡萨布兰卡、奥兰、阿尔及尔外海，一个个突击营随后登陆。他投入的那些师，部分从英国出发，也有一部分从美国本土而来。罗斯福和丘吉尔给这场大胆的行动起的代号是"火炬"。我写的是"大胆"，其实，称之为"冒险"更恰当，因为摩洛哥、阿尔及利亚、突尼斯毕竟属于法国，而法国与德国签署了停战协定，不再把自己视为交战国。法国国家元首贝当元帅和总理赖伐尔接受了法德合作。他们通过这种合作得到的好处是，希特勒保证，作为法国经济来源和政治帝国的法属北非殖民地不受任何影响。完好无损的法国师驻扎在这些殖民地。

英美特工人员为登陆行动做好了充分准备。阿尔及尔的法军指挥官朱安将军，当初作为贝当的可靠支持者从德国战俘营获释，现在又决心投身盟军的事业。朱安将军打算违抗国家元首和军队总司令的命令，投靠艾森豪威尔的军队。但是，各种巧妙的方案经常被一些小事破坏，这次也不例外，一个巧合打乱了朱安的计划。盟军登陆当天，忠于贝当的维希法国三军总司令达尔朗海军上将刚好在阿尔及尔。他来看望患了小儿麻痹症的儿子，这起个人不幸成为一出险恶发展的政治戏剧的起点。

达尔朗的出现纯属巧合，但这意味着发号施令者是他，而不是朱安将军。伦敦和华盛顿的行动参与者惊呆了。

亲德的达尔朗讨厌英国人和美国人，伦敦和华盛顿最担心的事情发生了：他下令抵抗盟军的进攻。朱安将军企图拉拢军官团，但徒劳无获，只有少数人追随他。大多数法国军队朝艾森豪威尔的部下开枪射击。盟军原以为此次登陆会受到法国人的热情迎接，几个美军团甚至带上了军乐队，可实际情况是，两艘英国驱逐舰在阿尔及尔被击沉；美国第1装甲师突击营在奥兰被法国海军陆战队消灭，两艘驱逐舰带着舰上人员和老鼠沉入海底。经过24小时激战，盟军才打垮法国人的抵抗。

艾森豪威尔在卡萨布兰卡遇到的情况更糟糕。英国特工已争取到法军指挥官贝图阿尔将军，可这里的事情并不顺利，因为法国驻摩洛哥总督诺盖将军忠于贝当，他逮捕了贝图阿尔，命令驻军实施抵抗。美国海军不得不击沉7艘法国军舰，突击部队这才冲上海滩。在此过程中，1000名法军官兵丧生。但诺盖将军继续抵抗。伦敦的悲观主义者觉得灾难即将到来，他们担心法军在卡萨布兰卡、奥兰、阿尔及尔的阵亡人数，会成为法德军事联盟的基础。事态发展到顶点，一场精心策划的外交博弈结束了眼下的危机。打乱罗斯福和丘吉尔进攻时间表的危险人物达尔朗，突然间不再负隅顽抗，甚至"改弦更张"了。

丘吉尔深知这位反英的法国海军上将是多么危险。盟军发动进攻前不久，他在私下场合对艾森豪威尔说道："虽然我很讨厌达尔朗，可他要是能把法国舰队带到盟军这边来，我很乐意爬上一英里去迎接他。"丘吉尔用不着爬行，因为这件事以不同的方式解决了。

11月8日下午和半个晚上，达尔朗海军上将一直忙着参加各种会议，听取一场场简报。随后，他到儿子的床前坐了会儿。待他疲惫地倒在沙发上，电话铃声又把他叫起。一名官员请他立即去见朱安将军，商讨非常重要、关乎国家安危的事宜。

疲惫的达尔朗没起疑心，立即驱车去找朱安将军，结果落入陷阱。时任美国驻北非首席外交代表的墨菲（今天成为深具影响力的美国外交官）出了个点子，把达尔朗骗到朱安将军的寓所后抓起来。这个计划成功了。

当晚发生的事情没有官方记录，但温斯顿·丘吉尔在回忆录里写道，达尔朗发现自己上当受骗后，气得满脸通红，他朝墨菲吼道："我早就知道英国佬很蠢，以为美国人更聪明些，可我现在才知道，你们和他们一样蠢！"

奇怪的是，达尔朗海军上将当晚签署了命令，要求法国军队停止抵抗。当然，希特勒很快获悉了这道命令，但他不知道这起事件的幕后背景，因而得出结论：达尔朗是个蓄谋已久的叛徒。希特勒这种看法可以理解，他甚至怀疑贝当元帅也参与其中，于是，愤怒的元首下令德军占领先前一直未加占领的维希法国地区。这是个愚蠢的鲁莽之举，因为这样一来，贝当元帅在世人眼中就不再是个独立国家的元首，统治着未被占领的地区，而成了在德国刺刀威胁下唯唯诺诺的老人。

不幸的是，希特勒还强迫贝当缺席审判"叛徒达尔朗"死刑，并撤销了他的一切职务。这些举措不可避免地把心烦意乱的达尔朗推向昔日的敌人一方。

艾森豪威尔同墨菲商量一番后，亲自去见那个"可恶的流氓"（这是丘吉尔几周前对达尔朗海军上将的称呼），并以自己的名誉做出保证，以此确保这位海军上将投靠盟军。

就这样，维希法国三军总司令成了艾森豪威尔的盟友，这是盎格鲁-撒克逊外交的杰出篇章。几天前还被英美媒体称为"叛徒、法西斯分子、首鼠两端的强盗"的那个人，现在对艾森豪威尔的价值甚至超过一支军队。

达尔朗海军上将充分扮演了他的悲剧性角色，从两个阵营看都是如此。12月24日，圣诞节前夜，他在一起神秘的暗杀事件中死于非命。48小时后，军事法庭审判，匆匆枪毙了凶手。但温斯顿·丘吉尔在回忆录里以惊人的冷静写道："谋杀达尔朗，虽说是犯罪行为，却缓解了盟国与他合作的尴尬，同时给他们留下了他在盟军登陆的关键时刻所能给予的一切便利。"

是啊，运气把不可能的事情变为现实：一支英美联军伫立在隆美尔身后。

与墨索里尼不同，希特勒没想到盟军会在北非登陆，因而对此毫无准备。11月8日上午，戈林仍认为盟军登陆舰队的目标是法国南部，他宣称："那就让他们来吧！"他们果然来了，但不是法国南部。柏林和拉斯滕堡连接罗马和凯塞林的电话线陡然间热了起来。

希特勒在电话里急切地问德军南线总司令："凯塞林，您能把哪些地面部队立即派往突尼斯？"

凯塞林回答道："少量伞兵，还有我的司令部直属连。"

希特勒恳切地说道："那就把您手头的部队立即派过去。"

28

奔向突尼斯的赛跑

　　11月11日，意大利那不勒斯和特拉帕尼周围的机场非常忙碌，这种情形已经有很长一段时间没看到了。40架Ju-52运输机依次起飞，机上载有宝贵的"货物"：凯塞林把科赫中校的第5伞兵团运往突尼斯城。他想建立登陆场，阻止这座22万居民的城市和重要的港口落入盟军手里。

　　乘坐老旧容克斯运输机前往非洲的是一群勇敢的小伙。这些伞兵，几乎没人超过20岁，就连身材结实的军士，最多也就21岁，而他们的军官个个身经百战。科赫这个团的前身是大名鼎鼎的迈因德尔伞兵突击团，曾在列日和克里特岛立下过赫赫战功。在波兰大博尔内改编后，该团重新部署到法国，在那里进行训练，准备夺取马耳他，但进攻马耳他岛的行动一直没有发动。

　　嗡嗡作响的容克斯运输机列队飞越地中海。科赫和团部人员坐在为首的运输机内，团军医魏策尔嘟囔着："雾真大。"团副官沃尔夫理解地点了点头。正同情报军官格劳巴尔茨上尉交谈的科赫听到这句话，探过身子说道："大夫，别这么悲观。对付美国佬还不是小菜一碟，他们除了切斯特菲尔德香烟和小脆饼还有什么？"就在这时，运输机上的报务员喊道："突尼斯城到了，准备降落！"

　　另外39架Ju-52也发出"准备降落"的命令，运输机像在滕佩尔霍夫机场那样依次着陆。惯于跳伞的伞兵这次用不着降落伞了，因为凯塞林和来自威廉大街的两名老练的外交官，特使鲁道夫·拉恩和总领事弗里德里希·默尔豪森，已经就达尔朗事件对他们的美国同行墨菲还以颜色。柏林外交部把拉恩派往北非担任"驻突尼斯政治代表"，他熟悉法国问题，此次充当政治救火队员的角色。拉恩成功地说服突尼斯总督埃斯特瓦海军上将采取中立立场。

按照驻突尼斯空军司令哈林豪森上校的命令，德国人已于11月9日占领突尼斯城附近的阿乌伊纳机场。哈林豪森乘坐的He-111，在2架Me-109战斗机的护送下，于11月9日中午降落在机场，没过多久，3架福克-沃尔夫"秃鹰"着陆。上午10点55分，几架容克斯运输机把第53战斗机联队的技术人员运抵机场，紧随其后的是第53战斗机联队第一个斯图卡大队和部分力量，另一些容克斯运输机送来油料、轻型高射炮、炮组人员。刚刚调离东线的第105特种轰炸机联队，也把久经考验的运输机部队送来。拉恩到达后，立即去见法国驻突尼斯总督。

法国士兵站在机场周围的战壕里，没有开枪。埃斯特瓦海军上将与拉恩进行了长时间会谈，午夜前后下达了不把德国军队视为敌人的命令。于是，法军师长巴雷把部队撤离机场。就这样，科赫的伞兵24小时后轻松降落在阿乌伊纳机场，随后列队穿过突尼斯城，开赴著名的"福煦元帅"兵营。那里已驻有德军一个团，以一个团的兵力守卫这座人口多达22万的城市肯定不够，可至少已经有一个团了。

肯尼斯·安德森将军率领的英国第1集团军从西面逼近。罗宾奈特将军指挥的美国第1装甲师，以B战斗指挥部朝突尼斯城攻击前进。艾森豪威尔将军认为，只要几天工夫就能夺取这座城市。

美国人始料未及的是，降雨软化了各条道路。到11月15日，国防军最高统帅部仍没有派军队加强突尼斯城的防务，可至少派来位将军。这位经验丰富、才能卓著的将领，伤势还没痊愈，上级本来派他负责卜雷加港阵地，最后决定把他送到突尼斯城，此人就是瓦尔特·内林将军。内林出任第90军军长，全权负责突尼斯的防务。所谓的第90军，辖内一个师也没有。除了科赫伞兵团，内林只有维齐希少校的伞兵工兵营，这个营匆匆奔赴比塞大。

内林掌握的防御力量，还有卡勒中尉率领的第190装甲侦察连，以及第20高射炮师调给第90军的一个88炮连。

内林没有医疗队，只有一名军医。

内林也没有车辆，只有突尼斯城内的几辆出租车。

第90军军部只有一位将军和一名副官。参谋长本该是能干的蓬托夫上校，可他作为第3装甲师作战参谋，此时仍在高加索山区，暴风雪导致他无法离开。OKW显然没能在整个欧洲为第90军找到另一位参谋长。尽管如此，这个空壳军还是取得了惊人的军事成就，堪称英勇、无畏、即兴发挥的杰出典范。

德军首次登陆比塞大，完全是虚张声势。第16行进营①本该从莱巴赫出发，取道雅典赶赴隆美尔的防线，但一道令下，这个营迅速开赴罗马，南线总司令部赋予他们"第1突尼斯野战营"番号。维尔纳·沃尔夫率领第1连，在阿伦特伞兵工兵排的加强下，11月11日降落在比塞大机场。令沃尔夫吃惊的是，机场上停着一架载有补给物资的Ju-52运输机。这架运输机带着阿伦特伞兵排的两名伞兵独自行动，可以说率先夺得比塞大机场。

战后，英美评论员经常批评盟军没有登陆比塞大。但艾森豪威尔的力量，能否像德国人那样兵不血刃，这一点无法肯定。突尼斯第三大城市前方具有战略重要性的港口，驻有德里厄海军上将的1.4万名法国海军陆战队员，而德里厄效忠于贝当元帅。要是盟军企图登陆的话，法军海岸炮台的300毫米口径火炮绝对不会保持沉默。因此，艾森豪威尔不打算从海上夺取比塞大，这个决定也许是对的。他准备从陆地上攻克这座城市，可错就错在，他的行动本该更快些。

英国第1集团军司令安德森将军，奉命以登陆阿尔及尔的部队夺取比塞大，但内林将军和他的伞兵破坏了这项方案。面对德国军队，德里厄海军上将遵照维希政府的命令，没有实施任何抵抗。维齐希少校的伞兵工兵营立即沿马特尔—埃比乌德公路占据防御阵地。他们大胆向西进击，前出到埃比乌德以东地域，挡住实力强大的英国第78步兵师先遣部队的去路。突然间遭遇"来自克里特岛的'绿魔鬼'"，英国人大吃一惊，维齐希以手头两辆意大利突击炮不停地开火，直到英军侦察车迅速撤离。

---

① 译注：所谓的行进营，是以补充兵、归队的伤病员组成的部队。

但安德森将军希望掌握更多情况，因而以强大的装甲力量向前推进。激战后，维齐希撤往更有利的防御阵地，他在杰夫纳隧道停下，击退了英军的冲击。1943年1月前，英国人在这里没能取得任何进展，杰夫纳隧道的战斗成为突尼斯的"小凡尔登"。接替伞兵的第1突尼斯野战营，在这番激战中赢得多枚铁十字勋章，姆劳塞克中士荣膺骑士铁十字勋章。

1942年11月17日拂晓，上等猎兵鲁道夫·博恩和自行车加强排的士兵，站在突尼斯城湿漉漉的机场上，冻得瑟瑟发抖。伞兵深入敌后执行作战任务时，带着他们的伞具和各种武器，但也携带自行车。当然，他们并不清楚这次执行的是什么任务，各种说法在队伍里传播开来。下级指挥官向肯帕少尉做了任务简报后，他们才知道，此次的任务是以突如其来的空降夺取加贝斯机场。

二等兵贝德问道："加贝斯在哪里？"鲁道夫·博恩从连体军装硕大的裤兜里掏出幅地图，手指不停地滑动，随后敲了敲某个点："加贝斯湾就在这里！"围在博恩身旁的伞兵朝地图看去。他们是军人，都很清楚加贝斯连接着突尼斯登陆场和隆美尔集团军，是个重要的战略要点。倘若英军或美军率先从奥兰或阿尔及尔—布日伊到达那里，就会切断整根突尼斯"舌头"。盟军随后可以利用法军在马雷斯防线构筑的阵地，阻挡住隆美尔装甲集团军，该集团军仍在1500公里外，正退往突尼斯。与此同时，盟军主力还可以席卷突尼斯，做好跃进西西里岛的准备。为防止这种情况发生，德军必须控制加贝斯。目前据守加贝斯的是巴雷将军指挥的法国军队，没人知道他站在哪一方。他的部队在各条道路拦住德军侦察队，甚至把德军官兵缴械后放回去。这位将军投靠了艾森豪威尔吗？

肯帕少尉率领50名精锐伞兵，会同南线总司令部第3警卫连，搭乘12架Ju-52，轰鸣着飞往加贝斯这座白色城市。运输机编队的第一组飞机转身飞往加贝斯广场，下方发出枪口的闪烁，曳光弹射了上来，怎么回事？是坦克机枪射出的火力。守卫机场的法军坦克、装甲车，朝德国飞机开火射击。几架运输机中弹。第3警卫连连长扎尔格中尉在第三架飞机上，用无线电发出不要降落的命令。这群运输机重新拉起，转身返回突尼斯城。可是，由于地面火力打击和中断降落，运输机编队被彻底打乱，只有6架Ju-52迅速集结，机上除了肯帕的伞兵，还有格伦德上尉，他本来是要担任加贝斯机场指挥官的。第七架Ju-52携带着氧气瓶飞往的黎波里，现在也跟在后面。飞行中队长在斯法克斯—加贝斯公路以西40公里发现一片适合降落的地带。肯帕少尉用电台通知其他飞机后降了下去。一切都很顺利，只有一架Ju–52降落时损坏了起落架。

这群伞兵骂道："愚蠢的法国佬！"现在怎么办？骑着自行车去攻击加贝斯的坦克部队吗？肯帕少尉做了这种情况下必须要做的事，他派出侦察队，赶去探明加贝斯的状况，因为他受领的任务是："以突袭夺取加贝斯机场，次日晨以白—绿—白色信号弹指引空降部队着陆。"

伞兵侦察队出发了。可是，他们在加贝斯城外遭遇法军侦察车，这些伞兵拼命奔逃，多亏一支骆驼商队掩护，他们才逃脱被俘的厄运。没了自行车，他们情绪低落地坐在沙坑里。上等猎兵博恩就这样度过了愁容惨淡的21岁生日。

11月18日上午10点左右，搭载空降部队赶往加贝斯机场的Ju–52运输机从他们上方飞过，这些伞兵拼命挥手，可空中的战友误以为下面的人只是在打招呼，于是晃动机翼回应。二等兵施奈德嘟囔着："天哪，他们在那座该死的机场上空会倒霉的！"可实际情况如何呢？

加贝斯就在一片棕榈树林后方，突然，白—绿—白色信号弹腾空而起，运输机开始降落。"天哪！"

六名伞兵朝下一座阿拉伯人的村庄跑去，他们征用了两辆驴车，就这样赶往加贝斯。他们在那里发现，机场上一片欢腾。二等兵贝德成了英雄。

究竟怎么回事？意外事件又一次主导了战斗。第一支自行车侦察队没有返回，按照军事惯例，肯帕少尉又派出二等兵贝德率领的第二支巡逻队。七名伞兵也遇到法军侦察队，但他们没能像博恩一行那样逃脱，结果被俘，法国人把他们押往加贝斯。

法军指挥官问他们："你们跑到这里来干吗？"二等兵贝德表现得非常果断，他说他们奉命接管机场，法军部队不交出机场的话，明天早上就会遭到斯图卡攻击。法军指挥官发怒了："那我们拭目以待，要是明天早晨没有飞机飞来的话，我就枪毙你们！"他把七名伞兵关入波纹铁皮制成的营房，还派了岗哨。贝德和他的战友度过一个焦虑不安的夜晚。

第二天上午，法国人把七名伞兵带出牢房，显然打算再次审问他们。就在这时，轰鸣的Ju-52运输机在战斗机的掩护下飞抵。法军少校迅速集结部队，带着他们逃离，丢下了贝德和他的六名战友。于是，这位二等兵朝运输机射出三色信号弹："没有敌人！"连接隆美尔集团军的这处关键要地落入德军手中。

德国人的兴奋之情没能持续太久。三天后，第一支美军装甲部队出现在加贝斯前方。艾森豪威尔手下的将领也意识到这座城市的战略重要性，可太晚了。德国伞兵以机枪和轻型火炮的猛烈火力迎接美国人，制造出这里部署了一个团的假象。美军先遣部队停止前进，这就让意大利"苏佩加"师两个营及时开抵，换下科赫的伞兵后坚守加贝斯。

当时在突尼斯服役的德军官兵，无人不知巴伦廷的大名。他的伞兵团是德军11月头几周临时性防御的第三根支柱。巴伦廷团以该团团长兼第90军工兵指挥官瓦尔特·巴伦廷上校的名字命名，为执行突尼斯的作战任务，德国伞兵军以各支部队拼凑起这个摩托化团，还给他们配备了50毫米反坦克炮和高射机枪。11月20日，团部、摩托车步兵排、工兵排、情报排、医护营运抵比塞大。团部和第3营立即赶赴马特尔地区，此处可以说是比塞大海上要塞的后门。巴伦廷上校以"马特尔战斗群"指挥官的身份接掌此处的指挥权。马特尔镇很快成为突尼斯战事的重要支点，就像泰布尔拜和东南面的突尼斯港。

马特尔的情况并不乐观。镇内驻有两个意大利步兵营和一个意大利突击炮营，可这些部队派不上太大用场。巴伦廷立即在镇子前方的高地构置防御。维齐希营负责掩护右翼，摩托车步兵和工兵掩护左翼，并与科赫伞兵团建立联系。这样一来，他们就在比塞大和突尼斯城前方的杰夫纳—马特尔—泰布尔拜—迈西考特设立起防线，尽管这道防线很薄弱。激战爆发时，德军官兵刚刚在阵地上安顿下来。

11月26日，英军第36旅发起冲击，意大利人被打垮后举手投降，但巴伦廷部署的反坦克炮表现出色，英国人遭受打击后变得谨慎起来。

他们什么时候发动大规模进攻？仅凭一个营根本无法挡住对方一整个旅的冲击。要是英军投入进攻，比塞大肯定会丢失。他们会在巴伦廷团余部开抵前展开进攻吗？英国人没有这样做。巴伦廷上校对我讲述了激动人心的故事："11月28日，我们惊讶地看到英军仍在挖掘工事，似乎是想强化他们的阵地。马特尔的首长随后来到我的指挥所，他自豪地宣布，英军不会发动进攻。为什么呢？因为他派了个族长到英国人那里，告诉他们，马特尔周围部署了一个特别能打的加强伞兵团，是从克里特岛调来的，带着各种重武器。英国人相信了。"

当然，聪明的巴伦廷不会对阿拉伯人透露的这些情报一无所知。遵照总司令的命令，巴伦廷与阿拉伯人建立起特别友好的关系。结果，他的每个连队很快有了10—12名阿拉伯志愿者，这些志愿者担任士兵、传令兵、勤杂工，在敌军战线后方进行特别行动，还同阿拉伯政要建立了联系。如我们所见，巴伦廷的亲善政策获得了回报。顺便说一句，这种政策在突尼斯战线任何一处都得到了回报：整个战役期间，阿拉伯人没制造过一起破坏事件，这是个最值得注意的事实。

安德森将军11月29日对巴伦廷的阵地恢复进攻，此时，巴伦廷团第1、第2营已开抵。整个"绿魔鬼"团集结在此地，击退了英军第36旅的冲击。

和马特尔一样，巴伦廷左侧的迈贾兹巴卜地区，情况看上去也不太妙。科赫的伞兵已越过泰布尔拜赶往迈贾兹巴卜，但巴雷将军的法国部队挡住去路，他们朝德军巡逻队开火，还俘虏德军官兵。凯塞林下令同法国人交涉，迅速打开通往西面的道路。

这番交涉徒劳无获，于是，凯塞林派遣斯图卡战机打击法国师先遣部队。但白白耽误了时间，英国禁卫旅和美国第1装甲师部分部队，11月20日到达迈贾兹巴卜并发起冲击。罗宾奈特将军麾下一个旅打得非常英勇，科赫的伞兵顽强抵抗，迈贾兹巴卜火车站易手两次，但德军伞兵团不得不逐步后撤。这是个苦涩的结果，因为迈杰尔达河北面，通往泰布尔拜的重要道路对敌人敞开了。俗话说得好，祸不单行，这里也不例外，导致情况更趋恶化的是，美军一个大胆的装甲战斗群，突然以60辆坦克和侦察车越过泰布尔拜北面的舒伊朱伊山口，渡过提奈河，打击实力虚弱的奥博尔特装甲侦察连。美军打垮了这个连，第2装甲营的格兰特坦克迅速穿过泰布尔拜。他们包围了巴伦廷战斗群一个连，迅速攻往杰代达。德军部署在杰代达机场前方的轻型高射炮部队，突然看见强大的美军装甲部队出现，他们四散奔逃。此时的机场跑道潮湿不堪，14架战斗机和24架运输机无法起飞，结果被一发发坦克炮弹炸碎。美国人随后攻往突尼斯城，显然打算一举夺取这座城市及其港口。

美军坦克兵现在看见了突尼斯城内的尖塔，平原上的这座城市离他们只有12

公里。要是他们攻入城内，内林将军那辆挂车就只好赶紧离开。

面对这种情况，内林将军冷静的头脑发挥了作用。他把第20高射炮师的2门88炮部署在通往城内的道路上，寄希望于这些火炮。2门88炮朝美军侦察坦克开火，击毁了最前方的敌坦克，还在敌坦克纵队前方投下强大的弹幕。对缺乏战斗经验的美国小伙来说，这种火力太猛烈了，全营停止前进，随后撤回杰代达。突尼斯城保住了，但危急的态势没有缓解。

88炮也消除了泰布尔拜前方的险情，第8/52摩托化高射炮连的威廉·福格特中士，让泰布尔拜前方的橄榄树林载入战争史。他和连长韦尔特上尉钻入橄榄种植园，准备给他的火炮找个新阵地，此时，美军重型装甲部队利用泰布尔拜的种植园为掩护朝这里驶来，就在350米外。韦尔特说道："看来这是正确的位置。"说罢，他跑回原先的炮位，设法把福格特那门火炮拖过来。与此同时，福格特用树枝和树叶在两棵橄榄树之间布设伪装，以免敌人发现这个炮位。这时，重型拖车已经把他那门88炮拖来。

没等88炮就位，两辆美军坦克已驶入橄榄树林间的空地，炮塔上的75毫米主炮、37毫米辅炮、5挺机枪毫无戒备地指向另一侧。要是美国人知道他们身后正在酝酿的事情，可能就不会这么大意了。待他们发现情况不对时，已经来不及了。88炮射出第一发炮弹，也是福格特在非洲战场打响的第一炮，射穿了为首的美军坦克。火焰腾起，这辆坦克旋即爆炸。第二辆坦克赶紧加大油门，引擎轰鸣声响起。88炮再次发出猛烈的怒吼，响彻整个橄榄树林，敌坦克炮塔腾起火焰。两名坦克兵逃离战车，丢掉燃烧的外套，跌跌撞撞地躲到一座小土丘后面。

橄榄树林的两声炮响，拉开了一场坦克战的序幕，为争夺泰布尔拜，德军炮兵连与美军重型装甲部队展开对决。该炮兵连击毁20辆敌坦克。哈巴希中尉的火炮干掉其中12辆，福格特也取得4个战果。但这仅仅是此次交战的一个小插曲，内林将军通过这一仗，粉碎了艾森豪威尔消灭突尼斯登陆场，切断隆美尔后撤路线和补给基地的首次大规模尝试。

内林刚刚消除险情，另外两个新的危机似乎正在形成：

11月28日，阿拉伯人报告，大约2000名盟军士兵登陆塞拉特角。他们显然打算包围维齐希战斗群，从而粉碎比塞大的防御。

第二个惊人的消息也是阿拉伯人提供的，1000名美国伞兵降落在宰格万北面。这就是说，艾森豪威尔企图以他的精锐部队，在最靠近突尼斯城的地方，一举突破德军防线最薄弱的地段。

内林迅速集结行进营，赶去对付塞拉特角的登陆部队。这个防御举措奏效了，登陆的盟军士兵，不是遭到拦截，就是被逐回登陆艇。顺便说一句，登陆力量没有2000人，只有500人。

为对付降落在宰格万地区的美国伞兵，内林动用了第190装甲侦察连，这个连队堪称突尼斯登陆场久经考验的救火队。幸运的是，事实证明阿拉伯人报告的情况同样夸大其词。只有500名伞兵降落在法赫斯桥北面的德皮安奈机场，他们携带着重武器和装备，因而机动性欠佳。第190装甲侦察连和意大利"苏佩加"师辖内部队包围了这群美国伞兵，俘虏了其中大多数，100来人逃脱，但我们很快会再次看见这些伞兵。

一连几周，内林就这样以他薄弱的力量进行着一场场近战。11月29日，菲舍尔少将终于率领第10装甲师主力开抵比塞大和突尼斯城。同时运抵的还有3辆新型虎式坦克，这款重达56—60吨的钢铁巨兽配有传奇性的88毫米主炮，是战车中的杰作，在任何一条战线都难以匹敌。不过，虎式坦克的百公里油耗高达900升，而冬季的突尼斯遍布泛滥的河流、泥泞的道路、高耸的山口，地形并不适合虎式坦克。

虎式坦克的设计初衷实际上是用于东线，对付斯大林著名的T–34坦克。但在突尼斯战场投入作战后，这款坦克的某些先天问题暴露出来。例如，行驶300公里后发动机损坏，无线电装置出问题，传动装置偶尔发生故障，等等。

尽管如此，虎式坦克还是在泰布尔拜的战斗中发挥了决定性作用。车组人员对这款威力强大、外形优雅的坦克充满信心，他们来自下萨克森州法林波斯特尔，吕德尔少校在那里组建了第一个虎式坦克营，也就是第501重装甲营。吕德尔亲自率领他的虎式坦克赶赴突尼斯。第1连连长是杰出的坦克指挥官冯·诺尔德上尉。就像昔日的战将投入战斗前披挂上银色铠甲那样，冯·诺尔德男爵每次出战前都换上运动鞋，完全不理会军队的规定。

和诺尔德一样，伞兵指挥官巴伦廷、科赫、维齐希，装甲侦察连连长卡勒和他的继任者海涅，都是杰出的战士，是突尼斯德军部队的骨干。

与此同时，德国第10装甲师部分力量已集结在比塞大—突尼斯城地区，完全可以朝任何一个方向开动。

12月1日，内林下达命令，进攻泰布尔拜的英美军队。

比塞大西面的北部地区，由冯·布罗伊希上校指挥，第10装甲师师长菲舍尔少将负责中央地段，意大利军队守卫突尼斯城南面的防线。所有人员和装备悉数投入战斗：第7装甲团、第86装甲掷弹兵团、第10摩托车步兵营、第90坦克歼击营、第90通信营、虎式装甲连、几个88炮连和行进营。22万居民的突尼斯城内，只留下30名警卫，2门88炮守卫着城市入口。

内林的目标是包围前出到泰布尔拜地区的敌军。巴伦廷伞兵部队，仍有一个连和团属工兵排镇守在泰布尔拜镇内。英军禁卫旅和美军B战斗指挥部拔掉这根利刺的企图失败了。自11月25日起，德军伞兵顽强防御，在敌人后方构成支撑点。科赫中校的伞兵团从西南面发起进攻，意图封闭泰布尔拜周围的包围圈，他现在也投入阿伦特上士率领的团属工兵排。阿伦特工兵排穿过英军后卫部队，与巴伦廷部署在泰布尔拜镇内的工兵取得联系。这些伞兵、工兵共同封闭了泰布尔拜与迈贾兹巴卜之间重要的连接道路，就此完成泰布尔拜合围战第一阶段的行动。

阿伦特上士和他的部队待在一起。他在巴桑以西4公里，迈杰尔达河上的公路桥两侧，各部署了2挺机枪。由于手头没有炸药，他无法炸毁迈杰尔达河上这座唯一的桥梁，只好埋设了地雷。很快，第一辆英国卡车出现了。伴随着剧烈的爆炸，这辆卡车翻倒在桥上，形成了天然障碍。后方的英军士兵跳下车，试图清理路障，结果遭到机枪火力的打击。泰布尔拜交战期间，阿伦特在这处至关重要的阵地坚守了三天两夜，阻挡住英军旅大部、美国第1装甲师部分部队的前进和后撤。与此同时，菲舍尔第10装甲师辖内部队收拢铁钳。一场大胆的打击似乎即将取得成功，可正如战争史上经常发生的那样，"意外将军"介入了。

11月28日逃离法赫斯桥的美国伞兵奔向西北面。科赫伞兵团部分部队赶往西南面，封闭泰布尔拜敌军部队身后的包围圈之际，那些美国伞兵进入迈贾兹巴卜交战地域。科赫伞兵营不知道对面来的是什么部队，对方突然出现在前方道路上，占据阵地后开火射击。而美国伞兵也不清楚自己卷入了怎样的交战，可他们觉得形势危急，因而殊死奋战。结果，这场突如其来的激战，打乱了德军依次进行的合围时间表，致使泰布尔拜的部分英美部队逃出包围圈，撤往西迪恩西尔和迈贾兹巴卜地区。这一切完全归功于走散的美国伞兵。

泰布尔拜交战持续了四天，德国人大获全胜。这是双方在突尼斯较量的第一个回合。尽管兵力和武器装备处于劣势，可德国人还是凭借丰富的作战经验，战胜了新开抵非洲的英美联军。英军第11旅和美军B战斗指挥部损失了所有技术装备，美国第1装甲师第18步兵团伤亡惨重，一个英国营覆灭。德国人押着1100名俘

▼ 奔向突尼斯城的英美装甲部队被击败，登陆塞拉特角的部队被肃清。

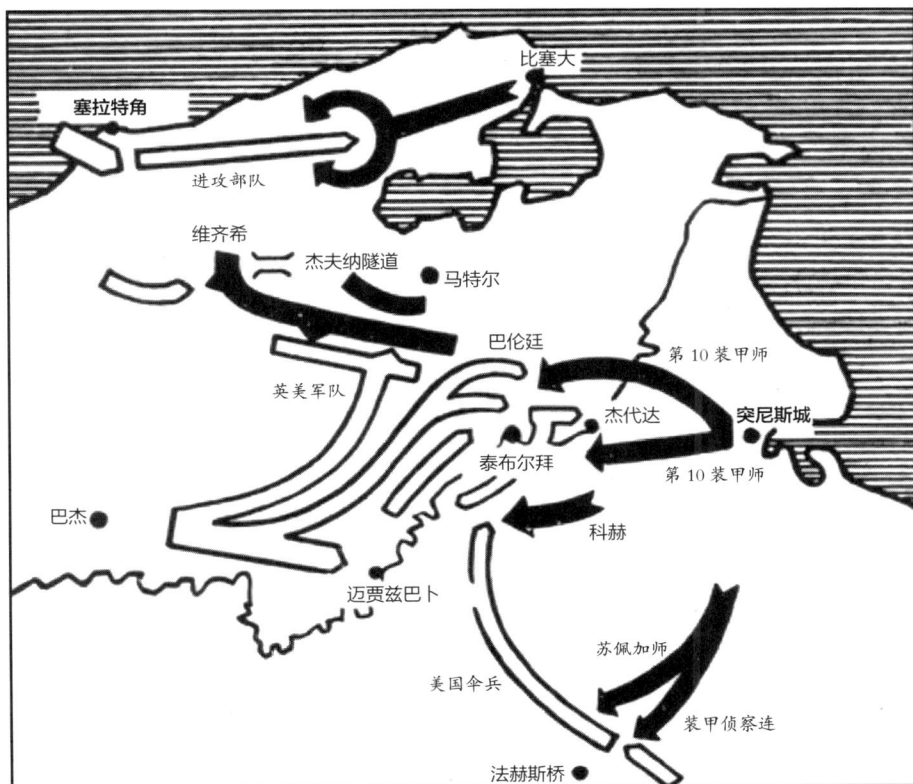

塞拉特角
比塞大
进攻部队
维齐希
杰夫纳隧道
马特尔
巴伦廷
第10装甲师
英美军队
杰代达
突尼斯城
泰布尔拜
第10装甲师
巴杰
科赫
迈贾兹巴卜
苏佩加师
美国伞兵
装甲侦察连
法赫斯桥

虏返回突尼斯城，除了战场上134辆烧毁的敌坦克，他们缴获40门火炮，还在交战地域击落47架敌机。对艾森豪威尔的大军来说，这是场严重的挫败。

德军也蒙受了损失，阵亡者之一是深受爱戴的虎式装甲连连长冯·诺尔德上尉。他在杰代达西北面争夺激烈的橄榄树林跳下桶式车，给虎式坦克里的戴希曼上尉下达命令时阵亡，一发炮弹炸飞了他的双腿。戴希曼上尉击毁了炸死诺尔德的两辆美军坦克，可他从虎式坦克炮塔探出身子确定方向时，被躲在树林里的一名英国步兵开枪击毙。

阿伦特上士也在战斗中阵亡。根据元首大本营发来的电报，他已获得骑士铁十字勋章，可这枚勋章甚至没能放入他的棺材。阿伦特担任后卫，与被击溃的敌军战斗时，头部中弹身亡。工兵把他放在草堆里，激战中，干草堆起火燃烧，阿伦特的尸体被焚毁。

和他们一样，许多德军官兵英勇地阵亡了，但这场胜利似乎值得付出这样的牺牲。

泰布尔拜交战远不及阿莱曼或斯大林格勒战役那么惨烈，可这场胜利挽救了突尼斯的德军登陆场。内林将军以大胆的临时性举措组织的这场交战圆满结束。美国陆军参谋部1944年11月出版的关于北非战争的著作明确指出："德国人赢得了奔向突尼斯的赛跑。"

▲ 1943年2月，突尼斯卡塞林山口的美国步兵。

▼ 1943年4月，载有美国步兵的卡车，从突尼斯马特尔附近的德军坦克残骸旁驶过。

29

元首大本营会议：
第5装甲集团军应运而生

德国人赢得了奔向突尼斯的赛跑，守住了他们的登陆场，隆美尔集团军继续退却的后门目前依然敞开。但艾森豪威尔从美国运抵的援兵，不断离开卡萨布兰卡、奥兰、阿尔及尔。驻扎在突尼斯的德军将士，非常清楚盟军总司令的意图，根本不需要知道罗斯福和丘吉尔在卡萨布兰卡会议上达成的秘密决议。盟军的目标是攻入突尼斯登陆场，至少前出到突尼斯海岸南部，阻止隆美尔撤入登陆场，还要在艾森豪威尔进攻大军与蒙哥马利第8集团军之间建立联系。

这是战略的基础知识。但到12月初，艾森豪威尔的战略没取得太大进展。他的装甲先遣力量、伞兵、步兵部队在邦纳①停留到11月12日，15日前出到泰贝萨，25日到达迈贾兹巴卜。他们直到11月28日才占领斯贝特拉、加夫萨、卡塞林山口地区，但这场进军到此为止。内林投入小股军力阻挡住对方。

我们在这里必须提及德方的重要盟友：老天爷。突尼斯的地形非常复杂，再加上美国军队不熟悉道路，严重耽搁了盟军的作战方案。艾森豪威尔在回忆录里用了很长篇幅阐述这个问题，还配上许多照片，以此说明摩托车陷入泥泞、坦克沉入道路上的泥沼等情况。德军官兵习惯了苏联战场的泥潭，比美国人和英国人

① 译注：就是今天的安纳巴。

— 377 —

更清楚如何应对眼前的状况。巴伦廷上校可以举出许多例子来说明，如何利用经验战胜缺乏经验的对手。

例如泰布尔拜交战期间，巴伦廷的伞兵在提奈桥南面，以两个反坦克炮兵排击退了40辆英军坦克的冲击。巴伦廷的诀窍是以一门88炮在最短时间内连发4炮，从而让敌人误以为面对的是德军一个88炮连。他朝只能沿道路行进的敌坦克交替开火，然后轰击著名的"幽灵农场"，那是中间地带的一座法国农场。前4发炮弹击中一辆敌坦克，还炸毁农场附近一座弹药库。这种"不同的"炮火让英国人深感意外。射出10轮炮弹后，敌坦克转身驶离，巴伦廷终于肃清了敌人设在重要的舒伊朱伊—泰布尔拜支路上的路障。无论他们采取这种伎俩，还是维齐希营在杰夫纳隧道狡猾的作战行动；无论伯格尔中尉以一个伞兵连大胆突袭西迪恩西尔制高点，还是高泽将军以一个猎兵连、几辆侦察车、几架盘旋在空中的斯图卡，解除了比塞大1.2万名法军官兵的武装，还缴获了他们的重型海岸火炮，一切执行得极为出色，展现出令人钦佩的勇气和领导才干。但任何一名总参军官都知道，这种玩弄诡计的交战迟早会难以为继。内林将军一次次提请南线总司令注意这个事实，他提交的态势报告直言不讳，认为赢得胜利的机会实在不大。可是，希特勒的意图是什么？国防军最高统帅部又想实现什么？还要不要把隆美尔集团军救出非洲？这是建立突尼斯登陆场的唯一原因吗？还是说，希特勒想在非洲重新发动攻势？

1942年12月3日，拉斯滕堡的元首大本营召开了一场很有趣的会议，此次会议回答了上述问题。

希特勒从东线召回冯·阿尼姆大将和齐格勒中将。齐格勒比阿尼姆到得稍早些，希特勒立即接见了他。元首透露，他打算在突尼斯组建第5装甲集团军，派冯·阿尼姆大将出任集团军司令，齐格勒担任"常任全权代表"。希特勒为何要设立这项职务，这是个有趣的问题。据希特勒说，他不希望隆美尔元帅那种情况再次发生，也就是说，一切取决于军队指挥官的个性。集团军司令必须与一位同级别军官商量着来。但最重要的是，这项新规定旨在确保集团军司令赶赴前线时，全权代表始终待在司令部，要知道，非洲战区的情况与欧洲完全不同，这里的战线不仅路途遥远，而且很不明确。这样一来，设在突尼斯城的集团军司令部就能随时做出决定。

齐格勒是个能干的将领，也是个头脑冷静的现实主义者。他随即询问新组建的装甲集团军会获得哪些部队。参加此次会晤的凯特尔回答道："3个装甲师和3个摩步师立即开赴突尼斯，其中包括空军精锐的'赫尔曼·戈林'师。"

齐格勒将军又问道，能否确保补给物资和这么多部队顺利运过地中海。希特勒回答道："当然可以。"齐格勒指出，这种情况下，在北非发动进攻是有可能的。他随后阐述了进攻方案：从比塞大—突尼斯城地区向西攻击前进，尽快前出到突尼斯—阿尔及利亚边境山区；夺取并摧毁邦纳和菲利普维尔①港口，尔后占领更西面的阿尔及利亚港口。他还估计阿拉伯人会发动起义支持德方，他认为获得阿拉伯抵抗运动的支持，就有可能前出到奥兰。这样一来，北非最后一座至关重要的港口就落入他手中，艾森豪威尔的进攻军队要么被俘，要么登船撤离，除此之外别无他途。但齐格勒强调，这种发展的重要前提是确保补给物资不断运抵，而这一点又要求征服马耳他岛，因为事实证明，控制这座岛屿是补给物资顺利运过地中海的关键。齐格勒这番话很大胆，他的方案也很大胆。

与齐格勒交谈后，希特勒又接见了刚刚赶到的冯·阿尼姆大将。阿尼姆从勒热夫而来，他在那里指挥第39装甲军。冯·阿尼姆也问到同样的问题：我指挥的新装甲集团军辖多少个师？补给能保证吗？希特勒做出肯定的回答，冯·阿尼姆大将随后的态势研判与齐格勒将军如出一辙。于是，希特勒认同了两位将领的看法和方案。阿尼姆和齐格勒满怀希望地赶赴突尼斯。

12月9日，内林通过日训令向第90军的部下道别，训令中写道："我们的处境在战争史上是独一无二的。"他说得没错。

同一天，冯·阿尼姆大将接掌了新组建的第5装甲集团军②。

新上任的突尼斯军需总监海格尔上校，经历过东线战事的参谋长蓬托夫上校，和隆美尔那些军官几年来所做的一样，每天忙着敦促德国和意大利指挥部门

---

① 译注：也就是斯基克达。
② 译注：第5装甲集团军司令部以第90军军部为基础组建；内林离开后，次年2月赶赴东线担任第24装甲军军长。

赶紧发运补给物资，但纯属徒劳，集团军没获得足够的坦克和物资，甚至没得到元首承诺的那些师。

抵御艾森豪威尔进攻大军的重任，继续落在几个伞兵团、第10装甲师、第334步兵师肩头，最后一个师在韦伯将军的率领下已开抵突尼斯。1942年12月和1943年1月头几周，第756山地猎兵团在舒伊朱伊山口、恶名昭著的兰塞里奈山、争夺激烈的圣诞山的一连串战斗中表现得相当突出。

没错，圣诞山，美国人把具有战术重要性的这座高地称为长停山。第10装甲师比尔克尔中校战斗群的官兵，这辈子都不会忘记1942年的平安夜。对他们来说，圣诞礼物就是与坚守圣诞山的一个英国旅进行的血腥厮杀。他们击退该旅，还俘虏了300名敌军官兵。但圣诞节当天，英军指挥官以一个禁卫旅发起反冲击，把德军战斗群赶到山下。第69装甲掷弹兵团第1营，在第90装甲炮兵团第5、第8连和第50炮兵团第2营的支援下，再次冲击山脊，以一场近战击退英军禁卫旅，守住了从西面掩护突尼斯登陆场的这座高地，还俘虏了500名英军官兵。

在争夺长停山的后续战斗中，第86装甲掷弹兵团和第754步兵团的表现也很出色。对盟军来说，"长停山"名副其实，因为直到突尼斯战役结束，他们也没能攻克这座高地[①]。

---

① 译注：第756山地猎兵团和第754步兵团都隶属第334步兵师。

30

深入敌后的勃兰登堡人

圣诞节交战期间，手榴弹仍在长停山炸响时，距离的黎波里200公里的布埃拉特阵地，一名年轻的上尉站在拜尔莱因上校身旁，俯身查看突尼斯南部地图。地图上，敌军战线后方的三个地点标了蓝十字，那是奥兰—阿尔及尔铁路线跨过河流和干谷的三座桥梁，分别位于泰贝萨、加夫萨、托泽尔地区。铁路线是盟军运送补给的重要生命线，电话和电报线也沿铁路线延伸，因此，必须破坏对方的补给和通信。

内林将军撰写了第90军在突尼斯作战行动的总体报告，他在报告里谈及各种战役和战术行动："另外，我们还往西面派遣了爆破组和战斗突击队，但没有他们成功破坏铁路、桥梁、补给仓库的记录。"

没有相关记录？这是件好事，因为战争结束后，盟军情报机构长时间搜寻此类文件，要是他们找到的话，那些勇敢的突击队员肯定会身陷囹圄。

时至今日，我们终于可以谈谈这些大胆的行动了。

弗里茨·冯·克嫩上尉来自西南非洲，是个农民的儿子，一口英语相当流利。他率领着勃兰登堡团第13连。他和半个连的部下跟随第一批伞兵来到突尼斯，12月5日，另外半个连从那不勒斯飞抵。他们来到海边田园诗般的哈马马特，居住在橘林和柠檬树林中几座别墅里。想过悠闲日子是不可能的，突尼斯战役头几周，战火也席卷到这里，虽说勃兰登堡人并不进行常规作战，但克嫩特遣队还是卷入战斗。不过，他们执行的任务不太一样，这帮勃兰登堡人潜入敌军战线后方，引导己方炮火，切断敌军通信线，还更改路标，导致一条条路径无法通行。

1942年12月26日午夜，这群勃兰登堡人再次出发。比塞大机场上停着三架Ju-52运输机，各拖一架滑翔机，起飞后向南而去。

滑翔机里并不舒适，特遣队员依次坐在带有把手的板凳上，左右两侧的木板可供搁脚。

冯·克嫩上尉坐在滑翔机飞行员身后，不时环顾四周，察看部下的状况。他看到了工兵二级下士汉斯·诺伊曼，诺伊曼执行过许多次任务，是个久经考验的战士。后面坐着翻译雷吉纳尔德·达德，然后是二级下士斯洛卡，后面还有五名部下。一架滑翔机只能搭载这么多人。没什么要说的，每个人都了解行动方案，清楚自己受领的任务。他们也知道座位下的几个箱子里摆放着武器装备和150公斤炸药。

拖缆在月光下闪烁，下方的地中海熠熠生辉。三架Ju-52在2500米高度兜了个大圈，朝内陆飞去。按照约定，运输机应当在距离目标70公里处释放滑翔机。前方飞机发出灯光信号，飞行员解缆，引擎声渐渐消失，克嫩的滑翔机悄无声息地继续向前。月光洒向下方横跨克比尔干谷的铁路线和桥梁。

飞行员继续滑翔了一阵子，随后压低机头。滑翔机朝地面高速俯冲，迎面而来的风发出剧烈的呼啸。飞机上的人紧紧抓住扶手，每个人的想法都是"但愿我们平安无事"，他们毕竟坐在150公斤的炸药上。能干的飞行员及时拉平滑翔机，有机玻璃驾驶舱盖打开，滑橇在砾石地上嘎嘎作响，滑橇上缠绕着铁丝，这种刹车又快又好。

第二架滑翔机毫发无损地降落在不远处。第三架呢？不见踪影。直到他们执行完任务返回后，才获悉拖曳第三架滑翔机的Ju-52运输机，不小心加入了另一支隐蔽飞行的编队，待飞行员发现这个错误，为时已晚。

伴随着钢铁发出的嘎嘎声，突击队员轻声低语，他们伏下身子，迅速集合，机枪已做好准备，但四下里一片寂静。冯·克嫩上尉、二级下士诺伊曼和传令兵猫腰跑向300米长的桥梁，克嫩嘟囔着："宏伟的工程！"他们小心翼翼地向前，生怕敌军阵地有人听到动静。但法国人坐在小小的车站建筑内，喝着阿尔及利亚酒，在月光下昏昏欲睡。克嫩看清了车站的几个黑字：西迪布巴凯尔。

"空中没有状况！"

传令兵跑了回去。很快，二级下士斯洛卡带着其他人气喘吁吁地赶了过来。他们送来炸药，克嫩拔掉了保险装置。

诺伊曼指示部下安放炸药：桥梁上部结构放两块3公斤的炸药，桥梁两端的铁轨上各放一块1公斤的炸药，桥梁宽大的中立柱，每一侧绑上两块70公斤的大炸药包。与此同时，一名特遣队员爬上电线杆割断电话线。他没有剪线钳，因而只好用手斧砍砸。铜电缆发出剧烈的响声，砍断最后一根电缆时，电线杆倒向一侧，差点把上面的人摔下来。一切准备就绪，就差导火索了。

"导火索呢？"

导火索在第三架滑翔机上，可那架飞机不见了。

克嫩咬紧牙关："真该死！"

不过，要是手头没有备用导火索的话，那算什么勃兰登堡工兵呢？诺伊曼手上就有。但连接雷管的备用导火索有个缺点：只能燃烧60秒。太短了，这可得当心！诺伊曼掏出哨子，以哨声作为拉动导火索、引爆两个主炸药包的信号。

皎洁的月光非常明亮。哨声响起，桥梁上部结构的三名队员拉动导火索，随即朝后方跑来。诺伊曼侧耳聆听，第一根导火索在燃烧，嗤嗤嗤……第二根呢？也在燃烧。20秒过去了，他得赶紧离开。诺伊曼突然被地上的电话线缠住，一头摔倒在地。二级下士斯洛卡从5米高的桥上跳下干谷，去救诺伊曼，结果扭伤了脚踝。多亏诺伊曼此时站起身，转而救助斯洛卡。他一把抓住斯洛卡，把他拖到干谷边缘。两人趴在那里，随后听到铁路线传来第一声爆炸。其他炸药呢？应该同时爆炸的。诺伊曼站起身，朝桥上望去，那里突然发出爆炸的闪烁，猛烈的冲击波把他掀翻在地。碎片从他们头上呼啸掠过，可他们毫无惧意，一种胜利感油然而生：成功了！

硝烟散尽后，月光下的桥梁像锯齿状的牙齿那样伫立着。

按照原定方案，行动后的集结点应该在南面的一片小洼地。可那里离车站建筑太近了，法国人正用机枪朝外面疯狂开火，于是，冯·克嫩命令到滑翔机那里集合。

"都到齐了吗？"

"没到齐！"

"两名队员不见了！"斯洛卡自告奋勇地去找他们。其他队员隐蔽到山里，但在此之前，他们给两架滑翔机装上炸药，待他们消失在黑暗中，两架滑翔机炸毁了。

拂晓到来，阿拉伯向导在布拉姆利山找到个小小的干谷，特遣队员倒在地上安然入睡。他们只能在夜间行进，这是唯一的选择。

临近中午，哨兵发出警报。阿拉伯向导爬上干谷，翻译也赶了过去。看见他打的手势，其他队员跑了过去。来了一群人，其中一个掀开贝都因人的连帽斗篷，原来是贝格尔，两名失踪队员之一。作为一个巴勒斯坦德国人，贝格尔很快同附近村庄的阿拉伯人打成一片，他们凭借准确无误的本能，把他领到特遣队藏身处。这些阿拉伯人自豪地打着手势，与克嫩的翻译雷吉纳尔德·达德攀谈起来，他们最后提出，可以沿一条安全的小径把特遣队迅速送出这片危险地域。天黑后，特遣队出发了，阿拉伯人带着他们强行军65公里，穿过山区，穿过加夫萨城，沿曲折的小径进入乌尔巴塔山。实施爆破行动后第六天，克嫩特遣队进入米克纳西。12小时后，另一群阿拉伯人带来第二名失踪的队员汉内斯·费尔德曼，他们把他照料得很好，费尔德曼甚至骑着驴子。我们绝不能忘记阿拉伯人冒着生命危险为德国人提供的帮助。只有二级下士斯洛卡没能归队，据特工报告，法国巡逻队逮住他后，把他枪毙了。

冯·克嫩上尉率领20名部下飞往克比尔干谷当晚，他那个连队另外10名队员，在哈格瑙尔少尉和工兵二级下士波尔迪的带领下，乘坐滑翔机，赶去爆破卡塞林北面的桥梁。但这场行动的运气糟透了，滑翔机降落时坠毁。最后，整个特遣队被法军装甲侦察营俘获，只有一等兵弗朗茨·沃德耶雷克和二级下士威利·克洛尔曼逃回德军战线，两人带着67支香烟、一罐可乐、两把手枪（每把手枪7发子弹）跋涉了11天。逃亡途中，他们也得到了突尼斯农民的帮助。

地图上的第三个蓝十字呢？

两周后的1月10日，另一支特遣队奉命炸毁突尼斯南部托泽尔地区的一座桥梁。率领特遣队的比斯平上尉和克利马中士，决定从吉比利乘坐卡车执行任务，因为他们的目标位于杰里德盐沼北面，那里有一个意军前进支撑点，就在穆拉山。但行进途中，法国警戒部队发现了他们，勃兰登堡人好不容易才逃脱。冷静分析后，他们打算次日晚再试一次。这次成功了。克利马中士镇定地把炸药包绑在桥梁中柱，另一包炸药放在桥梁上方，剩下的炸药埋在铁轨间。克利马拉动可供燃烧10分钟的导火索，全体队员驱车全速返回。10分钟后，他们停在山地边缘，举起夜间望远镜察看状况。月光下，桥梁岿然屹立。15分钟过去了，什么也没发生。

克利马紧张起来。

20分钟过去了。

"不对劲，我得回去看看。"

比斯平上尉赶紧拦住他。就在这时，他们听见火车的轰鸣和汽笛声从桥梁前方传来，所有人兴奋地看着这一幕。剧烈的爆炸声响起，他们跳上卡车迅速驶离。

次日晚的航拍照片显示，损毁的火车头和车厢，歪七扭八地停在炸毁的桥梁废墟间。

英国人打算以牙还牙，但以失败告终。英国潜艇把爆破组送上哈马马特海滩，显然是想炸毁克嫩的连部。但克嫩第13连随后赶到的半个连处于警戒状态，负责监视海滩的赫尔曼·米勒，先是听到船只发出的嘎吱声，随后又听见咔嗒声，好像是夹断铁丝网的声音，他赶紧射出三发白色信号弹。刺眼的镁光下，他们看见一个个移动的身影。随后就是一场疯狂的追捕，接下来48小时，冯·希佩尔上校新组建的阿拉伯军团追踪、俘获了潜艇投放的8名英军士兵和带队的上尉。远程沙漠战斗群一名少尉企图游回潜艇，结果被淹死，尸体冲上海滩。英军潜艇在哈马马特湾的运气也糟透了，12月底，霍斯特·海涅少尉率领装甲侦察连部分力量，在800米距离上，用75毫米和20毫米火炮击沉一艘追逐意大利货轮的英国潜艇，这番壮举可以说是此次世界大战中罕见的事。

31

坦克冲击法伊德山口

1943年2月1日，国防军最高统帅部收到电报，第6集团军最后一批部队在斯大林格勒投降。

四天后的2月5日，德国第10装甲师师长菲舍尔中将的座车在突尼斯碾上地雷。虽说意大利地雷经常是哑弹，但这颗爆炸了，而且威力惊人。菲舍尔的双腿和左臂被炸飞，他以钢铁般的自制力命令手下拿来笔记本，开始给妻子写信。死神没给他太多时间完成这番问候，这封一页半的信件，最后一句话是"很快就会结束了"。

和菲舍尔将军同行的师作战参谋比尔克林总参中校身负重伤，副官和司机身亡。

菲舍尔将军和师部人员碾上意制地雷，把另一个人带入历史舞台，十八个月后，所有人都谈到此人的名字：总参中校施陶芬贝格伯爵。冯·布罗伊希少将接掌第10装甲师，施陶芬贝格出任师作战参谋。凭借出色的组织才能，施陶芬贝格在北非干得有声有色，直到身负重伤，这才逃脱了最终被俘的厄运。历史赋予他另一项重任，而不是战后被关入美军战俘营。这位曾在北非为德军的胜利英勇奋战的伯爵，后来带着炸弹前往拉斯滕堡暗杀希特勒。

1942年2月初，艾森豪威尔将军离粉碎德军突尼斯登陆场的目标仍差得很远。阿尼姆的伞兵、装甲掷弹兵、步兵、行进营大胆出击，集结在突尼斯山区，不仅守住了己方阵地，还扩大了登陆场。1月中旬，由第334步兵师主力组成的韦伯突击群，在"特急信使一号"行动中，把法国外籍军团驱赶到登陆场西南部。此举消除了对方粉碎意军侧翼的危险，因为法国人1月12日攻占意大利"苏佩加"师的山区阵地，构成迫在眉睫的威胁。阿尼姆麾下部队在"特急信使一号"行动中重创法军，俘虏4000名敌军官兵，法赫斯桥与皮顺之间的制高点和山口悉数落入德军手里。

"特急信使二号"行动的目的是夺取皮顺，继而打垮整条法军战线，但这场后续行动没能成功。

1月31日，韦伯突击群沿法赫斯桥—列贝—沃斯拉提耶公路攻击前进，一连10公里都很顺利，但他们很快发现，法国军获得美军部队加强，对方配备了新式反坦克武器和重型火炮，给第501虎式装甲营造成严重损失。

激烈的战斗在希里什山西南面爆发开来。德军攻占曼苏尔山，英国禁卫军以反冲击夺回阵地，第334师的步兵再次收复山头后坚守阵地。

但德军没能取得后续进展。虽说第47步兵团冲入皮顺，可面对敌军强大的压力，韦伯不得不把部队撤到皮顺东面的高地。

德国人在皮顺地区歼灭法军部队的企图失败了，原因何在？因为冯·阿尼姆的突击部队实力太弱，因为补给不足给弹药供应造成难以克服的困难，当然，还因为他们遇到隆美尔早就领教过的麻烦。

在此期间，自1月中旬起，第5装甲集团军南部防区至少获得了消除威胁的机会，这种威胁犹如悬在德军登陆场上方的达摩克利斯之剑。自去年12月以来，盟军一直驻扎在具有战略重要性的法伊德山口。美军坦克随时可以从斯法克斯出发，赶往山口，封锁隆美尔装甲集团军的补给路线，从而把两个德国集团军彻底隔开。

阿尼姆是如何消除这种威胁的？1月底前，他没有足够的兵力做到这一点。

这是因为阿尼姆就像中了彩票那样，获得了非洲军辖下的第21装甲师。隆美尔从布埃拉特防线撤往马雷斯防线期间，第21装甲师率先跨过利比亚—突尼斯边境。该师本该撤离前线休整，充当预备队，但法伊德山口的态势越来越危急，冯·阿尼姆大将决定毫不延误地把这个久经沙场的装甲师派往法伊德山口。

1月30日，第21装甲师在意大利第30军的率领下赶赴法伊德山口，1月31日夺得山口，击退了敌军的反扑。冯·阿尼姆对他的作训处长说道："噩梦结束了。"蓬托夫上校回答道："没错，情况好多了。"他至少松了口气①。

甚至在米克纳西附近的隘路，意大利将军因佩里亚利指挥的德意战斗群，也以娴熟的技巧在拉锯战中英勇奋战。他们牢牢守住隘路，艾森豪威尔错失了前出到海边的良机。1月31日，美军新锐援兵开抵米克纳西，德军撤离。但2月9日，德军把美国人逐出加夫萨，战线再次前移。我们从这些战事中可以看出，艾森豪威尔军队的进攻准备是多么不充分，另一方面也能看出，经历了三个月的厮杀，这座具有战略重要性的登陆场内，德国军队的实力是多么捉襟见肘。

可是，敌军日益强大，构成的威胁越来越严重，必须采取更多措施。冯·阿尼姆和隆美尔都制订了大规模进攻方案。

尽管隆美尔元帅与冯·阿尼姆大将对态势和可能性的研判不尽相同，但他们对以下问题的看法完全一致：最大的威胁来自盟军突尼斯战线南部地区，必须在那里采取措施。他们必须赶在蒙哥马利从东部沙漠推进的力量变得更加危险前，驱离艾森豪威尔的军队。

2月初，第5装甲集团军司令部不断接到报告，称美军部队逐渐集结在泰贝萨—斯贝特拉和西迪布济德地区。阿拉伯人也送来情报，说美军部队正朝这片地区开进。因此，集团军司令部判断敌情时得出结论：几周内，对方肯定会在该地区发动大规模攻势，他们的目标只能是前出到海边，切断德意装甲集团军与第5装甲集团军之间的联系。

隆美尔1月22日率领他的装甲力量撤离的黎波里，2月12日开入马雷斯防线。罗马的法西斯主义者和君主主义者倒吸一口凉气：意大利殖民帝国的明珠，的黎波里塔尼亚，彻底丢失了！为此，他们永远无法原谅隆美尔，这位元帅也不会得到墨索里尼本想授予他的金质军事勇气勋章。可隆美尔觉得，无论有没有金质军事勇气勋章，德意装甲集团军现在至少与第5装甲集团军近在咫尺了，无论如何都

---

① 译注：蓬托夫原本是第5装甲集团军参谋长，1943年1月20日离任，冯·夸斯特上校接任参谋长职务，蓬托夫3月1日出任非洲集团军群作训处长。这段时期，第5装甲集团军作训处长其实是约瑟夫·莫尔总参少校。不太清楚蓬托夫是否临时担任作训处长一职。

不能再次中断联系。

冯·阿尼姆大将、齐格勒将军、能干的参谋长冯·夸斯特上校、久经考验的作训处长蓬托夫上校领导的集团军司令部，制订了一份方案，打算以两个师彻底击败艾森豪威尔的突尼斯战线，这场进攻的代号是"春风行动"。蓬托夫上校把他的文件交给我使用，这些文件勾勒出春风行动的准确画面。

德军作战方案如下：第10和第21装甲师发起突袭，打击据报集结在法伊德山口西面的美国军队。倘若这场协同一致的突击粉碎了美军装甲力量，德军突击部队就合兵一处，向北攻击前进，卷击艾森豪威尔设在突尼斯城前方的战线。这不是场过于雄心勃勃的攻势，企图决定艾森豪威尔军队的命运，而是一场巧妙策划的进攻，旨在以手头可用力量决定性地缓解态势。第501虎式装甲营第1连担任突击矛头，该营隶属第10装甲师。强大的虎式坦克配有88毫米主炮，应该能出敌意料地越过法伊德山口，攻入敌军集结地。齐格勒中将率领第5装甲集团军司令部一个指挥组指挥春风行动，蓬托夫上校担任指挥组负责人。

齐格勒和蓬托夫在指挥所做最后的准备工作时，隆美尔元帅与他们取得联系。他的部队已开入马雷斯阵地，但他预料英国第8集团军暂时不会发动进攻，因而提出以非洲军辖内部队从马雷斯防线投入进攻，从南面支援冯·阿尼姆的攻势。当然，这只沙漠狡狐还有其他想法。

隆美尔并不完全赞同阿尼姆的谨慎方案。他的想法是深入敌军深远后方的泰贝萨，那是对方的补给和运输枢纽，尔后迅速前出到地中海海岸，从而把艾森豪威尔的军队与阿尔及利亚港口隔开，继而导致盟军战线崩溃。这是隆美尔大胆而又惯用的老策略，也是他突袭贾扎拉、图卜鲁格、塞卢姆的原则。冯·阿尼姆大将和他的司令部对这项建议并不热衷，他们的主要反对意见是可用兵力太少，风险太大。时至今日，冯·阿尼姆仍不改初衷，他的观点得到许多学识渊博的战略家支持，他告诉我，隆美尔倡议的推进，会把军队带入难以逾越的突尼斯—阿尔及利亚山区，还需要一个正常运作的补给体系，而德军根本不具备这种条件。另外，三道连续的山脊掩护着泰贝萨。看看今天的阿尔及利亚—法国战争，阿尔及利亚人在同一地区挡住法国正规军数十万人马，这种情况似乎证明了阿尼姆的观点。尽管如此，由于冯·阿尼姆坚持春风行动以"近距离目标"为宜，再加上国防军最高统帅部没有下定决心把非洲战区最高指挥权授予隆美尔，导致两个集团军以不同的方案各自为战。

2月14日清晨4点，第10和第21装甲师向前推进。第10装甲师以两个战斗群越过法伊德山口，第21装甲师兜了个圈子，从南面而来。飞扬的细沙刺痛了官兵的眼睛，天气很冷，路上满是泥泞，但这场进攻顺利进行。下午3点左右，美国第2军辖内装甲部队被困在西迪布济德地区。第10装甲师的装甲战斗群转身向南，夺得西迪布济德，一场堪称经典的坦克战爆发开来。几个德军装甲营楔入纵深配置的敌坦克群侧翼和后方。车长站在舱盖敞开的炮塔里，一发发炮弹呼啸而过，曳光弹在交错的坦克间勾勒出令人难忘的轨迹，虎式坦克88炮的轰鸣震耳欲聋。美军官兵顽强抵抗，即便坦克被击毁，车组人员仍在英勇战斗。美国人损失68辆坦克，A战斗指挥部企图以反冲击解救第168团陷入包围的部队，可唯一的结果是，该战斗指挥部也被拖入包围圈。

次日（2月15日），齐格勒朝斯贝特拉方向攻击前进。美国第1装甲师展开反突击，但这场进攻以失败告终，损失惨重。傍晚时，165辆美军坦克或装甲车在战场上燃烧，德国人押着2000名美军俘虏撤往突尼斯城。美军精锐的A、C战斗指挥部遭粉碎，仅剩B战斗指挥部完好无损。华盛顿的五角大楼震惊不已，白宫的罗斯福忙着询问他的军事顾问："我们的小伙子这么不禁打吗？"

按照冯·阿尼姆的方案，第10装甲师现在应当向北攻往皮顺，夜间以突袭夺取这个重要的支撑点，击败驻扎在那里的法军战斗群，从而打垮盟军战线。可德军没能成功达成突破，因此，齐格勒将军获得布泽上校第47步兵团这股援兵，冯·阿尼姆大将把这些来自吕讷堡的小伙称为"突尼斯的救火队员"。该团奉命对皮顺展开正面冲击，但2月16日/17日夜间，阿尼姆取消了"春风行动"，齐格勒突击群撤编，第10和第21装甲师统归隆美尔元帅指挥，突击群指挥组返回突尼斯城的第5装甲集团军司令部。

出了什么状况？这个问题包含了战争史上极具争议、激动人心的章节。

非洲军代理军长冯·利本施泰因男爵的记录表明，2月5日，隆美尔元帅建议意大利最高统帅部，从马雷斯阵地攻往加夫萨，消除侧翼威胁。但意大利最高统帅部否决了他的建议，因为他们不愿打破两个集团军的作战地域分界线，也就是北纬34度。现代战争中的这种处理意见实在荒谬至极。顺便说一句，这完全是德意军队在北非战场缺乏统一指挥造成的难题。当然，隆美尔对自己的建议遭否决恼火至极。

2月8日，他给冯·利本施泰因下达命令，做好以第164轻装师和第15装甲师辖内部队，以及非洲军重型炮兵力量（编入一个师）发动进攻的准备。但2月14日/15日夜间，美军未经战斗就放弃了加夫萨，可能是春风行动和西迪布济德激战的结果。隆美尔立即采取行动，以门通上校大名鼎鼎的第288特种部队改编成的非洲装甲掷弹兵团占领加夫萨，还派侦察部队赶往富里亚奈。2月17日，非洲军辖内部队占领加夫萨与泰贝萨之间这处要地。这样一来，他们就位于美军装甲部队纵深侧翼，而这股美军正在斯贝特拉抗击冯·阿尼姆麾下几个师。

隆美尔肯定把战事发展视为命运的暗示。他的大胆方案是夺取泰贝萨，从盟军这个补给枢纽向北攻击前进，深入美军战线后方，这是个显而易见的选择。

拉斯滕堡的元首大本营也看出战事的有利发展。他们先前认为隆美尔的方案过于大胆，现在终于意识到这份大胆方案创造的机会。约德尔不再反对隆美尔的观点。2月16日/17日夜间，国防军最高统帅部把齐格勒突击群辖内部队转隶隆美尔，批准他继续攻往泰贝萨。

这就是齐格勒突击群撤编的原因。

起初，德军按照隆美尔的方案展开行动，进行得犹如钟表般准确。第21装甲师攻占斯贝特拉，第10装甲师赶赴卡塞林山口，南面，德意联军占领了托泽尔。非洲军部分部队和第15装甲师2月18日投入交战，把美国人驱离至关重要的泰莱普特机场。2月19日，隆美尔的侦察部队朝卡塞林山口而去。与此同时，德军侦察力量奔向泰莱普特通往泰贝萨的道路。隆美尔现在下令进攻卡塞林山口，这是泰贝萨的前门入口，也是突尼斯山的门户。2月19日/20日夜间，第3侦察营部分部队冲向山口顶部，企图从敌人手里夺取穿越山口的道路，但行动失败了。隆美尔随即投入门通上校的非洲装甲掷弹兵团，这支部队经历过许多次交战，经验非常丰富。但非洲装甲掷弹兵团的进攻也被美军的炮火挡住。

2月20日上午，第21、第10装甲师，第15装甲师部分力量，意大利"阿列特"师集结在山口前方12公里长、6公里宽的地域。第71迫击炮团几个火箭炮连猛轰敌军阵地，大口径火箭弹发挥了巨大的威力，炸碎了地面和岩石。下午5点，施托滕少校和他的装甲营在山口站稳脚跟。第8装甲团越过山口道路追击，形成一座登陆场，阻止了美军的反冲击。德军随后越过山口发起大规模进攻。

美国出版的著作指出，卡塞林山口的丢失，给美军部队和指挥部造成混乱。包括艾森豪威尔在内，没人想到德军会进攻这处阵地，因而没采取任何防御措施。这种情况下，指挥官总是想以"坚定的命令"来控制局面，交战双方都是这样。英国第1集团军司令安德森将军的做法堪比希特勒，他命令麾下军队："除了朝敌军方向，任何人不得后退一步！"这种命令更适合载入历史，但肯定不会让指挥官显得更聪明。令他们稍感安慰的是，英军司令部也下达了同样的命令。

2月21日，隆美尔派第21装甲师绕过山区，第10装甲师向北攻往塔莱，以一场合围突破泰贝萨前方的山地障碍。由于第21装甲师遭遇强大的敌军，没能按计划与第10装甲师会合。但这场交战已取得巨大的战果：德军俘虏3000名美军官兵，还击毁或缴获169辆坦克、95辆装甲侦察车、36辆自行火炮、60门其他火炮。

不过，艾森豪威尔进行的可不是穷人的战争，他有足够的物资和兵力。第10装甲师仍能夺取塔莱，但遭遇的抵抗越来越强硬。挺进中的德军，遇到英国第6装甲师和禁卫旅据守的强大预备阵地。第10装甲师的实力本来就很虚弱，不得不撤离塔莱。冯·利本施泰因负伤后，接替他指挥非洲军战斗群的比洛维乌斯将军，企图迅速向西攻击前进，以一场突袭夺取泰贝萨，可他们遭遇美军B战斗指挥部。这股美军顽强抵抗，没有后退一步。低空飞行的英国战机和美国轰炸机介入交战，盟军部队克服最初的恐慌后镇定下来，随即展开反扑，他们有足够的资本。毕竟艾森豪威尔指挥的不仅仅是一股地面力量，他还有战斗机、轰炸机、强大的炮兵力量。

应隆美尔元帅的要求，冯·阿尼姆大将企图以大举推进的方式，把敌军牵制在第5装甲集团军战线前方。获得加强的第47步兵团，在经验丰富的团长布泽上校的率领下，向西发起强有力的突击，一举夺得皮顺，甚至越过该镇向前推进了20公里，但这场支援性进攻随后也停顿下来。2月22日，非洲军战斗群对美军B战斗指挥部的冲击陷入停滞。事实再次证明，他们的对手实力太强，而且在战线各地段都很强大。德军损失惨重。隆美尔本人也遭遇炮火袭击，不得不躲入仙人掌林。炮弹在四处落下，对这种情况颇有经验的拜尔莱因上校，引导众人顺利穿过仙人掌林，尽管有些伤亡，可还是逃过一劫。

2月22日，隆美尔终于意识到，无论是朝意大利最高统帅部命令的塔莱—卡夫方向，还是朝自己策划的泰贝萨方向，都无法取得更大进展，他的军队实力太弱。山地障碍也不利于快速作战行动，补给运输极为缓慢。事实证明，先朝泰贝萨方向，而后转身向北，这些计划中的行动，耗费的时间远比预想中的多。而另一方面，来自后方的威胁与日俱增，因为蒙哥马利率领的英国第8集团军，正逼近马雷斯防线。

鉴于这种状况，隆美尔在卡塞林山口召开会议，凯塞林元帅应邀出席，他们一致决定取消进攻。

▲ 这是张罕见的照片，第10装甲师作战参谋冯·施陶芬贝格上校（右）与冯·布罗伊希将军在一起。

32

非洲集团军群

2月23日，也就是隆美尔结束进攻次日，国防军最高统帅部终于决定在北非建立明确而又统一的指挥机构，隆美尔元帅出任新组建的非洲集团军群司令，集团军群辖第5装甲集团军和德意装甲集团军。从一开始就很清楚，集团军群成立后，隆美尔应该把指挥权移交给冯·阿尼姆大将，然后好好休养一番，尽快恢复健康。

要是隆美尔当初掌握突尼斯战事指挥权，获准不受干扰地寻求自己的目标，泰贝萨行动是否能成功呢？这种讨论毫无意义。隆美尔后来认为，迅速展开行动，对泰贝萨施以主要突击，本来是可以打垮美军战线的。美国媒体大肆报道缺乏经验的美军部队和指挥部门惊慌失措，似乎证实了隆美尔的观点。但另一方面，英军战线的深远后方，至少还有三个新锐师指定用于西西里，这一点证明了德意军队的补给体系严重不足。仅凭异乎寻常的好运和虚张声势，隆美尔能赢得他所期盼的胜利吗？

也许能吧！可鉴于当前的补给状况，从长远看，这种胜利能扭转北非的局面吗？当然，这个问题应该让历史学家而不是将军来回答。而隆美尔是个将军，是个大胆的指挥官，哪怕败局已定，也不会轻言放弃。

现在，他再次证明了这一点。隆美尔与第5装甲集团军作训处长蓬托夫上校，在斯贝特拉附近一条干谷里交换了意见。隆美尔批准了阿尼姆的作战方案，此举的目的是为第5装甲集团军夺得更有利的出发阵地，从而更好地挫败艾森豪威尔必然会在春季发起的大规模攻势。这场进攻的代号是"牛头行动"，天知道为什么会起这样一个名字。

隆美尔明确而又坦率地指出，在他看来，德意军队的抵抗无法持续到5月中旬。因此，集团军群待在一座小型登陆场内很有必要。这座登陆场的防线必须设在突尼斯城西面，大致位于德军原先的阵地，但突尼斯城南面的防线必须改善，并扩大到安菲代维莱①山麓边缘。

牛头行动是德军在突尼斯的最后一场进攻战役，主要目标是占领重要的山脊，切断巴杰到恶名昭著的迈贾兹巴卜这条美军补给线，并在北面的埃比乌德附近夺取适合装甲部队行动的地段。可就连这些有限目标，冯·阿尼姆也没有足够的兵力。第10装甲师已调离他的第5装甲集团军，由隆美尔直接掌握。而包括"赫尔曼·戈林"师一部在内的其他部队，目前由施密德少将指挥，不仅严重受损，而且疲惫不堪。阿尼姆至少要掌握一个能征惯战的战斗群，为此，他把第47步兵团撤离皮顺地区，重新部署到曼陀菲尔师与第334师结合部，那里早已出现了一个危险的缺口。

在此期间，冯·阿尼姆获得另一个师，或者说，至少是一个师的部分力量，柏林给他派来第999步兵师。这是个"缓刑"部队，士兵都是因为收听敌台、进行黑市交易或另一些莫名其妙的罪名而被判刑的人，还有降级的军官和军士，以及从集中营获得赦免的人员。照理说，这些人不会心甘情愿地为祖国或希特勒政权卖命，可说来也怪，虽然该师师长飞越地中海时被击落，但这个师的作战表现非常好，特别是沃尔夫中校指挥的步兵团。叛变投敌者不到10%，其他人英勇奋战，希望以此撤销他们的"犯罪"记录。北非的最后之战，靠的不是精锐师，而是"缓刑师"！元首大本营当初的承诺，兑现的就是这些。

第5装甲集团军的战斗力究竟如何，看看他们的进攻布势就清楚了。部署在

---

① 译注：就是今天的安菲代。

北面的曼陀菲尔师编有意大利第10神射手团、维齐希伞兵工兵营、巴伦廷团、冯·克嫩上尉的加强营、2个突尼斯营组成的团级部队，外加4—5个炮兵连。"师"这个番号真够大胆的，基本上是为了欺骗敌人。

部署在中路和南面的是韦伯军级集群，辖编有第47步兵团的朗旅、30辆虎式坦克的第501重装营、第334步兵师主力，外加"赫尔曼·戈林"师一部和几个突尼斯营。第334炮兵团4个营12个连，包括骡子拖曳的6门105毫米山地榴弹炮，构成整个集群的炮兵力量。阿尼姆的作战力量就这些。

2月26日，第5装甲集团军以这个阵容对艾森豪威尔的入侵大军发起进攻。出人意料的是，他们居然取得了初期胜利。曼陀菲尔师在北翼把敌人打得猝不及防，借助实力虚弱的一个战斗群乘坐快艇实施的登陆，他们夺得塞拉特角。可随后下起雨来，突尼斯2月中旬的第二个雨季带来倾盆大雨，各条道路一片泥泞，奔流的山洪淹没了干谷。整片地区被水淹没，沦为彻头彻尾的泥沼。无法驶离道路的虎式坦克，成了敌反坦克武器的绝佳目标。巴伦廷团伯格尔连的伞兵抱怨道，他们在西迪恩西尔高地进行上百次侦察的经验毫无用处，他们想带上虎式坦克，这比发起娴熟的步兵突击管用得多。他们说得没错，可这些伞兵最终不得不在西迪恩西尔高地和泽卜拉山十字路口执行火中取栗的任务。

南部集群也在古拜拉特达成突破，但暴雨和缺乏炮兵力量也给作战行动造成严重限制。

中路，朗旅部分完成了切断通往迈贾兹巴卜道路的目标。第47步兵团的掷弹兵据守着高地，不断轰击各条道路，夜间埋设地雷，迫使敌人不得不放弃前往迈贾兹巴卜的所有交通运输。可这里的德军官兵已不堪重负，再也无力夺取对面的高地。

南翼的作战行动没取得任何进展。尽管"赫尔曼·戈林"师全力以赴，但复杂的地形和敌人的激烈抵抗阻挡住他们的推进。第3猎兵团冲击敌军阵地，激战三天后不得不放弃。下达停止"牛头行动"的命令是合情合理的结果，德军在突尼斯的最后一场攻势就此结束。

▲ 1943年3月，冯·阿尼姆大将（左）接替隆美尔担任非洲集团军群司令，站在他身旁的是第334步兵师师长韦伯将军。

33

梅德宁泄密事件

研究过隆美尔战略和战术的人都知道，他惯用的伎俩是进攻敌军集结地，一举击败对手。历时25个月的非洲战争期间，他凭借这种策略赢得多少次胜利？对付艾森豪威尔军队的泰贝萨攻势和"牛头行动"结束后，隆美尔打算故技重施，从马雷斯阵地打击他的老对手蒙哥马利，投入全部力量，运用一切计谋，全力对付习惯于胜利的英国第8集团军，歼灭对方的重要力量，从而长时间阻止他们继续推进。

隆美尔出任非洲集团军群司令后，德意装甲集团军交给意大利的梅塞上将指挥。梅塞曾在苏联南方战线率领一个意大利军，获得过骑士铁十字勋章。他的意大利参谋长是才能出众、眼光敏锐的曼齐内利将军，已擢升少将的弗里茨·拜尔莱因担任德方参谋长。

德意装甲集团军的布势如下：第90轻装师作为加强力量部署在梅德宁—加贝斯公路两侧；该师左侧直到海边，由英勇的意大利"青年法西斯"师辖内部队据守，这是很早投入北非战事的兵团之一，无论部署在何处，他们的战斗表现都很出色；"的里雅斯特"师和"皮斯托亚"师依次部署在右侧，直到迈特马泰山；第164轻装师沿一道宽大的防线掩护迈特马泰山各山口；意大利部队和集团军侦察营掩护吉比利山西面的纵深侧翼。第15、第21、第10装甲师和陆军炮兵部队目前仍由德意装甲集团军统辖。集团军右后方的盐沼，隶属第5装甲集团军，由卡尔维伯爵指挥的"半人马座"师，以及塞奈德附近的帝国旅部分部队掩护。

泽乌斯干河深邃的干谷，为防御提供了有利地形，而平原西面，马雷斯山高耸的山脊，只能取道山口通行。这些山口原本由法军支撑点据守，法德停战后，各支撑点解除了武装。只有西北偏北方迈塔米尔这座平原上的高地，为敌人提供了部署炮兵的合适阵地。但这片防御阵地的缺点是，对方有可能从迈特马泰山西面开阔的沙漠实施迂回或包围。以往的经历多次证明，沙漠无法给摩托化纵队构成难以逾越的障碍。另一个威胁是，自由法国军队有可能从撒哈拉实施迂回。

鉴于这些状况，德意装甲集团军很可能无法在马雷斯阵地长时间抵御第8集团军的大举进攻。这就是隆美尔决心趁蒙哥马利行进之际击败他的原因。临时指挥非洲军的齐格勒将军接到隆美尔的命令，要他为进攻实施侦察并提出自己的建议。

准备期间，德军指挥官对如何进攻的问题发生激烈争执。时至今日，这种争执仍在继续，最常见的问题是："如果……情况会怎么样？"

齐格勒想从梅德宁西面发动进攻，打击马雷斯防线南面的敌军。这份方案的缺点是，德军装甲师的接敌路线太长，而英军拥有空中优势。齐格勒将军就这个问题写信告诉我："我们在梅德宁—加贝斯公路上的一座私宅召开了具有决定性的会议，隆美尔元帅在高泽少将的陪同下出席会议。尽管抱有疑虑，可他最终批准了以梅德宁方向为重心，从西面发动进攻的建议。隆美尔元帅想从北面进攻，要说服他此举在战术上难以做到很不容易。我们不得不反复解释原因，几乎造成戏剧性场面。但进攻梅德宁镇也存在意见分歧。隆美尔元帅认为进攻梅德宁南面的支撑点太过危险，投入的军队很可能遭切断，至少会被敌人迅速从东南面调来的预备队压制。他在任何情况下都不想冒这种风险。因此，他下令为装甲部队的重心置于梅德宁北面这份方案继续实施侦察，而且应当假设敌炮兵群部署在迈塔米尔北面的高地。第10装甲师也应当攻往梅德宁北面的迈塔米尔。我们计划3月2日展开新的侦察。可惜，由于第10装甲师接敌路线太长，路况过于复杂，进攻日期不得不再次推延。我们原本打算3月4日发动进攻，现在推迟到3月6日。这场延误是个不祥之兆。"

3月6日阴沉沉的拂晓，第15、第21、第10装甲师就位，高泽少将指挥的集团军炮兵部队，第90、第164轻装师，意大利"阿列特"装甲师为他们提供支援。这场交战开始前一天，经验丰富的装甲指挥官克拉默将军接掌了非洲军，他曾担任过第8装甲团团长。

　　湛蓝的天空表明这是个晴天，进攻时间定于清晨6点。非洲军若干炮兵连猛烈的炮火准备拉开交战的序幕。170毫米野炮连和210毫米臼炮连，以齐射猛轰梅德宁—迈塔米尔地区。坦克随后展开突击。非洲军军长站在泰贝杰山上的指挥所，看着下方他那些坦克的机动：左侧是他的老部队，现在由英肯斯上校率领的第8装甲团的40辆坦克；中路的宽大战线上，是绰号"装甲米勒"的格哈德·米勒上校率领的第5装甲团①；最右侧是格哈德上校②指挥的第10装甲师第7装甲团，该团与第8装甲团是姊妹团，原先都隶属第4装甲旅。第86装甲掷弹兵团跟在格哈德的坦克身后，再往后是第90装甲炮兵团，他们直接从行进间进入射击阵地。

　　这场进攻没能达成突然性，英军战斗轰炸机发起攻击，无遮无掩的开阔地上，这种情形最令人不快。炮兵和掷弹兵赶紧隐蔽。坦克战随后爆发开来，引擎嗡嗡作响，履带发出咯咯声。伴随着机枪的嘶吼，火炮的轰鸣，掷弹兵向前而去。这是场现代交战，没有呐喊声，也没有威风凛凛的冲锋。德军掷弹兵把钢盔推到后脑勺，拎着弹药箱向前，许多人的嘴角叼着香烟：我们曾在马其诺防线前方、布格河畔、第聂伯河上、斯大林格勒门前见过一模一样的场景。

　　克拉默将军赶去视察第21装甲师前进指挥所，该师师长希尔德布兰特少将表情严肃，冒着炮火站在他的装甲预备队旁边。他说道："我们没能取得进展！"克拉默将军已看见前方的一堵火墙，一个个英军炮兵连正以猛烈的炮火拦截进攻中的德军坦克。一发发炮弹落下，石质地面溅起的"弹片"增加了上千倍，对掷弹兵和炮兵深具致命性。施利克少校第326装甲观测营的士兵，带着测声、测光设备冲在最前方，力图精确定位敌炮兵阵地，因为所有指挥官都在问："这些该死的火炮是从哪里发射的？"

　　第10装甲师师长冯·布罗伊希将军的脸色也很阴沉。英军炮火给他的装甲掷弹兵造成严重伤亡。敌机的低空攻击，导致他那个装甲炮兵团的几个连队损失惨重。装甲观测营的士兵是炮兵的眼睛，他们趴在战线最前方，竭力引导己方炮火，并以

---

① 译注：格哈德·米勒此时已调回军官预备队，指挥第5装甲团的是施滕科夫上校。

② 译注：鲁道夫·格哈德。

声光测量设备确定敌炮兵连部署阵地。这些观测员发现的情况极为糟糕。蒙哥马利在隆美尔进攻战线前方部署了40多个炮兵连。德军这场进攻的首个目标，是从侧翼和后方打击敌人强大的炮兵集群，可现在，他们的进攻迎着敌军炮火而上。事后证明，英军炮兵两天前就已做好防御准备。毫无疑问，蒙哥马利很清楚隆美尔的进攻意图，及时变更部署了炮兵力量。这里再次发生了泄密事件。德国人很快在一名被俘的法国军士的衣兜里找到了泄密的证据：一张纸上写有德军发起进攻的细节，以及隆美尔计划中的进攻方向。这张纸上还提到德军的进攻日期是3月4日，这是原定日期。进攻推延两天，为英国第8集团军司令彻底做好防御准备提供了时间。隆美尔的攻势建立在突然性的基础上，可现在已毫无突然性可言，交战还没开始，胜负已定。但一如既往，这一点直到很久后才显现出来。

第10装甲师指挥所，作战参谋施陶芬贝格中校俯身看着那些报告，不停地嘟囔着："火箭炮，火箭炮！要是有火箭炮的话，就能在拦截我们的敌军炮兵中打开个缺口。"施陶芬贝格亲自指导过火箭炮的使用，这种新式武器是现代火箭的先驱，在非洲战场非常有效。但这里没有火箭炮。第71迫击炮团三个火箭炮连被敌人的战斗轰炸机摧毁，德军坦克仍遭到英军炮兵猛烈的防御炮火打击。到中午时，55辆烧毁的德国坦克散布在迈塔米尔前方的战场上。进攻方案泄密了，指挥所里现在没人怀疑这一点。

英国军队抗击第90轻装师正面冲击的行为，也证明了叛徒提供的情报是多么准确。第90轻装师在南面的佯攻纯属欺骗，目的是牵制英军，但蒙哥马利调回第90轻装师前方的英军部队，这导致德军的佯攻全然无效。蒙哥马利显然不担心德国人会发起猛烈冲击，威胁战线这片地段。可谁是叛徒呢？战争结束后，许多人怀疑叛徒是意大利高级指挥部门的人员。但我不想再深入研究这个可悲的问题了。

3月6日下午4点左右，隆美尔和他那些指挥官知道，他们已无法在梅德宁—迈塔米尔战场赢得胜利。克拉默将军建议停止进攻，隆美尔同意了。德意装甲集团军最后一场大规模进攻就这样结束了，非洲战局的悲惨结局即将到来。

交战结束三天后，1943年3月9日，隆美尔元帅离开非洲。他飞往罗马，尔后从那里赶赴元首大本营，再次试图解救非洲集团军群的两个集团军。但希特勒完全听不进去，他命令隆美尔立即"去治病"。

34

非洲军灰飞烟灭

接替隆美尔担任非洲集团军群司令的冯·阿尼姆大将，承担起率领"突尼斯家族"和"沙漠群狐"奋战到底的重任。集团军群参谋长仍由高泽将军担任，不知疲倦的蓬托夫上校出任作训处长。第5装甲集团军交给第15装甲师前任师长冯·韦尔斯特将军，他的参谋长是冯·夸斯特将军。

就像蓬托夫在信中告诉我的那样，普鲁士贵族冯·阿尼姆是"守旧派最后的骑士"，他兢兢业业，以勇敢而又充满人性的方式履行自己的职责，交战双方的将士永远不会忘记这一点。

这里有个值得载入非洲战争史的例子：5月份头几天，意大利补给船"贝卢诺"号停泊在突尼斯城前方拉古莱泰的锚地，船上载有700名英美战俘。英国轰炸机对这艘轮船发起攻击，意大利船员弃船逃生。港口负责人凯勒打电话给非洲集团军群司令部，请求派遣战斗机掩护"贝卢诺"号。可是，就连德国军队都得不到空中力量掩护，又能从哪里弄到战斗机去对付英国轰炸机，从而保护盟军战俘呢？凯勒恳请蓬托夫想想办法，蓬托夫立即向阿尼姆汇报了这个重要的情况。冯·阿尼姆迅速命令情报处长莫尔少校："发电报给亚历山大，让他别再轰炸他们自己人。"于是，非洲集团军群司令部给突尼斯地区英军总司令、艾森豪威尔的副手亚历山大将军发出明码电报。亚历山大立即做出回应："停止空袭突尼斯港，遭攻击的船上有700名英美战俘。"相关部门随即用电台召回英国轰炸机。

冯·阿尼姆被俘后，亚历山大将军亲自接见了他（艾森豪威尔拒不会见任何德军指挥官），最后问道："大将先生，您有什么愿望吗？"阿尼姆确实有个愿望："当初我救了700名盟军战俘，作为回报，请您派一艘医院船，把700名德国重伤员送到意大利。"亚历山大将军犹豫了片刻，随后点点头："我会满足您的愿望！"

但这是后来的事，从梅德宁交战到阿尼姆步入战俘营，还有整整两个月。北非战场的最后之战，这两个月堪称充满戏剧性和悲剧性的篇章。德意军队官兵在这两个月里展现出的勇气更加令人钦佩，因为他们毫无胜利的希望，凭借的完全是责任感，为体面地结束全然无望的事业，他们恪尽职守，尽到了最大的努力。梅德宁交战结束后，阿尼姆司令部和辖内部队所有人都很清楚，末日即将来临。敌人在兵力和物质方面的优势太大，唯一的问题是：德意联军在非洲的土地上还能抵抗多久？盟军的空中优势尤为明显，这种状况令人绝望。

非洲集团军群需要防御的战线长达800公里，可用力量是两个集团军，总兵力30万人左右：10万德军将士和20万意军官兵。如果扣除补给机构人员（意大利军队的补给单位非常庞大），真正的作战力量可能只有15万人。

他们的兵力太少，就算把部队部署在有利地形，按照非洲战事的特点，仅以寥寥无几的前哨掩护整条防线，也无法守住800公里长的战线。冯·阿尼姆大将亲口对我讲述了一件惊人的事，充分说明这条防线是多么稀疏。

海格尔上校是阿尼姆司令部的经济专家，据他报告，突尼斯城内的黑市物价突然间暴涨。他们发现原因是阿拉伯农村居民大肆购买，这些人用长长的驴车队把买到的东西运出突尼斯城。奇怪的是，阿拉伯人用英镑或美元付账。对德国军队来说，这种抢购不仅导致酒、水果、面粉这些当地产品价格飞涨，还造成短缺，给他们本来就很糟糕的补给带来严重的问题，难怪海格尔一直关注着阿拉伯人的运输。某天，细心的德国宪兵发现，一个赶着驴子的阿拉伯人，斗篷下穿着双英国军靴，仔细搜查后发现他是个货真价实的英军中士。获知这个消息，海格尔的惊讶之情可想而知。谜底揭开了：英国人派出特遣队，在突尼斯黑市大肆采购，再用驴车把物资运往英美军队战线。真是个奇怪的战区！

800公里长的防线，兵力严重不足，雪上加霜的是，他们的补给状况糟透了。食物不够，弹药不够，油料不够。拉斯滕堡和罗马已无力为集团军群提供最低限度的补给。到达突尼斯港的都是些不到3000吨的小船，他们甚至使用了渡轮，这种多用途船只可运送20吨物资，可集团军群每个月的最低消耗量高达7.5万吨，这些小船又有什么用呢？

就连空运也无法取得决定性改善。凯塞林手头没有庞大的运输机队，就算他有，也会在地中海上空被盟军战机击落。冯·阿尼姆大将以军人的简洁语言对我说："即便盟军不发动进攻，最迟到6月1日我也不得不投降，因为我们没什么吃的东西了。"

3月18日，德军空中侦察报告，3000部英军车辆组成的庞大车队正穿越沙漠，德军指挥官几周来一直担心的事情终于发生了：对方企图迂回马雷斯阵地。蒙哥马利以两个新西兰师、一个装甲旅、英国第1装甲师向北进击，对马雷斯阵地施以正面冲击和侧翼迂回。

3月16日，第361步兵团会同第47步兵团一个营，击退英军禁卫旅的冲击。3月20日，英军禁卫旅再次冲击151高地，又一次被击败。但在防线中央地段，英国第50步兵师突入德军阵地，在齐杰扎杰胡干谷越过2米深、4米宽的壕沟，没等他们架设起反坦克武器，就遭遇第15装甲师的反冲击。双方展开激烈的近战，德国人击退了这股英军。数百名英军士兵死在齐杰扎杰胡干谷。

3月22日，遂行迂回的英国军队，冲击掩护山脉另一侧的意军侧翼。第21装甲师只能勉强守住防线。但在更北面，美军从加夫萨攻往盖塔尔隘路，打击意大利"半人马座"师和帝国旅。盟军同时发动正面、侧翼、后方进攻。鉴于这种状况，冯·阿尼姆大将下令撤离马雷斯阵地。梅塞集团军且战且退。

新的阻击阵地称为阿卡里特防线，这片狭窄地域位于盐沼与加贝斯湾海岸之间。

一场充满戏剧性的赛跑开始了。3月26日，新西兰人在沙尘暴的掩护下，突破梅塞集团军最外翼，攻往德意军队炮兵阵地。明亮的满月悬挂在空中。新西兰人直奔海岸边的哈马。要是他们达成目的，整个梅塞集团军就会被切断，随之而来的必然是全军覆没。集团军群已没有任何预备队来阻止这场灾难。值此关键时刻，博罗维茨将军投入他的第15装甲师，不顾兵力劣势，全力把新西兰人赶往南面。新西兰军队猝不及防，不得不转身对付右侧突如其来的敌军，这就偏离了他们的原定目标。第164轻装师和第21装甲师趁机在哈马设立防御，阻挡英军的冲击，直到梅塞装甲集团军的步兵力量撤入阿卡里特新阵地。

但盟军的一场场打击接踵而至。

美国第2军从加夫萨出动，冲击梅塞集团军新防线后方的意军阵地，构成一路突破到海边的威胁。德国第10装甲师发起殊死反突击，但被敌军炮火挡住。与此同时，艾森豪威尔的部队从西面进攻米克纳西隘路，他们也想攻往海边。几辆虎式坦克投入战斗，情况极为紧迫，朗上校不得不拼凑战斗群，从北面赶往米克纳西，他这个战斗群编有第69和第86团各一个营，外加几个88炮连，就凭几个营去对付美军几个师！

弗里德里希·威廉·福斯少校和他的侦察营，在莱班干谷挡住美国第1装甲师。震撼人心的一幕在米克纳西山口上演，让人想起坚守温泉关的斯巴达国王列奥尼达。面对1.5个美军师的猛烈冲击，梅迪库斯少校率领隆美尔昔日的卫队，在山口坚守了一个多星期。半个工兵排和集团军直属部队一个连，总共只有80人，最后，他们在布伦纳中尉的带领下，像安德烈亚斯·霍费尔[1]的部下那样奋战：面对逼近的敌坦克，他们把岩石滚下山坡，还投掷石块。美国人最终放弃进攻，转向南面。

3月26日，第21装甲师又一次只剩25辆坦克，第15装甲师还有3辆。尽管如此，他们还是会同意大利"半人马座"师残部，在盖塔尔附近挡住盟军的猛烈冲击。

北部的塞拉特角落入英国人手里。一切都在崩溃，没有任何补充。特别部队不得不利用突尼斯葡萄酒提炼油料，全完了！

德意军队也无法守住阿卡里特防线，此处阵地如何能赢得胜利呢？这里没有不可逾越的城墙，最重要的是没有屋顶，无法抵御盟国空军持续不断的空中攻击。

蒙哥马利继续进攻，苏格兰第51高地师夺得浸满鲜血的鲁迈奈山和175高地。德军第361和第200步兵团的官兵再次击退敌人。但意大利军队的防线随后崩溃。4

---

① 译注：霍费尔是19世纪初反抗法国的奥地利农民起义军领袖。

月6日，阿尼姆又一次下达了后撤令。部队退往安菲代维莱阵地，这处阵地位于哈马马特湾上方。

下述事实，犹如这场战争及其棘手的意识形态战线的阴郁标志，第999"缓刑"师第1团官兵，以富尔里德上校战斗群的形式，抗击超过两个师的敌军，坚守皮顺—丰杜克隘路达六天之久，击毁60辆美军坦克，从而掩护主力4月13日撤入新阵地。

我们再通过另一件事，来看看个人命运与历史事件之间神秘的联系：

施陶芬贝格中校站在他的军用越野车里行进时，一架英国战斗轰炸机俯冲而下，机枪咯咯作响，身负重伤的施陶芬贝格倒在地上。幸亏旁边就有辆救护车，迅速送走这位中校。

第90装甲炮兵团目睹这一幕的官兵，丝毫没想到这架战斗轰炸机受到命运之手的操弄，因为施陶芬贝格伯爵不得不离开非洲，仍有一项历史重任要由他来完成。

战争史上，成功的后撤作为伟大胜利的基石，至少和英勇的挺进一样多。非洲集团军群撤往安菲代维莱阵地，就是这样一篇战争艺术和部队作战经验的杰作。他们没能转败为胜是另一回事，因为再也没有通往胜利的途径或秘密路径了。突尼斯战场的最后之战4月中旬打响时，艾森豪威尔手头掌握着装备精良的15个英国师和5个美国师，外加1个法国军，另外还有航空兵力量，以及情报、补给、工兵部队。

相比之下，冯·阿尼姆只有9个实力严重受损的德国师，其中大多数师的兵力不到编制力量的五分之二，另外6个意大利师的战斗价值严重下降。还有些特别部队，虽说冠以"旅""团""战斗群"的名义，实际上只是营级兵力。这种兵力对比说明了一切。

诚然，战争机器一如既往地嘎嘎作响，仿佛非洲战事尚未结束。这部机器仍在运转，但没有运来武器，没有运来弹药，也没有运来食物，不过，有时候也运来些援兵。

久经沙场的第15摩托车步兵营的二级下士魏因茨海梅尔，最后几天跟随某行进连一部，搭乘意大利运输机飞往突尼斯城。飞机坠毁，飞行员丧生，魏因茨海梅尔和飞机上幸免于难的战友悉数被俘。

几周前，第104装甲掷弹兵团一个满编补充兵营，在赖因霍尔德·迈中校的率领下，搭乘三艘意大利驱逐舰赶赴突尼斯城，1941年和1942年间，赖因霍尔德参加过西迪雷泽格交战。结果，几艘驱逐舰被鱼雷击沉，由于风浪太大，整个补充兵营只有6人获救。

亚历山大将军重组了麾下军队，把强大的军力集结在中路战线，以英军6个步兵师和2个装甲师组成突击集群，准备对突尼斯城发起主要突击。这场进攻越过迈杰尔达河谷，沿穿越迈西考特的道路挺进。

南面的法赫斯桥地区，法国人也准备发动进攻，他们获得3个英国师的支援。

4月20日到5月5日，亚历山大的进攻突破了德意联军薄弱的防线。北面的巴伦廷团（团长负伤后，目前由拜尔少校指挥）逐渐退往昔日的杰夫纳阵地。5月1

▼ 从4月13日到德军投降，突尼斯的最后之战。

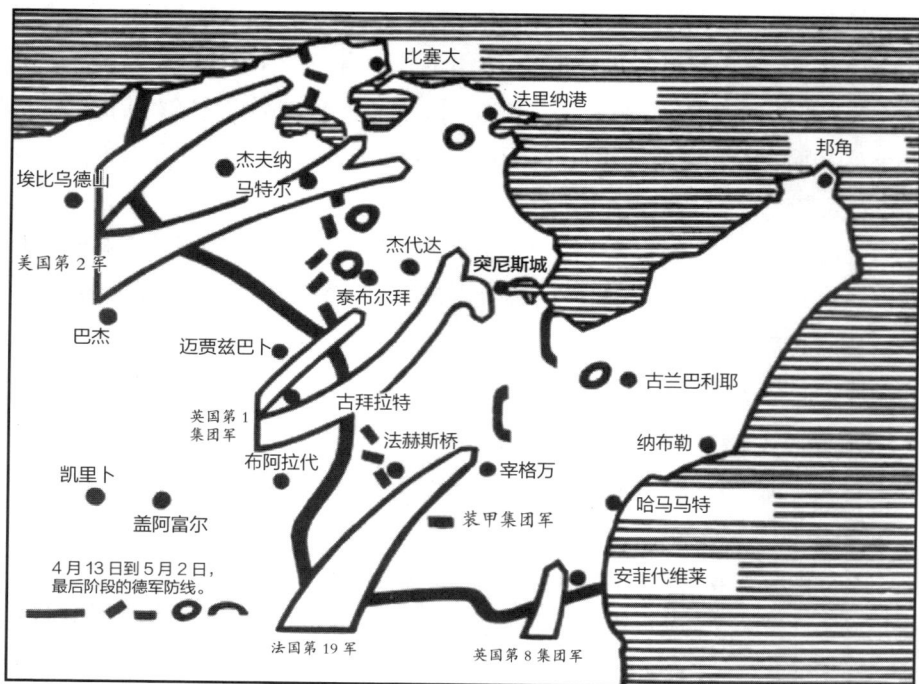

日，英军深具威胁的突破，迫使德国人进一步退往马特尔西面的防线。

与此同时，第334步兵师一部与第47步兵团坚守609高地，抗击美国第2军，这座高地5月1日丢失。该师余部和第47步兵团在马特尔重新设立防线。

争夺激烈的圣诞山，英国第78步兵师猛烈冲击第334步兵师的一个营。雨点般的炮弹把浸满鲜血的高地犁了一遍。自去年圣诞节以来一直控制在德军手里的圣诞山，4月24日丢失，突尼斯城周边防线就此破裂。

骆驼山上，英国第6装甲师攻克了"赫尔曼·戈林"师几个营据守的阵地。第10装甲师的掷弹兵随后又夺回阵地。

就这样，4月28日到5月1日，双方不断发起冲击和反冲击。通往迈西考特的公路上，一座法国农场附近的战斗尤为激烈。第15装甲师的掷弹兵据守在这里，英肯斯上校一次次率领仅剩的50辆坦克支援防线遭受威胁的地段。第20高射炮师残余的88炮多次击退英军坦克的冲击。第20高射炮师第8/52连，以他们久经考验的88炮进行了这场告别演出。

争夺激烈的马特尔北面，美军装甲旅集结起来准备进攻，哈帕赫中尉率领的炮兵连，以2门火炮击毁13辆敌坦克，福格特中士以这种方式向88炮致敬。塞德尔上尉的第190炮兵团第2营现在只剩连级力量，但5月5日，他们在马特尔与美军坦克展开最后的对决。这些表现主要出于英勇抵抗的职责，而不是为实现某个军事目的。

5月5日/6日夜间，敌军炮火激增，滚动的弹幕席卷了德军防线。盟军战机不停地朝德军阵地投掷炸弹。两个英国步兵师在坦克的支援下，沿6公里宽的战线冲击第334步兵师和"赫尔曼·戈林"师实力虚弱的两个团。德军步兵阵地以机枪和反坦克炮火猛烈打击英军部队，击退了对方的进攻。这就像是德军最后的抵抗，但毫无用处，防线摇摇欲坠，盟军缓缓向东蚕食，日落时到达迈西考特边缘。

英肯斯上校率领第15装甲师残余坦克的英勇表现毫无用处。克莱因施密德伞兵排在马特尔南面530高地的顽强奋战无济于事。260名英军士兵被俘，骑着一匹阿拉伯种马的伯格尔中尉被炸飞，尽管英勇令人钦佩，可毫无意义。

5月7日晨，英军更换前线步兵后，重新发动进攻。愤怒而又绝望之余，英肯斯上校把第15装甲师剩余的坦克投入战斗，但这纯属徒劳。当日下午，蒙哥马利的第11轻骑兵团伫立在突尼斯城郊外。与此同时，美军占领了德国军队已撤离的比塞大。非洲集团军群四分五裂。第5装甲集团军只剩几个小股战斗群，集团军司令韦尔斯特将军率领最后2辆坦克和几百名步兵，退到法里纳港附近的海滩。几个小股战斗群仍在马特尔北面的艾什凯勒山坚守阵地。"赫尔曼·戈林"师部分力量和科赫团残部继续在米利亚纳河战斗。弗朗茨将军以第19高射炮师和拉姆克旅几个营残部，以及几门88炮，在这里设立防御，再次击退印度第4师。

拉斯滕堡发来的命令决定了非洲集团军群的命运，命令中写道："致非洲集团军群：德国人民期待你们战斗到最后一颗子弹！"

冯·阿尼姆大将不是个违抗命令的人，可他是个要求每道命令都要有意义的指挥官，眼下这道命令有意义吗？

德军将士想起斯大林格勒，突尼斯会成为非洲的斯大林格勒吗？

阿尼姆大将问身边的参谋人员："现代战争中，'最后一颗子弹'意味着什么？"众人达成一致，于是，冯·阿尼姆通知麾下部队，"最后一颗子弹"就是以坦克发起冲击，射出最后的炮弹，尔后销毁武器，各个师向敌人投降。

由于油料耗尽，第10装甲师把最后7辆坦克半埋起来，5月11日中午，他们用最后的炮弹击退了美军坦克的冲击。

德军官兵愤怒地站在他们的火炮旁："这里还有一门……还有这门……最后一门，完工！"他们把坦克和火炮悉数炸毁，该师报告："弹药耗尽，武器装备已销毁。"

5月11日/12日夜间，自由法国军队冲击宰格万山，企图达成突破。"赫尔曼·戈林"师后卫部队怒不可遏，没人知道他们为何突然爆发出这股怒火，不管怎样，他们以手枪、匕首、手榴弹、刺刀在宰格万山上展开最后一场白刃战。德军战斗群守住了阵地。这是非洲战场最后的血腥激战。

5月12日下午，冯·阿尼姆大将代表非洲集团军群辖内两个集团军司令部和非洲军投降。非洲军最后一任军长克拉默将军发出最后一封电报："致OKW：弹药耗尽，武器装备销毁，非洲军已奉命战斗到最后一息。德国非洲军万岁！克拉默。"

南面的情况也是这样，梅塞上将德意装甲集团军的末日已到来，这是隆美尔沙漠集团军的老部队。5月10日，英国第6装甲师在哈马姆利夫达成突破，隆隆向南，进入梅塞集团军后方。意大利"青年法西斯"师和第90轻装师顽强阻截英军装甲部队。激战持续了两天。5月12日，大坝崩溃了！南部集团军的火炮，朝英国第8集团军和第6装甲师形成的包围圈射出最后的炮弹，随后，战场陷入沉寂，非洲战争彻底结束！

5月12日傍晚6点，久经沙场的第90轻装师投降。

5月13日上午11点，第164轻装非洲师最后一批部队放下了武器。

13万德军官兵列队走向战俘营，18594人葬身埃及、利比亚、突尼斯，失踪人员超过3400人。

有多少德军伤员在后送期间葬身地中海海底，时至今日，具体数字依然不明。

意大利官方给出的数据是，13748名意军官兵阵亡在北非战区，另有8821人失踪。

英国战争墓地委员会1958年4月底告诉我，英联邦武装部队在北非阵亡35476人。

美国战争墓地委员会指出，美国各军种在北非的阵亡人数为16500人。

我一直没有法国军队伤亡人数的准确数据，如果加上这个数字，北非战场的阵亡人数很可能超过10万。

10万阵亡将士！阿莱曼、图卜鲁格、英雄公墓的纪念碑永远铭记这些牺牲者，并提醒活着的人，战争是多么可怕！

勃兰登堡师一支特遣队，奉国防军最高统帅部的命令，把机密文件、专业人士、总参军官、指挥官从突尼斯包围圈疏散到西西里岛，艾哈迈德·贝杜伊坐在最后一艘突击舟上，没人认识这个阿拉伯人，他是"勃兰登堡海岸猎兵"指挥官、刚刚阵亡的瓦格纳博士中尉的勤务兵。和许多阿拉伯人一样，艾哈迈德寄希望于德国。他不想留在非洲，因而跟随新任指挥官库尔曼上尉逃往战火纷飞的欧洲大陆。他和这群德国战友再次经历了长途跋涉，途经巴勒莫、那不勒斯、罗马、雅典。他在爱琴海、科孚岛、多德卡尼斯群岛参加战斗，荣膺步兵突击奖章和铁十字勋章，最后跟随这个连队一同步入战俘营。为传递消息，艾哈迈德偷偷把纸条塞给住院的指挥官，上面写着"致我的父亲，我的长官"。艾哈迈德后来被送上法国军事法庭，根据相关条款，他这个法国公民被判处绞刑。临刑前几小时，他给库尔曼上尉写了最后一张纸条，署名一如既往：ton fils——您的儿子！

他是所有儿子中最不幸的一个。

他的名字没有铭刻在任何一座纪念碑上。

没有哪个祖国会记住他。

但这正是他的教训比新旧战线上一个个十字架、一座座石冢更令人难忘的原因：任何一场战事，即便公正而又文明，仍是不幸的战争。

▼ 投降前最后一次集合，德军官兵撕掉军饷簿里写明部队番号的第三页。

▼ 1943年5月，盟军攻入比塞大，美军坦克和步兵与德军狙击手展开巷战。